CSEF CHINA SPORT EDUCATION FUSE 普通高校体教融合示范教材

体教融合下大学生体育与健康教育指导

刘 梅 杜 勇 邓财林 主编

北京体育大学出版社

策划编辑：潘　帅
责任编辑：李志诚　仝杨杨
责任校对：原子茜
版式设计：小　小

图书在版编目（CIP）数据

体教融合下大学生体育与健康教育指导 / 刘梅，杜勇，邓财林主编. —北京 ：北京体育大学出版社，2021.9（2022.8 重印）

ISBN 978-7-5644-3455-7

Ⅰ.①体… Ⅱ.①刘… ②杜… ③邓… Ⅲ.①体育－高等学校－教学参考资料②健康教育－高等学校－教学参考资料 Ⅳ.①G807.4②G647.9

中国版本图书馆 CIP 数据核字（2021）第 152015 号

体教融合下大学生体育与健康教育指导　　刘　梅　杜　勇　邓财林　主编
TIJIAO RONGHE XIA DAXUESHENG TIYU YU JIANKANG JIAOYU ZHIDAO

出版发行：北京体育大学出版社
地　　址：北京市海淀区农大南路 1 号院 2 号楼 2 层办公 B－212
邮　　编：100084
网　　址：http：//cbs. bsu. edu. cn
发 行 部：010－62989320
邮 购 部：北京体育大学出版社读者服务部 010－62989432
印　　刷：北京昌联印刷有限公司
开　　本：787mm×1092mm　1/16
成品尺寸：185mm×260mm
印　　张：20. 25
字　　数：501 千字
版　　次：2021 年 9 月第 1 版
印　　次：2022 年 8 月第 2 次印刷
定　　价：49. 00 元

编委名单

主　编：刘　梅　杜　勇　邓财林

副主编：聂剑映　甘亚玲　李春世

编　委：涂志华　林　辰　万政廷

编者的话

人类体育活动的历史如同人类社会的历史一样悠久，现代社会中体育早已成为人类生活中不可缺少的要素。学校体育是教育的重要组成部分，是有组织、有计划、有目的的，它与德育、智育、美育相结合，是全面发展身体，增强体质，传授体育知识、技术和技能，培养学生良好的道德品质和顽强进取的拼搏精神的教育过程。

为了引导广大青少年学生走向运动场、走进大自然、走到阳光下，积极参加体育锻炼，2002 年 8 月教育部颁发的《全国普通高等学校体育课程教学指导纲要》（以下简称《纲要》）对高校体育课程的理念和目标提出了新的要求。2004 年 8 月教育部部长周济提出“学生每天锻炼 1 小时，健康工作 50 年，幸福生活一辈子”。2005 年 4 月教育部《关于进一步加强高等学校体育工作的意见》中指出：高等学校要认真落实《纲要》，努力实现以学生为本的“三自主”教学形式，使学生通过体育课程的学习，至少掌握两项运动技能；全面实施《学生体质健康标准》，有效地增强体质、增进健康。2006 年 12 月，教育部、国家体育总局、共青团中央正式启动“全国亿万学生阳光体育运动”，力争用 3 ~ 5 年的时间，使 85% 以上的学生都能做到每天锻炼 1 小时，掌握至少两项日常锻炼的体育技能，形成良好的体育锻炼习惯，体质健康水平切实得到提高。2020 年 9 月，国家体育总局、教育部联合下发了《关于深化体教融合　促进青少年健康发展的意见》（以下简称《意见》），《意见》指出，要加强学校体育工作，树立“健康第一”的教育理念，开齐开足体育课，开展丰富多彩的课余训练、竞赛活动。支持大中小学校建设学校代表队，成立青少年体育俱乐部。国家各部委对学生体育工作如此重视，这无疑给我国学校体育工作的改革与发展提供了良好的机遇。

大学体育作为高等学校教育的重要组成部分，是培养新时期全面发展的高素质人才的重要手段，是大学生树立终身锻炼思想和形成良好锻炼习惯的重要途径。作为学校体育的重要舞台，高等学校体育工作如何抓住机遇，促进学校体育工作快速、和谐地发展，已成为我国高校体育工作者面临的重大课题。教材建设历来都是高等院校工作的重点之一，是进行体育基本理论教育的重要理论依据。基于国务院批准颁布实施的《学校体育工作条例》和教育部《全国普通高等学校体育课程教学指导纲要》的精神，以及教育部、国家体育总局新颁布的《国家学生体质健康标准》《关于深化体教融合　促进青少年健康发展的意见》等对高等院校体育工作的指导思想、教学目标、课程建设、课程内容、教材改革的要求，我们组织编写了《体教融合下大学生体育与健康教育指导》这本具有鲜明特色的教材。本教材强调体育在大学中的学科性，确认体育作为能够对人的社会性和全面发展做出贡献的学科地位，把握大学体育课程发展的时代特征，以“素质教育”“终身体育”“健康第一”为指导思想，以培养大学生的健康体魄和体育能力为最终目标，激发学生参与体育学习的主动性和积极性，突出科学性、实用性、趣味性、可读性特点，极力拓展大学生对运动项目选择的自主性和灵活性。本教材既可作为高校开展体育选项课和选修课的教材，也可以作为大学生平时自我锻炼、自我评价的指导用书。本教材共十四章，主要内容为体育概述、健康概述、大学生的健康管理、体育运动与健康、《国家学生体质健康标准》测试与评价、体育运动欣赏、田径运动、大球运动、小球运动、武术与技击、形体运动、新兴体育运动、游泳运动、健身与养生运动。本教材坚持“三个突出、三个面向”，即突出教材“学生主体性”的特色，在处理“教”与“学”的关系上面向学生；突出高校特色，面向全体学生；突出需求兼容性的特色，在运动项目的选择上最大限度地面向学生的学习兴趣，开阔学生的视野。

本教材由刘梅、杜勇、邓财林主编，聂剑映、甘亚玲、李春世担任副主编，参加本教材编写的还有涂志华、林辰、万政廷。作为编者，我们希望此教材让学生既会实践又懂理论，在培养其终身参与体育运动意识的同时，又能使自身的体育实践能力得到提高，从而达到大学体育教育的最终目标。

在编写过程中，我们参考和借鉴了大量的文献资源，并得到有关专家的指导和大力支持，在此表示衷心的感谢。

由于时间紧、水平有限，书中若有不妥之处，恳请广大师生批评指正，以便今后修订、完善。

目　录

CONTENTS

第一章 体育概述

第一节 体育的产生与发展

体育作为人类文化的重要组成部分，是随着人类社会的发展而逐渐形成和发展起来的。体育产生与发展的根本动力是人类生存和社会发展的需要。在原始社会，原始人迫于谋生的需要，为寻找食物而跋山涉水，为杀伤猎物而掷石投棍，为追捕野兽而奔跑，为抗御自然侵袭而跋涉迁徙，为防备狩猎时被野兽伤害而进行格斗。显然，像走、跑、跳、投、攀、爬、格斗和游泳等身体运动，都是原始人求生存所必需的基本活动技能。到了原始社会后期，随着生产力的发展，掠夺财产和奴隶而发生的冲突日益频繁，人们需要改善生产工具和狩猎技术，使之成为谋生手段且世代相传，同时人们还意识到必须提高谋生和防卫能力本身所需的智力和体力，于是成年人就把最基本的生产劳动和日常生活的技能和本领传授给下一代。这是人类教学的萌芽，也是体育活动的萌芽——原始体育。

在原始时代，人们往往通过预演劳动过程而使后来实际的劳动取得成功，如狩猎前演示狩猎活动，希望通过杀死或制服假扮的野兽而使以后在实际的狩猎过程中取得成功。这种演示，既是舞蹈的萌芽，又是体育的萌芽。此外，原始人在祭祀活动中，要做各种困难、复杂的姿势，如以虎为图腾的民族要做出虎跑腾跃的姿态。这些演示，同样也是艺术、体育的萌芽。在这种原始崇拜的活动中，其佼佼者受到众人的拥护而成为活动的带领者并有尊贵的社会地位，他们为了保护其地位，在活动中不断做出一般人难以做出的舞姿和动作，或者能以惊人的体力长时间连续地舞蹈、跳跃等。人们在原始活动中展开了体力和体能的竞赛，为了在竞赛中获胜，人们努力锻炼，提高自己的体力和体能。

随着社会生产力的发展，到奴隶制社会初期，战争开始频繁发生。生存还是死亡，做征服者还是奴隶，就看谁在一场竞争中是强者。要想成为强者，就必须在竞争中取胜。因此，培养造就强壮机敏的身体，甚至超常的体力，就成为战争和社会的需要。人类自此首次提出了自觉造就身体的要求，并有组织地加以实施。比如古希腊的斯巴达人，为了使男子有健壮、敏捷的身体，他们从 7 岁开始集中起来专门训练跑、跳、拳击、击剑、摔跤、投标枪、游泳、骑马、狩猎、行军和球戏。这些活动的直接目的就是造就健壮的身体，培养合格的武士。为了使母亲生出健壮的婴儿，斯巴达人要求青年女子参加各种身体锻炼，他们相信，健壮的母亲能生出健壮的婴儿。由此可见，斯巴达人已经自觉地造就战争和社会所需要的体质，这鲜明地体现了古代体育的精神。

体育的发展与教育、军事、科学技术以及人们的宗教活动、休闲娱乐活动有着密切的关系。必须指出的是，体育在其整个历史发展过程中，受一定的政治经济所制约，并为一定的政治经济服务。体育的发展大致经过了以下三个时期：原始的体育萌芽时期、自觉从事体育时期、形成与完善体育制度时期。经过这三个时期，逐步形成了现代的体育体系。其中竞技体育的发展更是推动现代体育发展的主要动力。

第二节 体育理论的形成与发展

早在两千多年前，古希腊哲学家柏拉图的“和谐发展”教育思想中就明确提出了“以体操锻炼身体，以音乐陶冶心灵”的观点。尽管古希腊已经存在“体操”“竞技”“健康”等基本概念的语汇，当时的一些人也重视把体育方法运用到日常生活之中，但是，没有形成以理论研究为基础的体育原理。

文艺复兴时期，一批著名的人文主义思想家、教育家、体育家对体育的一些基本原理进行了研究。古茨茅斯在 1818 年出版了《德国体育概论》，法国体育创始人阿莫洛斯在 1838 年出版了《体育概论》，开始了独立论述体育的形式。

20 世纪初，威廉姆斯把杜威的学说运用于体育教育，形成了一套自然主义体育思想，于 1927 年出版了《体育原理》；德国体育理论家迪姆于 1949 年出版了《体育的本质和教学》；奥地利体育理论家格罗尔于 1957 年出版了《现代体育的概念及形成》；日本自 20 世纪初以来，高岛平三郎、石津城、佐佐木久吉、丹下保夫等分别出版了《体育原理》，阿部忍出版了《体育概论》。

现代奥林匹克运动的复兴，促进了体育价值、功能、组织管理等体育基本原理的研究，顾拜旦的《体育颂》就是一篇具有代表性的佳作。正是这些先哲们总结了历史长河中积累起来的体育的思想智慧，才有日本、美国、德国、奥地利等国家现代的《体育原理》《体育概论》这类著作的诞生。

我国古代养生思想中关于体育原理的论述颇为丰富，《黄帝内经》全面地论述了人与自然、社会、自身、病理、病因等有关身心健康的原理。华佗从医学角度论述了体育的生理功能。明末清初教育家颜元从教育、社会的角度提出了“一身动则一身强，一国动则一国强，天下动则天下强”的思想，对当时的社会风气影响很深。

鸦片战争后，我国一些进步的知识分子在“强国强种”的思潮影响下，开始引进西方国家的体育术语、概念，促进了我国近代体育理论的发展。改良派的代表人物康有为、梁启超、谭嗣同、严复都提倡德、智、体三者全面发展。梁启超认为“德育、智育、体育三者，为教育上不可缺少之物”；严复根据进化论的原理，以及“体”“用”统一的思想，主张运动强身，强调力、智、德三者为强国之本。这是近代中国早期对体育价值的论述。

五四运动前夕，青年时期的毛泽东在《新青年》上发表的《体育之研究》一文，系统地论述了体育的本质、功能、地位和运动方法，是一篇十分珍贵的体育历史文献。五四运动时期，在欧美新教育思潮的影响下，竞技运动影响日益扩大，人们对体育的认识开始向多元化转变，体育概念也逐步发生变化。20 世纪 30 年代，体育基本原理的研究有了较快的发展，取得了较大的成果。著名体育家吴蕴瑞、袁敦礼的《体育原理》，宋君复的《体育原理》、陈泳声的《体育概论》和王学政的《体育概论》等，对旧中国体育实践中的一些重大问题进行了较深入的探讨，如“土洋”体育的关系问题、体育是否走军事化道路问题、选手体育与普及体育的关系问题、民众体育问题等。然而，这些研究最终流于空泛的议论，对实践未产生大的影响。20 世纪 30—40 年代，在中国共产党领导下的革命根据地，提出广泛开展群众体育的方针，在这一方针基础上形成的理论，极大地促进了根据地体育的发展，“锻炼体魄，好打日本”鼓舞着广大军民参加体育运动，形成了体育为革命事业服务的理论，是新中国体育概论体系的重要组成部分。新中国成立后，为适应社会主义建设需要，党和政府提出了一系列发展群众体育运动的理论和方针、政策，这些都成为我国体育理论建设的指导思想和理论基础。《苏联体育教育理论》也成为20 世纪 50 年代我国体育院系的体育理论教材。

20 世纪 50 年代末，我国组织力量编写体育理论教材，经过几年的努力，于 1961 年正式出版了我国第一部《体育理论》著作，作为体育院系的正式教材。20 世纪 80 年代初，心理学、社会学、伦理学、美学等学科的发展，现代管理学、行为科学、文化学、经济学及生物学、人文科学等学科理论和研究方法的引进，为体育科学理论的发展开拓了广阔的领域，提供了丰富的研究成果。正是在这种背景下，体育理论出现了高一层次上的分化。20 世纪 80 年代中期以来，体育概论、学校体育学、运动训练学、群众体育学先后从体育理论中分化出来，成为独立的学科，体育概论从此走上了独立发展的道路。1985 年，北京体育学院出版了《体育概论》。1986 年，由 8 所体院联合编写的《中国体育概论》问世。1989 年，体育学院通用教材《体育概论》出版。全国师范院校系统也出版了《体育概论》教材。

第三节 体育的概念与组成

一、体育的概念

体育是人类社会发展中，根据生产和生活的需要，遵循人体身心发展的规律，以身体练习为基本手段，为增强体质、提高运动技术水平、进行思想品德教育、丰富社会文化生活而进行的一种有目的、有意识、有组织的社会活动，是伴随人类社会的发展而逐步建立和发展起来的一个专门的学科领域。

我国对体育的解释有广义和狭义之分。广义的体育是指以身体练习为基本手段，以增强人的体质、促进人的全面发展、丰富社会文化生活和促进精神文明为目的的一种有意识、有组织的社会活动；是体育教育、竞技运动、身体锻炼三者的总称；是社会总文化的一部分，其发展受一定社会的政治和经济的制约，并为一定社会的政治和经济服务。狭义的体育是指发展身体，增强体质，传授锻炼身体的知识、技能，培养道德和意志品质的教育过程；是对人体进行培育和塑造的过程；是教育的重要组成部分；是培养全面发展的人的一个重要方面。

二、体育的组成

（一）学校体育

学校体育是随着教育的发展而逐步形成体系的，是体育、学校教育的重要组成部分和结合部分，是实施全民健身的基础。

在欧洲，古希腊已将体育列为教育内容。特别是在封建领主割据的时代，军事体育是统治阶级的特殊需要，因而“骑士七艺”（骑马、游泳、投枪、击剑、打猎、下棋、吟诗）成为骑士教育的主要内容；18 世纪后期，普鲁士教育家巴泽多把卢梭的教育观点运用于德国，在所开办的泛爱学校中，比较突出体育与劳动的结合，学生每天读书 2 小时，体育和音乐 3 小时。在此基础上，形成了较早的学校体育体系。

中国的学校体育，起源于周代的“六艺”（礼、乐、射、御、书、数）。射、御中包括身体训练，礼、乐中的舞蹈也有锻炼身体的功效。学校体育形成主要在近代。1903 年仿照外国兴办学堂，在课程中开设“体操课”，每周 2 ~ 3 课时；1923 年学校课程纲要开始把“体操课”改为体育课，每周 2 ~ 3 学时。而学校体育体系的建立完善在新中国成立以后，1952 年在教育部设立体育处，管理全国的体育教学与大纲的修订，1956 年开始使用统一教学大纲、教材，明确了目的、任务，1979 年教育部制定了全国普通全日制高等学校《体育教学大纲》。

（二）竞技体育

竞技体育又称竞技运动，源于拉丁语 Pesportare，本意是“离开工作”，即通过一些愉快轻松的身体活动使人转移对日常生活的注意力。而后传入法国，在古代法语中被标记为 Desporter，其含义是“情绪转移”“高兴”“愉快”等。15 世纪又由法国传入英国，并经过 Disport 以及 Sport 的演变，17 世纪以 Sport 固定下来。英语中竞技体育概念主要的含义是从劳动、义务和拘束中脱离出去，转移自己的情绪，游玩开心，并不伴有激烈的身体活动的胜负因素。18 世纪以后，竞技体育中出现了以强调胜负为目的、竞争激烈的身体活动。19 世纪末，以奥运会为代表的竞技体育提出了“更快、更高、更强”的口号，使现代竞技体育有着前所未有的竞争性、组织性，并与政治、经济、军事、文化、教育等领域密切结合，发挥着巨大的社会功效。

（三）社会体育

社会体育又称大众体育，是以健身、娱乐、休闲、养生、医疗康复为目的的体育活动。社会体育开展的广泛性和社会化程度，取决于一个国家经济的繁荣、生活水平的提高、余暇的增多以及社会环境安定等因素。从发展趋势来看，社会体育作为现代体育发展的重要标志，无论是普及程度还是开展规模，都不亚于竞技体育，已成为现代体育运动的重要组成部分。

体育的功能

第四节　体育的功能

一、体育的健身功能

强身健体是体育的本质功能。体育以身体运动为基本表现形式，通过科学组合的身体锻炼给予各器官、系统以一定量和强度的刺激，促进身体在形态结构、生理机能等方面发生一系列适应性的反应和变化，从而达到增强体质、增进健康的目的。

（一）体育对促进健康的作用

体育对身体健康的作用。身体健康包括正常的生长发育、生理机能、适应能力（对自然环境、社会环境）。实践证明，科学地、长期地坚持进行体育锻炼对中枢神经系统和内分泌系统能产生良好的刺激，能够促进新陈代谢，改善血液循环和呼吸功能，有利于青少年的生长发育和提高机体的抗病能力；可以延缓有机体适应能力的降低，推迟生物体各组织器官结构和功能所发生的退化性变化，使中老年人保持旺盛的精力。

精神健康被视为身体的支柱。1977 年，科学家提出了生物—心理—社会的三维健康观，强调在健康诊断中应包括社会环境引起的心理因素，并把良好的心理调节活动和精神卫生作为判断精神健康的基础。体育锻炼可以磨炼人的意志，催人奋进，协调人际关系，加强合作，从而排除个人性格和心理状态中不健康的因素，使人体在健康的和谐统一中变得欢乐、轻松、愉快。

体育运动能促进大脑的发育，改善机能，促进观察力、记忆力、想象力和思维能力等智力因素的发展，为人们从事智力活动打下良好的物质基础。体育运动具有不同形式的对抗性，不论是个人项目还是集体项目，因其有不确定性特点，都可把表现为肢体对抗的外在形式引申为内在人脑间的智慧较量。例如，在体育教学中，通过观察法、对比法和示范法的运用，能有效地发展学生的观察能力；通过技术动作的练习，有利于促进学生记忆力、想象力的发展；通过教学比赛和各种体育游戏，可以潜移默化地发展学生思维的灵敏性与应变能力。

（二）体育对增强体质的作用

科学的体育锻炼能改善人体器官系统机能，提高人体对外界的适应能力，发展速度、力量、耐力、灵敏、协调等素质，增强体质。

二、体育的教育功能

教育功能是体育最基本的社会功能，就其作用的广泛性而言，它对人类社会产生的影响，是体育的其他社会功能无法比拟的，所以，人们都高度重视体育在教育中的作用。

（一）体育在学校教育中的作用

马克思主义关于教育的经典论述，从来都把体育视为学校教育不可缺少的组成部分。因此，培养学生将来担任社会角色所必备的素质，以适应未来社会生活和工作的需要，是体育在学校发挥教育作用的主要使命。为达此目的，学校通过完整的体育教育过程对受教育者进行政治思想、意志品质、道德情操和发展身体的教育，使他们获得基本的体育理论知识，掌握必要的运动技能，学会科学锻炼身体的方法，提高运动实践能力并养成锻炼身体的习惯。在教学中，学校始终把培养什么样的人作为课程的首要内容。

学校体育对增强学生体质的作用，是不言而喻的。随着《全民健身计划纲要》的深入开展，学校体育还需引进终身体育教育的思想，运用终身体育教育理论和方法，激发每个学生的体育兴趣，培养学生终身体育意识、习惯和能力，使学生走向社会后，不仅有一个强健的体魄，而且具有一定的体育素养，以适应现代的生产方式和生活方式，提高生活质量，也使学校体育的功能最大限度地向全社会延伸。

现代教学论提出的三大任务：教育性、教养性、发展性。教育性是通过教学培养学生优良的品质、行为；教养性是使学生掌握体育文化、科学知识、技能，提高对体育的欣赏能力和文化素养；发展性是增强体质，发展体育能力以及观察、分析、思维、适应能力等。

学校体育以其丰富多彩的内容和形式，为培养学生的竞争意识和进取精神创造了良好的条件。竞赛是体育运动的突出特点，运动者有尽快实现目标的心理动机，学校通过开展各种不同形式的体育竞赛能较好地动员学生全身心地投入竞赛或练习，有利于培养学生的竞争意识和进取精神。

（二）体育在社会教育中的作用

就社会教育体系而言，体育所独具的活动性、技艺性、竞技性、群聚性、国际性、礼仪性等特点，成为一种传播体育价值观的理想载体，在激发爱国热情、振奋民族精神、培养社会公德方面都有积极的教育作用。因为竞赛的礼仪形式、激烈的竞争气氛、高超的表演技巧和比赛的胜负结果等因素，在同伴与同伴之间、同伴与对手之间、观众与运动员之间产生极其复杂的情感交流，并激起人们的荣誉感、责任心、集体观念、民主意识和奋发向上的进取精神。这种通过体育实践诱发的社会教育因素，使体育的社会影响变得更加深刻，并产生不可低估的社会教育作用。例如，中国女排取得五连冠时，全国人民欢欣鼓舞，激励不少人在坎坷与逆境中奋起，女排精神影响了几代人；在北京奥运会上，我国运动员顽强拼搏，获得金牌总数世界第一位，全国人民乃至海外的中华儿女无不为之感到自豪。

三、体育的娱乐功能

体育从产生就带有游戏、娱乐的成分。古代音乐与舞蹈等身体活动紧密联系，体育和竞技的萌芽本身就蕴含娱乐的因素。原始人在狩猎之余，为宣泄情感而进行嬉戏活动，在后来的各种节日庆典、宗教仪式和表演中，都对人们起到娱乐作用。随着科学技术的进步和生产的现代化、办公自动化，劳动者工作时精神高度紧张，需要通过各种丰富多彩的体育娱乐与休闲运动来消除疲劳、愉悦身心、陶冶情操、满足人们的精神享受。随着现代传媒技术的发展与普及，观赏各类运动竞赛与体育活动已成为人们休闲娱乐的重要内容。另外，人们在闲暇参加各种体育活动，更增添了无穷的生活情趣，成为现代都市人娱乐的新时尚。

四、体育的军事功能

体育与军事是相互联系的，在其发展过程中两者更是相互促进。

（一）军事对体育的历史性促进

在为应对战争而进行的军事训练中，创造出若干流传至今的丰富的体育内容。

公元前2000多年的埃及，出现了培养军官的专门学校，其主要课程内容是赛跑、划船、游泳、摔跤、器械对打等。

在中国，奴隶制社会就有了田猎等军事训练制度，其主要课程内容是射、御等；在近代，北洋水师学堂开设了击剑、拳击、哑铃、跳高、跳远、足球、游泳等项目。

（二）体育在军事训练中的作用

战争需要身体强健、勇猛顽强、技艺不凡而又吃苦耐劳的士兵，由于体育训练能有效增强人的体质、磨炼人的意志，因此体育便成为军事训练的重要手段。

五、体育的经济功能

体育对于人的体力发展具有直接的强化作用。体育虽不直接参加物质生产，不产出社会物质产品，但间接作用于物质生产过程所产生的经济效益是客观存在的、不可低估的。

体育与经济之间的联系可以表现为体育的进步对经济发展水平的依赖与促进。随着劳动生产力水平的不断提高和科学化、机械自动化生产方式的运用，减少了劳动时间与强度，使人们的余暇不断增多。因此，余暇体育、户外运动、娱乐体育、健身活动不断发展，从而推动了体育消费，促进了体育产业和带动了经济的发展。第一，推动了运动器材、服装、饮料、医药等行业的发展。第二，在新的经济时期，健康的体育作为人类生存的机会进入市场，花钱买健康的观念使健康成为一种有限的资源，促使人们投入体育市场。第三，体育的发展尤其是不同级别的体育比赛，需要建设不同标准的体育设施；带动交通、邮电、旅游、商业、饮食娱乐等服务业的发展；电视转播权、门票、体育彩票、邮票、纪念币、印刷宣传品以及广告等都为经济的发展起到了推动的作用，从而开辟了广阔的体育市场。伴随着商品经济浪潮的冲击，奥运会也表现出鲜明的商业化倾向，奥运会对经济的促进作用也更加明显。

六、体育的政治功能

体育与政治的相互联系始终客观存在。任何时候任何国家在带有方向性问题上，都要求体育服从政治的需要，同时也充分利用体育对政治所具有的影响。

古代社会，竞技与政治关系非常密切，竞技体育往往成为达到政治目的的一种手段。古希腊人利用恢复奥林匹克竞技会的机会，在伊利斯大国王依菲斯特的政治周旋下，终于确定了奥林匹克“神圣休战”公约，由此开始了体育为和平政治服务的先驱。

体育在维护国家主权和民族尊严方面表现出鲜明的政治立场。政治的需要推动着体育的发展，体育竞赛可以改善和促进国家之间的关系，提高国家地位和威望，显示政治制度的优越性，振奋民族精神，创造安全的社会环境。

体育为外交服务，如唐朝与吐蕃的“马球”交往；中国的“乒乓外交”，促使中美关系正常化，为世界各国所称道。此外，政治也影响和制约体育的发展。

第五节 现代社会与体育

全面理解现代社会与体育的关系，必须了解人类的“需要”理论，只有“需要”才能全面理解体育的发展、进步，才能认识现代社会的体育需要。

一、现代社会需要体育

（一）现代社会与健康

世界卫生组织（WHO）对人的健康所下的定义是：健康不仅指身体无疾病，还要有完整的心理、生理状态以及社会适应能力。《现代汉语词典（第7版）》将健康定义为：（人体）发育良好，机理正常，有健全的心理和社会适应能力。从这两个权威性的定义来看，健康不仅仅是躯体的健康，更重要的是心理健康。可以说，人的健康的一半是心理健康。即人们在自然和社会环境中，遇到困难、挫折、突发意外等情况时，也能够做到心理和谐、情绪稳定、精神饱满，从而正确地对待、处理和排除不利因素的影响。

（二）现代社会对人才的基本要求

世界经济的全球化和科学技术的迅猛发展，正日益深刻地改变着当今人类的生产方式和生活方式，以信息转移为特征的知识经济时代已经到来，知识、人才、民族的素质和国家的创新能力等要素已成为经济增长和社会发展的关键因素。当今世界各国的竞争，实际上是知识、人才的竞争。要想在竞争中抢占制高点，赢得主动权，最根本的就是要依靠高素质的劳动者和创新的人才。从现代社会的发展来看，对现代合格人才的基本要求可以归纳为以下几个方面：①体质良好，体格健壮，适应能力强；②体能全面；③心理健康。

二、体育培养现代人的作用

在人类社会文明程度较低时，人类为基本生存和安全需要而发展自身的身体能力；工业时代到来后，综合性体力劳动过渡到片面性体力劳动；信息产业的兴起，由片面性体力劳动向脑力劳动转化，尽管人类医疗、卫生、环境、体育手段等都得到较好的发展，但是人们也强烈地意识到人体的弱化在加速。今天，人类已经步入信息化的知识经济时代，脑力劳动不可避免地占据主导地位，人类比任何时候都需要体育，现代社会更需要体育，其作用主要表现在以下三个方面。

（一）体育能促进身心健康

新技术革命的浪潮席卷全球，新信息、新观念、新学科、新技术、新理论层出不穷，人类进入一个知识纵横交叉、一体化的科学时代，特别是信息技术、生物工程、微电子技术的高速发展，带来了高层次、多系列和高度综合化的发展，信息量不断增长，更新周期加快，人类要不断地适应变化和挑战。在这个过程中，人类要面临精神压力，而参与体育运动能缓解这种压力。体育既是对过去生活的连续和弥补，又是对未来生活的准备和承接，体育是人类缓慢的生物进程与急速社会发展进程间的“润滑剂”；体育是追寻心理健康最有益的方式；体育是追寻健康最积极的方式；体育是增强健康最有趣的方法。

（二）体育能促进智力发展

现代社会知识的更新越来越快，这就要求人们具有较强的学习能力。体育能提高大脑皮质反应的灵活性，具有激活脑细胞的功能，可以发展积极思维、良好记忆和集中注意力，而这些都是学习知识所必备的条件。随着科技的发展，从事脑力劳动的人不断增多已是现代社会不可避免的现象。脑力劳动者机能特点是呼吸表浅、血液循环慢、新陈代谢低下、肌肉活动量降低，但大脑神经系统却处于高强度状态，疲劳的产生会使工作、学习能力下降。根据高级神经活动的负诱导规律，运动中枢的兴奋可以使思维、记忆中枢得到更完全的休息。运动生理学研究表明：科学的体育运动，能对大脑中枢神经系统和内分泌系统产生良好的刺激，促进人体新陈代谢，加速血液循环，提高心脏功能，改善大脑的供氧能力，从而消除大脑的疲劳，恢复和提高大脑的工作能力。

（三）体育能培养人高尚的道德情操

体育运动是一种有一定约束力的社会活动，各种竞赛都有严格的规则，又是在一定的执法人员——裁判员、教练员的直接监督、教育下有组织地进行，参与运动和比赛的人必须遵守这些准则，这也是对培养人们遵守社会生活准则和职业道德的强化。体育运动，特别是集体项目的运动，要求个人之间相互配合才能进行。如排球运动，通过一传、二传和攻手的密切配合才能在比赛中取得胜利；足球从守门员到前锋队员形成一个整体，团结协作才能赢得比赛。体育运动的这些特性，对培养人们的团结协作精神起到了强化作用。

第二章　健康概述

第一节　健康的定义及标准

20 世纪末，80 多位诺贝尔奖获得者齐聚美国纽约，讨论“21 世纪人类最重要的是什么”。对于这个问题，他们的共同结论是：健康！健康乃一切之基础。

健康是人生幸福的源泉。健康不能代替一切，但是没有健康就没有一切。要创造人生辉煌、享受生活乐趣，就必须珍惜健康，学会健康生活，让健康成为幸福人生的源泉。人生是否幸福，或许有很多的衡量标准，而健康永远被列在第一位。失去了健康，没有了健全的体魄与饱满的精神，生命就会黯然失色，人生索然无味。

健康是个人幸福的前提。拥有健康身心的人，更容易保持乐观，而乐观正是培养积极生活态度所不可缺少的条件。一个生活阅历丰富的人往往懂得健康的重要性，把维护健康看作生命的崇高责任。只有充沛的生命力，才可以抵抗各种疾病，渡过各种难关，迎接一个又一个的挑战。健康的身体是人生最为宝贵的财富，没有健康，一切都无从谈起。

健康是事业成功的保障。健康是人们成就事业的本钱。身体健康与心理健康两者是相辅相成、互相影响的，且又影响着人际关系和谐与否，尤其是信心和勇气两种心理状态，直接关系到事业的成败。一个身体不健康的人，常常是思想消极、悲观、缺乏信心和勇气的，难以产生创造性的思维。人生不是一帆风顺的，具有健康的体魄才能经受得起各种挑战和挫折，成就一番事业。本固枝荣，根深叶茂。要成就一番事业，就必须要有健康做支撑，因为，只有拥有了健康，才能有足够的精力去开创事业。

健康是家庭幸福之源。现代生活节奏快，压力大，很多家庭忽视了对家人健康的经营。其实，我们需要将健康列为家庭的一个重点来维护，无论贫困或富裕，健康才是幸福的基础。健康是一种自由，健康是一种财富，健康更是一种幸福！对于所有幸福美满的家庭来说，它们都拥有共同的财富，那就是健康。健康是每个家庭幸福的源泉！没有健康，人生的追求、事业、财富、爱情，都将失去依附。健康的身心是成就一切宏图伟业的基石，只有不断地为健康进行储蓄，你的财富才会倍增，否则，一切终将化为泡影。

那么究竟什么是健康呢？

1948 年，世界卫生组织（WHO）明确提出：健康不仅是没有疾病，而且是身体上、心理上和社会上的完好状态。这是世界公认的对健康的标准定义，此定义提出了健康新概念，即健康包括躯体健康、心理健康和社会适应能力良好三个方面，即三维健康观。1989 年，世界卫生组织在对健康定义的阐述中，又在此基础上增加了道德健康，即四维健康观。2000 年，世界卫生组织又提出了“合理膳食，戒烟，心理健康，克服紧张压力，体育锻炼”的促进健康新准则。由此看出，对于健康的认识是一个不断发展的过程。世界卫生组织关于健康概念的发展变化，是对健康的比较全面的认识，这是一种整体的、积极向上的健康观，表明人们传统的健康思维发生了变化，明确指出了只有在躯体健康、心理健康、社会适应良好和道德健康等几方面都具备，才算得上是真正意义上的健康。健康概念的发展变化，说明了人类对健康的重视程度和生活质量的不断提高。那种在传统意义上的没有病即健康的观念显然是非常不全面的。健康是人类生存发展的一个基本要素，没有健康将一事无成。21 世纪，高度发展的信息社会改变着人们的生活方式，人们更加重视环境对健康的影响，有科学家明确指出：健康是生态条件的函数。随着社会的进步和医学科学的发展，生物—心理—社会医学模式逐渐取代了传统的生物医学模式，人们对健康含义的理解也越来越深刻。

一、四维健康观

（一）躯体健康

1. 躯体健康的含义

躯体健康是人整体健康的基础，是指人在生物学方面的健康，即人体的形态合理、结构完整和生理功能的正常。人体结构的完整，是说人的躯体是由结构复杂程度不同的物质从简单到复杂逐级形成的一个有机整体，这个整体无论是在结构上还是在生命的活动过程中都是有序的和不断变化的。而生理功能的正常则是机体的新陈代谢、生长发育、生产和生活活动以及机体对环境变化的反应和适应性均处于正常状态。

2. 衡量躯体健康的“五快”标准

（1）吃得快：进餐时，有良好的食欲，不挑剔食物，并能很快吃完一顿饭。

（2）排得快：一旦有便意，能很快排泄完大小便，而且感觉良好。

（3）睡得快：有睡意，上床后能很快入睡，且睡得好，醒后头脑清醒，精神饱满。

（4）说得快：思维敏捷，口齿伶俐。

（5）走得快：行走自如，步履轻盈。

（二）心理健康

1. 心理健康的含义

心理健康是指人内心世界丰富充实，处世态度和谐安宁，与周围环境保持协调。具体地讲，心理健康包括两层含义：其一是自我人格完整，心理平衡，自我感觉良好，情绪稳定，积极向上，有较好的自控能力，有自知之明，能正确评价自己，能及时发现并克服自己的缺点；其二是有正确的人生目标，不断追求和进取，对未来充满信心。

2. 衡量心理健康的具体标准

（1）认知过程正常，智力正常。

（2）情绪稳定，乐观，心情舒畅。

（3）意志坚强，做事有目的、有计划、有步骤、有方法，能克服困难达到目的。

（4）人格健全，性格、能力、价值观等均正常。

（5）养成健康习惯和行为，无不良行为。

（6）很好地适应社会，人际关系良好。

需要指出的是，心理健康与否的界限是相对的，没有一个固定不变、普遍适用的绝对标准，已有的衡量心理健康的标准也会随时代的变迁和社会文化的差异而变动。

（三）社会适应良好

社会适应主要指人在社会生活中的角色适应，包括职业角色、家庭角色及婚姻、家庭、工作、学习、娱乐中的角色转换与人际关系等的适应。而社会适应良好则是指人的行为能适应复杂的社会环境变化，能为他人所理解，为社会所接受，行为符合社会身份，能与他人保持正常的人际关系，同时，不管是人的角色的适应，还是人的行为的适应都应当适度，并考虑到正确选择适应方式和积极适应的态度。总之，我们应当意识到健康是可以维护的。而健康的维护最主要的就是要从每个人自身做起，以对自己、对社会负责任的态度积极主动地关爱自己的健康，自觉抵御各种不良诱惑，保持自身始终处于一个良好的适应状态，以达到积极维护自身健康的目的。

（四）道德健康

道德是以善恶为标准，调节人们之间和个人与社会之间关系的行为规范。道德总是扬善抑恶的。作为一种行为规范，道德的作用主要是通过对人的行为提出善与恶、美与丑、荣与辱、正义与非正义、诚实与虚伪的社会评价舆论，并通过社会成员发生导向和制约。道德舆论将一定的社会行为准则推荐给社会成员，经过个体的认知过程在其内心树立起某种初步的道德信念，并逐步使其道德认识深化，通过舆论的褒扬、贬抑和谴责而产生作用力，控制和影响个人的需要、动机和行为。社会的道德舆论导向制约着个体道德观念的形成，个体道德观念又直接制约着个体行为。因此，道德健康就是指不能损害他人利益来满足自己的需要，能按照社会认可的道德行为规范准则约束自己及支配自己的思维和行为，具有辨别真伪、善恶、荣辱的是非观念和能力，既为自己的健康也为他人的健康负责任，把个人行为置于社会规范之内。大学生是国家的栋梁之材，而良好的道德素质则是立身之本。

二、健康的基石与标准

世界卫生组织在健康定义的基础上，提出了人体健康的四大基石和衡量健康的十条标准。

（一）健康的四大基石

（1）合理膳食。

（2）适量运动。

（3）戒烟限酒。

（4）心理平衡。

（二）衡量健康的十条标准

（1）精力充沛，从容不迫地担负日常生活，对繁重工作不感到紧张、劳累。

（2）处事乐观，态度积极，乐于承担责任，事无大小，不挑剔。

（3）善于休息，睡眠好。

（4）应变能力强，能适应外界的各种环境变化。

（5）能抵抗一般疾病如感冒。

（6）体重适当，身体匀称。站立时，头、肩、臀位置协调。

（7）眼睛明亮，反应敏捷，眼睑不发炎。

（8）牙齿清洁，无龋齿，无疼痛，牙龈颜色正常，无出血现象。

（9）头发有光泽，无头屑。

（10）肌肉丰满，皮肤有弹性。

第二节　亚健康

亚健康是一种生理功能低下的次等健康状态，故又有“次健康”“第三状态”“中间状态”“游移状态”“灰色状态”等称谓。世界卫生组织将机体无器质性病变，但是有一些功能改变的状态称为“第三状态”，我国称为“亚健康状态”。

一、亚健康状态的表现

目前认为，亚健康状态的表现多而复杂，具体包括躯体、心理、道德和社会适应性等方面。

（一）躯体方面

全身疲乏无力，不愿多干活，不愿多走路，自感体质虚弱，步伐沉重；浑身酸痛、头昏、头痛、腰酸背痛、四肢肌肉酸痛，常诊断为“风湿”“痛风”“腰肌劳损”等；睡眠障碍，每天昏昏沉沉，头脑不清醒，想睡睡不着，睡着睡不深，睡深睡不久，睡久睡不安，经常做一些怪诞的噩梦；机能低下，免疫功能下降；性功能低下，男性常表现为阳痿、性交不能、早泄，女性表现为性冷漠、性恐惧、性厌恶等；功能紊乱，常见的有自主神经功能紊乱，表现为感觉忽冷忽热，爱出汗，皮肤经常出现烧灼、针刺不定位的疼痛、麻木、蚁走样等异常感觉；胃肠功能紊乱，食欲不振、厌食、恶心、腹胀、便秘等。

（二）心理方面

精神不愉快、情绪不稳定、烦躁、易怒、紧张、恐惧、妒忌、焦虑、抑郁、记忆力下降、注意力不集中及反应迟钝。

（三）道德方面

主要表现为世界观、人生观和价值观上存在着明显的损人利己的偏差。

（四）社会适应性方面

突出表现为对工作、生活、学习等环境难以适应，对人际关系难以协调。对社会看不惯，牢骚满腹，固执己见，看问题主观、片面，偏激，爱吵架，脱离实际，脱离社会，脱离群众。与同学、朋友及家庭成员关系紧张，自己感到很烦恼、很孤独，工作、学习效率低下。美国著名心血管专家威廉斯博士自1958—1982年追踪观察225名医科大学学生发现，性格孤僻、对他人怀有敌视情绪者，25年内死亡率高达14%，而性格随和、广交朋友者死亡率为2.5%，两者相差5.6倍。

总之，亚健康的临床表现存在着“三低”“四多”“八高”。“三低”指免疫功能低，工作效率低，适应（环境、社会、角色）能力低；“四多”指疲劳症状多，器官功能紊乱多，精神负担和体力透支多，超重、肥胖多；“八高”是指医院血液检查发现高血压、高血脂、高胆固醇、高血黏度、高低密度脂蛋白、高血糖、高血酶及脂肪肝。

二、亚健康状态产生的原因

（一）过度紧张和压力

研究表明，长时期的紧张和压力对健康有“四害”：一是引发急慢性应激直接损害心血管系统和胃肠系统，造成应激性溃疡和血压升高、心率增快、加速血管硬化进程和心血管事件发生；二是引发脑应激疲劳和认知功能下降；三是破坏生物钟，影响睡眠质量；四是免疫功能下降，导致恶性肿瘤和病毒感染机会增加。

（二）不良生活习惯

不良生活习惯可导致肿瘤、心脑血管疾病等。不良生活习惯主要体现在饮食结构不合理、长期偏食、暴饮暴食、嗜烟酗酒。

（三）环境污染

水源和空气污染、噪声、微波、电磁波及其化学、物理因素污染是防不胜防的健康隐性杀手。

三、预防或摆脱亚健康状态

亚健康属于非疾病状态，要摆脱亚健康状态，主要是靠自己主动自觉地预防，可以从均衡营养、保障睡眠、善待压力、培养兴趣、参加户外活动几个方面进行自身生活规律的调节，有助于预防或摆脱亚健康状态。

第三节　影响健康的因素和现代社会的健康危机

一、影响健康的因素

人类的健康受多种因素的影响。这些因素互相渗透、互相制约、互相作用。这些因素归纳起来主要有两方面：先天因素和后天因素。具体来讲，影响健康的因素主要有以下几种。

（一）遗传因素

人类在建造自身的时候，染色体除决定人的性别外，还要在胚胎发育中摄取环境中的许多物质，造成和亲代相似的多种特征，如体态、体质，甚至影响人的性格、智力等。子女身高、体型与父母身高、体型遗传度较大，但后天环境，尤其是营养状况、体育锻炼等因素也有相当大的影响。现在已发现的遗传疾病有2000种之多，遗传疾病不仅影响个体终生，也是社会重大问题。提倡科学婚姻、优生、优育、计划生育，提倡适龄婚配，适龄、适时婚育，这是民族世代繁衍、增强人民体质、获得健康和美好生活的基本措施。

（二）自然环境因素

保持自然环境与人类的和谐，对维护、促进健康有着十分重要的意义。若破坏了人与自然的和谐，人类社会就会遭到大自然的“报复”。有统计数字表明，全球有1亿人饱受大气污染的折磨，另有25亿人生活的空气已被严重污染，脏水如今已是城市居民最大的杀手，每年有50万~120万人死于与水污染有关的疾病。哲学家海德格尔曾说过，人，应当诗意地安居。什么叫诗意？除却人文的因素，人类居所的诗意环境应当是水源洁净，空气清新，空气负氧离子适宜，气候宜人，无工业废水、废气、废渣，无垃圾及住所绿化程度达到60%。

（三）心理因素

现在许多国家和地区疾病谱发生了变化，许多与心理因素有关的慢性疾病如心血管疾病、肿瘤、消化性溃疡等取代了危害人类健康最大的传染病，成为人类死亡的主要原因。消极情绪如焦虑、怨恨、忧郁、悲伤、颓丧、恐惧、惊慌、紧张等都可以引起人体各系统功能失调，可以导致失眠、心动过速、血压升高、食欲减退等。心身医学认为这类心理因素在一些躯体疾病如偏头痛、消化性溃疡、心律失常、甲状腺亢进等所谓“心身疾病”中起重要作用。当代心理免疫学研究表明，积极的心理状态能增强机体抗病能力。由于精神系统可通过去甲肾上腺素、5-羟气胺等神经递质对免疫器官产生支配作用，因而积极、快乐、向上的生活心态能使这种支配作用增强，从而使抗体增多。

（四）卫生保健设施因素

卫生保健设施是保证人类健康的重要因素。为使人人享有卫生保健，世界卫生组织于1978年在《阿拉木图宣言》中宣布，初级卫生保健是全世界在可预见的将来达到满意健康水平的关键。初级卫生保健内容包括健康教育、供给符合营养要求的食品、供给安全用水和基本环境卫生设施、妇幼保健和计划生育工作、开展预防接种、预防常见病、采取适当的治疗方法、提供基本药物。国民经济实力、国民收入、人民消费水平和消费方式也将对社会卫生保健措施产生影响，从而成为对社会人群健康有深刻影响的因素。一些发达国家，卫生保健、医疗较完整，有利于改善和提高人群的健康状况。

（五）职业工作因素

近几年来，一个叫“职业枯竭”的词常见于报端，指的是由于职业所要求的持续情感付出，导致身心不堪重负所造成的身心枯竭状态。有职业枯竭倾向的人常常表现为工作时注意力不集中，思维效率降低，自我评价下降，时常感到无能、失败，甚至消极怠工，对他人进行攻击等。现实生活中，究竟有多少因职业枯竭而导致“折寿”的人不得而知。研究表明，人们选择工作时的一个重要考虑因素，应该是自己是否对这份工作感兴趣，而不应该把挣钱摆在第一位，这样才不会缩短自己的寿命。事实上，对一些调查者进行跟踪调查后发现，与觉得工作有意思、没有太大压力的人相比，那些主要从事被动的重复性劳动的人，像文字录入人员和装配线上的工人，或必须听命于4～5个上司的指令工作的人中，有30%～50%的人要少活5年。

（六）科学技术因素

科学家认为，人的衰老主要是由于细胞中的DNA损伤所致，当体内的干细胞干瘪之后，它就不再制造新细胞。这样，人体细胞的新陈代谢也就不能完成，衰老细胞越来越多，直到去世。针对此项，科学家认为有3种方法可以控制衰老：设计出基因开关和基因钟，以开关设定时的方式控制基因活性；未来可以像更换汽车零件一样更换人体有关器官；制造长命细胞。实际上，俄罗斯的科学家已经通过给结缔组织细胞培养植入一种特殊基因的方式，从中成功分解出能使人类的寿命延长3倍的长命细胞。

（七）生活方式因素

生活方式是指个人和社会的行为模式。它虽然受到自然环境和社会环境的影响，但又是可以由个人选择的。体育锻炼是促进人类寿命延长的有效手段。锻炼是身体循环的好朋友，运动能使一个人保持肌肉的柔韧、身体平衡及匀称。在日常生活中，保持有规律的生活是益寿延年的最佳生活方式。而放纵自己行为的习惯，则是造成各类疾病及人体亚健康直至影响寿命的直接原因。有统计数字表明，由于生活方式疾病和不健康的生活方式而造成的死亡已占人类死亡率的50%以上。

（八）饮食因素

数字表明，粮食缺乏使全球每年有30万以上的人因吃不饱而死亡，与营养不良所造成的死亡形成鲜明对比的是，每年同样有数以百万计的人死于暴食暴饮、营养过剩所造成的肥胖病。科学家经研究得出结论，一个人如果超出其应该具有的标准体重的15千克以上，那么将导致其寿命缩短7年左右。而来自中国科学家对19位百岁老人的调查结果表明，60%以上的老人既吃粗粮也吃细粮，74%的老人早晚吃粥，中午吃干饭。显然，低热量、低脂肪、低动物蛋白和多种类的饮食习惯是增进人类长寿的最佳营养方案，而节制饮食则可减少人体氧负荷，降低葡萄糖水平从而降低疾病发病率等。

（九）性别因素

女性比男性长寿，这已是不争的事实，可是什么原因使女性比男性长寿呢？有科学家认为，女性长寿的原因是比较会睡，且睡得好，睡得香；也有研究承认，女性的代谢水平低于男性。而近年来有研究表明，女性长寿的秘诀在于人类体细胞端区。端区长度随增龄而缩短，即端区长度越长越长寿，端区长度丢失越快，衰老越快。男性端区长度丢失速率比女性快，所以衰老得也快，寿命也短。

（十）家庭婚姻因素

专家认为，成双性是人的自然本性。夫妻和睦、婚姻美满的家庭能使人消除孤独感，同时能激发人的生活情趣。而生活在不美满的婚姻和冷暴力对抗家庭状态中的人，多郁郁寡欢。特别是那些长期独居和过早丧偶的人，担负着比常人更重的生活压力和心理压力。

二、现代社会的健康危机

现代社会随着科技的进步、人们生活节奏的加快、工作压力的加大、生活水平的提高，人类的整体健康状况却开始令人担忧起来。人类依然备受各种疾病的困扰，而且疾病的种类越来越多，范围越来越广。肿瘤、心脑血管疾病、糖尿病号称现代人类健康的“三大杀手”，目前已成上升势态。胃肠疾病、顽固便秘、骨质疏松、未老先衰，几乎随处可见，免疫力低下引发的易感染、易感冒时刻困扰着我们，尤其是大范围的传染性疾病给我们的心理带来极大的恐慌，造成了巨大的生命财产损失。

美国、英国和世界卫生组织的专家有研究结果表明，由肥胖导致全球每年早死 30 万人，肥胖已经成为当今世界的另一种“健康危机”，而且这并非所谓西方富裕国家所独有，而是一种世界性的危机。如果这种危机得不到遏制，未来每年将导致更多的人早死。英国伦敦帝国学院、美国哈佛大学和世界卫生组织联合组成的研究团队在英国医学期刊《柳叶刀》上公布了他们对 2008 年世界人口健康状况的统计分析，结果表明，自 1980 年以来，世界肥胖和超重人数增加了近两倍。1980 年，全球有 4.8% 的男性肥胖，7.9% 的女性肥胖。而到 2008 年，全球有 9.8% 的男性肥胖，13.8% 的女性肥胖。

全球性的肥胖危机是由不健康的生活习惯所引起的。健康生活的定义很简单：保持粗茶淡饭，远离肥甘味美；保持适量运动和步行，不依赖舟车宝马；亲近果蔬，远离烟酒；食品宜原汁原味，不宜过度烹调和精加工。研究人员发现，高脂肪、高蛋白食物摄入过多，运动过少这样的生活方式已引起全球心血管疾病“海啸”式地增多。而只要选择健康生活，就会减少肥胖以及肥胖引起的各种疾病。如何过健康生活呢？世界卫生组织认为，健康生活的第一个要素便是运动，它适宜于每个年龄段的人，可以预防多种癌症和其他传染性疾病，同时增强体质。然而，现在全球有 31% 的人不做运动，而缺少运动已成为世界人口死亡的重要因素。世界卫生组织对于运动的推荐是，每个成年人每周至少应进行 150 分钟的适度运动。换算成最简单的做法就是，每周至少有 5 次步行 30 分钟，或者每天骑自行车上下班。这是一个几乎人人都可以做到的运动。健康生活方式还应包括戒烟、避免吸二手烟、避免过度晒太阳和预防可诱发癌症的感染。此外，健康生活方式也体现在饮食上。

我们应该认识到，人类的健康面临极大的挑战。有关专业人士警告：疾病的危害远远大于战争！健康不容忽视！

附　录：心理健康状况的自我评价

一、心理健康自测问卷

对下列各题做出“是”或“否”的回答。

1. 每当考试或提问时，会紧张得出汗。 是 否
2. 看见不熟悉的人会手足无措。 是 否
3. 心里紧张时，头脑会不清醒。 是 否
4. 常因处境艰难而沮丧气馁。 是 否
5. 身体经常会发抖。 是 否
6. 会因突然的声响而跳起来，全身发抖。 是 否
7. 别人做错了事，自己也会感到不安。 是 否
8. 经常做噩梦。 是 否
9. 经常有恐怖的景象浮现在眼前。 是 否
10. 经常会产生胆怯和害怕。 是 否
11. 常常会突然间出冷汗。 是 否
12. 常常稍不如意就会怒气冲冲。 是 否
13. 当被别人批评时就会暴跳如雷。 是 否
14. 在别人请求帮助时，会感到不耐烦。 是 否
15. 做任何事情都松松垮垮，没有条理。 是 否
16. 脾气暴躁焦急。 是 否
17. 一点儿也不能宽容他人，甚至对自己的朋友也是这样。 是 否
18. 被别人认为是个好挑剔的人。 是 否
19. 总是会被别人误解。 是 否
20. 常常犹豫不决，下不了决心。 是 否
21. 经常把别人交办的事情搞错。 是 否
22. 会因不愉快的事情缠身，一直忧忧郁郁，解脱不开。 是 否
23. 有些奇怪的念头老是浮现在脑海，自己虽知其无聊，却又无法摆脱。 是 否
24. 尽管四周的人都在快乐地取闹，自己却觉得孤独。 是 否
25. 常常自言自语或独自发笑。 是 否
26. 总觉得父母或朋友对自己缺少关爱。 是 否
27. 情绪极其不稳定，很善变。 是 否
28. 常有生不如死的想法或感觉。 是 否
29. 半夜里经常听到声响，难以入睡。 是 否
30. 感情很容易冲动。 是 否

评分规则：每题回答“是”记 1 分，回答“否”记 0 分。各题得分相加，统计总分。

总分 0 ~ 5 分，属于正常的人。6 ~ 15 分，说明精神有些疲倦了，最好能合理地安排学习，劳逸结合，让精神得到放松。16 ~ 30 分，心理极其不健康，有必要请心理咨询专家给予指导，相信您很快就会从烦恼不安中走出来。

二、自信程度自测问卷

（1 = 很符合　2 = 比较符合　3 = 不知道　4 = 不太符合　5 = 很不符合）

1. 我不喜欢参加挑战性的工作。 1 2 3 4 5

2. 如果被人当面指责，我会感到十分窘迫。 1 2 3 4 5
3. 我是一个不善交际的人。 1 2 3 4 5
4. 我常担心自己会成为别人愚弄的对象。 1 2 3 4 5
5. 在会上，即使不同意别人的观点，我也不立即反驳。 1 2 3 4 5
6. 如果我提出的要求被人拒绝，我会感到十分难堪。 1 2 3 4 5
7. 我从不主动在讨论会上发言。 1 2 3 4 5
8. 当被分派到一项较难的任务时，第一反应是“我不行”。 1 2 3 4 5
9. 我担心别人是否会喜欢我做出的决定。 1 2 3 4 5
10. 我的朋友常说我自信心不足。 1 2 3 4 5
11. 我觉得自己比不上周围的同学。 1 2 3 4 5
12. 我不大愿意独自承担一项任务的决策工作。 1 2 3 4 5
13. 我对未来忧心忡忡。 1 2 3 4 5
14. 如果有人质疑我的观点，我很少能坚持自己的观点。 1 2 3 4 5
15. 与人交谈时，我不习惯正视别人。 1 2 3 4 5
16. 开会或聚会时，我总是挑选最不起眼的位置坐。 1 2 3 4 5
17. 面对别人的不合理要求，我从来不敢拒绝。 1 2 3 4 5
18. 我从来不敢当面批评一位朋友的过失。 1 2 3 4 5
19. 如果我感到愤怒，我也无法把这种感觉表露出来。 1 2 3 4 5
20. 我常为自己的身体和形象而苦恼。 1 2 3 4 5

计分方法：每题所选的数字即为该题的得分，最后统计总得分。

20 ~ 40 分者：严重缺乏自信，不能很好地正视自己，压制了原有天分的发挥，亟须改变，恢复自信。

41 ~ 70 分者：不管是否意识到，自己的潜意识都隐藏着自卑，这使自己在稍重要的场合就退缩，不敢积极主动地面对生活。

71 ~ 100 分者：属于有自信的人，虽然自己有可能在某些方面也感觉不如别人，但这并不影响对自己的正确认识。

对比自己的行为表现，自己是否是一个缺乏自信的人？是否已感觉到缺乏自信心是自己发展道路上的一块拦路石？如果是这样，别再迟疑，和我们一起把自己心上的这道阴影擦掉，为自己的发展扫除障碍，让自己的心中充满自信！

三、人际交往能力自测问卷

人际交往能力自测问卷共包括 30 道题，你可按照自己的符合程度打分，凡符合者打 2 分，基本符合者打 1 分，难以判断者打 0 分，基本不符合者打 -1 分，完全不符合者打 -2 分，最后统计总得分。

1. 我看见陌生人常常觉得无话可说。
2. 我到朋友家做客首先要问有没有不熟悉的人出席，如有，我的热情就明显下降。
3. 在陌生的异性面前，我常感到手足无措。
4. 我不喜欢在大庭广众下讲话。

5. 我的文字表达能力远比口头表达能力强。
6. 在公共场合讲话，我不敢看观众的眼睛。
7. 我不喜欢广交朋友。
8. 我的好朋友很少。
9. 我只喜欢与谈得拢的人接近。
10. 到一个新环境，我可以接连好几天不讲话。
11. 如果没有熟人在场，我感到很难找到彼此交谈的话题。
12. 如果要在“主持会议”与“做记录”这两项工作中选一样，我选后者。
13. 参加一次新的集会，我不会结识多少人。
14. 别人请求我帮助而我无法满足对方的要求时，常感到很难对人开口。
15. 不到万不得已，我绝不求助于人，这倒不是我个性很强，而是感到很难对人开口。
16. 我很少主动到同学、朋友家串门。
17. 我不习惯和别人聊天。
18. 领导、老师在场时，我讲话特别紧张。
19. 我不善于说服人，尽管有时我觉得我很有说服别人的理由。
20. 有人对我不友好时，我常常找不到恰当的对策。
21. 我不知道怎样与忌妒我的人相处。
22. 我同别人的友谊发展，多数是别人采取主动态度。
23. 我最怕在社交场合中碰到令人尴尬的事。
24. 我不善于赞美别人，因为很难把话说得自然亲切。
25. 别人话中带刺揶揄我时，除了生气外，我别无他法。
26. 我最怕做接待工作，同陌生人打交道。
27. 参加集会，我总是坐在熟人旁边。
28. 我的朋友都是同我年龄相仿的。
29. 我几乎没有异性朋友。
30. 我不喜欢与地位比我高的人交往，我感到这种交往很拘束、很不自由。

评价：

30 分以上：应该承认，你的社交能力是相当差的。

21 ~ 30 分：说明你的社交能力较差。

10 ~ 20 分：意味着你的社交能力还可以。

低于 10 分：应当祝贺，你是比较善于社会交往的人。

得分越低，说明交往能力越强。

四、承受与应付压力能力自测问卷

1. 你有一个支持你的家庭吗？如果有加 10 分。
2. 你是否以积极的态度执着地追求一种爱好？如果是加 10 分。
3. 你是否参加每个月有一次聚会的社会活动团体？如果是加 10 分。
4. 根据你的健康、年龄、骨骼结构情况，如果你的体重保持在理想体重以内加 15 分。

5. 你经常做一些所谓的深度放松吗？至少一周要做 3 次。这包括安神、静思、想象、做瑜伽等。如果是加 10 分。

6. 如果你每天至少吃一顿营养丰富且全面的饭菜，加 5 分。

7. 如果你每周坚持体育锻炼，每次在半小时以上，那么每锻炼一次加 5 分。

8. 如果你每周做一些你真正喜欢做的事情，加 5 分。

9. 你在家中备有专门供你独处和放松的房间吗？如果有加 10 分。

10. 如果你平均每天抽一包香烟，减 10 分。

11. 你是否依赖于饮酒或吃安眠药来帮助入睡？如果你每周有一个晚上是这样，减 5 分。

12. 如果你在日常生活中很会巧妙地支配时间，加 10 分。

13. 白天，你是否靠饮酒或镇静药来稳定急躁的情绪？如果你每周有一次如此，减 10 分。

14. 你是否经常把办公室的工作带到家里开夜车？如果是减 10 分。

评价：理想的得分应该是 115 分。得分越高，你对付压力的能力就越强。如果你的得分在 50 分以上，证明你已具备了对付一般性压力的能力。

五、自评抑郁指数表

在下列题目中，每题有 4 个备选答案，根据你的实际情况，选择一个最适合你的答案：1 表示从无或偶尔，2 表示有时，3 表示经常，4 表示总是如此。

	从无或偶尔	有时	经常	总是如此
1. 我感到情绪沮丧、郁闷。	1	2	3	4
★2. 我感到早晨心情最好。	4	3	2	1
3. 我哭或想哭。	1	2	3	4
4. 我夜间睡眠不好。	1	2	3	4
★5. 我吃饭像平时一样多。	4	3	2	1
★6. 我的性功能正常。	4	3	2	1
7. 我感到体重减轻。	1	2	3	4
8. 我为便秘烦恼。	1	2	3	4
9. 我的心跳比平时快。	1	2	3	4
10. 我无故感到疲劳。	1	2	3	4
★11. 我的头脑像往常一样清楚。	4	3	2	1
★12. 我做事情像平时一样不感到困难。	4	3	2	1
13. 我坐卧不安，难以保持平静。	1	2	3	4
★14. 我对未来感到有希望。	4	3	2	1
15. 我比平时更容易激怒。	1	2	3	4
★16. 我觉得决定什么事都很容易。	4	3	2	1
★17. 我感到自己是有用的和不可缺少的人。	4	3	2	1
★18. 我的生活很有意义。	4	3	2	1

19. 假如我死了，别人会过得更好。	1	2	3	4
★20. 我仍旧喜爱自己平时喜爱的东西。	4	3	2	1

注：★表示反向计分。

评分规则：每一条目均按 1，2，3，4 四级评分。SDS 评定的抑郁严重指数按下列公式计算：抑郁严重程度指数 = 各条目得分相加/80，指数范围为 0.25 ~ 1.0。指数越高，抑郁程度越重。

指数在 0.5 以下者无抑郁。

指数在 0.5 ~ 0.59 者有轻微或轻度抑郁。

指数在 0.6 ~ 0.69 者有中度至重度抑郁。

指数在 0.7 以上者为重度抑郁。

第三章 大学生的健康管理

第一节 大学生健康行为的培养

一、健康行为概述

（一）健康行为的概念

健康行为是指人们为了增强体质和维持身心健康而进行的各种活动。健康的四大基石是“合理膳食，适量运动，戒烟限酒，心理平衡”。健康行为不仅在于能不断增强体质，维持良好的身心健康和预防各种行为、心理因素引起的疾病，还在于它能帮助人们养成健康习惯。因为多发病、常见病的发生多与行为因素和心理因素有关，而且各种疾病的发生、发展最终都可找到行为、心理因素的相关性，所以可通过改变人的不良行为、不良生活习惯，养成健康习惯来预防疾病的发生。可见，健康行为是保证身心健康、预防疾病的关键所在。

（二）健康行为的分类

（1）基本健康行为（日常生活中有益于健康的基本行为，如合理营养、平衡膳食、适当锻炼、积极休息等）。

（2）预警行为（预防事故发生和事故发生后的正确处置，包括自救和他救）。

（3）保健行为（正确合理地利用卫生保健服务，如定期体格检查、预防接种、发病后及时就诊或咨询、遵从医嘱、配合治疗、积极康复锻炼等）。

（4）避开环境危害（包括生活、工作的自然环境和心理社会环境中对健康有害的各种因素）。

（5）戒除不良嗜好（指日常生活中对健康有害的个人偏好，如吸烟、酗酒、滥用药物等）。

（6）积极的内在健康行为调适（保持情绪愉快、人际关系和谐、人格统一、有自知力、适应环境、重视健康投资等）。

二、健康行为形成的模式

行为学的研究表明，知识与行为之间有着重要的联系，但不完全是因果关系。一个人的行为与知识有关，也与其价值观和信念有关，更与长期的生活环境有关。知信行理论认为：信息→知→信→行→增进健康。知（知识和学习）是基础，信（信念和态度）是动力，行（促进健康行为）是目标。

知识是基础，但知识转变成行为尚需要外界条件，而健康教育就是这种重要外界条件。如关于戒烟，对吸烟者而言，吸烟是一种社会行为，是通过学习得来的，要改变它、否定它，也得学习教育者或社会给予的知识。健康教育者必须通过多种方法将有关烟草的有害性、有害成分、戒烟的益处以及如何戒烟的知识传授给吸烟者。具备了知识，还要采取积极的态度，对知识进行有根据的独立思考，对自己的职责有强烈的责任感，逐步形成信念，知识上升为信念，就可以支配人的行动。当吸烟者采取积极的戒烟态度，相信吸烟有害健康，并相信自己有能力戒烟时，戒烟就可成功。但是，从接受转化到改变行为是一个非常复杂的过程：信息传播→觉察信息→引起兴趣→感到需要→认真思考→相信信息→产生动机→尝试行为态度坚决→动力定型→行为确立。其中关键的主要有两个步骤：信念的确立和态度的改变。知、信、行三者间不存在因果关系，但必须有必然性。在信念确立之后，如果没有坚决转变态度的前提，实现行为转变的目标照样会失败。所以，在实践中要使40%的人发生行为转变，就要有60%的人持积极的态度参与改变行为实践，这样，就要有80%的人相信这种实践对其健康是有益的，要达到这个目标就要使90%以上的人具有改变这种行为所必须具备的知识。

第二节　危害大学生健康的行为

目前，大学生的行为健康状况令人担忧。大学生的问题行为分为两大类：一类是品行方面的问题行为；另一类是人格方面的问题行为。前者是指那些直接向环境和他人的不良行为，如攻击行为、破坏行为等，因其较为“外显”，容易被学校或者外界发现而引起关注。后者则是表现以“退缩”为总特征的行为，如莫名的恐惧、焦虑等，因为这类行为给外界的感觉往往是没有问题或者一切正常，其爆发的表现也是指向自身，如自杀、神经衰弱等，所以常常内隐、不易被察觉，而被社会和学校忽视。

一、旷课、逃学

现在大学生旷课、逃学的现象非常严重，究其原因有以下几个方面。

（一）心理健康状况

正如美国教育心理学家富兰德森所推断的：心理健康是有效学习的基础。低水平的心理健康状况是导致学生讨厌学习，甚至产生旷课、逃学行为的一个重要原因。不健康的心理状态（特别是情绪、情感）会在一定程度上破坏大脑神经系统的正常功能，从而影响思维的速度和敏捷性、精确性和灵活性，影响大学生智力水平的正常发展，以致大学生在课堂上不能积极思考，作业、考试错误百出，学业成绩不良。

（二）人格特征

与一般的大学生相比较，那些内向、情绪不稳定、强神经质型个性的大学生更易产生厌学情绪和旷课、逃学行为。这是由于其不良的人格特征会影响其高级神经活动的强度、灵活度和平衡度，从而使他们的知觉、记忆、思维的功能受到阻碍，智力活动的积极性受到压抑。最终导致他们从事紧张的智力活动时极易疲劳，注意力极易分散，反应迟钝，学习效率下降，进而丧失学习兴趣，产生讨厌学习、害怕上学的旷课、逃学行为。

（三）价值观念

随着年龄的增长、体力的增强、知识面的扩大，在感受到成长喜悦的同时，一些学业基础好、成绩好的大学生，在学习中获得成功的体验，并产生良性循环，他们就会乐意上学。相反，如果大学生感到学校生活很无聊、乏味，甚至是痛苦的，他们就不愿意上学，更愿意躲在家里或校外娱乐场所寻找乐趣，获得精神寄托。

针对这些问题，大学生应先端正学习态度，明确学习目的，提高对学习意义的认识，培养求知欲，使学习有明确的努力方向，加强自制力，努力抵御外部的干预，增强学习的自觉性和主动性，要珍惜来之不易的学习机会，不要虚度大好青春。

二、入学人际适应问题

大学生存在入学人际适应问题。在大学中，有相当一部分大学生因生活习惯相差太大而要求调整宿舍等。严重者导致神经衰弱、抑郁症，有的甚至休学、退学。导致这种状况的原因主要是一个班、一个宿舍的同学分别来自不同的地方、不同的家庭，他们在许多方面都存在明显的差异。首先是思想观念、价值标准的不同：有的人看重能力，有的人看重品行；有的人追求学业上的成就，有的人追求人际关系的和谐。所以在遇到实际问题时，观点常常发生冲突，行为的倾向性也有所不同，争论甚至争吵在大学校园里屡见不鲜，因为大学生的自我意识很强，都想证实自己的观点并坚持自己的立场。其次，生活方式、习惯的不同也是大学生人际适应的一个障碍，更明显的是南北方的差异。对于每个人来讲，生活习惯也是千差万别的：有的人外向，整天说个不停，有的人内向，少言寡语；有的人早起早睡，有的人早上不起晚上不睡；有的人独善其身，有的人广交朋友。这样一来，晚上看书的人影响早睡的人休息，爱卧谈的人干扰不善言辞的人，爱静的人被朋友多的人搞得烦躁。而每个人的生活习惯又一时难以改变。

差异是客观存在的，每个大学新生都必须面对它、接受它，对待新的环境要以一种积极的态度去适应。首先要承认的是各人有各人的生活习惯和价值体系，如果你与别人生活在一起，你就得连同他的生活方式一起接受。但仅仅如此那是消极的适应。进一步讲，如果别人的生活方式有碍于你的生活，如夜里看电视影响你休息，随便动你的东西等。你就需要委婉地提出意见，适当地进行自我调整，如调整作息时间等。良好的人际关系包括两方面：一方面是适应对方，宽容对方；另一方面也要维护自己的权利。所以要想处理好同学关系，必须动脑筋，讲究方法技巧。

三、网瘾行为

随着网络的普及，在大学生中出现了网络成瘾行为。有部分厌学或者是情感受挫的大学生，为了逃避现实社会，躲避在网络中寻找虚拟的现实世界，寻求精神寄托，他们旷课、逃学，不分日夜地上网，浪费了大好的青春，不仅影响自己的身心健康，还有可能会结识损友，被人利用，甚至发生意外事件。

（一）网络成瘾的诊断

网络成瘾是一种心理疾病。由于导致网络成瘾的原因是多方面的，因此临床诊断时也应该从多角度、多侧面进行综合分析。下述为美国心理学家金伯利·杨（Kimberly Young）提出的网络成瘾8条标准。在每天上网超过4小时的前提下，如果下面8个问题的回答是肯定回答，即诊断为网络成瘾症。

（1）你是否沉迷于互联网？

（2）你是否需要通过逐次增加上网时间以获得满足感？

（3）你是否经常不能抵制上网的诱惑和很难下网？

（4）停止使用互联网时你是否会产生消极的情绪体验和不良的生理反应？

（5）每次上网实际所花的时间是否都比原定时间要长？

（6）上网是否已经对你的人际关系、工作、教育和职业造成负面影响？

（7）你是否对家人、朋友和心理咨询人员隐瞒了上网的真实时间和费用？

（8）你是否将上网作为逃避问题和排遣消极情绪的一种方式？

（二）解决网络成瘾的根本之道

1. 认知治疗

要改变大学生对网络的依赖，关键还是要让他们改变原来对网络不正确的认识。认识到过于沉迷于网络会对他们的前途造成什么样的影响；认识到这种行为对他们的父母和亲人造成了什么样的心理伤害；认识到为网络所付出的时间、精力和金钱会有什么样的回报，是否值得继续下去；认识到自己没有沉迷于网络之前的人格特征和学习成绩与目前的状况对比，是不断进步还是退步。这种认知治疗最好是由有处理网瘾经验的学校心理辅导教师来完成。

2. 增加其他有乐趣的活动来转移注意力

治疗手段多种多样。一是艺术疗法，如绘画、舞台剧、合唱等；二是运动疗法，如游泳、骑马、跑步等；三是自然疗法，如种花、种菜，接触大自然。医疗师通过帮助大学生远离“旧环境”，引导他们改变自己的生活。

3. 给予正面鼓励

除了监督大学生减少上网的时间外，对于参加集体活动或户外活动，都应该给予支持和鼓励，这样能够打破原来的上网习惯。对减少上网的进步行为要给予一定的物质和精神奖励，这叫作正强化。

在整个治疗过程中，最关键的是父母的支持，所以，治疗过程需要家长参与。家长应清楚，严禁孩子接触网络，只能暂时起作用，最重要的是，让孩子明白什么是适度上网，还要让孩子自己学会控制上网时间。

四、自杀行为

防范自杀

自杀是一种医学现象，也是一个严重的社会问题，更是心理不健康的特殊表现，被视为心理急症。大学生自杀的原因是多方面的，竞争（学习）失败、人际关系紧张、恋爱受挫、心灵空虚、压力太大、个人生活遭受不幸、重大不可意料性疾病等都是导致大学生自杀的原因。

大学生自杀多是一时冲动，可以逆转。不少自杀者被挽救回来后追悔莫及。那么，如何帮助有自杀倾向的大学生呢?

（一）倾　听

保持冷静和耐心倾听，任何一个处于危机中的人最需要的就是能有人倾听他传达的信息，指责只会阻碍有效的交流。

（二）共情反应

认可对方表露出的情感，不要批判，也不要试图说服他们改变自己的感受，适当地承认自杀念头的“合理性”。当有人谈到自杀时，决不能把这个问题看作“操纵性的”，或认为当事人并不是真的想自杀。如果这样做，处于危机中的人会真切地感受到自己被排斥或被指责。

（三）进行讨论

询问其为什么想自杀，不要担心直接问及自杀，一般在交谈进展顺利的时候询问，处于危机中的人一般也比较接受被直接问及自杀的问题，并能公开对此进行讨论。

（四）循序渐进、晓之以理

公开与欲自杀者讨论，劝告他停止自杀。当人决心要自杀的时候，是不会轻易放弃自己的决定的。不要指望“大喝一声”就能让试图自杀者恍然大悟。要循序渐进、晓之以理，让当事人明白，一旦死亡就意味着放弃了解决问题的机会；反之，只要生命尚存，就一定有机会。天无绝人之路，万事万物皆在发展变化之中，也包括人们遭遇的困难。

另外，鼓励或陪同他们寻求帮助，告知当事人周围的亲戚、朋友，帮助他解决面临的困难和问题。

五、吸烟行为

烟草危害

吸烟行为会影响大学生的健康。从吸烟的原因来看，绝大部分非烟草依赖者吸烟是由交际应酬引起的，在从众心理驱使下发生吸烟行为者较多；他人递烟使部分非烟草依赖者吸烟带有被强迫的色彩，而烟草依赖者吸烟机会也因此而增加；少数初次吸烟者是出于好奇心。也有一部分人是因为受了挫折而吸烟，结果都嗜烟成瘾。诸多原因，最终还要从吸烟人自身找原因，因为其吸烟最根本的原因是其自制力不强，所以，大学生应该加强自身修养，增强自制能力。

吸烟行为不仅是个人行为，更是一种社会群体行为。针对在校大学生吸烟状况及影响因素，应在大学校园积极开展控烟健康教育。可采取如下措施：

（一）父母关注

作为吸烟大学生的父母，应当加大对子女在生活上的关注程度：多与子女交流关于吸烟危害的知识；当发现子女嗜烟成瘾时，要及时给予帮助，和子女一同克服烟瘾。吸烟的父母为了孩子的健康应该在子女面前尽量少吸烟，或者不吸烟，为子女做一个好的榜样。

（二）学校教育和管理

作为高校应加强对学生在吸烟方面的教育和管理：制定相应的校规、校纪，建立约束机制。教育部曾规定校园内禁止吸烟，学校可结合实际明令在电教室、计算机房、语音室、图书馆、教室、体育馆等公共场所禁止学生吸烟，对举报者进行奖励，对违反者予以经济处罚和纪律处分；把学生吸烟与评先进结合起来，吸烟学生不能被评为三好学生，不能获得奖学金，不能向学校申请贷款。

（三）自我克制

作为吸烟大学生本人，应当学会辨别事物的好坏，学会克制自己，为健康着想，拒绝吸烟。

六、酗酒行为

酗酒是指无节制地过量饮酒。酗酒包括两种情况：第一种情况是由于对自己的饮酒行为失去控制，一次性摄入大量酒精，可导致急性酒精中毒。患者不一定形成对酒精的依赖，有些人经常酩酊大醉，有些人是偶然为之。患者不一定因饮酒而出现严重疾病，但是通常会遭遇一些社交、法律和经济问题。第二种情况是由于经常饮酒，逐渐发展为对酒精的依赖，成为慢性酒精成瘾。慢性酒精成瘾是一种对酒精成瘾的依赖情况，患者对自己的饮酒行为失去控制，因此带来一系列的健康、社会、法律和经济问题。

酗酒的危害很大。首先酒精可以抑制蛋白质合成，慢性酒精中毒病人进食越少，蛋白质摄入就越少，蛋白质缺乏就越明显，大脑组织得不到必需的营养补充，脑功能和脑萎缩的程度就越重。其次酒精对精子和卵子也有副作用，不管父亲还是母亲酗酒，都可能会造成下一代发育畸形、智力低下等不良后果。孕妇饮酒，酒精能通过胎盘进入胎儿体内直接危害胎儿，影响其正常生长发育。最后，酗酒对社会也具有极大危害，因为酗酒是一种病态或异常行为，可构成严重的社会问题。酗酒者通常把酗酒行为作为一种发泄的重要方式和途径。如果全社会对酗酒现象熟视无睹，不采取有效措施加以规劝，“醉鬼们”就可能危害社会治安。我国每年因酗酒肇事立案的高达 40 万起；全国每年约有 10 万人死于车祸，而 1/3 以上的交通事故与酗酒及酒后驾车有关。

大学生行为具有可塑性，所以可以通过行为干预而改变大学生酗酒行为。

第三节　健康营养膳食

一、饮食与健康的关系

饮食（又称“膳食”），是指我们通常所吃的食物和饮料。人们通过饮食获得所需要的各种营养素和能量，维护自身健康。合理的饮食，充足的营养，能提高一代人的健康水平，预防多种疾病的发生发展，延长寿命。不合理的饮食，营养过度或不足，都会给健康带来不同程度的危害。饮食过度会因为营养过剩导致肥胖症、糖尿病、胆石症、高脂血症、高血压等多种疾病，甚至诱发肿瘤，如乳腺癌、结肠癌等，不仅严重影响健康，而且会缩短寿命。饮食中长期营养素不足，可导致营养不良，贫血，多种元素、维生素缺乏，影响儿童智力生长发育，人体抗病能力及劳动、工作、学习能力下降。怀孕期间营养不良可引起流产、早产，甚至胎儿畸形。饮食的卫生状况与人体健康密切相关，食物上带有的细菌、霉菌及毒素和有毒化学物质，随食物进入人体，可引起急、慢性中毒，甚至可引起恶性肿瘤。总之，饮食得当与否，不仅对自身的健康和寿命影响很大，而且影响后代的健康。因此，只有合理的饮食，才能从营养和卫生两方面把好“病从口入”关。

二、人体营养素

营养素是维持正常生命活动所必需摄入生物体的食物成分。现代营养学对于营养素的研究，主要是针对人类和禽畜的营养素需要。营养素分蛋白质、脂肪、碳水化合物、矿物质、维生素、水和膳食纤维七大类。

（一）蛋白质

机体组织细胞成分主要为蛋白质，体液也含蛋白质。蛋白质的营养作用在于它的各种氨基酸。组成食物蛋白质的氨基酸有20余种，其中有数种不能在人体与动物体内合成，而必须获自食物，这些氨基酸被称为“必需氨基酸”，即甲硫氨酸、赖氨酸、色氨酸、苏氨酸、缬氨酸、苯丙氨酸、亮氨酸和异亮氨酸。除这些必需氨基酸以外的其他氨基酸，因为都能在机体内合成，故被称为“非必需氨基酸”。

各种蛋白质的氨基酸种类与含量是不相同的。有的蛋白质缺少某种必需氨基酸，如明胶蛋白不含色氨酸，玉米胶蛋白不含赖氨酸。因此，评价一种食物蛋白质的营养价值，主要应视其所含的各种必需氨基酸量是否能满足机体的需要。不足时，机体就不能有效地合成蛋白质，其他种氨基酸只能经脱氨代谢，生成糖（糖原异生）和作为燃料供给热能。由此可知，食物蛋白质的氨基酸模式是决定其质量优或劣的关键。常见食物的蛋白质含量见表3－3－1。

表 3-3-1 常见食物的蛋白质含量 克/100 克

食物名称	蛋白质	食物名称	蛋白质	食物名称	蛋白质	食物名称	蛋白质
牛奶	3.0	猪肝	22.7	猪后臀尖	14.6	豌豆（干）	20.0
酸奶	3.1	猪腰	15.2	猪后肘	16.1	油豆腐	18.4
鸡蛋	13.3	牛肚	12.1	猪前肘	15.1	素鸡	17.1
猪瘦肉	20.2	小麦粉	10.9	猪五花肉	14.4	油豆腐丝	24.2
牛瘦肉	19.8	大米	8.0	猪奶脯	7.7	白豆腐丝	22.6
羊瘦肉	17.1	玉米面	9.2	猪肘棒	16.5	熏豆腐干	15.8
鸡肉	19.1	黄豆	35.6	牛后腿	19.8	白豆腐干	13.4
鸡腿	17.2	豆腐	11.1	牛后腱	18.0	西瓜子	32.3
鸭肉	17.3	红小豆	20.1	牛肝	19.8	葵花籽	22.6
带鱼	20.2	绿豆	20.6	牛蹄筋	38.4	核桃	30.5
黄鱼	20.2	花生	26.6	素什锦	14.0	栗子	4.1
鲤鱼	18.2	香菇	20.1	酱豆腐	9.7	松子	14.4
鲢鱼	17.4	木耳	12.4	羊后腿	15.5	莲子	19.5
对虾	16.5	海带	4.0	羊前腿	19.7	黑芝麻	17.4
海蟹	12.2	紫菜	28.2	鸡肝	17.4	猪肠	6.9
臭豆腐	14.1	毛豆	13.0	鸡心	15.3	兔肉	19.7
腐竹	44.6	豌豆	8.5	蚕豆	25.8		

（二）脂　肪

脂肪包括中性脂肪和类脂。前者主要是供给能量，后者多具有重要的生理功能。脂肪的基本组成为脂肪酸，有必需脂肪酸和非必需脂肪酸之分。必需脂肪酸主要有三种，即亚油酸、亚麻酸和花生四烯酸。这三种必需脂肪酸的生物活性不相同，以花生四烯酸的为最大，亚油酸的为其次，亚麻酸的为最差。动物缺乏必需脂肪酸时，生长迟缓，出现皮肤症状（脱毛、湿疹性皮炎、鳞皮等）。有人报道，幼儿缺乏必需脂肪酸时也有同样症状。但成年动物和人很难产生缺乏症状，这是因为体内有较大量亚油酸储存之故。必需脂肪酸缺乏，可引起细胞膜磷脂的脂肪酸组成的改变，因而影响膜的功能；并可减低前列腺素的合成。前列腺素的前体为 18 碳和 20 碳的多不饱和脂肪酸。有人建议以测定血中三烯酸和四烯酸的比值，作为必需脂肪酸是否缺乏的指标。这是由于脂肪酸代谢过程中有酶系统的竞争作用。当亚油酸缺乏时，由亚油酸延长碳链并经脱饱和作用而生成花生四烯酸的量减少，另一族脂肪酸—油酸的代谢加强，大量生成二十碳三烯酸，因此血中三烯酸与四烯酸的比值乃有增高。人的必需脂肪酸需要量按其热量计为每日热能需要量的 1% ~2%。常见食品的脂肪含量见表 3-3-2。

表 3－3－2　常见食品的脂肪含量　克/100 克

动物性食品	脂肪含量	植物性食品	脂肪含量
猪油	99.5	食油	99.5
肥肉	72.8	人造黄油	80.0
猪瘦肉	35.0	黄豆	16.0
牛肉	13.4	绿豆	0.8
羊肉	14.1	花生	48
草鱼	5.2	核桃仁	62.7
鲢鱼	3.6	芝麻	39.6
带鱼	4.9	杏仁	54.0
大黄鱼	2.5	燕麦片	6.0
鸡肉	9.4	面包	0.5
鸡蛋	10.0	苹果	0.3
牛奶粉（全脂）	21.2	油菜	0.5

（三）碳水化合物（糖类）

碳水化合物是供给生物热能的一种主要营养素。食物中的碳水化合物是多糖（淀粉）和纤维素。多糖的降解产物单糖，可为绝大多数生物所利用，而纤维素则仅在具有纤维素酶的生物体内才能被降解和利用。在膳食热量摄入不足时，机体的脂肪组织和蛋白质将被分解以补充热量的不足，表现为生长停滞，体重下降，严重时可致死亡。人类的饮食习惯不同，膳食碳水化合物供给的热量一般占总热能消耗的 45%～80%。在经济不发达地区可高达 90%以上，这是因为碳水化合物是最廉价的热能来源。若膳食碳水化合物的热量过低，脂肪热量过高将会发生酮症。减肥的人常过多地限制碳水化合物，以限制热量的摄入，并增强劳动以消耗体脂，在这种情况下也会出现酮症。因此，来源于碳水化合物的热能不宜少于总热能的 45%。

（四）矿物质

19 世纪中叶就发现仅用蛋白质、脂肪和碳水化合物饲喂动物不能维持其生命，因而认为食物燃烧后的灰分必具有生理作用，但补充饲以灰分后动物仍死亡。直到 20 世纪初发现了维生素，并逐渐阐明了矿物质的重要作用，才对营养素有了较全面的了解。人体内有数十种矿物元素，广泛分布于全身。目前尚未能证明这些元素全部具有生理功能。其中少部分元素具有生理功能的，被称为必需元素。按其在体内的含量又分为大量营养元素和微量营养元素。前者有钙、磷、镁、钾、钠、氯、硫；后者有铁、铜、锌、锰、钼、铬、钴、镍、钒、锡、碘、硒、硅、氟等。钙、磷、镁是骨骼和齿的主要成分。镁又是植物叶绿素的重要成分。钙、磷、镁的生理功能为：钙与镁在肌纤维收缩、神经传导、激活生化反应中，以及钙在凝血作用中都起着极其重要的作用。磷与能量代谢有关。三磷酸腺苷（ATP）是储存和释放能量的重要化合物。镁为产生三磷酸腺苷的激活物质。镁、钾、钠、氯都是维持体液酸碱平衡和适宜渗透压的重要电解质。硫为含硫必需氨基酸——甲硫氨酸和胱氨酸和几种维生素，如硫胺素、泛酸和生物素的组分。硫与氢组成的巯基在生物反应中有重要作用。

在微量营养元素中，铁是血红蛋白的重要成分，为携带氧的载体。铜与铁在血红蛋白合成中有协同作用。碘是甲状腺素的主要成分。铬是糖耐量因子的成分。钴是维生素 B_{12} 的成分。已知锌是40余种酶的辅基，缺乏时将导致生长停滞和性发育不成熟。锰、钼、硒也都是酶的成分。氟由于具有防龋齿作用，因此，也是必需元素。其余的元素如镍、钒、锡、硅在动物实验中发现有缺乏表现，但其机制尚未阐明。必需元素摄入过量时，对机体也可产生不利影响。

（五）维生素

维生素为机体所必需的微量有机化合物。每种维生素都有各自的生理功能。缺乏时引起特殊的疾病，严重缺乏可致死亡。它分为脂溶性和水溶性两类。现在已知的脂溶性维生素有维生素 A、维生素 D、维生素 E、维生素 K。水溶性维生素有抗坏血酸、硫胺素、核黄素、烟酸、维生素 B_6、叶酸、钴胺素、生物素、泛酸、胆碱、肌醇等。维生素的生理功能、来源和缺乏症见表 3－3－3。

表 3－3－3　维生素的生理功能、来源和缺乏症

名称	主要生理功能	来源	缺乏症
维生素 A	维持正常视力所必须；防癌；促进骨骼、牙齿正常发育	动物肝脏、胡萝卜、菠菜等	盲症、眼干燥症
维生素 D	促进肠道钙、磷吸收；促进生长和骨骼钙化	肝、乳、蛋黄等；皮肤经日光照射能合成	儿童：佝偻病；成年：骨软化病
维生素 E（生育酚）	与生殖功能有关；抗氧化作用	食物油、奶、蛋等	不育症
维生素 K	控制血液凝结	肠内细菌能合成	出血
维生素 B_1（硫胺素）	参与糖代谢；维持神经系统正常功能	谷类、杂粮、瘦肉、蛋类	食欲差、疲劳、严重的可导致脚气病
维生素 B_2（核黄素）	参与氨基酸、脂肪酸和糖类的代谢；与肾上腺功能有关	动物肝、肾脏、青菜	口角炎、舌炎、唇炎等
维生素 B_6	与蛋白质、脂肪代谢的关系非常密切	蛋黄、肉、鱼、乳、谷类，肠道细菌可合成	出现脂溢性皮炎、肌肉无力、体重下降
维生素 PP	作为重要辅助酶成分与细胞呼吸有关	动物肝、心、肾、蛋奶类、谷类	糙皮病
叶酸	促进正常血细胞的形成；与细胞分裂、繁殖有关	动物肝、肾、蛋、鱼、青菜等	可导致恶性贫血
维生素 B_{12}（钴胺素）	促进红细胞的发育和成熟；是生物合成核酸、蛋白质的必要因素之一	肝脏、瘦肉、鱼、肉、蛋类	虚弱、贫血
维生素 C（抗坏血酸）	形成和维持骨胶原；促进伤口愈合；参与解毒；增强毛细血管壁和血管的健康；增强机体的免疫功能、促进造血功能；抗癌	水果、叶菜类、谷类等	齿龈肿胀、疲劳、体重下降、抵抗力下降

（六）水

水是生命的摇篮。水是一切生命的源泉，它是人体易得的、廉价的，但却是几大营养素中最为必要的，水约占人体体重的60%。水是运输的媒介。水作为体内一切化学反应的媒介，是各种营养素和物质运输的介质。

（七）膳食纤维

膳食纤维包括纤维素、半纤维素、果胶、藻多糖和木质素。早年在测定纤维时，用酸、碱消化植物组织，其残渣为粗纤维，其余的纤维组分大部分在测定过程中遭受损失。现在的新方法可分别测定纤维的各种组分。膳食纤维经胃肠道中细菌的纤维素酶发酵，可有大部分被酶解为短链脂肪酸。草食动物即以此为能量来源。

流行病学及实验室工作证明，膳食纤维可降低肿瘤的发生，如结肠癌。其原因在于它们的亲水性和形成凝胶的能力，增大粪便体积，利于排出，从而加速致肿瘤活性的固醇代谢物的排泄，减少了与结肠接触的时间。

三、合理膳食

推荐一：食物多样，谷类为主。平衡膳食模式是最大程度上保障人体营养需要和健康的基础，食物多样是平衡膳食模式的基本原则。每天的膳食应包括谷薯类、蔬菜水果类、畜禽鱼蛋奶类、大豆坚果类等食物。建议平均每天摄入12种以上食物，每周25种以上。谷类为主是平衡膳食模式的重要特征，每天摄入谷薯类食物250～400克，其中全谷物和杂豆类50～150克，薯类50～100克；膳食中碳水化合物提供的能量应占总能量的50%以上。

推荐二：吃动平衡，健康体重。体重是评价人体营养和健康状况的重要指标，吃和动是保持健康体重的关键。各个年龄段人群都应该坚持天天运动、维持能量平衡、保持健康体重。体重过低和过高均易增加疾病的发生风险。推荐每周应至少进行5天中等强度身体活动，累计150分钟以上；坚持日常身体活动，平均每天主动身体活动6000步；尽量减少久坐时间，每小时起来动一动，动则有益。

推荐三：多吃蔬果、奶类、大豆。蔬菜、水果、奶类和大豆及制品是平衡膳食的重要组成部分，坚果是膳食的有益补充。蔬菜和水果是维生素、矿物质、膳食纤维和植物化学物的重要来源，奶类和大豆类富含钙、优质蛋白质和B族维生素，对降低慢性病的发病风险具有重要作用。提倡餐餐有蔬菜，推荐每天摄入300～500克，深色蔬菜应占1/2。天天吃水果，推荐每天摄入200～350克的新鲜水果，果汁不能代替鲜果。吃各种奶制品，摄入量相当于每天液态奶300克。经常吃豆制品，每天相当于大豆25克以上，适量吃坚果。

推荐四：适量吃鱼、禽、蛋、瘦肉。鱼、禽、蛋和瘦肉可提供人体所需要的优质蛋白质、维生素A、B族维生素等，有些也含有较高的脂肪和胆固醇。动物性食物优选鱼和禽类，鱼和禽类脂肪含量相对较低，鱼类含有较多的不饱和脂肪酸；蛋类各种营养成分齐全；吃畜肉应选择瘦肉，瘦肉脂肪含量较低。过多食用烟熏和腌制肉类可增加肿瘤的发生风险，应当少吃。推荐每周吃鱼280～525克，畜禽肉280～525克，蛋类280～350克，平均每天摄入鱼、禽、蛋和瘦肉总量 120 ~ 200 克。

推荐五：少盐少油，控糖限酒。我国多数居民目前食盐、烹调油和脂肪摄入过多，这是高血压、肥胖和心脑血管疾病等慢性病发病率居高不下的重要因素，因此应当培养清淡饮食习惯，成人每天食盐不超过 6 克，每天烹调油 25 ~ 30 克。过多摄入添加糖可增加龋齿和超重发生的风险，推荐每天摄入糖不超过 50 克，最好控制在 25 克以下。水在生命活动中发挥重要作用，应当足量饮水。建议成年人每天 7 ~ 8 杯（1500 ~ 1700 毫升），提倡饮用白开水和茶水，不喝或少喝含糖饮料。儿童少年、孕妇、哺乳期妇女不应饮酒，成人如饮酒，一天饮酒的酒精量男性不超过 25 克，女性不超过 15 克。

推荐六：杜绝浪费，兴新食尚。勤俭节约，珍惜食物，杜绝浪费是中华民族的美德。按需选购食物、按需备餐，提倡分餐不浪费。选择新鲜卫生的食物和适宜的烹调方式，保障饮食卫生。学会阅读食品标签，合理选择食品。创造和支持文明饮食新风的社会环境和条件，应该从每个人做起，回家吃饭，享受食物和亲情，传承优良饮食文化，树健康饮食新风。

第四章 体育运动与健康

“体育运动”与“健康”是两个不同的概念，但它们之间又有着内在的必然联系。

体育运动是以身体活动为媒介，以谋求个体身心健康、全面发展为直接目的，并以培养完善的社会公民为终极目标的一种社会文化现象或教育过程。体育运动是通过身体练习即体育锻炼增强体质，促进健康。

世界卫生组织已提出，健康不仅是没有疾病和身体不虚弱，而且是保持身体上、精神上和社会适应方面的良好状态。众所周知，影响健康的因素是多方面的，诸如遗传、自然环境、教育、生活习惯、个性心理、营养、体育锻炼等。

“生命在于运动”，体育运动对于人体健康起着重要的作用。科学的体育运动不仅能增强人体各器官系统的免疫功能，全面促进机体的新陈代谢和身体的正常发育，而且能磨炼意志，培养自信心，提高抗挫力，陶冶情操，增强社会适应能力。

第一节 大学生的身心特点

大学生年龄多在18~23岁，各方面的生理变化不像中学生那样明显，但仍处于发展和趋于成熟的阶段。这给心理的发展带来微妙的影响，“生理—心理”的联动反应表现得特别明显。特别是性成熟，促使大学生的心理变化特别急剧，心理活动特别活跃，心理现象丰富多彩。同时，大学生由于自我意识的发展，内心充满各种矛盾，处于不稳定状态，给大学生的心理健康发展带来不利影响。

一、心理特点

大学生的生理发育逐渐成熟，随着社会地位和责任感的变化，学习和活动方式的变化，智力发展达到较高水平，形成了他们独特的心理特点。大学生在不同的年级，有着不同的特点。大一主要是如何适应大学生活、学习问题。大二、大三则主要是学习压力、情感问题与人际关系问题。大四主要是就业问题，以及对前途认识的迷茫。

（一）自豪感与自卑感的矛盾

大学生经过高考的竞争，在一片赞美声中跨入大学校门。但是，在强手如林的新的挑战面前，其优越感、自豪感受到打击，以前的优势不复存在，加上学习、生活中遇到种种冲突与挫折，就容易走向另一个极端，产生自卑心理。

（二）新鲜感与恋旧感的矛盾

繁华的城市、美丽的校园，教师、同学及教室、宿舍、饭堂、漂亮的体育场，一切都有说不出的新鲜感。随着时间的推移，新鲜感慢慢褪去，紧张的学习、激烈的竞争、单调的生活，会使大学生产生强烈的恋旧情绪，思乡心切，怀念过去的生活与朋友，想念师长和亲人，甚至沉溺于回忆中不能自拔而荒废了学业。

（三）独立感与依赖感的矛盾

告别中学时代，摆脱父母的监督和老师的约束，进入更宽松、开放的环境，大学生独立意识大大增强。但是，由于缺乏社会经验，加之长期形成的依赖感难以摆脱，面对复杂的环境、自主的空间与时间，大学生常常是一脸茫然，不知所措。

（四）轻松感与被动感的矛盾

在多年高考压力下苦读出来，进入高校是一种解放，大学生有一种发自内心的喜悦和轻松，歇口气、轻松一下的想法冒出。思想上的放松导致学习上的懒惰与被动，加上大学的学习从内容到方法以及管理都大大不同于以往的教育，常使一些大学生遇到许多困难，很不适应。

（五）人际交往需求与孤独感的矛盾

在陌生的环境中寻找良师益友以及被人理解和接纳是大学生强烈的内心需求，但是由于缺乏主动性，加上心理上的闭锁等特点，大学生往往难以如愿以偿，同学之间又不容易吐露真实思想，容易产生一种难以排遣的孤独感。

（六）理想自我与现实自我的矛盾

理想自我，是将来要实现的我，是现实中我的努力方向；现实自我，是生活中实实在在的我。两者是有区别的，当两者混淆起来时，就可能产生矛盾。大学生理想自我与现实自我之间，往往反差比较大，由于社会的期望很高，加上自身的优越感，大学生理想自我相对其他同龄人较为高大、完美，容易自我认识理想化或非客观化。当周围的人对自己评价不像想象的那么高时，就容易产生矛盾，使之对自我认识摇摆，把握不住。特别是当实现理想自我的过程遇到困难、挫折时，大学生往往会产生苦闷、抑郁等消极的心理体验。

二、生理特点

大学生正值青春发育后期，是以脑力劳动为主的青年群体。在校期间其生理机能处于发育、定型的关键阶段，也是奠定一个人身体素质的关键时期。

（一）运动系统

运动系统由骨骼、关节、肌肉三部分组成。随着年龄的增长，骨骼的坚固性增强，关节的柔韧性降低，骨骼软骨逐渐骨化，到大学高年级时，骨化基本完成，身高不再增长。在这一时期，由于骨骼软骨柔软且可塑性较大，应注意保持正确的身体姿势和身体的全面发展，避免一侧肢体或局部用力过多，造成肢体特别是脊柱出现病理性弯曲。同时，大学生还要注意适宜的运动负荷，防止负荷过大造成的骨化提前，以致影响身体继续生长。

由于这一时期的关节软骨较厚，关节囊韧带伸展性大，关节周围的肌肉细长，所以大学生关节活动的范围大，但牢固性较差，在外力的作用下易造成脱位。因此，大学生要提高柔韧素质，重视发展关节的坚固性，以防关节脱位。

随着大学生年龄的增长，其肌肉中水分明显减少，有机物增多，肌纤维增粗，横向发展较快，肌肉重量不断增加，肌力增强。因此，大学生可以进行较多的力量练习，以促进肌肉继续生长。

（二）心血管和呼吸系统

大学生心脏的结构和机能正在逐步完善，心脏的重量已达到成人水平。这个时期他们的心率减慢，心脏收缩压增加，每搏输出量增多。肺的机能也逐渐提高，肺活量接近成人水平，但是最大摄氧量和负氧债能力比成人低，女生又比男生低。这个时期大学生的体育锻炼可适当增多静力练习和耐力练习，以有效提高心肺功能。

（三）神经系统

人体神经系统发育得最早、最快，其功能在少年时期已日趋完善，但大脑皮层中兴奋和抑制两个过程发展得不够均衡，兴奋过程占优势，而抑制过程相对较弱。到大学阶段，第二信号系统得到发展，抽象思维能力不断提高。（什么是第二信号系统？条件反射是高级神经活动的具体表现，引起条件反射的刺激为信号刺激。由信号刺激所引起的一系列高级神经活动过程，巴甫洛夫称为信号活动。信号活动是大脑皮层的最基本、最一般性的活动。巴甫洛夫将信号分为两大类：一类是现实的具体信号，如以铃声作为食物的信号，称为第一信号；另一类是现实的抽象信号，即语言、文字，称为第二信号。）

根据上述特点，大学生应注意运动实践的多样化，尽量避免单调的训练内容，可多安排些竞争性的游戏和小型比赛，以提高兴趣。在活动安排上，应适当提高密度，相应缩短时间，可增加一些技术分析，以培养自己的思维能力。

（四）身体素质

在生长发育过程中，身体素质的发展存在着自然增长的现象。到大学阶段，男生的腰腹力量增长最快，其次是下肢的爆发力，臂肌静力性力量增长最慢。而女生腰腹肌的增长比其他部位要慢。因此，发展身体素质对于运动能力来说十分重要。

第二节　体育锻炼对健康的积极影响

一、体育锻炼对新陈代谢的影响

体育锻炼时体内物质的新陈代谢加快，能量消耗增加。如以 10 分钟走 1 公里的速度快步走，每分钟能量消耗比坐着工作、学习时大 3 倍。参加一场篮球比赛时能量消耗比安静时增加 20 倍以上。因能量消耗增加，促进了体内消化吸收过程，也补充了体内需要。根据“超量恢复”规律，在正常范围内，体育锻炼时能量消耗要在锻炼后加以恢复，并且超过原来消耗的水平。

由于锻炼后恢复过程加强，需从外界吸取更多的营养物质，因此必然会促进消化吸收功能的加强。体育锻炼时，由于呼吸运动加强，膈肌活动范围加大（等于对腹壁胃肠做按摩），对促进消化道工作、加强消化功能也非常有利。同时，体育锻炼还能促进腹肌力量，有利于维持正常的腹部压力，促进消化吸收。体育锻炼还可以使人心情愉快，精神饱满，对消化吸收功能也有良好的作用，适当的体育锻炼对消化不良、便秘、胃下垂等有积极辅助治疗的作用。体育锻炼不仅能增加热能的消耗，而且可以增强机体代谢，提高体内某些酶，尤其是脂蛋白酶的活性，有利于三酸甘油酯的运输和分解，从而降低血液中的脂质。动脉硬化是随着人年龄的增长而出现的血管疾病，其规律通常是在青少年时期发生，至中老年时期加重、发病，男性较女性多。近年来，动脉硬化患者在我国逐渐增多，动脉硬化成为老年人死亡的主要原因之一。体育锻炼可以增加高密度脂蛋白，减少低密度脂蛋白，把多余胆固醇从胆道与肠道排出体外，避免过剩胆固醇沉积在血管内壁。此外，体育锻炼可以促进血液循环，增加血管弹性，降低血压，消耗过剩热量，使身体脂肪比重减少，肌肉比重增加，从而减轻体重。缺乏体育锻炼的人很容易得动脉粥样硬化。

二、体育锻炼对运动系统的影响

（一）体育锻炼对骨、关节的良好影响

合理的体育锻炼能促进骨的血液循环，增加对骨的血液供应，使正处于旺盛造骨时期的骨组织能获得更多的造骨原料，加速造骨过程，加快骨的生长；能增强骨的抗折、抗弯、抗压、抗扭曲等能力，使骨更坚固；能预防关节的变形；能保持骨的弹性，延缓骨的老年性、退行性变化；有助于增强韧带的弹性，增加关节的稳固性，提高关节的灵活性。

（二）体育锻炼对肌肉的良好影响

（1）肌肉体积增大。通过体育锻炼，可以明显地看到肌肉体积的增大。不同运动项目肌肉增大部位和程度不一。力量性练习，如举重和投掷项目可使肌纤维得到最大程度的增粗，这些项目可使快缩肌纤维和慢缩肌纤维都增粗，但往往快缩肌纤维增粗较大。耐力性练习，如长跑和自行车运动员的肌纤维增粗不明显。

（2）肌肉重量增加。经常锻炼的人肌肉重量可占体重的50%，某些受过长期训练的专项运动员甚至可达60%。

（3）肌肉中脂肪含量减少。

（4）肌肉内结缔组织增多。

（5）肌肉内化学成分发生变化。

（6）肌肉毛细血管增多。肌肉内有丰富的毛细血管，在1平方毫米肌肉中，约有4000根毛细血管。但在平时仅开放很少一部分，仅开放30～270根。体育锻炼时，由于肌肉的活动，促使肌肉内毛细血管大量开放，其开放数量可达安静时的20～50倍，这样，肌肉可获得比平时多得多的氧气及养料，大大促进了肌肉的生长。

（7）参加活动的肌纤维数量增加。

从以上可以看出，体育锻炼对肌肉的影响是很大的，可促使肌肉更强壮，收缩更有力，

弹性也得到了很好的改善。

三、体育锻炼对心血管系统的影响

适当的运动是心脏健康的必由之路，有规律的体育锻炼，可以减慢安静时和锻炼时的心率，大大减少心脏的工作时间，加强心脏功能，保持冠状动脉血流畅通，更好地供给心肌所需要的营养，可使心脏病的危险率降低。

（1）经常参加体育锻炼可以使心肌细胞内的蛋白质合成增加，心肌纤维增粗，使得心肌收缩力量增加，这样，可以使心脏在每次收缩时将更多的血液射入血管，导致心脏的每搏输出量增加，长时间的体育锻炼可使心室容量增大。

（2）体育锻炼可以增加血管壁的弹性，这对人健康的远期效果来说是十分有益的。人随着年龄的增加，血管壁的弹性逐渐下降，因而可诱发高血压等疾病，通过体育锻炼，可增加血管壁的弹性，预防或缓解高血压症状。

（3）体育锻炼可以促使大量毛细血管开放，加快血液与组织液的交换，加快新陈代谢的水平，增强机体能量物质的供应和代谢物质的排出能力。

（4）体育锻炼可以显著降低血脂含量，改变血脂质量，有效地防治冠心病、高血压和动脉粥样硬化等疾病。

（5）体育锻炼还可以使安静时脉搏徐缓和血压降低。

四、体育锻炼对呼吸系统的影响

（1）经常参加体育锻炼，特别是做一些伸展扩胸运动，可以使呼吸肌力量加强，胸廓扩大，有利于肺组织的生长发育和肺的扩张，使肺活量增加。经常性的深呼吸运动，也可以促使肺活量的增长。大量实验表明，经常参加体育锻炼的人，肺活量值高于一般人。

（2）体育锻炼由于加强了呼吸力量，可使呼吸深度增加，有效地增加肺的通气效率。研究表明，一般人在运动时肺通气量能增加到 60 升/分左右，有体育锻炼习惯的人运动时肺通气量可达 100 升/分以上。

（3）一般人在进行体育活动时只能利用其最大摄氧量的 60% 左右，而经过体育锻炼后可以使这种能力大大地提高。体育锻炼时，即使氧气的需要量增加，也能满足机体的需要，而不致使机体缺氧。

五、体育锻炼对神经系统的影响

体育锻炼能改善神经系统的调节功能，提高神经系统对人体活动时错综复杂的变化的判断能力，并及时做出协调、准确、迅速的反应。

此外，体育锻炼对神经系统的良好影响，主要在于它是一种积极的休息。当经过较长时间的脑力劳动，感到疲劳时，参加短时间的体育锻炼，可以转移大脑皮层的兴奋中心，使原来高度兴奋的神经细胞得到良好的休息，同时又补充了氧气和营养物质。而脑组织所需氧气和营养物质的供给又完全依赖于血液循环、呼吸和消化系统，体育锻炼在很大程度上改善了这些系统的功能，提高了它们的工作效率，从而促进了脑血液循环，改善了脑组织的氧气和营养物质供应，使脑组织的工作效率有了显著提高。

神经系统在机体其他系统的配合下，构成了神经—体液调节系统，它是人体全自动控制系统的中枢，主要负责维持人体的稳定状态。经常参加体育锻炼，可以使这一系统得到锻炼和加强，使中枢神经系统对兴奋和抑制的调节能力更趋完善，从而进一步活跃全身各个系统和器官的功能，使它们的活动更加协调，工作效率提高，对外界刺激的反应迅速、灵敏，以适应外界环境的变化并增强抵抗各种疾病的能力。

六、体育锻炼对免疫功能的影响

体育锻炼对免疫功能的影响受许多因素的制约，人体的非特异性免疫、细胞免疫、体液免疫及神经内分泌的调节，运动的强度、频率及项目的选择对免疫功能也都有十分重要的作用，适度、有计划的体育锻炼对人体免疫功能会产生良好的影响。

七、体育锻炼对延缓衰老的影响

随着年龄的增长，身体的生理机能由旺盛期开始走下坡路，头发变白，肌肉萎缩，关节不灵活，皮肤松弛……这些衰老表现虽然是自然生理现象，不可避免，但我们总是可以让衰老的脚步放慢些，再慢些。体育锻炼就是延缓衰老的重要手段之一。体育锻炼延缓衰老是有科学依据的，它能使体内各器官功能保持相对年轻，坚持运动的中老年人的心肺功能可能比他们的实际年龄要年轻 20 ~ 30 岁。此外，体育锻炼还可以促进人体内新陈代谢，提高人的免疫功能，使人开朗愉快，有助于心理上推迟衰老等。

八、体育锻炼对心理方面的影响

体育锻炼对心理的发展（如增强信心、建立良好的环境、培养稳定的情绪、培养独立和处事果断的能力、提高智力发展等）有巨大的推动作用。相反，不积极地从事体育锻炼，不良情绪得不到彻底宣泄，对心理健康有负面影响。

第三节　体育锻炼的原则

按照人体发展的基本规律，合理地进行体育锻炼，可以促进身体的生长发育，改善和提高各器官系统的功能，提高身体素质，增强体质，推迟衰老，延年益寿。进行体育锻炼时，应遵循以下基本原则。

一、自觉积极性原则

自觉积极性原则指体育锻炼者有明确的健身目标，充分认识体育锻炼的价值，自觉积极地从事体育锻炼活动。体育锻炼是一个自我锻炼、自我完善，并需要克服自身的惰性，战胜各种困难的过程。同时，还要有一定的作息制度作保证，把体育锻炼当作生活中不可缺少的一部分，才能奏效。

二、讲求实效原则

讲求实效原则是指选择锻炼内容、方法和安排运动负荷时，应根椐个人的性别、年龄、职业、健康状况，对锻炼的爱好、要求和原有的基础，以及生活条件等实际情况来确定，按科学方法进行锻炼，以取得最佳的锻炼效果。

三、持之以恒原则

持之以恒原则是指体育锻炼必须经常性地进行，使之成为日常生活中的重要内容。体育锻炼对机体给予刺激，每次刺激都产生一定的作用痕迹，连续不断地刺激作用则产生痕迹的积累。这种积累使机体结构和机能产生新的适应，体质就会不断增强，动作技能形成的条件反射也会不断得到强化。因此，体育锻炼贵在坚持，不能设想在短时间内取得显著效果，必须得长久积累。

四、安全性原则

从事任何形式的体育锻炼都要注意安全，如果体育锻炼安排得不合理，违背科学规律，就可能出现伤害事故。为了保证体育锻炼的安全，大学生应做到以下几点。

（1）体育锻炼前做好充分的准备活动，各器官系统的机能进入活动状态后，再进行较剧烈的运动。

（2）体育锻炼要全身心地投入，体育锻炼过程中不要三心二意，这对于大学生尤为重要，有时稍不注意，就可能出现运动损伤。

（3）在进行跑步、健美操等体育锻炼时，最好不要在沥青马路和水泥地面上进行，以防出现各种关节劳损症状。

（4）对于有心血管疾病的大学生来说，在体育锻炼时应注意控制运动量，有时虽然自我感觉较好，但身体并不一定能承受较大的运动量，如果盲目增加运动量，特别是运动强度，就很容易出现意外事故。

五、循序渐进原则

循序渐进原则是指体育锻炼必须遵循人体自然发展、机体适应的基本规律，从不同的主、客观实际出发，合理安排运动负荷，在渐进的基础上提高锻炼水平。在体育锻炼过程中，运动负荷的大小直接影响人体机能的变化，负荷是否适宜，对锻炼效果的好坏起到很大的作用。运动负荷的大小因人、因时而异。即便是同一个人，在不同的机能状态、不同的时间，人体对负荷的承受能力也不尽相同。因此，进行体育锻炼时，大学生应循序渐进，随时调整运动负荷，逐步提高锻炼水平。

六、全面性原则

全面性原则是指体育锻炼必须追求身心全面和谐发展，使身体形态、机能、身体素质及心理素质等方面得到全面协调地发展。人体是由各局部构成的一个整体，各局部均按“用进废退”的规律发展，体育锻炼能促进新陈代谢的普遍旺盛，使身体各系统、组织、器官和谐发展，达到身体相对的完善和完美。

第四节　运动处方

运动处方是指针对个人的身体状况，采用处方的形式规定健身者锻炼的内容和运动量的方法。其特点是因人而异，对“症”下药。联邦德国 Holl－mann 研究所从 1954 年起对运动处方的理论和实践进行研究，制定出健康人、中老年人、运动者、肥胖病人等各类运动处方，社会效果显著。

一、运动处方简介

（一）运动处方的基本概念

运动处方的概念最早是美国生理学家卡波维奇在 20 世纪 50 年代提出的。20 世纪 60 年代以来，随着康复医学的发展及对冠心病等的康复训练的开展，运动处方开始受到重视。1969 年，世界卫生组织开始使用运动处方术语，从而在国际上得到认可。运动处方的完整概念是：康复医师或体疗师，对从事体育锻炼者或病人，根据医学检查资料（包括运动试验和体力测验），按其健康、体力以及心血管功能状况，用处方的形式规定运动种类、运动强度、运动时间及运动频率，提出运动中的注意事项。运动处方是指导人们有目的、有计划和科学地锻炼的一种方法。

（二）运动处方的特点

1. 目的性强

运动处方有明确的远期目标和近期目标，运动处方的制定和实施都是围绕运动处方的目标进行的。

2. 计划性强

运动处方中运动的安排有较强的计划性，在实施运动处方的过程中容易坚持。

3. 科学性强

运动处方的制定和实施过程是严格按照康复体育、临床医学、运动学等学科的要求进行的，有较强的科学性。按运动处方进行锻炼能在较短的时间内取得较明显的健身和康复效果。

4. 针对性强

运动处方是根据每一个参加锻炼者的具体情况来制定和实施的，有很强的针对性，康复效果较好。

5. 普及面广

运动处方简明易懂，容易被大众所接受，收效快，是进行大众健身和康复的理想方法。

（三）运动处方的作用

运动处方与普通的体育锻炼和一般的治疗方法不同，运动处方是有很强的针对性、有明确的目的、有选择、有控制的运动疗法。运动处方的作用主要有以下几个方面。

1. 运动处方对心血管系统的作用

运动处方主要是采用中等强度的有氧代谢为主的耐力运动，即有氧运动。正常情况下，有氧运动对增强心血管系统的输氧能力、代谢产物的清除能力、做功肌肉的摄氧能力、组织利用氧的能力等有明显的作用。按运动处方锻炼可使心率减慢、血压平稳、心输出量增加、心血管系统的代偿能力增强等。但注意在有心脏疾病的情况下要慎重，比如在儿童中常见的先天性主动脉瓣狭窄，运动后易出现疲劳，有氧运动能力降低，若勉强运动可发生昏厥、胸痛，少数甚至发生猝死。

2. 运动处方对呼吸系统的作用

实施运动处方可增强呼吸系统的通气量、摄氧能力，改善呼吸系统的功能状态。

3. 运动处方对运动系统的作用

实施运动处方可增强肌肉力量、肌肉耐力和肌肉协调性，保持及恢复关节的活动幅度，促进骨骼的生长，刺激本体感受器，保存运动条件反射，促进运动系统的血液和淋巴循环，消除肿胀和疼痛等。

4. 运动处方对消化系统的作用

实施运动处方能促进消化系统的机能，加强营养素的吸收和利用，增进食欲，促进胆汁合成和排出，减少胆石症的发生，促进胃肠蠕动，防治便秘等疾病。

5. 运动处方对神经系统的作用

实施运动处方能提高中枢神经系统的兴奋或抑制能力，改善大脑皮质和神经－体液的调节功能，提高神经系统对各器官、系统的调节能力。

6. 运动处方对体脂的作用

实施运动时间长、运动强度中等的运动处方能有效地减少脂肪组织，达到预防疾病和健美的目的。

7. 运动处方对代偿功能的作用

因各种伤病导致肢体功能丧失时，人体产生各种代偿功能来弥补丧失的功能。有的代偿功能可以自发形成，如一侧肾切除后，身体的排泄功能由对侧肾负担。而有的代偿功能则需要有指导地进行训练或刻苦训练，才能产生所需要的功能，如肢体残缺后，用健侧肢体代替患侧肢体的功能。运动处方对代偿功能的建立有重要的促进作用。

8. 运动处方对心理的作用

运动能有效地释放被压抑的情感，增强心理承受能力，保持心理的平衡。在疾病的治疗和康复过程中，按运动处方进行锻炼能增强患者治疗和康复的信心，有助于疾病的康复；按预防、健身、健美的运动处方运动，可保持良好的情绪，使工作、学习更积极、更轻松。

二、运动处方的内容分类

（一）运动种类

运动处方的运动种类可分为三类，即耐力性（有氧）运动、力量性运动及伸展运动和健身操。

1. 耐力性（有氧）运动

耐力性（有氧）运动是运动处方最主要和最基本的运动手段。在治疗性运动处方和预防性运动处方中，主要用于心血管、呼吸、内分泌等系统的慢性疾病的康复和预防，以改善和提高心血管、呼吸、内分泌等系统的功能。在健身、健美运动处方中，耐力性（有氧）运动是保持全面身心健康、保持理想体重的有效运动方式。

耐力性（有氧）运动的项目有：步行、慢跑、走跑交替、上下楼梯、游泳、自行车、功率自行车、步行车、跑台、跳绳、划船、滑冰、滑雪、球类运动等。

2. 力量性运动

力量性运动在运动处方中，主要用于运动系统、神经系统等肌肉、神经麻痹或关节功能障碍的患者，以恢复肌肉力量和肢体活动功能为主。在矫正畸形和预防肌力平衡被破坏所致的慢性疾患的康复中，通过有选择地增强肌肉力量，调整肌力平衡，从而改善躯干和肢体的形态和功能。

力量性运动根据其特点可分为：被动运动、助力运动、免负荷运动（即在减除肢体重力负荷的情况下进行主动运动，如在水中运动）、主动运动、抗阻运动等。抗阻运动包括：等张练习、等长练习、等动练习和短促最大练习（即等长练习与等张练习结合的训练方法）等。

3. 伸展运动和健身操

伸展运动和健身操较广泛地应用在治疗、预防和健身、健美各类运动处方中，主要的作用有放松精神，消除疲劳，改善体形，防治高血压、神经衰弱等疾病。伸展运动和健身操的项目主要有太极拳、保健气功、五禽戏、广播体操、医疗体操、矫正体操等。

（二）运动强度

1. 耐力性（有氧）运动的运动强度

运动强度是运动处方的核心及设计运动处方中最困难的部分，需要有适当的监测来确定运动强度是否适宜。运动强度是指单位时间内的运动量，即运动强度 = 运动量/运动时间。而运动量是运动强度和运动时间的乘积，即运动量 = 运动强度 × 运动时间。运动强度可根据最大摄氧量的百分数、代谢当量、心率、自觉疲劳程度等来确定。

（1）最大摄氧量的百分数。在运动处方中常用最大摄氧量的百分数来表示运动强度，50% ~70% VO_2max 的运动是有危险的。

（2）代谢当量。代谢当量（MET）是指运动时代谢率对安静时代谢率的倍数。1MET 是指每千克体重，从事 1min 活动消耗 3. 5mL 的氧，其活动强度称为 1MET ［1MET = 3. 5mL/(kg · min)］。1MET 的运动强度相当于健康成人坐位安静时代谢的水平。任何人从事任何强度的运动时，都可测出其摄氧量，从而计算出 MET 数，用于表示其运动强度。在制订运动处方时，如已测出某人的适宜运动强度相当于多少 MET，即可找出相同 MET 的活动项目，写入运动处方。

（3）心率。除去环境、心理刺激、疾病等因素，心率与运动强度之间存在着线性关系。在运动处方实践中，一般来说，达最大运动强度时的心率称为最大心率，达最大摄氧量的 60% ~70% 时的心率称为“靶心率”或称为“运动中的适宜心率”，是指能获得最佳效果并能确保安全的运动心率。为精确地确定各个病人的适宜心率，须做运动负荷试验，测定运动中可以达到的最大心率或做症状限制性运动试验以确定最大心率，该心率的70%～85%为运动的适宜心率。

2. 力量性运动的运动强度

力量性运动的运动强度以局部肌肉反应为准，而不是以心率等指标为准。

在等张练习或等动练习中，运动量由所抗阻力的大小和运动次数来决定。在等长练习中，运动量由所抗阻力的大小和持续时间来决定。

在增强肌肉力量时，宜逐步增加阻力而不是增加运动次数或持续时间（即大负荷、少重复次数的练习）；在增强肌肉耐力时，宜逐步增加运动次数或持续时间（即中等负荷、多次重复的练习）。在康复训练中，一般较重视发展肌肉力量，而肌肉耐力可在日常生活活动中得到恢复。

3. 伸展运动和健身操的运动强度

有固定套路的伸展运动和健身操，如太极拳、广播操等，其运动量相对固定。太极拳的运动强度一般在4～5MET或相当于40%～50%的最大摄氧量，运动量较小。增加运动量可通过增加套路的重复次数或动作的幅度等来完成。

一般的伸展运动和健身操的运动量可分为大、中、小3种。小运动量是指做四肢个别关节的简单运动、轻松的腹背肌运动等，运动间隙较多，一般为8～12节；中等运动量可做数个关节或肢体的联合动作，一般为14～20节；大运动量以四肢及躯干大肌肉群的联合动作为主，可加负荷，有适当的间歇，一般在20节以上。

（三）运动时间

1. 耐力性（有氧）运动的运动时间

运动处方中的运动时间是指每次运动的持续时间。每次运动的持续时间为15～60分钟，一般须持续20～40分钟；其中达到适宜心率的时间须在15分钟以上。在计算间歇运动的持续时间时，应扣除间歇时间。间歇运动的运动密度应视体力而定，体力差者运动密度应低，体力好者运动密度可较高。

运动量由运动强度和运动时间共同决定（运动量＝运动强度×运动时间），在总运动量确定时，运动强度较小则运动时间较长。健康大学生可由较高的运动强度开始锻炼，体力较弱者由低的运动强度开始锻炼。运动量由小到大，增加运动量时，先延长运动时间，再提高运动强度。

2. 力量性运动的运动时间

力量性运动的运动时间主要是指每个练习动作的持续时间。如等长练习中肌肉收缩的维持时间一般认为6秒以上较好。短促最大练习是负重伸膝后再维持5～10秒。在动力性练习中，完成一次练习所用时间实际上代表动作的速度。

3. 伸展运动和健身操的运动时间

成套的伸展运动和健身操的运动时间一般较固定，而不成套的伸展运动和健身操的运动时间有较大差异。如24式太极拳的运动时间约为4分钟；42式太极拳的运动时间约为6分钟；伸展运动和健身操的运动时间由一套或一段伸展运动和健身操的运动时间、伸展运动和健身操的套数或节数来决定。

（四）运动频率

1. 耐力性（有氧）运动的运动频率

在运动处方中，运动频率常用每周的锻炼次数来表示。运动频率取决于运动强度和每次运动持续的时间。一般认为每周锻炼 3 ~ 4 次，即隔 1 天锻炼 1 次，这种锻炼的效率最高。最低的运动频率为每周锻炼 2 次。运动频率更高时，锻炼的效率增加并不多，而有增加运动损伤的风险。

2. 力量性运动的运动频率

力量性运动的运动频率一般为每日或隔日 1 次。

3. 伸展运动和健身操的运动频率

伸展运动和健身操的运动频率一般为每日 1 次或每日 2 次。

（五）运动阶段

一般根据运动处方进行适量运动的人，经过一段时间的运动后（6 ~ 8 周），心肺功能应有所改善。这时，无论在运动强度和运动时间方面均应逐渐加强，所以运动处方应根据个人的进度而修改。在一般情况下，运动训练造成体能上的进展可分为三个阶段：初级阶段、进展阶段和保持阶段。

1. 初级阶段

初级阶段是指刚刚开始进行定时及有规律的运动的阶段。在这个阶段并不适宜进行长时间、多次数和程度大的运动，因为肌肉在未适应运动就接受高强度训练很容易造成受伤。所以，对大部分人来说，最适宜采取强度较低、时间较短和次数较少的运动处方。例如，选择以缓步跑作为练习的运动者，应该以 4 千米/时的速度进行，而时间和次数则根据自己的体能调节，不过，每次的运动时间不应少于 15 分钟。

2. 进展阶段

运动者经过初级阶段的运动后，心肺功能已有明显的改善，而改善的进度则因人而异。在这个阶段，一般人的运动强度都可以达到最大摄氧量的 40% ~85%，运动时间亦可每 2 ~ 3 周便加长一些。这个阶段是运动者体适能改善的明显期，一般长达 4 ~5 个月时间。

3. 保持阶段

在这个阶段，运动者的心肺功能已达到满意的水平。运动者只要保持这个阶段的训练，就可以确保体魄强健。这时，运动者也可以考虑将较为刻板、沉闷的运动改为一些较高趣味的运动，以避免因沉闷放弃继续运动。

（六）注意事项

1. 耐力性（有氧）运动的注意事项

用耐力性（有氧）运动进行康复和治疗的疾病多为心血管、呼吸、代谢、内分泌等系统的慢性疾病，在按运动处方进行锻炼时，要根据各类疾病的病理生理特点、锻炼者的具体身体状况，提出有针对性的注意事项，以确保运动处方的有效原则和安全原则。

（1）在耐力性（有氧）运动处方中，应有针对性地提出运动禁忌证，如心脏病人运动的禁忌证有：病情不稳定的心力衰竭和严重的心功能障碍；急性心包炎、心肌炎、心内膜炎；严重的心律失常；不稳定型、剧增型心绞痛，心肌梗死后不稳定期；严重的高血压；不稳定的血管栓塞性疾病等。

（2）在耐力性（有氧）运动处方中应指出须立即停止运动的症状，如心脏病人在运动中出现以下症状时应停止运动：运动时上身不适，运动中无力、头晕、气短，运动中或运动后关节疼痛或背痛等。

（3）在耐力性（有氧）运动处方中，须对运动量的监控提出具体的要求，以保证运动处方的有效和安全。

（4）要求做充分的准备活动。

（5）明确运动疗法与其他临床治疗的配合，如糖尿病患者的运动疗法须与药物治疗、饮食治疗相结合，以获得最佳的治疗效果。运动的进行时间应避开降糖药物血浓度达到高峰的时间，在运动前、中或后，可适当增加饮食，以避免出现低血糖等。

2. 力量性运动的注意事项

（1）力量练习不应引起明显疼痛。

（2）力量练习前、后应做充分的准备活动及放松整理活动。

（3）运动时保持正确的身体姿势。

（4）必要时给予保护和帮助。

（5）注意肌肉等长收缩引起的血压升高反应及闭气用力时心血管的负荷增加。有轻度高血压、冠心病或其他心血管疾病的患者，应慎做力量练习；有较严重的心血管疾病的患者忌做力量练习。

3. 伸展运动和健身操的注意事项

（1）应根据动作的难度、幅度等循序渐进、量力而行。

（2）指出某些疾病应慎采用的动作。如高血压患者等应不做或少做过分用力的动作及幅度较大的弯腰、低头等动作。

（3）运动中注意正确的呼吸方式和节奏。

第五节 常见运动损伤与应急处置

运动损伤是指在体育运动过程中所发生的各种损伤。运动损伤与运动项目、教材内容、技术动作、练习水平、技能基础、教学环境与条件有着密切的关系。运动损伤会直接影响学生的身心健康和学习，因此，应采取有效的安全措施，避免运动损伤的发生。

一、出血和止血

在运动过程中，外伤引起各部位出血，特别是较大的动脉损伤所引起的大出血，如果止血不及时或处理不当，很可能会危及生命安全。

（一）出血种类

1. 根据人体损伤的部位分类

根据人体损伤的部位分类，出血可分为外出血和内出血两类。

（1）外出血：是指体表有伤口，血从伤口往体表外流出。外出血是运动损伤中常见的一种出血方式，也是威胁伤者生命的重要因素之一。因此，采取妥善的止血方法就显得尤为重要。

（2）内出血：是指体表无伤口，血液由破裂的血管流入组织（皮下组织、肌肉组织）、体腔（胸腔、腹腔、关节腔）或官腔（胃肠道、呼吸道）。运动中常见的内出血：皮下淤血、膝关节腔内积血、腹部严重挫伤时导致肝破裂或其他脏器损伤时的腹腔内出血。由于内出血没有血流出体外，较为隐蔽，不易及时发现，一旦发现，就可能已经酿成大出血而危及生命。因此，如果受伤后没有外出血，但伤者有失血的表现，就有内出血的可能，应及时送往医院处理。

2. 根据血管的种类分类

根据血管的种类分类，出血可分为动脉出血、静脉出血和毛细血管出血三类。

（1）动脉出血：血色鲜红，出血速度快，呈喷射状。

（2）静脉出血：血色暗红，血流缓慢。

（3）毛细血管出血：血缓慢渗出。

（二）止血方法

对外伤引起的出血的止血方法主要有以下几种。

1. 压迫止血法

（1）间接指压法。

这一方法简便有效，可用于浅部动脉出血，方法正确可即刻止血。需要注意的是，动脉出血时指压伤口的近心侧，静脉出血时指压伤口的远心侧。常用的压迫止血点有：

①头部出血：头顶、额部及颞部出血，压迫颞动脉。压点在耳前，用手指正对颧骨后端骨面压迫。（图 4 –5 –1）

②面部出血：压迫颌外动脉，压点在下颌角前约半寸处。（图 4 –5 –2）

③颈部出血：压迫颈总动脉，压点在甲状软骨外搏动处。注意不要同时压迫两侧的颈总动脉，以免引起大脑出血。（图 4 –5 –3）

④上肢出血：腋部和上臂出血时压迫锁骨下动脉，压点在锁骨上方，胸锁乳突肌外缘。前臂出血压迫肱动脉，使患肢外展，用拇指压迫上臂内侧上 1/3 处。（图 4 –5 –4）

⑤下肢出血：大腿部出血压迫股动脉，压点在腹股沟中点该动脉搏动处。（图 4 –5 –5）

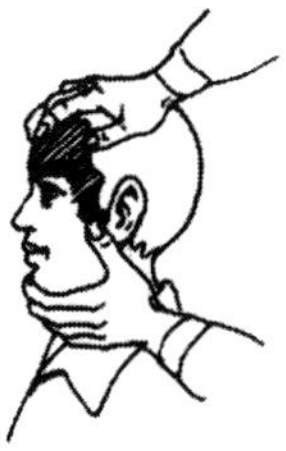

图 4 –5 –1

图 4 –5 –2

图 4 –5 –3

图 4 –5 –4

图 4 –5 –5

（2）加压包扎法。

适用于小静脉和毛细血管出血。方法是将伤口消毒后撒上消炎药粉，盖上纱布，用绷带包扎即可。

（3）加垫屈肢止血法。

适用于肢体出血（如前臂、手和小腿、足）。将棉垫或绷带卷放在肘窝或膝窝上，令肘关节或膝关节尽量弯曲，再用绷带做“8”字形包扎。

2. 止血带法

适用于四肢动脉大出血、创面大或不整齐时。常用皮管、橡皮带、气压式止血带等工具来止血，也可根据现场情况来选材止血，比如用布带、手帕、领带、长袜等折叠成带状或用衣服撕成布条，宽度至少5厘米，用来替代止血带。

方法：用止血带在出血部位的近端（近心侧）扎紧（上肢应在上中1/3交界处，下肢在靠近大腿根部），压力不小于20毫米汞柱，因为压力太小只能闭锁静脉，而动脉仍会继续出血。

3. 充填法

多用于躯干部位的大伤口，运动中很少使用，多用盐水纱布充填伤口压迫止血。

二、软组织损伤

软组织损伤是指运动中发生的除骨骼以外的损伤。软组织损伤按照损伤部位可以分为开放性软组织损伤和闭合性软组织损伤。开放性软组织损伤指皮肤和黏膜的完整性遭到破坏；闭合性软组织损伤则皮肤和黏膜完整无缺。按照损伤发生的时间，运动中的软组织损伤又分急性软组织损伤和慢性软组织损伤。

（一）擦　伤

擦伤是指运动时机体表面与粗糙的物体相互摩擦而引起的皮肤表层损伤，伤面有擦痕、渗出液和点状出血，属于开放性软组织损伤。例如，田径、球类运动时摔倒擦伤，体操和武术运动时身体与器械摩擦受伤，滑雪时被树枝擦伤，拳击时被拳套擦伤等。

1. 征　象

伤口浅，面积大，边缘不整；表皮脱落，点状出血，组织液渗出；无感染时，伤口易干燥结痂而愈合；伤口感染后易化脓，有较稠的渗出液。

2. 处　理

伤口浅、面积小的擦伤，用生理盐水清洗后直接外涂2%的碘酊，无须包扎，让其暴露在空气中即可；伤口内有异物的擦伤，用生理盐水或自来水冲洗伤口，伤口用双氧水、伤口周围用75%的酒精消毒，然后用消炎粉、无菌敷料处理；伤口较深、污染严重的擦伤，除消毒、包扎等处理外，应注射破伤风抗毒素；关节部位的擦伤，经消毒后，上消炎软膏或抗生素软膏，并用无菌敷料覆盖，一般不用暴露疗法。

（二）裂　伤

裂伤也称“撕裂伤”，开放性软组织损伤的一种，是指身体受钝性暴力打击引起的皮肤、皮下组织撕裂。运动中头部裂伤最多，约占整个裂伤的61%，其中额部和面部居多。例如，篮球运动员，眉弓被对方肘部碰撞即可引起眉际裂伤。

发生裂伤的运动者，轻者可先用碘酒、酒精将伤口周围皮肤消毒，然后在伤口上撒上消炎粉，用消毒纱布覆盖，加压包扎。小的裂口，伤口消毒后可用粘膏粘合。裂口较长和污染较重者，应由医生做清创术，清除伤口内的污物和异物，切除失去活力的组织，彻底止血，缝合伤口。凡伤情和污染较重者，应口服或注射适当的抗菌药物，预防感染。凡被不洁物致伤且伤口小而深者，应注射破伤风抗毒素，预防破伤风。

如伤口有感染，则应使用抗感染药物，加强换药处理，及时清除伤口内的分泌物，畅通引流，促进肉芽组织健康生长，以利于伤口早日愈合。

（三）刺　伤

刺伤，亦是开放性软组织损伤的一种，是指在运动过程中，尖锐细物刺穿皮肤及皮下组织器官的损伤。

1. 征　象

伤口细小，但较深，可能伤及深部组织或器官，或者将异物带入伤口深处，容易引起感染。

2. 处　理

为了预防和减轻感染，应对被刺伤的运动者进行无菌操作。注意检查伤口，观察污染情况，判断是否有神经、血管、肌腱等组织的损伤。较浅、小、干净的伤口，可用碘酊或其他消毒，然后用创可贴或消毒纱布覆盖；较大、深、不洁的伤口，应现场加压包扎后送医院进行清创、止血、缝合，口服或注射抗生素，常规注射破伤风抗毒素预防破伤风。

（四）扭　伤

扭伤属于闭合性软组织损伤之一，多是在外力作用下，关节发生超常范围的活动，造成关节内外侧副韧带损伤。

1. 征　象

关节出现疼痛、肿胀、皮下淤血、关节功能障碍等症状，其程度随损伤程度而加重。轻者发生韧带部分纤维断裂，重者则韧带纤维完全断裂，并引起关节脱位或半脱位，同时合并关节内滑膜和软骨损伤。扭伤在运动中较为常见。

2. 处　理

关节韧带扭伤或部分韧带纤维断裂者，伤后立即冷敷，加压包扎，抬高伤肢并休息，以减轻出血和肿胀。24～48 小时后，拆除包扎固定，根据伤情可采用中药外敷、痛点药物注射、理疗和按摩等，但理疗和按摩在开始时只能施于伤部周围，3 天后才可用于伤部。韧带完全断裂者，经急救处理后把伤员送至医院，以争取早期手术缝合或固定。关节韧带扭伤时，当关节肿胀和疼痛减轻后，在不引起疼痛或疼痛加重的原则下，尽早进行伤肢功能性活动，防止发生肌肉萎缩和组织粘连，以促进功能恢复。

（五）拉　伤

拉伤是指肌肉或关节韧带在运动中急剧收缩或过度牵拉引起的损伤。拉伤可分为肌肉拉伤和关节韧带拉伤两种。

1. 肌肉拉伤

肌肉损伤除由直接外力作用引起肌肉挫伤外，主要是在间接外力作用下使肌肉发生拉伤。肌肉拉伤是指由于肌肉的猛烈收缩或被动牵拉超过了肌肉本身所能承受的限度，而引起的肌肉组织损伤。据有关资料统计，肌肉拉伤约占各种运动损伤的25%。常见的拉伤部位为大腿后群肌、腰背肌、小腿三头肌、大腿内收肌群等。

（1）部位和征象。

肌肉拉伤的部位可发生在肌腹或肌腹与肌腱交界处，或肌腱的起止部。轻者发生微细损伤，重者则肌纤维大部分断裂或完全断裂，甚至发生撕脱骨折。

肌肉拉伤后，伤处疼痛、肿胀、压痛，肌肉紧张或痉挛，触之发硬。受伤肌肉做主动收缩或被动拉长的动作时，疼痛加重。肌肉严重拉伤时，患者在受伤当时可感到或听到断裂声，疼痛和肿胀明显，皮下淤血显著，运动功能严重障碍，肌肉出现收缩畸形。

（2）处理和治疗。

肌肉微细损伤或少量肌纤维断裂时，立即冷敷、加压包扎并抬高伤肢，注意局部休息。疼痛较重者可口服镇静、止痛剂。24～48 小时后可外敷中药、痛点药物注射、理疗或按摩等。

肌纤维大部分断裂或完全断裂时，经加压包扎等急救处理后，立即将伤员送至医院，及早进行手术。

2. 关节韧带拉伤

关节韧带拉伤是指在间接外力作用下，关节发生超常范围的活动而引起的关节韧带损伤，主要是由间接外力作用引起的一种闭合性损伤。在体育活动中最常见的是踝关节、膝关节、掌指（间）关节和肘关节韧带拉伤。

（1）损伤机制。

在外力作用下，关节发生超常范围的运动，关节内外侧韧带受到过度的或猛烈的牵拉而造成损伤。轻者仅是少量韧带纤维断裂，重者则是部分韧带纤维断裂或韧带完全断裂，甚至引起关节半脱位或完全脱位，同时还可合并关节内滑膜、软骨损伤或撕脱骨折等。例如，跑跳运动时因场地不平，踝关节发生过度内翻而造成踝关节外侧韧带损伤；膝关节屈曲130°～150°，小腿突然外展外旋，或足与小腿固定，大腿突然内收内旋（简称膝外翻），都可造成膝关节内侧韧带损伤等。

（2）征象。

伤后局部疼痛，肿胀，若伤及关节滑膜或韧带断裂及合并关节内其他组织损伤时，出现整个关节肿胀或血肿，局部有明显压痛。关节运动功能障碍，轻者关节活动受限，不能着力；韧带完全断裂或撕脱时，关节有不稳或松动感，关节功能明显障碍。

（3）处理和预防。

关节韧带拉伤是运动中常见的损伤。早期误诊或处理不当，转成慢性或遗留功能障碍，则影响比赛和训练。处理基本原则：早期止血，预防肿胀；晚期消炎活血。最初要用压迫及减少局部供血（降温）。经冰袋冷敷或冷水淋浴、喷冷冻剂后，覆盖绷带加压包扎。24 小时后打开观察伤部变化，考虑是否做进一步处理。拉伤后早期妥善处理，对减少淤血肿胀、防止韧带无力是非常重要的。24～48 小时后出血停止，局部用封闭治疗、中药外敷、理疗、按摩等，促使组织损伤后的炎症尽快消散。1～3 周后，大多都能恢复。伤后的运动练习，要尽量用支持带保护，避免再损伤。

（六）挫　伤

挫伤又称撞伤，是指钝性外力直接作用于人体某部，而引起该处及其深部组织的一种急性闭合性损伤。

1. 损伤机制和征象

在体育运动或比赛中，尤其是各种对抗性较强的项目，比如足球、橄榄球运动中相互冲撞，散打、格斗运动中被踢打，或体操、武术运动中人体与器械撞击或被器械击伤，都会发生局部和深层组织的挫伤。最常见的挫伤部位是大腿与小腿的前部，头、胸、腹部的挫伤也并不少见。单纯性挫伤，轻者仅在伤部出现疼痛、肿胀、局部皮肤青紫、压痛和功能障碍等症状；严重挫伤或有合并症时，可因皮下出血而形成血肿或瘀斑，疼痛和功能障碍较为明显，头部或躯干部的挫伤较为严重者可并发脑组织或内脏器官的损伤，甚者出现全身症状或某些特殊体征。

2. 处理

单纯性挫伤的处理，一般分为 3 期，若病情较轻，可把 2、3 两期合并兼治。

（1）限制活动期。

伤后 24～48 小时内，局部冷敷、加压包扎、抬高伤肢并休息。较轻的挫伤可外敷安福消肿膏或一号新伤药。疼痛较重者，可内服镇静、止痛剂。股四头肌和腓肠肌挫伤时，应注意严密观察，若出血较多，肿胀不断发展或肿胀严重而影响血液循环时，应将伤员送医院进行手术治疗，取出血块，结扎出血的血管。

（2）恢复活动期。

受伤 24～48 小时后，肿胀已基本消退，可拆除包扎进行温热疗法，包括各种理疗和按摩。在伤情允许的情况下，应尽早进行伤肢的功能锻炼，逐渐增加关节的活动幅度。股四头肌挫伤时，当病情已稳定，患者可以控制股四头肌收缩时，才可开始做膝关节的屈伸活动，先做伸膝练习，屈膝练习宜晚些，不可操之过急。当膝关节能屈至 90°，走路不用拐杖时，可视为此期治疗结束的标志。

（3）功能恢复期。

逐渐增加抗阻力练习和参加一些非碰撞性练习，如打乒乓球、羽毛球等，并配合进行按摩和理疗等，直至关节活动功能恢复正常。

混合性挫伤并出现休克的伤员，经急救处理后，应尽快把伤员送到医院。

三、骨折和脱臼

（一）骨　折

由于外伤或病理等原因致使骨的连续性、完整性遭到破坏的损伤都称为骨折。运动中发生的骨折多为闭合性骨折。

1. 骨折的原因

（1）直接暴力。

系暴力直接作用于受伤部位。比如足球运动员胫骨骨折，常见于一方球员直接踢在另一方球员小腿上所致。

（2）间接暴力。

骨折发生在接触暴力较远的部位，多是由于外力的传导、杠杆、旋转等作用所致。比如肱骨髁上骨折，多由于伤者失足跌倒，手掌撑地，暴力上传导致骨折；锁骨骨折，多为摔倒时手撑地面而发生。

2. 骨折的表现

骨折的一般表现为局部疼痛、肿胀和功能障碍。骨折时，骨髓、骨膜及周围组织血管破裂出血，在骨折处形成血肿，以及软组织损伤所致水肿，使患肢严重肿胀，甚至出现张力性水疱和皮下瘀斑，由于血红蛋白的分解，可呈紫色、青色或黄色。骨折局部出现剧烈疼痛，特别是移动患肢时加剧。局部肿胀和疼痛使患肢活动受限，如为完全性骨折，可使受伤肢体活动功能完全丧失。

3. 骨折的症状与体征

（1）骨折的常见症状与体征为：

疼痛：较明显，动则加剧，可引起休克。

畸形：与健侧比较有成角、变短等异态。

活动失常：失去正常活动功能，而在关节以外的地方出现异常活动。

肿胀：伤后不久便出现，也可成血肿。

压痛：骨折处压痛最明显，轴线撞击时骨折处剧痛。

骨擦音：轻微活动或推摸局部时，断端会出现骨擦音。

（2）骨折的特有症状与体征为：

畸形：骨折段移位可使患肢外形发生改变，主要表现为短缩、成角或旋转。

异常活动：正常情况下，肢体不能活动的部位，骨折后出现了不正常的活动。

骨擦音或骨擦感：骨折后，两骨折端相互摩擦时，可产生骨擦音或骨擦感。

（二）脱　臼

脱臼又称关节脱位，因外力或其他原因造成关节各骨的关节面失去正常的对合关系。

1. 脱臼的表现

脱臼因外伤引起者为外伤性脱位；因关节病变引起者为病理性脱位；脱位后，关节面完全丧失对合关系者为完全脱位，部分丧失者为半脱位。

2. 脱臼的症状与体征

（1）关节畸形：失去正常关节外观，骨标志改变。

（2）活动失常：失去正常活动功能，常弹性固定于半屈曲状态。

（3）患肢缩短。

（4）局部肿胀或积血。

（5）压痛。

（三）骨折与脱臼的诊断

根据受伤的情况、症状及体征可做如下诊断：

（1）闭合性单纯性骨折：骨虽已折，但无明显移位，周围软组织无严重损伤，也没穿破皮肤。

（2）开放性骨折：骨断端穿破皮肤外露，易感染，须注意保护伤口，勿受污染。

（3）复杂性骨折：骨断端刺伤神经、血管、内脏，影响关节，产生严重症状。这些情况也可由于救护或搬运不当而引起，必须注意防止。

（4）单纯性关节脱臼。

（5）复杂性脱臼，合并有关节骨折等情况。

（四）骨折和脱臼的固定方法

常用的固定方法有夹板固定、自体固定、其他物体固定3种。

1. 夹板固定

利用夹板固定之前，应先将骨折远端稍加牵引，然后固定，松紧要适度。

2. 自体固定

没有夹板或其他可代用材料的情况下，可利用伤者自己的躯干及肢体用三角巾或绷带做临时固定，如上肢固定于躯干，下肢利用健侧来做固定。

3. 其他物体固定

利用其他有一定硬度、韧性、长度和宽度合适的物体，代替夹板做固定。对脊柱骨折或有此怀疑之伤者，勿急急忙忙地将其从地上“救起”，应以硬床板搬运，需几个人同时将其翻转到床板上，翻转要同步，勿使脊柱发生扭转，严禁徒手搬运或徒手将其抬到担架上。搬运时，最好采用俯卧位，若仰卧位则应在伤处加衬垫物，使脊柱呈过伸姿势，勿使其发生扭转和前弯屈曲，以免损伤脊髓而造成截瘫。

第六节　大学生生活卫生与运动卫生

健康是人生最宝贵的财富，是人类美好的愿望。常言道：“生命在于运动。”说明体育锻炼在人的生命活动中的重要作用，在运动时必须遵循人体生理活动规律和一定运动卫生要求，才能达到提高健康水平、增强体质的目的。

一、生活卫生

（一）生活制度卫生

生活制度是指对一天内的睡眠、饮食、学习、休息和运动等各项内容作出基本固定的时间安排。它有利于机体内的各种生理活动，有利于身体健康。每天养成有规律的生活习惯，有助于学生学习任务的完成，提高学习效率，也有助于大学生的身心健康。

人的一切活动都是在大脑皮层支配下完成的。每天在相对固定的时间起床、吃饭、休息、工作、睡眠和运动，养成有规律的学习、生活习惯，大脑皮层有关区域的兴奋和抑制的转换也建立起相应的顺序，形成大脑皮层活动的“动力定型”。神经系统和组织器官的活动有了一定的规律，就可以使机体在一定时间内对某种活动有所准备。如果生活制度不合理，经常打乱作息制度，会使大脑皮层中建立起来的“动力定型”遭到破坏。神经系统的机能减弱时，各器官系统的机能也相应受到影响，这样就会降低机体的机能，影响学习和工作效率，有损身体健康。但是，大脑皮层中的“动力定型”的建立不是一成不变的，由于大脑皮层功能的可塑性，对于新的环境，只要逐步适应，还是可以改变的。

（二）饮食卫生

1. 合理营养

食物中有效的营养成分就叫营养素，七大营养素分别是蛋白质、碳水化合物、脂肪、维生素、矿物质、膳食纤维和水。在校大学生脑力劳动紧张，体育锻炼、文化娱乐、社交活动形式较多，能量消耗较大，这些都需要食物营养来补充。同时，为了有助于被人体消化吸收和利用，还要注意保持各种营养之间数量的平衡。

2. 合理的饮食制度

饮食制度应包括每日进餐时间和食物量的分配等内容。一般认为早餐热量占全日热量的30%左右，午餐占40%，晚餐占30%左右较为适宜。每日三餐的时间应基本稳定，并力求做到与运动有一定的时间间隔。

（1）饮食习惯。

①运动后不宜立即进餐。人在剧烈运动之后，往往会产生饥饿感。为了补充失去的能量，很多人会大吃一顿，或者进食的量比平时多，他们以为这样就会将运动时消耗的东西全部补回来。据研究，人们在运动中消耗的主要是矿物质、水和脂肪。运动后产生的饥饿感，不一定是真正的饥饿，而常常是口渴，这时正确的做法应该是先补充液体。喝些水或果汁，这样即补充了失去的矿物质和水，半小时以后再进食，可以吃些平时爱吃的低热量食品，以不感到饱胀为原则。这样，既能补充运动中消耗的东西，又不会使失去的多余脂肪很快回到体内，从而保持健美的身材。

②饭后不宜立即进行剧烈运动。运动前1小时进食，这是为了避免因为体力活动而导致消化功能紊乱。同时，要避免食用难以消化的食物，如油炸食品等，可引起腹痛、恶心等症状，也可能导致胃下垂。

③合理安排一日三餐。“一日三餐”是人类古已有之的饮食习惯，然而从目前的实际情况来看，大学生不吃早餐的现象有增无减。他们宁可把进早餐的时间用来睡觉，也不重视早餐，起床后即匆忙赶去教室上课，致使上课时血糖浓度降低，疲劳很快出现，使得学习效率降低，身体也受到损害。不吃早餐的学生自以为可以利用第二节课后去补充食品，殊不知这样正好打乱了自己的生物钟，其结果是午餐没了食欲，不能好好地进食，导致下午不是饥饿就是腹胀，肠胃功能出现紊乱。有的同学在夜间临睡前还饱餐一顿，这些都是十分不好的饮食习惯。医学科学告诉我们，无规则的进食很容易引起胃病，其中以胃溃疡最为普遍，这就

是许多大学生肠胃功能不好、胃病发病率高的重要原因。因此，注重正常的饮食习惯，吃好三餐，对保持身体健康有良好的功效。

（2）饮食量。

饮食量不单指饮食的数量，更重要的是指饮食中所含身体必需的能量。大学生一天的学习、锻炼和日常生活需消耗较大能量，一般而言，平均一天需从食物中摄取 1 715 ~ 1 252 千焦热量来补充身体的需要。由于个体差异较大，每个人的饮食量都可能不同，所以饮食量以主观感受为前提，以主食为基础，副食不宜过饱。常言说得好："一日三餐七分饱，身体健康精神好。"

（3）饮食成分。

饮食成分是指饮食中所含的营养成分。现代医学、营养学告诉我们：蛋白质、碳水化合物、脂肪、维生素、矿物质、膳食纤维和水是人类保持健康必需的营养成分。

（三）睡眠卫生

每天的睡眠时间应占一天的 1/3 左右，一般来说，青少年应睡 8 ~ 9 小时，成人每天一般应保持约 8 小时的睡眠。因为睡眠时，中枢神经系统，特别是大脑皮质的抑制过程占优势，能量物质的合成过程也占优势，体内的一些代谢产物被利用或排除，疲劳得到消除。为此，必须有足够的睡眠时间来解除一天的疲劳；又由于人的 24 小时节奏是比较固定的，因此，要注意每天尽可能按时睡觉。保持充足的睡眠时间，不仅有利于工作与学习，而且还能使身体健康。

为了保证良好的睡眠，睡前 1 小时不宜进行剧烈运动，以免引起神经细胞的过度兴奋，影响睡眠。但是睡前做些适度运动，能对人体起到良好的调节作用，降低大脑的兴奋性，有助于睡眠。

睡前不宜吃得过饱，以免增加肠胃负担，刺激消化液增加，这样就会打乱消化液的正常分泌。胃不停地蠕动，管胃肠的神经也会受到刺激，人就会感到胃不舒服，"撑"得难受，而睡不踏实。临睡前也不宜过多喝水，这除导致胃液稀释、夜间多尿外，还会诱发眼睑水肿和眼袋。睡前用温水洗脚，漱口刷牙，保持室内通风和卧具的清洁卫生，都对睡眠有益。

（四）戒除不良嗜好

世界卫生组织决定每年 5 月 31 日为"世界无烟日"，促使全球人行动起来，减少烟草对健康的危害。吸烟可诱发和形成某些严重疾病，导致劳动能力的丧失和不良后果。长期大量吸烟引发的常见病有肺癌、呼吸道疾病、心血管疾病、中枢神经系统疾病、消化系统疾病等，吸烟同时也污染环境，造成被动吸烟者致病促发因素增加。长期大量饮酒，会损害人体健康。吸烟、酗酒等不良嗜好，对人体健康有很大危害，如果已经染上了这些不良嗜好，一定要坚决戒除。

二、运动卫生

（一）运动前卫生

1. 准备活动

准备活动是指运动前进行的有目的和指向性的身体练习，它包括一般性准备活动和专项性准备活动。运动前做好充分的准备活动，其目的是通过各种练习提高中枢神经系统的兴奋性，使兴奋达到适宜的水平；预先加强各器官系统的活动，克服各器官机能活动的惰性；加强心血管和呼吸器官的活动能力，使人体从相对静止的状态过渡到紧张活动的状态，预防心血管意外的发生，减少肌肉、关节和韧带的损伤。

准备活动的内容和时间的长短，应根据锻炼的项目、内容、季节变化和身体条件来安排，一般使身体稍微发热、心率上升到130～160次/分为宜，使内脏器官、肢体的活动幅度和肌肉力量等方面达到适宜的工作状态。

2. 运动前饮水

在运动前应适当补充水，但不宜一次性大量饮水。饮水过多，会使胃膨胀，影响膈肌运动和呼吸，从而影响运动能力。

（二）运动中卫生

1. 选择好运动着装

衣着以轻松为好，大小适宜，有一定的通气性和吸水性，并经常保持清洁卫生。鞋子大小要合适，应尽可能穿运动鞋。夏季应以浅色薄运动衣裤为好，冬季应注意保暖，但不能妨碍运动。运动时身上不能佩戴尖利物件。

2. 选择良好的运动环境

选择在空气清新、流通性较好、温度比较适宜、场地整洁的运动场所进行锻炼，这样有利于体育活动的开展，也有利于大学生的身体健康。

3. 合理安排运动量

合理安排运动量是指在进行体育锻炼时应根据其年龄、性别、体质、健康水平和技术的熟练程度合理安排练习的强度、密度、时间和数量。一般大学生在一堂课上平均心率达130 ～170次/分为宜，运动量适宜时睡眠良好、食欲增加、精力充沛。如果超过了大学生的生理负荷量，反而会伤害其身体健康，影响正常的学习生活。

4. 运动中饮水

人体体重的65%是水，而水在血液中含量高达90%，在运动时，机体需要保持充分的血容量。一是为了加强肌肉组织的血液供应，以保证肌肉中物质代谢过程的进行；二是运动中体内产生大量的热，需要血液将其带到体表，以维持正常体温。而在进行体育锻炼时，身体会大量出汗，体内缺少水分，必须及时补充水分，否则会影响人体正常生理机能的活动，导致全身无力、口唇发干、精神不振和疲劳等现象，使机体机能下降，因此及时补充水分十分重要。但在运动中不能大量饮水，大量饮水会使胃部膨胀，妨碍膈肌的活动，影响呼吸，使运动能力下降。同时，大量饮水会使水进入血液，使血液量增多，从而加重心脏、肾脏的负担，有碍健康。运动中口渴时应少量多次饮水，同时，宜饮用淡盐开水或运动饮料，以保持体内水盐的平衡，起到润喉、止渴和预防肌肉抽筋的作用。

（三）运动后卫生

1. 整理活动

整理活动是指在正式运动后，做一些加速机体机能恢复的较轻松的身体练习，目的在于使人体由紧张激烈的肌肉运动阶段逐渐过渡到相对安静的阶段，是加速消除疲劳、促进体力恢复的良好措施。整理活动应着重于全身性放松，尽量采用轻松、柔和的练习，活动量减少，节奏逐步减慢，以促使呼吸频率和心率下降。

2. 注意保暖

运动后应注意身体的保暖，有些人运动后马上洗冷水澡、吹电扇，冬天运动后到室外吹风凉快等，这些都会对关节造成伤害。因为运动后全身的毛细血管都是张开的，热量大量散发，如用冷水刺激，容易引起感冒。经常受冷刺激，会导致关节炎的发生。

3. 不宜立即洗热水澡

运动后也不宜立即洗热水澡，因为运动时流向肌肉的血液增加，心肌供血也增加以供运动所需，运动后，加快了的心跳和血液流动仍会持续一段时间才会冷却下来，如果在没有冷却以前立刻洗热水澡，会使血液往肌肉和皮肤的流量继续大量增加，结果可能使剩余的血液不足以供应身体其他器官的需要，尤其是心脏和脑部的需要，导致心脏病突发或脑部缺氧。

4. 运动服装

运动后汗湿的衣物要及时换掉，洗干净，鞋要放在通风的地方，去味，保持干净。

5. 运动后饮水

运动后应适当补充水分，但不宜一次性大量饮水，否则会使尿量和汗水增加，加重体内电解质的进一步丢失，还会增加人体心肾的负担。大量饮水还会造成胃液稀释，影响食欲和消化，易导致胃病。

（四）女子运动卫生

女子经常参加体育锻炼，不仅可以促进身体发育、增进健康、提高身体各器官系统的功能水平，还可以使身体各部的肌肉得到协调均匀地发展，特别是通过体育锻炼使腹肌、腰背肌和盆底肌的力量得到增强，这对于女子妊娠期的身体健康和顺利完成分娩都有好处。

1. 女子运动卫生的一般要求

女子在青春期骨盆尚未发育完全，不宜过多地进行负担量过大的练习或做过量的负重练习，最好避免采用剧烈震动和引起腹内压升高的身体练习，如从高处跳下、举重或憋气的练习。青春期后期可多从事一些增强腹肌、腰背肌、盆底肌的练习和增强上肢力量的练习，由于女子呼吸和循环机能较差，在体育锻炼中，要掌握适宜的运动量。倘若运动量过大，不利于女子身心健康的发展，而运动量过小则达不到锻炼效果。因此，要因人制宜，从个人的身体实际情况出发，制订适合自己的锻炼计划和选择科学的锻炼方法。一般来说，多采用一些运动量适中、针对性强、能体现女性美的练习项目，如有氧健身操、健美操、舞蹈、形体训练、艺术体操等。

2. 女子月经期的运动卫生

月经是女子正常的生理现象，在月经期间，人体一般不会有明显的生理机能变化。所以，身体健康的女子在月经期间不必完全停止体育锻炼。进行适度的体育锻炼不仅可以改善盆腔的血液循环，减轻盆腔充血现象，而且由于腹肌和盆底肌的收缩与放松活动，能对子宫起到柔和的按摩作用，有助于经血的排出。但女子在月经期间参加体育锻炼应注意以下几点。

（1）运动量要适宜。在月经期间参加体育锻炼，运动量应小些，锻炼时间也不宜太长。可在早晨和课外活动时间，做做体操、散散步、慢跑等运动量较小的活动，应避免做强度大或震动大的跑跳动作，如速度跑、跨跳等。也不要做使腹内明显增压的憋气和静力性动作，如推铅球、倒立、收腹等，以免子宫受压、受挤而引起经血过多或子宫位置改变。

（2）月经期间不宜游泳，因为经期子宫口开放，子宫内膜破裂出血，如果这时游泳，病菌容易侵入内生殖器官，引起炎症性病变。

（3）月经期间要避免寒冷刺激，如冷水浴锻炼，以免发生痛经、闭经或月经淋漓不净等。月经期间也不宜进行日光浴锻炼。

（4）如遇有月经紊乱、痛经等现象发生时，则应暂时停止运动。

第五章 《国家学生体质健康标准》测试与评价

第一节 《国家学生体质健康标准》测试简介

一、实施说明

《国家学生体质健康标准》（以下简称《标准》）是国家学校教育工作的基础性指导文件和教育质量基本标准，是评价学生综合素质、评估学校工作和衡量各地教育发展的重要依据，是《国家体育锻炼标准》在学校的具体实施，适用于全日制普通小学、初中、普通高中、中等职业学校、普通高等学校的学生。

本《标准》从身体形态、身体机能和身体素质等方面综合评定学生的体质健康水平，是促进学生体质健康发展、激励学生积极进行身体锻炼的教育手段，是国家学生发展核心素养体系和学业质量标准的重要组成部分，是学生体质健康的个体评价标准。

本《标准》将适用对象中高校部分分为：大学一、二年级为一组，三、四年级为一组。

大学各组别的测试指标均为必测指标。其中，身体形态类中的身高、体重，身体机能类中的肺活量，以及身体素质类中的 50 米跑、坐位体前屈为各年级大学生共性指标。

本《标准》的学年总分由标准分与附加分构成，满分为 120 分。标准分为各单项指标得分与权重乘积之和，满分为 100 分。附加分根据实测成绩确定，即对成绩超过 100 分的加分指标进行加分，满分为 20 分；大学的加分指标为男生引体向上和 1000 米跑，女生 1 分钟仰卧起坐和 800 米跑，各指标加分幅度均为 10 分。

根据大学生学年总分评定等级：90.0 分及以上为优秀，80.0 ~ 89.9 分为良好，60.0 ~ 79.9 分为及格，59.9 分及以下为不及格。

二、评价指标与权重

评价指标与权重见表 5 – 1 – 1。

表 5 – 1 – 1 评价指标与权重

测试对象	单项指标	权重（%）
大学各年级	体重指数（BMI）	15
	肺活量	15
	50 米跑	20
	坐位体前屈	10
	立定跳远	10
	引体向上（男）/1 分钟仰卧起坐（女）	10
	1000 米跑（男）/800 米跑（女）	20

注：体重指数（BMI）= 体重（千克）/ 身高^2（米^2）。

第二节 《国家学生体质健康标准》测试方法

一、身 高

（一）测试目的

测试学生身高，与体重测试相配合，评定学生的身体匀称度，评价学生生长发育及营养状况的水平。

（二）场地器材

身高计。使用前应校对0点，以钢尺测量基准板平面至立柱前面红色刻线的高度是否为10.0厘米，误差不得大于0.1厘米。同时应检查立柱是否垂直，连接处是否紧密，有无晃动，零件有无松脱等情况，并及时加以纠正。

（三）测试方法

受试者赤足，立正姿势站在身高计的底板上（上肢自然下垂，足跟并拢，足尖分开约60°）。足跟、骶骨部及两肩胛区与立柱相接触，躯干自然挺直，头部正直，耳屏上缘与眼眶下缘呈水平位，成绩以厘米为单位，精确到小数点后一位。测试误差不得超过0.5厘米。

二、体 重

（一）测试目的

测试学生的体重，与身高测试相配合，评定学生的身体匀称度，评价学生生长发育的水平及营养状况。

（二）场地器材

杠杆秤或电子体重计。使用前需检验其准确度和灵敏度。准确度要求误差不超过0.1%，即每百千克误差小于0.1千克。检验方法是：以备用的10千克、20千克、30千克标准砝码（或用等重标定重物代替）分别进行称量，检查指标读数与标准砝码误差是否在允许范围。灵敏度的检验方法是：置100克重砝码，观察刻度尺变化，如果刻度抬高了3毫米或游标向远移动0.1千克而刻度尺维持水平位时，则达到要求。

（三）测试方法

测试时，杠杆秤应放在平坦地面上，受试者赤足，男性受试者身着短裤，女性受试者身着短裤短袖衫，站在秤台中央。读数以千克为单位，精确到小数点后一位。测试误差不超过0.1千克。

三、肺活量

（一）测试目的

测试学生的通气功能。

（二）场地器材

电子肺活量计。

（三）测试方法

使用干净的吹嘴。被测试者进行一两次较平日深一些的呼吸动作后，更深地吸一口气，向口嘴处慢慢呼出至不能再呼出为止。每位受试者测一次，以毫升为单位，不保留小数。

四、50 米跑

（一）测试目的

测试学生速度、灵敏素质及神经系统灵活性的发展水平。

（二）场地器材

50 米直线跑道若干条，地面平坦，地质不限，跑道线要清晰。发令旗一面，口哨一个，秒表若干块（一道一表）。秒表使用前应用标准秒表校正，每分钟误差不得超过 0.2 秒。标准秒表的选定，以北京时间为准，每小时误差不超过 0.3 秒。

（三）测试方法

受试者至少两人一组测试，站立起跑，受试者听到“跑”的口令后开始起跑。发令员在发出口令同时要摆动发令旗。计时员视旗动开表计时。受试者躯干部到达终点线的垂直面停表。记录以秒为单位，精确到小数点后一位。小数点后第二位数按非零进 1 原则进位，如 10.11 秒读成 10.2 秒，并记录。

五、立定跳远

（一）测试目的

测试学生下肢肌肉爆发力及身体协调能力的发展水平。

（二）场地器材

在沙坑（沙面与地面齐平）或土质松软的平地上进行。起跳线至沙坑近端不得少于 30 厘米。起跳地面要平坦，不得有坑凹。

（三）测试方法

受试者两脚自然分开站立，站在起跳线后，脚尖不得踩线（最好用线绳做起跳线）。两脚原地同时起跳，不得有垫步或连跳动作。丈量起跳线后缘至最近着地点后缘的垂直距离。每人试跳一次。以厘米为单位，不计小数。

六、坐位体前屈

（一）测试目的

测试学生在静止状态下的躯干、腰、髋等关节可能达到的活动幅度，主要反映这些部位关节韧带和肌肉的伸展性和弹性及学生身体柔韧素质的发展水平。

（二）场地器材

使用坐位体前屈测试仪测量。将仪器放置在平坦地面上。测试前用尺进行校正，即将直尺放在平台上，使游标的上面与平台呈水平，将游标的刻度调到0位。

（三）测试方法

受试者两腿伸直，两脚平蹬测试纵板坐在平地上，两脚分开10～15厘米，上体前屈，两臂伸直向前，用两手中指尖逐渐向前推动游标，直到不能前推。测试仪的脚蹬纵板内沿平面为0点，向内为负值，向前为正值。记录以厘米为单位，保留一位小数。测试两次，取最好成绩。

七、800米或1000米跑

（一）测试目的

测试学生耐力素质的发展水平，特别是心血管呼吸系统的机能及肌肉耐力。

（二）场地器材

400米、300米、200米田径场跑道，地质不限。也可以使用其他不规则场地，但必须丈量准确，地面平坦。发令旗一面，秒表若干块，使用前需要校正，要求同50米跑。

（三）测试方法

受试者至少两人一组进行测试，站立式起跑，当听到“跑”的口令后开始起跑。计时员看到旗开表计时，当受试者的躯干部到达终点线垂直面时停表。以分秒为单位记录测试成绩，不计小数。

八、引体向上（男生）

（一）测试目的

测试学生上肢肌肉力量的发展水平。

（二）场地器材

专业健身单杠。

（三）测试方法

受试者跳起双手正握杠，两手与肩同宽成直臂悬垂。静止后，两臂同时用力引体（身体不能有附加动作），上拉到下颌超过横杠上缘为完成一次。记录引体次数。

九、1 分钟仰卧起坐（女生）

（一）测试目的

测试腹肌耐力。

（二）场地器材

垫子若干块（或代用品），并铺放平坦。

（三）测试方法

受试者全身仰卧于垫上，两腿稍分开，屈膝呈 90°角左右，两手指交叉贴于脑后。另一同伴压住其踝关节，以便固定下肢。受试者起坐时两肘触及或超过双膝为完成一次。仰卧时两肩胛必须触垫。测试人员发出“开始”口令的同时开表计时，记录 1 分钟内完成次数。1 分钟到时，受试者虽已坐起但未达到双膝者不计次数，精确到个位。

第三节 《国家学生体质健康标准》评分标准

使用评分表对学生的测试结果进行评价，可分为两个部分：第一部分是对各项测试结果分别评分，得出相应评价指标的得分和等级；第二部分是对每一个学生给出总的得分和等级。下面就分别予以介绍。

一、先按性别，找到对应的评分表，使用该表查出相应指标所处的档次及其得分

例如：测得大学二年级一位男生的身高为 167.3 厘米，体重为 58.1 千克，50 米跑为 6.5 秒、坐位体前屈为 21.4 厘米。先算出男生体重指数为 20.8，属于正常，得 100 分；再查看大学二年级男生评分标准，查 50 米跑的得分，6.5 秒为优秀，得 100 分；坐位体前屈

为 21.4 厘米属于优秀，得分为 90。

再如：大学二年级一位女生的身高为 152.5 厘米，体重为 49 千克，体重指数为 21.1，属于正常，得 100 分；测得 800 米成绩为 3′34″，查表为良好，得 85 分；测得肺活量为 2940 毫升，为及格，得 78 分；测得 50 米跑成绩为 7.7 秒，为优秀，得 90 分；测得仰卧起坐为 40 个，属于及格，得 74 分。

通过这一步对受试者每一项指标进行评价，我们就可以了解该生在体质健康各个方面的具体情况和等级，教师可以根据每个学生的个体差异，对于不够理想的指标，进行有针对性的锻炼，鼓励学生进步与发展，从而不断提高每个学生的体质健康水平。

如果想要对其进行总体评价，需要就查出的分数进行下一步计算。

二、等级评价

优秀：总分 90.0 分以上；

良好：总分 80.0 ~ 89.9 分；

及格：总分 60.0 ~ 79.9 分；

不及格：总分 59.9 分以下。

例如：某年级一位男生体重指数 100 分，50 米跑 90 分，肺活量 90 分，1000 米跑 80 分，引体向上 90 分，坐位体前屈 80 分，立定跳远 70 分，总分为 100 × 0.15 + 90 × 0.2 + 90 × 0.15 + 80 × 0.2 + 90 × 0.1 + 80 × 0.1 + 70 × 0.1 = 86.5 分，依据等级标准，该生的体质健康评分等级为良好。

三、身高标准体重查表补充说明

如果个别学生的身高（太高或太低）在表中查不到时，可按下列方法折算后再查表。当学生身高低于表中所出的最低身高段的下限值时，实测身高需要加上与下限值之差，并且身高每低 1 厘米，实测体重需加上 0.5 公斤，再查表确定分值。

当学生身高高于表中所列出的最高值身高段的上限值时，实测身高减去与上限值之差。

大学生体重指数（BMI）单项评分表见表 5 – 3 – 1。大学男生、女生体质测试项目评分标准见表 5 – 3 – 2、表 5 – 3 – 3。表 5 – 3 – 4 为 800 米、1000 米跑加分表。表 5 – 3 – 5 为男生引体向上加分表。表 5 – 3 – 6 为女生 1 分钟仰卧起坐加分表。

表 5 – 3 – 1 大学生体重指数（BMI）单项评分表（单位：千克/米^2）

等级	单项得分	男生	女生
		体重指数	体重指数
正常	100	17.9 ~ 23.9	17.2 ~ 23.9
低体重	80	≤17.8	≤17.1
超重		24.0 ~ 27.9	24.0 ~ 27.9
肥胖	60	≥28.0	≥28.0

表 5-3-2 大学男生体质测试项目评分标准

项目		肺活量		50 米跑		坐位体前屈		立定跳远		引体向上		1000 米跑	
单位		毫升		秒		厘米		厘米		次		分·秒	
等级	得分	大一大二	大三大四	大一大二	大三大四	大一大二	大三大四	大一大二	大三大四	大一大二	大三大四	大一大二	大三大四
优秀	100	5040	5140	6.7	6.6	24.9	25.1	273	275	19	20	3′17″	3′15″
	95	4920	5020	6.8	6.7	23.1	23.3	268	270	18	19	3′22″	3′20″
	90	4800	4900	6.9	6.8	21.3	21.5	263	265	17	18	3′27″	3′25″
良好	85	4550	4650	7.0	6.9	19.5	19.9	256	258	16	17	3′34″	3′32″
	80	4300	4400	7.1	7.0	17.7	18.2	248	250	15	16	3′42″	3′40″
及格	78	4180	4280	7.3	7.2	16.3	16.8	244	246			3′47″	3′45″
	76	4060	4160	7.5	7.4	14.9	15.4	240	242	14	15	3′52″	3′50″
	74	3940	4040	7.7	7.6	13.5	14.0	236	238			3′57″	3′55″
	72	3820	3920	7.9	7.8	12.1	12.6	232	234	13	14	4′02″	4′00″
	70	3700	3800	8.1	8.0	10.7	11.2	228	230			4′07″	4′05″
	68	3580	3680	8.3	8.2	9.3	9.8	224	226	12	13	4′12″	4′10″
	66	3460	3560	8.5	8.4	7.9	8.4	220	222			4′17″	4′15″
	64	3340	3440	8.7	8.6	6.5	7.0	216	218	11	12	4′22″	4′20″
	62	3220	3320	8.9	8.8	5.1	5.6	212	214			4′27″	4′25″
	60	3100	3200	9.1	9.0	3.7	4.2	208	210	10	11	4′32″	4′30″
不及格	50	2940	3030	9.3	9.2	2.7	3.	203	205	9	10	4′52″	4′50″
	40	2780	2860	9.5	9.4	1.7	2.2	198	200	8	9	5′12″	5′10″
	30	2620	2690	9.7	9.6	0.7	1.2	193	195	7	8	5′32″	5′30″
	20	2460	2520	9.9	9.8	-0.3	0.2	188	190	6	7	5′52″	5′50″
	10	2300	2350	10.1	10.0	-1.3	-0.8	183	185	5	6	6′12″	6′10″

表 5-3-3 大学女生体质测试项目评分标准

项目		肺活量		50 米跑		坐位体前屈		立定跳远		1 分钟仰卧起坐		800 米跑	
单位		毫升		秒		厘米		厘米		次		分·秒	
等级	得分	大一大二	大三大四	大一大二	大三大四	大一大二	大三大四	大一大二	大三大四	大一大二	大三大四	大一大二	大三大四
优秀	100	3400	3450	7.5	7.4	25.8	26.3	207	208	56	57	3′18″	3′16″
	95	3350	3400	7.6	7.5	24.0	24.4	201	202	54	55	3′24″	3′22″
	90	3300	3350	7.7	7.6	22.2	22.4	195	196	52	53	3′30″	3′28″

续表

项目		肺活量		50 米跑		坐位体前屈		立定跳远		1 分钟仰卧起坐		800 米跑	
单位		毫升		秒		厘米		厘米		次		分·秒	
等级	得分	大一大二	大三大四	大一大二	大三大四	大一大二	大三大四	大一大二	大三大四	大一大二	大三大四	大一大二	大三大四
良好	85	3150	3200	8.0	7.9	20.6	21.0	188	189	49	50	3′37″	3′35″
	80	3000	3050	8.3	8.2	19.0	19.5	181	182	46	47	3′44″	3′42″
及格	78	2900	2950	8.5	8.4	17.7	18.2	178	179	44	45	3′49″	3′47″
	76	2800	2850	8.7	8.6	16.4	16.9	175	176	42	43	3′54″	3′52″
	74	2700	2750	8.9	8.8	15.1	15.6	172	173	40	41	3′59″	3′57″
	72	2600	2650	9.1	9.0	13.8	14.3	169	170	38	39	4′04″	4′02″
	70	2500	2550	9.3	9.2	12.5	13.0	166	167	36	37	4′09″	4′07″
	68	2400	2450	9.5	9.4	11.2	11.7	163	164	34	35	4′14″	4′12″
	66	2300	2350	9.7	9.6	9.9	10.4	160	161	32	33	4′19″	4′17″
	64	2200	2250	9.9	9.8	8.6	9.1	157	158	30	31	4′24″	4′22″
	62	2100	2150	10.1	10.0	7.3	7.8	154	155	28	29	4′29″	4′27″
	60	2000	2050	10.3	10.2	6.0	6.5	151	152	26	27	4′34″	4′32″
不及格	50	1960	2010	10.5	10.4	5.2	5.7	146	147	24	25	4′44″	4′42″
	40	1920	1970	10.7	10.6	4.4	4.9	141	142	22	23	4′54″	4′52″
	30	1880	1930	10.9	10.8	3.6	4.1	136	137	20	21	5′04″	5′02″
	20	1840	1890	11.1	11.0	2.8	3.3	131	132	18	19	5′14″	5′12″
	10	1800	1850	11.3	11.2	2.0	2.5	126	127	16	17	5′24″	5′22″

表 5-3-4　800 米、1000 米跑加分表（单位：分·秒）

加分	男生 1000 米		女生 800 米	
	大一大二	大三大四	大一大二	大三大四
10	-35″	-35″	-50″	-50″
9	-32″	-32″	-45″	-45″
8	-29″	-29″	-40″	-40″
7	-26″	-26″	-35″	-35″
6	-23″	-23″	-30″	-30″
5	-20″	-20″	-25″	-25″
4	-16″	-16″	-20″	-20″
3	-12″	-12″	-15″	-15″
2	-8″	-8″	-10″	-10″
1	-4″	-4″	-5″	-5″

表 5-3-5　男生引体向上加分表（单位：次）

加分	大一大二	大三大四
10	10	10
9	9	9
8	8	8
7	7	7
6	6	6
5	5	5
4	4	4
3	3	3
2	2	2
1	1	1

表 5-3-6　女生 1 分钟仰卧起坐加分表（单位：次）

加分	大一大二	大三大四
10	13	13
9	12	12
8	11	11
7	10	10
6	9	9
5	8	8
4	7	7
3	6	6
2	4	4
1	2	2

第六章　体育运动欣赏

第一节　体育运动本质

动作是人生命和生存最活跃的表现。原始人为了追捕善于跑跳的羚羊、野鹿，必须有快速奔跑、跳跃的能力；而当遇到凶猛巨大的野兽时，就要有灵巧的躲避、有力的刺杀、准确的投掷，以及攀登、爬越的能力；当去水里捕捉水生物时，又必须具有游水、划船等本领。总之，随着劳动的需要，人类的祖先已经发展了走、跑、跳跃、攀登、爬越、游泳、投掷等各种基本的活动能力，也就是说，他们掌握了可以更好地生存的动作。为了习得这种活动能力，于是出现了游戏，从游戏中获得这种为了更好地生存的活动能力，也就出现了体育的雏形。这种体育中的动作不同于生活中那些习以为常的劳作动作，如取食、劈柴、涉水、保持清洁、躲避风雨等，这些动作是维持生命的常规。上述体育中的动作，虽然与劳作动作不可完全脱离干系，但也并非其简单的延伸和变形，而是作为生命个体的一种更高要求而呈现，是生命律动的一种表现。

体育运动以增进健康、增强体质为本质功能。人的各个大肌肉群在中枢神经系统的有意识、有目的的控制、指挥、协调下做各种生物力学的运动，使得人体产生各种生理运动。与此同时，内脏器官也产生了相应的生物运动，从而使得人体得到健全完善的发育。不仅如此，在这些生理生化运动的同时，人的心理也在进行运动：人的感觉、知觉、记忆、思维等认识过程，同时个体的性格、意志、兴趣、爱好也随之发生变化，为塑造良好个性创造了条件。更进一步则是，人在体育运动中不断加深社会化进程，并和周围的人们发生更多的人际关系，使得人能够更好地在社会上生存和发展。

第二节　体育运动欣赏的意义与形式

一、体育运动欣赏的意义

体育运动欣赏指的是通过亲身参加或者观看体育运动和体育比赛（包括现场观看，收看实况转播、录像和网上搜索等）从中领略体育运动的趣味，得到美的享受。随着人们生活水平的稳步提高，人们对文化休闲娱乐活动的需求越发的强烈。体育运动欣赏作为一种社会文化现象，已经普遍为国民所接受。通过体育运动欣赏，我们可以欣赏运动员在比赛中的品德、技战术的运用和临场发挥、裁判员执法水准、体育场馆的建筑艺术风格、体育运动器材和服装、身体美、运动美、动作美。体育运动欣赏可以使人获得美的享受，满足人在情感上的需要，调节人的心理平衡和加强修养，促进人的心理健康。

体育比赛具有娱乐欣赏性，以悬而未决的胜负为人们所关注。欣赏体育比赛能让人体验到紧张、痛快、敬佩、自豪、失落等情感。正因为如此，随着人们生活方式的改变和生活质量的提高，欣赏体育比赛已成了我们生活中不可缺少的一部分。

二、体育运动欣赏形式

随着人们对体育比赛的欣赏需求多元化，体育比赛欣赏的形式也开始多样化，主要有3种：现场欣赏、电子媒体欣赏、平面媒体欣赏。

（一）现场欣赏

众所周知，那种顶着烈日坐在山坡上的长椅、木板凳上看人踢足球或跑步的情景已难得一见，取而代之的是吹着空调坐在规模宏大的体育场馆里看着炫目的记分牌、听着激情的音乐（比赛时除外）欣赏着体育比赛。亲临现场，能让人最直接地感受到运动原汁原味的激情和体育的魅力。

1. 主动欣赏

花时间和金钱亲临现场，与坐于电视机前欣赏体育比赛不同的是，我们可以主动欣赏。我们的视线可以不再被动地受电视转播镜头语言的单边覆盖，而是主动地把握比赛热点，合理分配注意力，将注意力放在最关键的比赛环节。例如，在现场欣赏田径比赛时，对于短跑比赛而言，从起跑至冲线是一个整体，起跑只是比赛的开始，终点冲刺跑才是比赛的热点；对于中长跑和竞走比赛而言，运动员的耐力、战术运用、毅力和拼搏精神决定着比赛结果，因此，欣赏角逐过程、战术变化和冲刺阶段的速度竞争才是比赛的热点；对于跳高和撑杆跳高比赛而言，助跑只是比赛的开始，起跳也仅是助跑—过杆之间的衔接环节，而决定比赛结果的则是过杆环节，因此，观众应着重欣赏运动员的过杆之美；对于跳远和三级跳远比赛而言，观众应着重欣赏运动员的腾空飞翔之美；对于投掷比赛而言，滑步、旋转或持标枪助跑只是比赛的开始，决定比赛结果的是最后用力效果，因此，观众应着重欣赏运动员器械出手时爆发出的力量之美、器械飞翔之美和器械出手后运动员表现出的状态。

2. 欣赏运动员

欣赏体育比赛，首先映入眼帘的是运动员，我们可以从运动员的身体美、动作美和精神美3个方面欣赏。

身体美包括形态美、体形美、健康美、姿势美、肤色美、强壮美、素质美、风度美等。体育比赛是最大限度地开发人体运动能力的活动。作为体育比赛的参加者，运动员在比赛时能充分展示人体自身的力与美，其修长匀称的体形、流畅的曲线、平坦的腹肌、红润有光泽的皮肤、清晰的关节连线，举手投足给人以阳光和力量感。

动作美就是指运动过程中，人的形体或部位的造型所展示的美。其优点在于准确、干净、协调、连贯、敏捷、舒展而富有节奏感，给人以完美无瑕的感觉。体育比赛通过各种人体动作展示多姿多彩的生动形象，各种运动项目依靠柔美、细腻、精巧、刚健、雄劲、明快的各种动作组合来塑造美、创造美、表现美，这种美可谓极致、登峰造极。观众可以感受到运动员的这种外在美，从而获得视觉上的美好感受而余味绵绵。如短跑运动员起跑时蓄势待发如箭在弦上，加速跑时如离弦之箭。

精神美主要表现为运动员在竞技较量中所表现出的勇于克服困难、奋发进取、顽强拼搏、尊重对手、恪守公平公正等精神品质，这些来自比赛真实的感受，会传递给观众，这是一种无形的内在美，往往让观众感动不已。这些例子值得我们回忆，如2008北京奥运会上，德国举重运动员马蒂亚斯·施泰纳在领奖台上举起了亡妻的照片；美国射击天才埃蒙斯在继雅典痛失金牌之后，最后一枪再次发挥失常，他的妻子卡捷琳娜用一个拥抱回应了丈夫的失利。

3. 欣赏竞赛技术

技术美是人们对体育运动的审美要求。对运动的科学性表现于技术，而对其艺术性的要求便表现为美。运动的美不仅在于创造美或提供美的体验，它的创造性因素必须从属于它的技术。技术美是人体美和动作美的综合表现，具有准确、协调、连贯、节奏感强以及平衡性、实效性高等特点。技术美充分展示了人的本质力量，它以特有的魅力使人们欣喜、愉悦、惊奇和赞叹。不同的运动项目有不同的技术，每一类技术又包括各种具体的动作，由此构成一幅幅多彩的画卷。运动员的技术动作是经过长期艰苦训练和多次临场比赛磨炼而成的，有的已达到炉火纯青的程度。我们从这个角度欣赏要抓住不同项目的重点和难点。例如，撑杆跳高的空中过杆、投掷的最后用力、短跑的终点冲刺、体操的惊险动作、足球的进球、篮球的扣篮等精彩技术，都使人们在欣赏时得到一种美的享受。

4. 欣赏竞赛战术

战术美是在复杂多变的运动竞赛中，运筹帷幄，充分发挥运动员的素质和技术特点，以争取胜利的过程中所体现出来的一种美。

战术分为集体战术和个人战术，是运动员在比赛过程中根据临场变化合理运用技术所采用的有组织、有目的的预见性行为。在运动竞赛的激烈对抗中，战术是发挥技术的先导，是驾驭比赛的灵魂，是决定胜利成败的关键因素，也是反映运动员和教练员知识、技术、心理及智力素质的综合指标。这一点对于集体比赛项目，重要性尤甚。

在体育比赛中，协调一致的战术配合是运动员经过一定时间的共同训练和比赛逐渐形成的。在高水平的比赛中，有些战术配合已达到珠联璧合、天衣无缝的程度，欣赏后令人拍案叫绝，赞叹不已。另外，战术有灵活多变、扬长避短的特点，因而我们在欣赏运动竞赛的过程中，应该特别注意运动员如何根据各自的情况正确调配力量，扬己之长，克敌制胜，从而领略巧妙战术带给我们的美的感受。

5. 欣赏体育文化

体育是人类在几千年发展过程中所创造出来的宝贵的文化财富。随着人类社会的高度发展，社会体育已经成为一种影响极大的全球性文化活动。体育比赛的内涵更加明确，外延更加丰富、深刻，充满了时代精神和人生哲理。从技术、战术角度来欣赏体育比赛可以得到美的享受，这主要是其形式的外在美。那么，从体育文化的角度来欣赏，就会感受到一种无形的内在美。运动员经历了千辛万苦获得成功时，他们发自内心的巨大快感、自豪感和自我价值与愿望完全实现的幸福感，旁观者也会有所感受。当欣赏水平和审美能力进一步提高时，体育比赛中某些似乎不美甚至残酷的东西，如汗水、泪水、摔倒、受伤以及失败等，也会被我们所认可、理解和欣赏。

传媒大亨默多克曾经说过："没有人会拒绝刺激与有趣的东西，上帝也不会。"诚然，我们可以通过体育比赛的欣赏获得一些精神或者感官上的刺激，但是，眼睛是用来发现的，我们不能局限于眼睛所看到的表象，还应该赋予眼睛透视的功能。“泡沫在上面，深流在下面，然而泡沫是本质的表现!”作为一名现代大学生，欣赏体育比赛，应该透过纷繁的体育赛事的“泡沫”，潜入“深流”，看到比赛外的价值，从而欣赏体育文化，超越功利，进行对生命的终极思考，完善自己的价值观，从而化解我们在现实生活中所遇到的得与失，这一点，尤为重要，这也是人作为“社会人”的意义所在。如北京奥运会刘翔因伤退赛的事件的确灼伤了上亿人期待的眼神，指责与谩骂、失望与不解只是一小部分人的宣泄方式，而更多的人，则是以理性的角度，用宽容和支持目送孤独走出赛场的刘翔的背影，这是一种大国国民应有的自信与平常心。

（二）电子媒体欣赏

电视、网络等电子媒体的介入，给人们欣赏体育比赛带来极大的便利，人们可以足不出户，就可以欣赏到千里之外的足球赛，人们可以一按鼠标，就可以在任何地方（当然得有网络）同步感受 NBA 赛事的激情。以电子媒体作为平台欣赏体育，也可以对运动员、技术、战术、文化等进行欣赏。当然，这种欣赏形式具有被动性，镜头画面由转播平台所决定，你想看的不一定看得到，你不想看的有可能一直占据你的视线。但有一点是很有利的，那就是可以欣赏评论解说，主要有内容、风格两方面。

评论解说指的是在体育比赛时，体育解说专业人士在体育比赛场馆内，根据现场比赛情况，实时向电视观众进行赛事解说与评述的活动形式。一般地，评论解说包括比赛进程、比赛规则、比赛成绩、参赛选手技术特征等内容。担任此工作岗位的人一般是此项目的资深人士（如知名教练员、退役运动员、电视台体育项目解说员等），才能在体育比赛时为观众提供准确、及时的赛事评论。因而，通过欣赏这些内容，我们可以熟悉所观赏项目的相关知识，如历史、规则、最新态势、实力水平等，增强自身的参与感。

另外，欣赏评论解说员的风格，也是让人愉悦的事情。每一个成功的评论解说员都会有自己的风格，可能是庄严大气，可能是厚重老成，可能是活泼生动等。例如，徐济成作为篮球的解说主持就非常好，他本身打过篮球，而且篮球水平很高，再加上接受过新闻的专项训练，英语水平很好，声音条件也不错，让人听了很舒服。

（三）平面媒体欣赏

在平面媒体中与体育比赛关系最为密切的就是体育报刊。我国最早出现的体育刊物，是 1916 年由留日学生徐一冰主办的《体育杂志》，随后，1918 年由长沙楚怡小学体操教练员黄醒创办了《体育周报》。20 世纪 50 年代初，体育专业报刊有《新体育》和《体育报》。改革开放以来，体育报刊的数量剧增，全国体育科普专业报刊有 100 余种。现在的体育报刊不仅中央有，各省、自治区、直辖市有，而且还有以某一方面为重点的体育报刊，如《体育经济》《体育科技》《体育影视》等。体育报刊中仅足球报刊就有七八家，如广东的《足球报》、天津的《球报》、大连的《球迷报》、安徽的《足球文萃》以及中国体育报业总社的《足球世界》和《中国足球报》等，真可谓琳琅满目、洋洋大观。另外，各体育单项也有各自的杂志，如《篮球》《田径》《乒乓球》等。而且，各综合性报纸也辟出了“体育专版”“体育之窗”。有的报纸甚至每天两个体育版，晚报之间还进行“协作”。

面对如此多的体育报刊，我们应如何欣赏呢?

1. 关注评论

现在的体育报刊上，有不少优秀评论，我们可以从这些真知灼见的评论中认识和把握体育比赛，对体育比赛大势有一种客观、理性的准确判断，了解体育运动发展的自身规律与特性，以及体育运动各项目技术、战术的发展趋势与格局对比的演化方向。与之相反的，对于一些以宣泄个人情感为风格的过激的而且极其不负责任的“评论”，赢了就喜，输了就骂，尽管其慷慨陈词，但由于缺少起码的冷静与理性的基本元素，因而，我们需要以“透视”的眼光，用逆向的思维冷静地看待，从而做到胸有成竹。

2. 有全球的视野

体育无国界，当前体育报刊已打破过去那种狭隘的“以我为主”“以我国为主”的模式，而发展成全球性、全方位的报刊。我们阅读体育报刊时，不拘泥于国内那些如数家珍的体育明星和体育赛事，而是放眼全球，通过报刊了解更多的世界体育运动的风貌与新技术、著名运动员、各种国际体育组织、申办奥运会情况、各项目知识及规则，以及一些极富民族特色的民间体育项目等，这些都有利于丰富我们的体育知识，开拓我们的视野并从中获得愉悦。

3. 适度娱乐

现在的体育报刊，无论在形式上还是在内容上，都有娱乐化倾向而成为一股潮流。从刊名、标题、图片到文字，不一而足，各种赛场花絮、明星轶事、新兴运动等层出不穷。就以2002 年足球世界杯为例，当时世界杯的刊名有“2002 C3 行动”“掺和世界杯”“越位”等，标题有“第一日，梦是这样破的”“光州没有奇迹”等，这些都是将体育向娱乐化方向引的符号。由于特定的历史时期，体育在我国一度被赋予了太多的内涵，承载了太多的责任，因而变得沉重和高深。事实上，体育，其最本质的特征应是娱乐与游戏。在赛场上，运动员奋力拼杀的场面振奋人心、扣人心弦、精彩激烈，胜败转瞬之间令人欲罢不能。因而，作为欣赏体育报刊的读者，可以将这些丰富的内容、精彩的图片、生动幽默的文字尽收眼底，适度追求享受欣赏体育比赛的娱乐价值，愉悦身心、激发活力，这一点是应该肯定的。

虽然欣赏体育比赛的娱乐性有其合理性，但是，不可矫枉过正。应避免一味地追求体育报刊的娱乐性，专注于那些趣味性和刺激性的“八卦新闻”。过度的娱乐化不适合体育。美国国家广播公司 NBC 耗资 7. 5 亿美元购买了 2000 年悉尼奥运会转播权，派出 100 多人的庞大报道与转播队伍，花费 1 亿美元转播费用作奥运报道，但只获得了 14. 6% 的收视率，比该台 1996 年转播亚特兰大奥运会的收视率下降了 1/3。导致这一后果的主要原因就是过度娱乐化，因为 NBC 为了迎合大众对体育的娱乐需求，而在转播中加入了太多人为手段以烘托气氛，忽视了观众对比赛进程和结果的需求，以致破坏了奥运比赛本身的魅力。由此可见，欣赏体育，不能以娱乐化为终极目标，适度娱乐才是可取之道。

第七章 田径运动

第一节 走、跑、跨项目

一、竞 走

（一）项目特征

竞走是田径运动中唯一对技术有特殊要求的运动项目。2007 年最新田径规则中规范了竞走技术动作，更准确地规定了走与跑的动作界限，揭示了现代竞走技术的基本特征。

1. 高频竞走孕育了成绩飞跃

国内外发表的有关步长、步频的统计资料表明，从 20 世纪 60 年代到 21 世纪的今天，步长因素没有显著变化，步频增长却是十分惊人。即由过去的 200 步/分，提高到目前的 210 ~ 220步/分。由于这种新技术的出现，使运动成绩大幅度提高，竞走纪录被不断刷新。那么，现在的步频指数是否已达顶点，未来的竞走技术将往什么方向发展？这是我们需要共同探讨的课题之一。在今后较长一段时间内，步频的发展仍占优势。其理由是步长受人体解剖结构，各关节灵活性、柔韧性及专项力量和后蹬角度等诸因素的限制，已没有多少潜力可挖。

2. 身体重心轨迹更趋直线性

在对国内外重大比赛的技术录像资料进行研究分析后不难看出，竞走运动员的身体重心位置发生了重大变化，即由过去的身体重心在垂直瞬间最高，变为现在的垂直瞬间最低；过去的双支撑瞬间最低，变为现在的双支撑瞬间最高。这一现象充分反映了现代竞走技术的特色。

为何会出现这一强烈反差？其原因是双支撑的短暂消失——腾空造成的。以往的技术分析多从静力学角度着眼与观察，似乎由于双支撑时两腿形成较大的分力角后，身体重心肯定会比单脚垂直支撑时低，因此强调垂直支撑时摆动腿的同侧髋关节和异侧肩关节下沉放松，以降低身体重心的垂直高度，使身体重心平稳移动。从运动学、动力学角度分析，当今的竞走技术特点是人眼不可见的腾空代替了双支撑阶段，其腾空位移的垂直距离为 4 ~ 6 厘米，水平位移的距离为 10 ~ 25 厘米。因此，身体重心在双支撑瞬间非但没有降低，反而升高了。从某种意义上讲，这一现象可减少水平速度损耗，提高身体重心轨迹的直线性。因为随着后蹬的结束和前支撑的开始，此时身体重心主要靠惯性前移，根据牛顿运动定律，体重 G 正好向前方 F 移动，从而增大了水平位移的速度。

综上所述，在竞走技术训练中，为使身体重心趋于直线性移动，应尽量减少垂直位移和左右位移，以减少能量的损耗。

3. 保持适宜的着地角

现代竞走技术的又一特点是着地点距身体重心投影点的距离适宜。现代适宜的着地角为70°，同以前的着地角73°相比有减小的趋势。通过运动生物力学分析，这种技术的微妙变化主要是竞走规则修改后，运动员必须直腿着地形成的。这不仅对迅速着地形成低摆动和保持高步频提供了良好的先决条件，而且有利于减小腾空时间，减少了能量消耗，更加符合运动学和动力学特征。当然，在一定范围内，适当增大着地角和减小后蹬角，对提高水平速度是有利的。应根据运动员的个人技术特点，特别是身高、腿长和专项力量等参数来确定。如身材较高，前支撑角可稍大些；身材较矮，前支撑角可小些，便于获得较理想的步长和步频。

4. 竞走技术动作简捷、实效

现代竞走技术的动作结构体现了简单和实效性强的特点。同过去的技术相比，减少了过大的髋部扭动等多余动作，提高了动作速率和效率。

从以上几点可以看出，在学习和掌握先进的竞走技术中，既要改进和完善局部动作，提高各环节的合理性、经济性和实效性，又要塑造出整体技术的协调自然，使技术外形上给人以舒畅和美的感受，这一点恰恰是竞走裁判在判罚中注意观察的主要方面。

（二）技术原理

1. 竞走的周期划分

竞走是一项周期性地推动人体位移的运动。运动员一腿蹬离地面至另一腿着地，两腿交互迈步前进，身体始终与地面保持接触。这种单腿支撑与双腿支撑的重复交替是竞走成为周期性运动的特征。复步由两个单腿支撑和两个双腿支撑所组成（图7－1－1）。

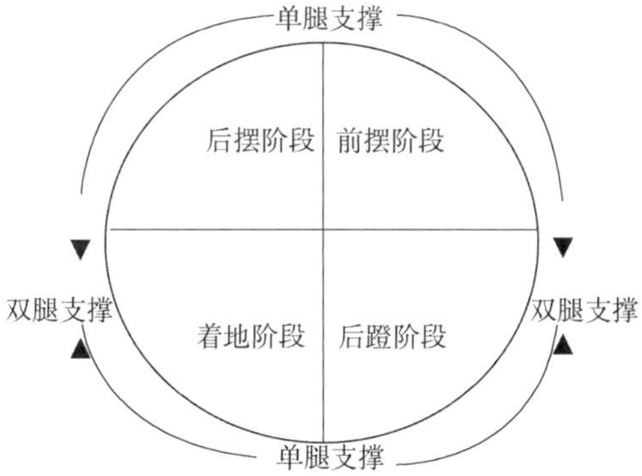

图7－1－1

腿的动作周期分为支撑时期和摆动时期。

（1）支撑时期。

着地阶段：自脚跟着地时起，到身体垂直支撑时止为着地阶段。目的是要减少着地阻力，脚滚动过渡到垂直阶段。动作：脚跟先着地，随身体重心滚动到全脚掌。支撑腿同侧骨盆和异侧肩稍高，以缓冲着地阻力。

后蹬阶段：自身体垂直支撑时起，到支撑腿蹬离地面时止为后蹬阶段。目的是获得推动身体向前的支撑反作用力。动作：蹬地腿伸展蹬地，摆动腿积极前摆，带动身体前移，骨盆沿垂直轴转动，带动髋向前送出。

（2）摆动时期。

前摆阶段：自支撑腿垂直支撑时起，到脚跟着地时止为前摆阶段。积极前摆带动身体重心前移。动作：当支撑腿处于垂直支撑摆动腿的骨盆稍下降，以大腿带动骨盆前摆，小腿积极先摆出，准备着地。

后摆阶段：自支撑腿蹬离地面时起，到支撑腿垂直支撑时止为后摆阶段。为了配合支撑腿的蹬地动作，顺惯性向前摆动。动作：后摆时，足尖靠近地面，以髋带动大小腿向前移动。

双腿支撑时期是保证正确的竞走技术和符合竞走技术规则的重要标志。

2. 支撑反作用力——后蹬效果

支撑反作用力的水平分力决定于给地面施力的大小与施力的角度。水平分力对身体向前运动具有极其重要的作用。竞走运动员在结束后蹬时的蹬地角称为后蹬角。后蹬角一般在63°~67°。后蹬的效果取决于下列因素。

（1）蹬地的力量。

根据 $F=MV/T$ 的公式，如果在单位时间内后蹬的力量 F 越大，则人体向前移动的速度 V 越大。（F：力量，M：人体质量，V：速度，T：时间）

（2）蹬地的速度。

根据 $F=MV/T$ 的公式，如蹬地力量相同，则速度 V 与蹬地时间 T 成反比，即蹬地时间越短，获得的速度越快。

（3）蹬地的角度。

由于人体结构的特点，后蹬角度会受到一定的限制。后蹬角度过大会增加垂直分力，导致身体重心上下起伏过大和缩短步长。后蹬角度过小，同样影响身体重心上下起伏，同时由于前支撑角的减小，会增加着地阻力。

（4）蹬地的方向。

后蹬用力的方向，应力求与前进方向一致。如果后蹬方向偏左或偏右，则会产生向左或向右的分力，影响身体重心移动的直线性，降低后蹬的效果。

另外，腿着地瞬间支撑反作用力的方向是向后向上的，这样就产生了制动，使前支撑阶段中的走速降低。通过脚的迅速滚动缓冲着地动作能减小制动力。

3. 腿的动作

两腿迈步交替自如，摆腿自然放松，脚跟领先在身体重心的投影线前着地，着地时支撑腿处于自然伸直状态，与地面形成63°~67°的夹角。随着脚掌的圆滑滚动，降低了着地时阻力，使身体重心平稳前移。竞走时，支撑腿从着地后至垂直瞬间的膝关节角度为180°，髋关节沿矢状轴上下运动。进入后蹬阶段，通过髋关节的积极蹬伸和屈踝动作，与异侧髋关节的积极前送和摆动腿积极前摆，以保证身体的加速并促进运动员身体向前运动。

脚在蹬离地面后，保持低位置向前摆动，腿快速向前方运动。这一动作明显缩短了腿的摆动半径，减小了它的转动惯量，加大了腿的前摆速度，为提高竞走的步频创造条件。

4. 骨盆、臂和躯干动作

竞走技术动作中最明显的是围绕垂直轴的转动。另外，在支撑腿垂直于地面时骨盆还有围绕矢状轴的转动。骨盆的这种复合性转动既提高了运动员身体的向前速度，又能有效地增大步长，也有利于支撑腿的后蹬和摆动腿的前摆。

高速竞走时，手臂是以肩为轴前后方向做自然而有力的摆动，肩关节的动作幅度适当加大，有利于髋关节的转动。肘关节的角度也有变化：前摆时角度较小（65°～75°），垂直位时约90°，后摆时角度变小（65°～75°）。前摆时手臂稍向内，后摆时手臂稍向外。

竞走时躯干位置也有变化。在竞走的全过程中，躯干始终保持正直或微前倾，后蹬阶段时，躯干前倾较大；支撑腿垂直着地时，躯干前倾较小或正直。

二、跑

（一）短跑项目特征

1. 整体动作协调放松

高速跑中肌肉的协调放松是现代短距离跑技术的精华，从外观上看主要是身体放松、轻快、柔和，动作自然协调连贯，步幅开阔，富有弹性。

2. 步频、步幅组合优化

根据身高、腿长和个人特点，采用最优步频与步幅组合。一般是用步频指数和步幅指数进行评价（步频指数＝步频×身高，步幅指数＝步幅÷身高）。步频指数合理范围：男子≥8，女子≥7.5；步幅指数合理范围：男子≥1.2，女子≥1.5，且步频指数与步幅指数是同步发展的。

3. 速度节奏分配合理

根据运动员个人特点和训练水平，实现在快跑中各阶段的速度合理分配，它是全程跑节奏的关键，也是现代运动员取胜的重要因素。

4. 阶段环节更加科学

体现在起跑反应更快、更灵敏但不犯规；加速能力进一步提高而加速距离也进一步延长；途中跑维持高速度跑时间长并且效果好；最后冲刺狠，冲线动作更加明显。特别是途中跑技术，表现在着地角度较大，脚扒地面快速协调，着地缓冲时间缩短，后蹬时间延长，后蹬效果明显；蹬离地面时屈蹬较好，摆动腿前摆时大小腿折叠较紧，摆动频率快，重心高，蹬摆快速有力。

5. 个人优势特点突出

在遵循技术原理的前提下，注重技术与运动员自身特点结合，形成有特色的、整体效果好的个人优势技术。

6. 整体效果向前性好

快速奔跑过程中，人体技术动作是连续统一的，身体各部位技术动作都是围绕人的整体快跑而进行的，追求最佳整体向前效果，也是现代短距离跑的显著特征之一。

（二）中长跑项目特征

中长跑是典型的耐力与技术、战术相结合的项目，属于体能主导类耐力性项群，是田径赛项目中以有氧代谢为主要供能的竞速耐力性和周期性运动。

从动作特征分析，中长跑运动技术属于典型的单一动作结构的周期性动作，要求运动员全程保持较长时间的最高平均速度。

从中长跑运动的发展状况来看，中长跑运动的显著特征表现是在保持高度发展的耐力水平的同时，速度水平得到明显提高；在整体训练水平得到全面提高的同时，专项竞技能力高度发展。决定中长跑运动员竞技能力的主要因素是高度发展的心血管系统的工作能力与骨骼肌的代谢能力；同时，运动员的运动技能水平在其竞技能力构成中也起着重要作用，主要表现特征为经济性与实效性，延缓运动中疲劳的出现。

（三）跑的技术原理

1. 跑的动作周期、时期与阶段划分

跑属于周期性运动，运动员在跑的一个周期中经历了两次单腿支撑时期和两次腾空时期。就一腿的动作而言，在一个周期中经历了一次支撑时期（从脚着地时起到脚离地时止）和一次腾空时期（从一脚离地时起到另一脚着地时止）。

在跑的一个周期中，每条腿的动作是连贯不能分开的。为了便于分析动作，通常以身体重心是否处于支撑点的垂直上方（即垂直支撑）为参照，以下肢（一条腿）整个动作过程的不同位置和状态来划分跑的动作阶段。将支撑时期分为前支撑和后蹬两个阶段，将腿的摆动过程分为后摆和前摆两个阶段（图 7－1－2）。

跑的时期划分

	支撑时期	腾空时期	支撑时期	腾空时期	

跑的阶段划分

右腿	前支撑阶段	后蹬阶段	后摆阶段	前摆阶段			
左腿	前摆阶段			前支撑阶段	后蹬阶段	后摆阶段	

图 7－1－2

（1）前支撑阶段（又称着地缓冲阶段）。

前支撑从脚着地起到身体重心移到支撑点的垂直上方为止。由于脚的着地点在身体重心投影点之前，脚着地瞬间对地面的冲击力很大，它对人体向前移动起阻力作用。因此，脚着地时应接近身体重心投影点，尽量减少制动和阻力，正确的着地方法是摆动腿向前向下，以前脚掌积极扒地，脚着地后，踝、膝、髋关节主动弯曲，做退让工作，同时另一腿积极向前摆动，加快身体向前移动速度，缩短缓冲时间。

（2）后蹬阶段。

后蹬从身体重心移过支撑点的垂直上方起到脚蹬离地面为止。后蹬是人体获得向前运动的动力。后蹬过程中，在其他条件相等时，蹬地的力量越大，身体的加速度也越大，蹬地角

度适当减小，则水平分力相应增大，有助于加快跑速。另外，后蹬动作的速度、蹬地的方向及动作的幅度都对后蹬的效果产生影响。一般来说，后蹬力量大、速度快，角度适当减小、蹬地动作幅度大，则跑速快，反之则慢。

（3）后摆阶段。

后摆从脚蹬离地面起到大腿摆至垂直于地面为止。后摆时要小腿放松，并随大腿的积极向前摆动形成大小腿折叠。良好的折叠能缩短腿的半径，对加快摆动速度有很大作用。

（4）前摆阶段。

前摆从后摆结束到脚着地为止。在一条腿后蹬的同时，另一条腿有力地向前上方摆动送髋，蹬摆配合协调方向一致，有利于增大后蹬效果。正确完成蹬摆技术，特别是加大、加快摆动腿向前摆动的幅度、力量和速度，对于增大支撑反作用力、减小支撑腿的后蹬角度、增大水平速度和减小身体重心上下波动具有十分重要的意义。

支撑腿结束后蹬，脚掌离地至摆动腿脚掌着地瞬间为止，人体处于腾空。由于空气阻力和重力影响，后蹬所获得的向前加速度有所减小，在人体惯性作用下，身体重心按后蹬决定的抛物线轨迹向前移动。腾空时要保持身体沿直线、平稳地以较大动作幅度向前运动，并为摆动腿积极下压着地做好准备。

2. 跑的动力来源

根据牛顿第一定律，物体的运动是力相互作用的结果。跑的动力来源是肌肉的工作。然而，对人体运动而言，只有肌肉力量还是不够的。人体运动是内力，即肌肉工作所产生的力与外力的相互作用产生的运动。人体运动，如跑或跨时的外力有重力、空气阻力、摩擦力、支撑反作用力和离心力等。重力始终引向地心并起不同作用，身体向下运动时，它是动力；身体向上运动时，它是阻力。重力不会加大或减小运动的水平速度，它只能改变运动方向。

空气阻力对运动起阻碍作用，它始终与人体的水平运动方向相反，并与运动员速度的平方成正比。跑速越快，空气阻力越大。

跑时，支撑反作用力的大小方向是不断变化的，它与蹬离地面的力大小相等方向相反，这一力决定于运动员的质量、跑的速度和肌肉用力。在支撑时期的不同阶段和瞬间，跑的支撑反作用力是不断变化的。当运动员的身体位于支撑面的压力中心正上方时，在身体质量的作用下，支撑反作用力垂直向上。

然而，身体重心不是总位于支撑面的压力中心之上，支撑反作用力可能与地面呈较小角度，因而压力和支撑反作用力可分为两个分力：垂直分力和水平分力。这些合力的大小决定了赛跑运动员的运动。支撑反作用力的垂直分力与重力相对抗，当垂直分力大于运动员的体重时，身体重心向上运动，反之，则相反。

支撑反作用力的水平分力决定于给地面施力的大小与施力的角度。水平分力对身体向前运动具有极其重要的作用。运动员在结束后蹬时的蹬地角叫后蹬角（后蹬角是指运动员跑时蹬离地面瞬间，支撑腿纵轴与地面所成的倾斜角。腿的纵轴是支撑压力点与髋关节的连线）。后蹬角决定了水平分力和垂直分力合力的方向。在短距离跑中，此合力远远超过中距离跑和长距离跑时的合力。

腿着地瞬间支撑反作用力的方向是向后向上的，这样就产生了制动，使前支撑阶段中的跑速降低。通过腿的缓冲和靠近身体重心投影线的着地动作能减小制动力。但要想完全消除制动力是不可能的，运动员只能把它减小到最低程度。

支撑时期是从腿的着地瞬间到蹬离地面瞬间，它是推动人体向前运动的基础。在这一时期中，支撑腿承受着身体的重量，着地缓冲，然后蹬地，从而创造向前的动力。

从腿着地瞬间到后蹬阶段的开始前，支撑压力的水平压力方向向前而产生制动。然后，在后蹬阶段中，支撑压力的方向转而向后，这时身体的大多数环节产生正加速度，这意味着身体重心是向前加速的。

从腿的着地瞬间起，身体的负加速度一直存在，到接近身体重心轨迹的最低点时，负加速度逐渐下降到零。在这一阶段中，支撑腿进行缓冲，减慢和停止运动员身体的向下运动。当负加速度达到零时，即开始后蹬阶段，这一阶段到腿蹬离地面时止。后蹬阶段的正加速度主要是依靠支撑腿的有力伸展而获得的。

身体按惯性运动是腾空时期的特点，腾空中身体重心的轨迹呈抛物线。身体重力使运动员改变着运动方向，空气阻力也使运动速度下降。

支撑反作用力在起跑和起跑后的加速中起明显作用。但当人体从静止状态摆脱后，达到较高速度时，前支撑的扒地作用明显加大。有关研究认为，此时应是输出功率成为影响途中跑速度的主要因素，所以形成了扒地、展髋、屈蹬等跑的技术形式。

3. 身体重心的运动

作用于运动员身体的外力，使身体重心不能按匀速直线运动。它除了向前运动外，还有上下和左右的摆动。身体重心从一条腿移至另一条腿，是出现左右位移的主要原因。与垂直摆动相比，左右摆动幅度较小。身体重心在不同动作阶段中的运动速度各不相同。最高速度出现在蹬离地面瞬间，最低速度在支撑时期的垂直瞬间。

4. 腿的动作

腿的着地点是在身体重心的投影线前，接着完成屈膝、屈髋、屈踝。短跑时，支撑腿在垂直瞬间的膝关节角度为130°～140°，髋关节角度为63°～67°，在后蹬阶段进行快速的伸髋、伸膝和积极的屈踝动作，保证身体的正加速度并促进运动员身体向前运动。

腿在蹬离地面后，开始从最后的位置向前摆动。动作顺序为：上抬、超越、制动和下落支撑。蹬离地面后，腿快速向前方运动，同时完成屈膝、屈髋。这一动作明显缩短了腿的摆动半径，减小了它的转动惯量，加大了腿的前摆速度，为提高跑的步频提供条件。

在腾空时期中，腿完成分与合的动作。支撑腿在蹬离地面之后，仍继续分腿的动作，到接近身体重心轨迹最高点瞬间时，开始空中的剪绞动作。这一动作不能提高空中的运动速度，但能为加快步频创造良好条件。

5. 跑时骨盆、臂和躯干动作

骨盆不仅能向前运动，而且也能转动，最明显的是围绕垂直轴的转动，接近蹬离地面瞬间时，最大转动角达到45°。另外，跑时骨盆还有围绕矢状轴的转动，垂直瞬间时，骨盆向摆动腿一侧的倾斜度最大。骨盆的这种转动提高了运动员身体的向前速度。骨盆围绕垂直轴的转动能促进加大步长，有利于后蹬和摆动腿的前摆。高速跑时，肩部动作是在前后方向运动的，肩关节的动作幅度加大，肘关节的角度也有变化：前摆时，角度较小，后摆时肘关节角度加大。

中长跑时，肩的动作幅度明显减小，方向也有些变化，前摆时，臂稍向内，后摆时稍向外。

跑时躯干位置也有变化。在跑的全过程中，躯干始终保持正直或微前倾。后蹬阶段时，躯干前倾减小，摆动腿着地时，躯干前倾加大。各类跑都保持着跑步的基本结构，但是，随着运动速度的变化，跑步的运动学和动力学特征也随之改变。短跑的变化最大，随着跑的距离加长，组成跑速基本因素的步长和步频相应也缩短和下降，支撑时期和腾空时期的持续时间和它们的比例也相应改变。

6. 弯道跑的技术原理

在径赛比赛中，200 米和 200 米以上项目，均有一半以上的距离是在弯道上完成的。弯道跑的技术与直道跑技术有所不同，原因是在弯道跑时，运动员还要受到离心力的作用。因此，为了克服离心力对身体的不利影响，并保持平衡的姿态跑进，身体必须向内倾斜。与此同时，上肢、躯干、下肢以及脚的着地动作都有相应的改变。外侧的腿和臂的摆动幅度比内侧的腿和臂要大，而且，摆动方向也有所变化。跑动速度越快，动作的变化越大。

7. 决定跑速的主要因素

步长和步频相互依存和制约。如果同时提高步长和步频，速度必然提高。但是，在实践中二者的任何一个因素都不能超过一定的限度。步频太快会减少腾空时间，必然影响步长。步长太大，腾空时间长，又必然影响步频。因此，必须根据实际情况，选择二者合理的匹配是保证获得速度的关键。

（四）跑的技术组成部分及其技术要求

按照全程跑技术的特点，通常将全程跑划分为起跑、起跑后的加速跑、途中跑、终点跑 4 个部分。其中途中跑的段落最长，对跑的成绩影响也最大。

1. 起　跑

起跑是全程跑的开始阶段，包括起跑前的准备姿势和起动动作。

起跑的任务是使身体迅速摆脱静止状态，获得向前的冲力，为起跑后的加速跑创造有利条件。起跑技术对起跑后的加速跑有直接影响，在短距离中尤为重要。由于跑的项目不同，起跑方式也有所不同。短距离跑必须采用蹲踞式起跑，中、长距离跑采用半蹲式或站立式起跑。蹲踞式起跑使用起跑器，安装起跑器要适合个人特点，其主要要求是两起跑器踏脚板到起跑线的距离和踏脚板支起角度应能保证运动员在完成“预备”动作时，使髋、膝、踝三关节均处于最有利于爆发用力的角度。

2. 起跑后的加速跑

起跑后的加速跑是从蹬离起跑器到途中跑之间的阶段。

短距离跑项目起跑后的加速跑阶段的任务是在最短时间内尽快地发挥出较高的跑速，迅速过渡到途中跑。这一阶段要求迅速增加步长和步频，要充分利用重力的作用，并配合速度的增长，使上体从较大前倾状态逐渐抬起。随着身体重心逐渐升高和速度的迅速提高，两脚的着地点逐渐靠近一条直线。中、长距离跑则按最短距离原则迅速朝弯道“切点”方向跑去或根据战术需要迅速占据有利的战术位置。

3. 途中跑

途中跑是各项跑的主要阶段，它的技术与速度对成绩起主要作用。由于途中跑距离长，为节省能量消耗，要善于放松不参加工作的肌群，以保证动作的经济性，同时还要努力保持好正确的技术动作和适宜的节奏，以保证动作的实效性。

途中跑的技术、跑的速度和体力分配等对成绩起决定性的作用。短距离跑项目途中跑的任务是运用合理的技术动作继续提高跑速或保持高速跑进。中、长距离跑则是运用技术和战术合理分配体力，力求以最小的能量消耗，获得最大的效果。在弯道跑时为了获得向心力，身体要向内倾斜，倾斜的程度取决于跑速、弯道半径和弧度的大小。

4. 终点跑

终点跑是全程跑的最后一段。终点跑的任务是尽量保持途中跑的速度并进行冲刺，尽快以躯干接触终点线后沿，通过赢取时间来取得最佳成绩和名次。

短距离跑的终点跑，要求保持好途中跑的技术和节奏，把因体力消耗和动作变形引起的速度下降减小到最低程度。中、长距离跑则要求根据项目、个人体力和特点、比赛目的和对手情况来确定终点跑的冲刺距离和战术。

三、跨　栏

（一）直道栏的项目特征

我国对跨栏项目特征的认识也是一个长期渐进的过程。最初人们认为我国跨栏水平落后的主要原因是后程速度差。因此，在完善跨栏技术的同时，着重进行专项耐力训练，但运动成绩还是提高甚微，后来人们逐渐意识到，速度水平低才是制约我国跨栏运动水平提高的主要原因。

直道栏属于短距离、短时间、大强度和高速度的项目，需要运动员肌肉有强有力的爆发力；需要运动员有强大的髋部力量和腿部支撑能力；同时还需要运动员有强壮的胸背、肩部、手臂和腰背肌肉，并且对于运动员神经系统与肌肉的协调能力要求也非常高。直道栏比赛要求运动员的神经系统能够调动尽量多的肌肉参加运动，并且快速地完成各种复杂的动作，才能够取得理想的成绩。

（二）400 米栏的项目特征

400 米栏是大强度有氧—无氧供能的速度性项目。运动员要以最短的时间、最快的速度跑完规定的距离，并以最后决赛成绩排名决定优胜。

400 米栏专项运动成绩的决定因素是速度和速度耐力水平，特别是在跑的后半程（第 8 栏至终点），由于体能消耗，机体大量缺氧，引起一系列的生理、生化变化，乳酸大量生成并堆积，神经兴奋下降，呼吸困难，移动速度和动作速度减慢，因此，训练中着重提高运动员专项动作耐力，提高在高强度情况下耐受乳酸刺激能力的训练，从而提高机体持续工作的能力。

400 米栏以糖酵解系统供能为主，比赛中要求运动员不仅有良好的速度水平，还需要有保持高速跑的能力（即专项耐力），专项耐力训练的目的是适应乳酸的酸性效应，缓冲乳酸对人体各器官的影响，提高乳酸的耐受能力，提高肌肉的工作能力。这些能力与运动时间、休息间歇时间等训练负荷的组合方式有密切关系。合理的负荷组合在短期内可有效地改变运动员的糖酵解能力，训练负荷的组合取决于教练员的训练艺术，它是教练员对项目特征认识和训练指导思想的集中体现，对取得400米栏优异成绩尤为重要。

第二节　跳跃类项目

一、跳　高

（一）技术特征

跳高属于技术性较强的体能项目，需要运动员具备高超的技术和能力。运动员要有在高速助跑中完成动作、控制动作的能力，还要有合理运用技术越过尽可能高的高度的能力。背越式跳高的最大优越性是能充分发挥人体潜能，利用助跑速度提高起跳效果，加快弧线助跑速度，有利于垂直速度的增大而获得更大的腾起初速度。跳高起跳是人体由水平位移变为向前上抛射位移的阶段，是身体重心由低向高不断加速上升的过程和垂直速度不断变化增大的过程。背越式跳高起跳是从助跑最后一步摆动腿垂直支撑开始到起跳腿蹬离地面结束，是两条腿共同参与完成的双动力起跳过程。过杆时运动员身体的距离与方位完全是凭借本体的时空感觉来完成的，通过空中的补偿运动和围绕横杆的转动越过横杆。

（二）体能特征

跳高是克服垂直障碍以越过横杆为目的的运动项目，是周期性运动与非周期性运动相结合的项目；属于速度力量型运动项目；是速度力量类体能主导型项目。跳高成绩 = H1 + H2 + H3，H1 要求运动员身高体轻、重心高，H2、H3 要求运动员具有良好的身体机能，必须具有出色的弹跳力、速度和速度力量素质，以及良好的协调性和柔韧性。

跳高成绩主要取决于腾起的初速度和适宜的腾起角度，在运动员掌握正确合理的专项技术的前提下，专项体能水平越高，其专项成绩就越好。高水平的跳高运动员短距离的绝对速度较高，并在助跑过程中能够得到充分的发挥与利用。要想通过积极强有力的起跳把助跑所获得的水平速度有效地转化为垂直速度，需要运动员的下肢、上肢、躯干快速爆发力量。一般比赛时间要持续 2～3 小时甚至更长的时间，比赛成绩由低逐渐到高，直至发挥到最高水平。运动员还必须具备良好的专项耐力水平。

（三）心理特征

跳高运动员的心理特征是由该项目的特点决定的，跳高比赛是在运动员事先知道要越过的高度下，随着横杆高度逐步升高，不断挑战高度的运动项目。要求运动员必须具备坚定的自信心和勇气以及冷静、果断的心理状态与顽强拼搏的意志品质。高水平跳高运动员在实力相当的情况下，除了天气、时差以及比赛的激烈程度影响运动员的正常发挥之外，还需要面对比赛压力与外界环境的影响，那些具备良好的稳定的心理状态、自控能力和勇于超越自我、战胜对手的运动员才能够最终获胜。

（四）战术特征

跳高是一项非直接对抗性运动，根据比赛特点和规则要求，运动员要合理运用战术发挥自己的运动水平来战胜对手。在与水平较为接近的对手比赛时，运动员战术运用得当将对比赛结果产生重要的作用。合理选择起跳高度是跳高比赛中运动员采用的基本战术之一。应当根据比赛时的主观、客观情况，包括天气情况、自己当时的竞技状态，以及对手情况确定起跳高度，起跳高度的选择要求有利于自己正常发挥专项运动水平。比赛中的免跳是跳高运动员采用的主要战术手段，根据比赛规则果断合理采用免跳战术，可以有效地保存自己的体力，减少失败次数，变被动为主动，以发挥自己的水平战胜对手。

二、撑杆跳高

撑杆跳高是一项历史悠久的项目，距今已经有 100 多年的历史。在第 1 届现代奥林匹克运动会上，男子撑杆跳高就是正式比赛项目。经过一个多世纪的发展，撑杆跳高成绩取得了极大的飞跃，增长幅度接近 1 倍，这在所有田径项目中是罕见的。撑杆跳高也是田径项目中唯一一个运动员需利用器械来完成特定目标的运动项目。随着人类科技水平的不断进步，撑杆跳高所用的器械——撑杆也相应地不断推陈出新。新材质撑杆的出现又促进了运动员专项技术的革新，这种良性互动对于撑杆跳高的发展起到了至关重要的作用。

撑杆的弹性对运动成绩的影响：从项目特征来看，撑杆跳高属于速度力量型项目，在技术规格方面要求严格遵循能量守恒定律，在体能方面要求运动员必须具备全面的身体素质、高超的技术、过人的勇气和抗比赛环境干扰的能力才能跃过令人眩目的高度，将运动中的美展现给世人。同时撑杆跳高作为一项利用器材的运动，撑杆也起到重要作用。

在撑杆跳高成为田径项目初时，使用的撑杆是木杆，木杆硬而脆，没有弹性，不能很好地将运动员的水平动能转换成垂直势能。20 世纪初，人们发现竹竿既韧且轻又有弹性，是一种很好的跳高工具，于是就替代木杆运用到了正式比赛中。这一改革，大大提高了运动成绩。然而，在材料科学发达的美国，在充分研究撑杆跳高的技术特点后，他们运用先进的金属加工工艺，研究出了轻质合金撑杆。尽管这种合金撑杆材料有又均匀又好、弹性模量大、不易弯曲等特点，但是弹性模量大又略显较硬的撑杆在插入插斗时，会产生很强的反冲力，要求运动员的四肢肌肉发达，力量强壮，以便控制撑杆。在力量增加的同时要求运动员体重也相应地增加，这样，反过来又影响了撑杆跳高的成绩。毕竟身轻如燕才更具合理性，更有美感。现代撑杆跳高运动是以玻璃纤维撑杆为标志的，20 世纪 50 年代末期，材料科学飞速发展，复合材料被运用到体育项目上，玻璃纤维经过编织成圆筒后与有机树脂黏合再经过成形及高温定型后制造成玻璃纤维复合杆，成为撑杆跳高运动员得心应手的武器。它可承受的力量大，弹性好，重量轻且经久耐用，运动员使用这种玻璃纤维撑杆在助跑结束插入插斗时，撑杆能将运动员快速向前的动能很好地转换为撑杆的弹性势能，撑杆被压弯到最大弧度后，向上释放出这部分弹性势能而转换为运动员的势能，帮助运动员腾空而飞跃横杆。20

世纪 80 年代，多种高性能纤维应用于复合材料撑杆上。布勃卡用新型碳纤维撑杆首破 6 米大关。布勃卡是迄今为止创造世界纪录最多的一位撑杆跳高运动员，由此可以得出：现代撑杆跳高技术的发展由制作撑杆的材料和科技含量决定。

三、跳　远

根据田径竞赛规则的要求，跳远是运动员通过高速助跑和快速并准确地在起跳线后起跳，创造尽可能远距离的水平跳跃项目。因此，跳远属于一种抛射运动，运动员的目的是跳出最远距离。跳远虽与机械抛射运动不尽相同，但其规律是一样的。运动员所跳的远度主要取决于起跳腾起的初速度和腾起角度，而助跑水平速度和起跳的垂直速度又是决定腾起初速度和腾起角度的重要因素。多年来，人们在遵循这一规律的基础上，逐步探索出跳远训练的规律。我国的优秀跳远教练员认为在高速助跑的前提下努力通过起跳获得适宜腾起角度是跳远项目的发展趋势，因此，在跳远训练中要求运动员的速度和起跳能力能够平衡、同步发展。跳远运动员的训练过程也就是助跑速度和起跳能力两者平衡的不断打破、不断弥补不足、继而在更高的水平上达到新平衡的过程。

从跳远项目能量供应特点来看，运动员是以 ATP－CP 系统供能为主。跳远运动员突出的专项素质是高速助跑下快速有效的起跳能力。运动员的绝对速度水平决定了助跑速度，而起跳能力主要是指起跳腿膝、踝关节伸肌群的拉长—缩短周期收缩的能力和髋关节向心收缩的能力。跳远项目的关键技术是起跳技术。起跳技术又取决于高速助跑和起跳的有机衔接。

最为理想的情况是助跑水平速度快，并在水平速度损失较小的情况下通过起跳获得较大的垂直速度和适宜的腾起角度（23°左右）。

四、三级跳远

三级跳远是一项技术较为复杂的速度力量型多级跳跃类运动项目，是我国田径运动重点发展的项目之一。从动作方式来看，其项目主要特点是运动员在高速助跑情况下沿直线连续进行 3 次水平跳跃的运动；从肌肉工作性质分析，三级跳远属于在跳跃过程中快速爆发性用力项目。在整个过程中，任何一个环节出现错误，都可能导致整个跳跃过程失败。因此，要求运动员必须具备良好的运动素质和高超的技术水平。

（一）技术特征

三级跳远是人体经过快速助跑后，由单足跳、跨步跳和跳跃所组成的连续三次向前腾跃水平距离的运动项目。其影响成绩的主要因素包括：助跑、起跳速度、起跳角度、起跳时重心的高度及三跳之间的比例关系。三级跳远技术的实质在于运动员能够充分合理地运用自己的运动素质连续跳跃最远的距离。在任何情况下，运动员专项技术的标准都是动作的简单、自然和实效性。合理的助跑节奏；积极加速上板，快速有力地起跳；支撑阶段富有弹性的缓冲；腾空阶段自然平稳的交换腿动作，以及最后落地时双腿高抬向前、向远伸，这些动作构成了三级跳远技术的整体构架。

在三级跳远中，各跳由于所处时相不同、任务不同、运动员身体各环节位置和速度的差别，每跳要求也不尽相同，动作结构存在一定的差别。第一跳衔接着助跑起跳，既要取得一定的远度，又要尽量保持水平速度。运动员在高速助跑后能否顺利完成起跳，取得良好起跳效果，为后两跳打下基础，起跳技术十分重要；第二跳和第三跳是在人体腾跃一定高度和远度后落地再次起跳，这无疑加大了支撑着地过程中的负荷，同时也加大了起跳难度。第二跳和第三跳质量高低对能否取得理想的成绩至关重要。

总之，三级跳远技术的要求为：快速的助跑及合理的助跑节奏，积极加速上板，快速有力地起跳；支撑阶段富有弹性的缓冲和加快身体重心前移的速度；腾空阶段自然平衡的交换腿动作和落地前的积极扒地动作，最后落地时双腿高抬向前远伸的技术动作。

（二）体能特征

1. 身体形态

三级跳远运动员的理想身材应是身材高大，体重轻，身体的围度和宽度较小，臀部肌肉紧缩呈上翘状，跟腱长，脚弓高，脚趾短齐有力，脚掌富有弹性等。该类项目运动员要求具有较高的身高，从目前对该类项目运动员的身高统计来看，一般定位在1.80～1.88米，但这一身高值得商榷和进一步研究。该类项目运动员的身体形态还包括下肢与身高的比例及身体各部分肌肉的发展程度，前者影响到动作的幅度和身体重心的位置，后者影响到各部分活动的能力。身高长自然对于该类项目运动员有一定的优势，但由于重心的过高可能会影响速度的发挥，所以身材一般以匀称为主。

2. 身体素质

绝对速度、弹跳力和快速力量可以认为是该类项目运动员的主要身体素质，除此之外，还应具备较好的控速能力，如助跑阶段水平速度的保持能力。诸多的研究表明，助跑阶段的水平速度与运动成绩有着显著的相关性。同时，随着现代训练水平的发展，跑速应与神经、肌肉的工作相协调一致。力量上则要求运动员具有能够完成大幅度快速动作的动力性力量，尤其是起跳和前两跳着地时，运动员的支撑能力和快速的蹬伸能力。柔韧性和协调性在三级跳远中表现出较高的水平，如上、下肢的协调运动等方面。

3. 身体机能

按照肌肉活动特征以及生物力学来划分，三级跳远属混合性练习项目，以无氧和有氧混合供能为主。实验表明：心率、血压、肺通气量等都在肌肉工作时急剧上升，工作后又立刻下降，这样急剧的变化与三级跳远具有快速的、急剧的动作特点有关。因为在跳的过程中肌肉收缩和放松要迅速交替，这种生理过程是通过神经过程灵活性充分提高和抑制的保护性作用来实现的。各器官机能的恢复时间也不相同，为了在肌肉工作时使机能迅速提高和工作后又能很快恢复，就必然要加强运动员心脏及呼吸系统各器官机能的锻炼，提高运动员机能活动能力。整体来说，该项目运动员要求神经冲动的传导速度快，强度大，机体无氧代谢水平高。

第三节　投掷类项目

本节主要介绍推铅球项目。推铅球是投掷者站在投掷圈后沿处，单手持球置于锁骨窝处，经过滑步或旋转，充分动员全身的肌肉力量，以最快的速度，将铅球尽可能掷远的投掷项目。推铅球属于非周期性运动项目，运动持续时间短、技术性强，是以绝对力量为基础、以速度为核心、爆发力要求高的运动项目。概括地讲，推铅球是以力量为基础、以速度为核心的速度力量型项目。

一、技术特征（以背向滑步为例）

现代推铅球技术是在传统背向滑步推铅球技术的基础上，经过广大教练员、运动员和科研人员的不懈努力，不断改进、完善、创新而形成的更加符合运动员个性特征的技术，主要体现为三种技术类型与风格：传统的背向滑步推铅球技术、背向滑步短—长步点推铅球技术、旋转推铅球技术。现以背向滑步推铅球为例探讨推铅球项目的技术特征。

从握持铅球的技术来看，拇指与小指的作用是防止投掷者在最后用力前铅球的脱落与滑动。运动员在稳固持球的基础上，食指、中指和无名指适度紧密地排列，为更加集中地最后用力创造良好的施力条件。

运动员的预备姿势基本分为高姿势站立与低姿势站立两种，但背向滑步推铅球技术起滑动作变化较大。现代直滑式动作（站位后，运动员左腿不做预摆动作，直接后摆进入滑步动作）已被许多运动员采用，这种滑步的起动方式动作简便实效、一气呵成；左腿突然地加速摆动，有利于刺激大脑神经的快速兴奋，符合铅球项目在较短时间内快速、爆发式用力的特点。目前还有不少运动员采用动力起滑式和展体起滑式的动作，而传统高姿起滑动作则越来越少见。

运动员背向滑步时更加注重摆与蹬、蹬与落之间动作的协调配合，表现出蹬地角适宜、蹬伸动作快、蹬伸方向好、上体前俯充分、左臂前伸内旋动作明显等特点。右腿蹬地后小腿内收动作较大，着地积极；左腿则适度外旋向抵趾板直接后摆，压插动作明显；滑步后铅球距离出手点既低又远，为最后用力动作打下了坚实的基础；过渡阶段运动员已开始髋部侧移动作，身体重心速度与铅球速度同步上升，使得滑步与最后用力衔接动作自然，节奏性好。左脚紧贴抵趾板着地的动作是现代推铅球技术的基本要求，既不会损失有效的投掷距离，又能利用抵趾板提供的固定支撑条件。运动员左脚着地后，髋部侧移动作明显，表现出良好的侧弓形姿势，这为顺势形成反弓形姿势创造了前提条件。形成反弓形姿势后，铅球速度上升的快慢是衡量运动员水平高低的关键，而铅球速度上升必然伴随着双腿有力的撑蹬动作，尤其是左侧支撑用力，动作更为明显，主要体现为身体左侧肌群适度紧张，左腿充分蹬直。铅球即将出手时，左腿仅以左脚尖着地或蹬离地面，手指、手腕拨球动作明显，表现出较好的向前性并获得合适的出手角度和出手差（铅球离手时其投影点与抵趾板内沿的距离）。

总体上讲，现代推铅球技术从握持器械上看，更有利于手指的集中用力。从起滑动作上看，现代直滑式已代替了传统的高姿势，更加突出了运动员个性技术风格。过渡阶段技术动作流畅、节奏性更强，身体重心移动积极。侧弓形，用力姿势好，左侧撑蹬，动作效果显著，向前性突出。最后用力阶段工作距离较长，用力时间相应较短，铅球能自始至终地保持加速运行。

二、运动生物力学特征（以背向滑步为例）

推铅球是限定在直径为2.135米的投掷圈内进行的，然而，投掷者可充分地利用运动空间。当投掷者完成预摆做出团身动作时，只要不破坏身体平衡，所持铅球探出投掷圈后沿的距离（前俯差）应该是越远越好。优秀运动员前俯差通常在 30 ~ 40 厘米。前俯差大，铅球的运行轨迹相应加长，给铅球的施力时间也相应加长，做功效果就好。

在投掷者背对投掷方向持球站立时，主要采用高、低两种姿势。高姿势站立的主要优点是动作自然、身体放松，便于完成各种现代起滑动作。低姿势站立的主要优点是易于控制平衡，身体重心可依腿部力量的大小进行调控，缺点是右腿负担较大，所受负荷时间较长，动作相对较僵硬。

在投掷者起滑后，右腿蹬离地面时的蹬地角约为 55°，方法有脚跟式与脚掌式两种。脚跟蹬离地面一般适用于身材较矮、腿部力量较强的运动员，要求右腿充分蹬直，因此产生的蹬地力量较大，蹬地时间相应延长，蹬地角相应较小，这也便于右腿离地后完成低、平、快的收拉动作。脚掌蹬离地面适用于身材较高者和一般投掷者，要求右腿不必完全蹬直，因此动作较为简单，难度较小。不论采用哪种方式，都要考虑到摆蹬动作的效果与投掷者的技术风格。

优秀运动员滑步时间通常为 0. 12 秒左右，滑步过程中铅球和身体重心高度差通常为 6 厘米左右。在滑步距离相同的条件下，滑步时间通常越短越好，这样才能取得较快的滑步速度。根据力学公式 $W = Fs\cos\alpha$，蹬地角 α 越小，W 的值越大，力就越大，滑步速度就越快，滑步效果就越好。又因为 $W = mv^2/2$，在相同的用力时间内，功大则力就大，滑步速度也越快。因此，在滑步距离相同的条件下，滑步前的蹬伸力越大，滑步所用的时间就越短，越有利于投掷者完成低、平、快的滑步动作。

在投掷者滑步过程中，右脚有内旋动作，右脚落于投掷圈圆心附近，并与投掷方向呈 120°左右的角，这有利于右腿着地后完成边蹬边转的用力动作，也有利于右髋向前的转送动作。左脚边外旋、边压插使脚掌与投掷方向约呈 45°角着地，既有利于左脚落于正确的位置，也有利于左髋用力前产生适度的转动效应，更有利于牵拉右髋的转送动作。左脚应尽力紧贴抵趾板着地，以最大限度地利用投掷场地，为投掷者提供一个稳固的支撑用力条件。另外，左脚尖与右脚跟应处在一条与投掷方向平行的直线上，这是投掷者必须遵循的基本原则。如果两脚完全落在一条直线上，就会失去转动动作的力偶效应，进而限制右髋的转动动作，铅球出手后人体就会偏向右侧。如果左脚过于偏左着地，虽然力偶效应好，便于右髋的转送动作，但必定会影响最后用力的工作距离。

投掷者经滑步后，右脚着地到左脚着地的这一过程为过渡阶段，时间为 0. 10 秒左右。优秀铅球运动员过渡阶段器械的运行轨迹约为 30 厘米，髋部的运行轨迹约为 22 厘米，说明在器械向前运动的同时，髋部也呈现出明显的侧移动作。髋部是连接上体与下肢的中枢环节，是上体与下肢大部分肌肉起止点的附着部位。髋部的向前侧移动作更有利于左脚尽快着地，有利于左脚着地后形成良好的超越器械姿势，并能够动员人体更多的肌群预先拉长，为高质量地完成最后用力动作创造积极有效的施力条件。右脚着地时，右小腿指向投掷的相反方向，右腿及时顺势前移促使右小腿由逆投掷方向转而指向投掷方向，只有完成这一动作才能为右腿的蹬伸用力创造条件，投掷者过早用力蹬转右腿反而不利于尽快转入最后用力动作。

投掷者开始最后用力动作的时间存在争议。生物力学知识告诉我们，力是产生加速度的原因，事实上，铅球速度曲线的最后上升点才是最后用力动作的真正开始，而这个上升点通常是在左脚着地后瞬间出现的。最后用力时，直接施力于器械上的是投掷臂和手指、手腕动作，手臂动作的动力来源于人体躯干向投掷方向的运动，而躯干动作的动力又取决于下肢的有效工作。在最后用力过程中，右腿和左腿蹬地产生的支撑反作用力，只能先作用于人体骨盆而后影响躯干，下肢的力不可能直接作用到手臂上，只有两腿同时支撑地面时，才能促使躯干的摆动和转动。投掷者掌握最后用力的时机至关重要，它对动员尽可能多的肌群参与工作产生决定性作用。

最后用力开始时，优秀铅球运动员左肩后倾角一般为55°左右，铅球后倾角一般为46°左右，铅球距地面的高度一般为1.05米左右，铅球与前支撑点的水平距离一般为1.15米左右。在最后用力过程中，铅球的运行距离男子为1.60～1.90米、女子为1.50～1.75米，说明优秀运动员最后用力开始时铅球所处的部位既低又远，这为加长最后用力工作距离创造了有利条件。优秀男、女运动员的用力时间为0.20～0.30秒，说明铅球的最后用力既要加长用力距离，又要尽量缩短用力时间，只有这样才能提高铅球的出手初速度。铅球出手瞬间，投掷者的末节用力动作（踝关节、脚趾与手指、手腕的用力动作）应积极而到位，左腿要充分蹬直，左脚以脚尖点地或蹬离地面，手腕、手指要做出有力的拨球动作。末节用力动作做得好，保证了器械出手时的方向性与稳定性，更重要的是给器械加速提供了保证。

投掷者依靠自身能力提高运动成绩的因素有铅球的出手初速度、出手角度与出手高度。

从远度公式中可以看出，出手初速度是对远度起决定作用的因素。计算表明，假定一名运动员的出手初速度为13米/秒，若能在铅球离手前1米的距离内缩短0.001秒的用力时间，出手初速度就可能增加0.17米/秒，则铅球远度可增加0.40米。若用力时间不变，运动员推球距离增加0.01米，出手初速度就可能增加0.13米/秒，则铅球远度可增加0.30米。铅球出手角度对投掷远度也有较大的影响，其大小是由铅球水平速度与垂直速度的对比关系决定的，运动员增加或减小出手角度应着眼于调控这两个方面的因素。铅球出手高度，每个运动员都有相对的稳定性，它主要取决于运动员的身高、臂长、技术风格与技术掌握的程度。计算表明，单从理论上讲出手高度对投掷远度的贡献不大，但出手高度的增加与减少必然伴随着垂直速度与水平速度的相应变化，因此，出手高度既与铅球的出手初速度有关，也与铅球的出手角度有关。

三、专项体能特征

近年来，我国体育科研人员应用先进的科技手段，采用系统的研究方法和多学科知识，在综合监测运动员的训练过程，探讨不同专项人体运动机能的变化规律、人体承受极限负荷强度及最大限度地运用最佳身体素质训练手段挖掘人体极限运动潜能等方面取得了显而易见的突破，加速了推铅球训练的科学进程。影响运动成绩提高的主要因素之一是身体素质训练的科学化、专项化，对推铅球体能训练及专项体能特征的研究是当前的研究重点之一。

按推铅球运动项目所需竞技能力的主导因素归类，推铅球属于非周期性速度力量型项目。该项目运动成绩主要取决于速度、力量、爆发力等素质能力，其中对运动员要求最高的是力量中的爆发力。

推铅球完整技术是一个不断给铅球加速，直至最后以最快的速度将铅球推出的过程。背向滑步推铅球出手初速度的15% ~20%来自滑步，80% ~85%来自最后用力。最后用力阶段加速能力主要取决于运动员身体素质的发展水平，特别是速度力量的发展水平以及掌握推铅球技术的水平，这要求运动员既要具备良好的专项运动素质，又要具备良好的专项运动技能。

随着科学的发展和训练实践的深入，人们更深刻地认识到推铅球是属于以力量为基础、以速度为核心的运动项目。运动生物力学的研究与发展，不仅揭示了推铅球技术的动作结构（用力顺序及动作的内在联系等），而且进一步揭示了推铅球技术的速度结构（推铅球过程速度分配及速度的传递等），从而促使推铅球技术向着简单、实用、充分发挥个性技术的综合效益方向发展。

第八章　大球运动

第一节　足　球

一、足球运动简介

足球运动是以脚支配球为主、两支队伍互相进攻的集体对抗性项目，深受各国人民的喜爱。足球运动是世界上开展最广泛、影响最大的项目，因其魅力无与伦比而被誉为“世界第一运动”。足球运动有很强的锻炼和欣赏价值，经常参加能增强体质，发展运动能力，培养勇敢、顽强、机智、果断、团结协作的意志品质。

足球的历史悠久，古代足球起源于中国。中国古代史籍将足球称为“蹴鞠”。蹴就是“踢”，鞠就是“球”。

现代足球（Football）起源于英国。1846 年，英国剑桥大学为了适应本国各学校的足球比赛，制定了一个简单的规则，当时称为“剑桥大学规则”。1857 年，英国成立了第一个足球俱乐部。

二、足球基本技术

足球技术是指运动员在足球竞赛规则条件下，运用身体的有效部位合理完成各种动作方法的总称。

（一）颠球技术

1. 双脚正脚背颠球

脚向前上方摆动，用脚背击球，击球时踝关节固定，击球的下部。两脚可交替击球，也可一只脚支撑，另一只脚连续击球。击球时用力均匀，将球始终控制在身体周围。

2. 双脚内侧、外侧颠球

抬腿屈膝，用脚的内侧或外侧击球的下部，两脚内侧或外侧交替击球。

3. 大腿颠球

抬腿屈膝，用大腿的中前部位向上击球的下部，两腿可交替击球，也可一只脚做支撑，用另一侧的大腿连续击球。

4. 头部颠球

两脚开立，膝盖微屈，用前额部位连续顶球的下部，顶球时，两眼注视球，两臂自然张开，以维持身体平衡。

5. 肩部颠球

用双肩任意一边，由下而上击球中部（提肩动作）。

6. 各部位连续颠球

根据上述单一颠球技术动作要领，用各部位配合连续颠球，配合的部位越多，难度越大。颠球的部位有脚背、脚内侧、脚外侧、大腿、头部、胸部、肩部等。

（二）踢球技术

踢球

踢球技术动作包括5个环节，即踢球前的助跑、支撑脚的选位、踢球腿的摆动、脚触球的部位和踢球后的随前动作。（图8－1－1至图8－1－5）

图8－1－1

图8－1－2

图8－1－3

图8－1－4

图8－1－5

1. 踢球前的助跑

踢球前的助跑是为了获得身体向前移动的加速度及调整人与球的位置、方向的关系，以选择适当的支撑脚的位置，为准确地踢球和增大踢球力量创造条件。适当的助跑要平稳而有节奏，助跑的最后一步要跨大一些，支撑脚落地是由脚跟过渡到脚掌的。最后一大步的支撑起到制动支撑和维持平衡的作用，为踢球腿的后摆和准确地踢球创造了稳固的平衡状态。

2. 支撑脚的选位

支撑脚的选位就是助跑最后一大步支撑脚落地点的问题。支撑脚的正确位置，应以能最大限度地摆腿和准确地触球为原则，如果采用的踢球方法是直线助跑而支撑脚又必须在球的侧方时，支撑脚与球的距离应为10~15厘米；斜线助跑而支撑脚又需在球的侧后方时，支撑脚应距球15~20厘米为宜。如果是踢活动球，还应将球的滚动或飞行距离与摆腿时间估计准确，以保证踢球时支撑脚位置的准确。支撑脚位置选择是否准确，对踢球的准确性和出球的力量有很大的影响，应该通过反复练习，特别要通过踢活动球的练习，不断强化，才能较好地掌握动作要领。

3. 踢球腿的摆动

踢球力量主要来源于踢球腿的摆动，摆动的幅度越大，摆动速度越快，力量就越大，而且摆动的方向要正，要从后向前摆，应避免由外向里的弧线摆动。摆动速度不是匀速摆动，应是加速摆动，特别是小腿的爆发式的摆动是摆腿踢球的关键。

4. 脚触球的部位

影响出球质量在于脚与球的接触部位，也就是击球点准不准的问题。各种踢球方法都要求踢球的后中部，作用力通过球的中心，使球沿直线飞行，才能做到踢球准确。支撑脚位置、踢球腿的摆动、脚形的控制以及身体的协调动作都影响着踢球的准确性。在教学中，教师应将踢球的准确性练习作为主要的教学内容之一。

5. 踢球后的随前动作

这个环节应是自然的，不必过分强调，否则会破坏踢球的动作结构，妨碍动作的掌握。

在上述5个环节中，支撑脚的选位、踢球腿的摆动、脚触球的部位是影响踢球技术的主要因素。踢球技术有脚内侧踢球、脚背内侧踢球、脚背正面踢球、脚背外侧踢球等。

（三）接球技术

接球

1. 接球技术动作结构分析

接球前，根据来球的运行路线、球的旋转和速度等情况，迅速准确判断落点，及时提前移动，使自己能处于做接球动作的最佳位置。接球部位及方法的选择，可以根据临场情况和下一步动作恰当地采用。一般接球时分别需要加力和减力（缓冲，卸掉来球的力量）方法，根据来球力量的方向和接球实际需要，还可按照反射定律调整入射角，获取理想的反射角（如停反弹球）。

2. 接球技术动作

以下主要介绍脚内侧接球技术动作。

（1）脚内侧接地滚球。

支撑腿脚尖正对来球，接球腿大腿外展，脚尖微翘，脚底基本与地面平行，接球时脚内侧正对来球并前迎，当脚内侧与球接触的一刹那迅速后撤，把球接在脚下。若需要将球接在侧面时，支撑脚脚趾应向同侧斜倾，脚内侧与来球方向呈一定角度触球，同时支撑脚以前脚掌为轴做适当的转动，身体向停球方向移动。接球时也可在触球时用下切力使球前进的力量部分转变为旋转力，将球接在脚下。（图8－1－6至图8－1－8）

图8－1－6

图8－1－7

图8－1－8

（2）脚内侧接空中球。

与脚内侧接地滚球大同小异，通过判断和移动在适当高度的接球点将接球腿抬起，使脚内侧部位对准来球的方向并前迎，脚在接触球的一瞬间后撤（缓冲动作），并将球接在所需的位置上。（图 8－1－9、图 8－1－10）

从触球部位分，接球动作还有脚底接球、胸部接球、头部接球、大腿接球等。

图 8－1－9

图 8－1－10

运球

（四）运球技术

1. 运球技术动作结构分析

运球技术的方法很多，但每一种动作都是由跑动和用脚推拨球两个环节结合而成的。

运球一般是由支撑脚踏地后蹬、运球脚前摆触球和运球脚踏地支撑三个阶段组成的。

（1）支撑脚踏地后蹬。

踏地后蹬的目的，一是推动人体重心前移；二是支撑身体平衡，使运球脚能离地提起完成推拨球动作。支撑脚尽量缩短支撑时间，积极后蹬前摆，可以加快运球速度。

（2）运球脚前摆触球。

前摆触球的目的，一是给球作用力使球产生位移；二是不断调节触球力量、部位、方向和触球时间，更好地控制运球路线，协调其与跑动速度的关系。

（3）运球脚踏地支撑。

踏地支撑的目的，一是运球脚在完成推拨动作后，立即踏地保持身体平衡；二是运球脚由踏地支撑转换到后蹬，同样是为了人的身体产生位移。

在运球过程中，支撑脚踏地后蹬是决定跑动速度的主要环节，运球脚前摆触球是控制球运行的关键。

2. 运球技术动作

运球技术动作包括脚背正面运球、脚背外侧运球、脚背内侧运球和脚内侧运球等。

（1）脚背正面运球。

脚背正面运球多在越过对手之后，前方纵深距离较长，仍需要快速运球前进情况下使用。

跑动时身体自然放松，上体稍前倾，两臂自然摆动，步幅要适当。运球脚提起时，膝关节弯曲，脚跟提起，脚尖下指，在迈步伸脚着地前，用脚背正面向前推拨球前进。（图 8－1－11 至图 8－1－15）

图 8-1-11

图 8-1-12

图 8-1-13

图 8-1-14

图 8-1-15

（2）脚背外侧运球。

跑动时身体自然放松，上体稍前倾，两臂自然摆动，步幅不宜过大。运球脚提起时，膝关节弯曲，脚跟提起，脚尖稍内转，在迈步伸脚着地前，用脚背外侧向前推拨球，球向前曲线或弧线运行。（图 8-1-16 至图 8-1-19）

图 8-1-16

图 8-1-17

图 8-1-18

图 8-1-19

（3）脚背内侧运球。

跑动时身体自然放松，上体稍前倾，并稍向运球方向转动，两臂自然摆动，步幅要小些。运球脚提起时，膝关节弯曲，脚跟提起，脚尖稍外转，在迈步伸脚着地前，用脚背内侧向前推拨球，球向前曲线或弧线运行。（图 8-1-20 至图 8-1-23）

图 8－1－20

图 8－1－21

图 8－1－22

图 8－1－23

（4）脚内侧运球。

运球时，支撑脚稍向前跨，踏在球的前侧方，膝关节稍弯曲，上体前倾并向里转。随着身体的向前移动，运球脚蹬地提起，用脚内侧推球的后中部。（图 8－1－24 至图 8－1－27）

图 8－1－24

图 8－1－25

图 8－1－26

图 8－1－27

（五）头顶球技术

原地、跳起前额正面顶球，头球射门。

（六）抢断球技术

断球，正面、侧面、侧后抢球。

（七）假动作

有球、无球假动作。

（八）掷界外球

原地、助跑掷界外球。

（九）守门员技术

选位、接球、掷球、击球、扑球、踢球。

（十）无球技术

起动、跑动、急停、转身、跳跃、步法。

三、足球基本战术

足球战术是指足球比赛中，为了战胜对方，根据主客观情况所采取的个人行动和集体配合的方法。随着足球运动的发展，人们对足球战术有了新的、更深入的认识，新的战术层出不穷而且随时变化。战术的运用是以体能为前提、技术为基础、心理智能为保证，因此，现代足球对运动员的综合能力提出了更高的要求。战术能力包括战术理论、战术意识和战术运用。

（一）个人进攻战术

传球、射门、运球突破、跑位。

（二）个人防守战术

选位、盯人、断球、抢球、封堵。

（三）局部进攻战术

传切配合、交叉掩护配合、二过一、三过二等。

（四）局部防守战术

保护、补位、围抢。

（五）整体进攻战术

中路进攻、边路进攻、转移进攻、快速反击进攻、阵地进攻、破密集防守进攻等。

（六）整体防守战术

区域盯人防守、区域防守、混合防守、阵地防守、密集防守、向前逼压式防守等。

（七）定位球进攻与防守战术

中圈开球、任意球、角球、掷界外球、球门球和点球攻防战术。

（八）常见比赛阵型

足球比赛常用的阵型是在足球比赛中伴随着足球运动的发展而形成的。规则的变化，技术、战术、身体素质诸多因素的不断提高，促进了阵型演变与发展。常见的比赛阵型有以下几种。

1.1－4－5－1（1－4－2－3－1）阵型（图8－1－28）

该阵型是一种注重稳健防守，加强中后场抢断能力，并能发起快速反击的打法。指导思想在于筑起坚固的防守体系，但其在反击进攻时的变化形式则是多样的。进攻时可有3～5人参与，防守则要求包括前锋在内的所有队员参与。该阵型是当前主流球队的首选。

2. 1 –4 –3 –3 阵型（图 8 –1 –29）

该阵型属于一种纯进攻类型的足球战术，是三前锋打法。但在该阵型中起决定作用的是第二个“3”中间（中前卫）的队员，他是该阵型进攻或防守时的主要组织者。

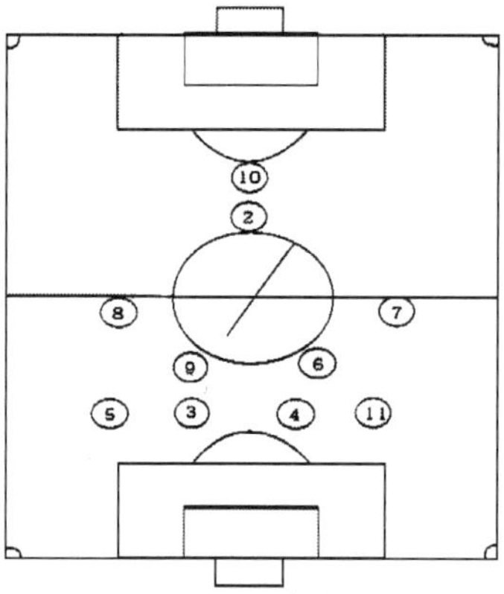

1-4-5-1阵型

图 8 –1 –28

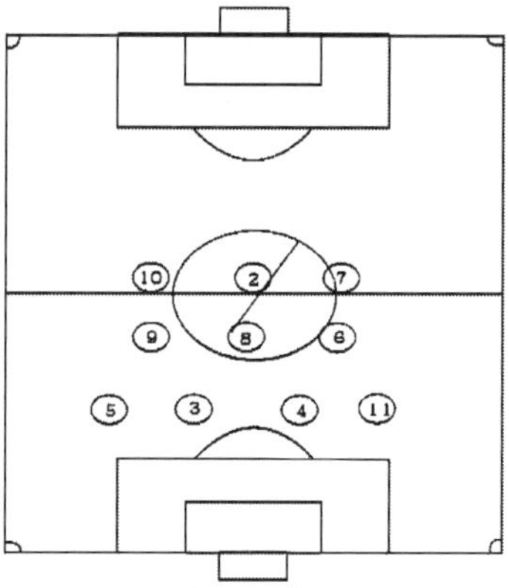

1-4-3-3阵型

图 8 –1 –29

3. 1 –4 –4 –2 阵型（图 8 –1 –30）

该阵型特点是，进攻时中场边路和边后卫队员频繁套边活动，以构成对方门前险情，防守时主要强调队员回位和密集防守下的组织与协调配合。

4. 1 –3 –5 –2 阵型（图 8 –1 –31）

该阵型是以三个防守能力超强的后卫为基础，以强大的中场控制全局的打法。很多强队在遇到弱队时常使用该阵型，主要是突出进攻。

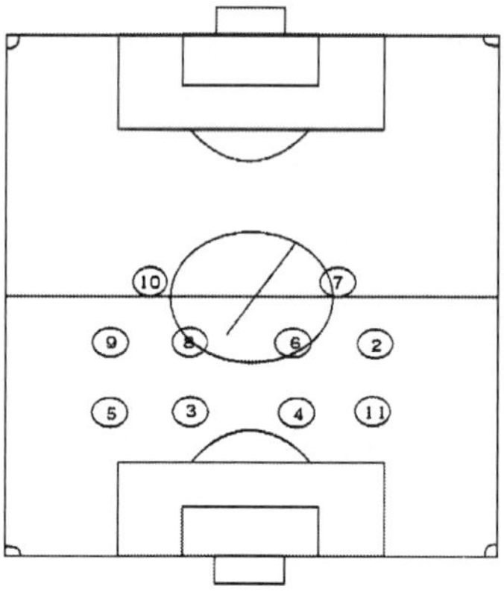

1-4-4-2阵型

图 8 –1 –30

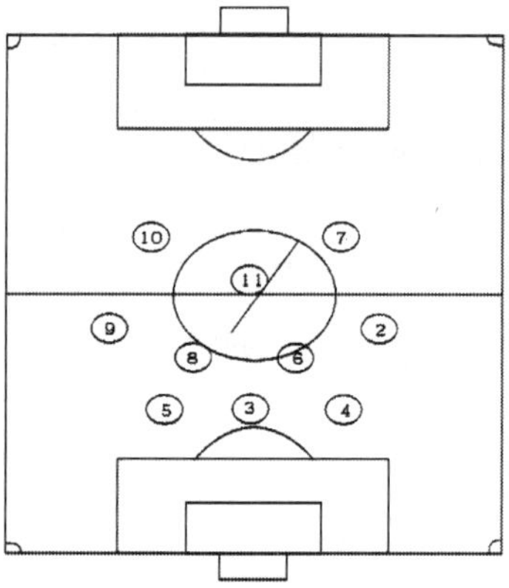

1-3-5-2阵型

图 8 –1 –31

四、足球比赛场地与主要规则

（一）比赛场地

根据竞赛规程规定，足球比赛可以在天然或人造草坪上进行。比赛场地必须是长方形，边线的长度必须长于球门线的长度。比赛场地是用线来标明的，这些线作为场内各个区域的边界线应包含在各个区域之内。两条较长的边界线叫边线，两条较短的边界线叫球门线。所有线的宽度不超过 12 厘米。比赛场地被中线划分为两个半场。在场地中线的中点处做一个中心标记，以距中心标记 9.15 米为半径画一个圆圈。（图 8－1－32、图 8－1－33）

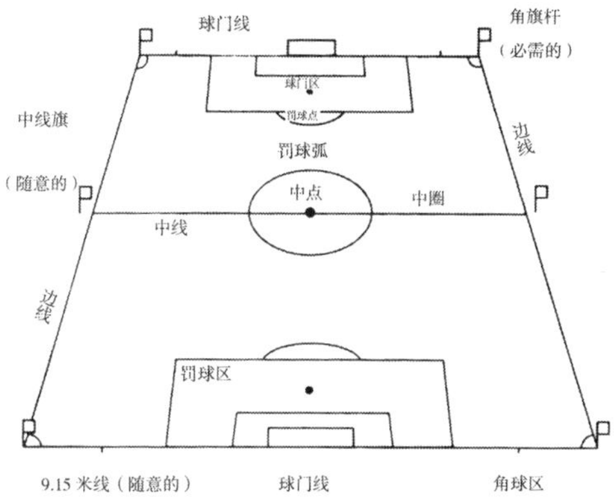

图 8－1－32

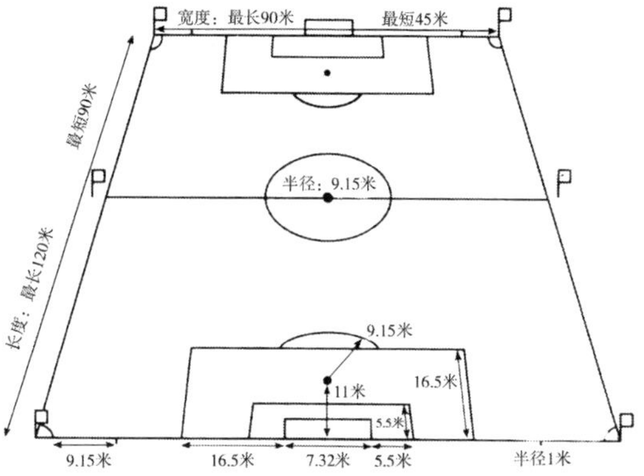

图 8－1－33

（二）主要规则

1. 球出界与进球

球的整体从地面或空中越出边线或端线即为球出界，球的整体从两门柱间及横梁下越过球门线的垂直面即为进球。

2. 越　位

队员在对方半场，较球和最后第二名对方队员更接近于对方球门线时，该队员即处于越位位置。队员在触球的一刹那，同队队员处于越位位置，裁判员认为该队员有下列情况时，应判罚越位：干扰比赛或干扰对方；企图从越位位置获得利益。但进攻队员仅仅是处在越位位置，不应被判为越位；或直接接球门球、角球、界外球或裁判员的坠球时，则不应被判为越位。

3. 犯　规

队员故意违反下列规定的任何一项，即判罚直接任意球（踢球队员可以直接射入对方球门得分，如果犯规发生在本方罚球区内，则由对方罚点球）：踢或企图踢对方队员；绊摔或企图绊摔对方队员；跳向对方队员；猛烈或带有危险性地冲撞对方队员；从背后冲撞对方队员；打或企图打对方队员；向对方队员吐唾沫；拉扯对方队员；推对方队员；用手触球（除守门员在本方罚球区内）。

队员违反下列规定的任何一项者，应判罚间接任意球（踢球队员直接射入对方球不得分）：危险动作；阻挡；连踢；合理冲撞非控制球的队员；守门员在本方罚球区内违例；手接本方队员用脚有意识地回传球；直接用手接得本方界外球；两次持球；持球超过 6 秒等。

4. 警告（黄牌）与罚令出场（红牌）

队员出现下列情况时，应被警告（黄牌）：擅自进场或离场；连续违反规则；用言语或行动对裁判员的判处表示不满；仍坚持其不正当行为。

队员出现下列情况时，应被罚令出场（红牌）：犯有暴力行为或严重犯规；语言恶劣或进行辱骂；经警告后，仍坚持其不正当行为。

5. 裁判员的手势

（1）直接任意球：单臂前或侧平举，指向罚球方向。（图 8－1－34）

（2）间接任意球：单臂上举，掌心向前。（图 8－1－35）

（3）角球：单臂上举，指向踢角球方向。

（4）球门球：单臂前平举，指向球门区。

（5）罚点球：单臂前平举，明确指向罚球点。

（6）继续比赛：两臂前平举，掌心朝前，做连续前摆动作。（图 8－1－36）

（7）警告或罚令出场：手持牌单手上举，面对处罚队员。（图 8－1－37）

（8）进一球时：单手平举，面向中圈。

图 8－1－34

图 8－1－35

图 8－1－36

图 8－1－37

（9）比赛终了时：双手前平举，面向中圈。

6. 巡边员的旗示（图 8－1－38 至图 8－1－45）

图 8－1－38

图 8－1－39

图 8－1－40

图 8－1－41

图 8－1－42

图 8－1－43

图 8－1－44

图 8－1－45

第二节　篮　球

一、篮球运动简介

现代篮球运动是1891年由美国马萨诸塞州斯普林菲尔德市基督教青年会训练学校体育教师詹姆士·奈史密斯博士发明的。篮球运动是一项集体性、综合性，围绕高空展开的立体型攻守对抗的项目。现代篮球运动已经逐步发展完善成为一项融入科技、教育和技艺为一体的受大众欢迎的国际性竞技体育运动项目，它可通过电视观赏达到愉悦心灵的目的，也可以通过实践锻炼身体、增强体能，还可以培养一些使青少年终身受益的品质。现代篮球运动是在统一的国际篮球组织指导下，以严格、规范的比赛规则和特定的竞赛方式展开的强者间的对抗、竞争与拼搏，其竞赛活动过程充分显示出人类生命所具有的活力，突出了人类自强不息的奋斗精神。

二、篮球基本技术

篮球基本技术主要有移动、接球、传球、运球、投篮和抢篮板球等。各类技术又有若干不同的方法和不同的完成方式。各种方法和方式的组合运用构成了进攻技术和防守技术两大部分。

（一）移　动

移动是篮球技术的基础。篮球比赛中队员几乎全部时间里都处于动态中，运用技术动作去完成攻守任务。

1. 起　动

起动是队员在球场上由静止状态变为运动状态的一种起始的动作，是获得位移初速度的方法。从基本站立姿势开始，起动时，身体重心向跑动方向移动，以后脚（向前起动）或异侧脚（向侧起动）的前脚掌内侧突然有力地蹬地，同时上体迅速前倾或侧转，手臂协调地摆动，充分利用蹬地的反作用力，迅速向跑动方向迈出。起动后的两三步要短促而迅速地连续蹬地和快速摆臂相配合，使之能在最短的距离内把速度有效地发挥出来。

2. 跑

跑是队员在球场上改变位置、发挥速度的重要方法，也是比赛中运用最多的一种移动动作。篮球比赛中经常运用的跑主要有变速跑、变向跑、侧身跑。变速跑是队员跑动中利用速度的变换来争取主动的一种方法。

3. 跳

跳是队员在球场上争取高度及远度的一种动作方法。篮球比赛中很多技术动作需要队员在空中完成。因此，队员要会单、双脚起跳，能在原地、跑动中和对抗条件下向不同方向跳、连续跳等，并要求跳得快、跳得高，滞空时间长，以便更好地在空中完成各种攻守动作。

4. 急　停

急停是队员在跑动中突然制动速度的一种动作方法，它也是各种脚步动作衔接和变化的过渡动作。比赛中急停更多的是与其他技术结合在一起运用的。急停的动作有以下两种。

（1）跨步急停（两步急停）。队员在快速跑动中急停时，先向前跨出一大步，用脚跟先着地过渡到全脚抵住地面，并迅速屈膝，同时身体微向后仰，后移重心。然后，再跨出第二步，脚着地时，脚尖稍向内转，用脚前掌内侧蹬住地面，两膝弯曲，身体稍有侧转（右脚跨出第一步，身体后移），微向前倾，重心移至两脚之间，两臂屈肘时自然张开，保持身体平衡。

（2）跳步急停（一步急停）。队员在中、慢速移动中急停时，用单脚或双脚起跳（一般离地面不高），上体稍后仰，两脚同时平行落地。落地时全脚掌着地，用脚前掌内侧蹬住地面，两膝弯曲，两臂屈肘微张，保持身体平衡。

5. 转　身

转身是队员以一脚蹬地向前或向后跨出的同时，另一脚做中枢脚进行旋转而改变身体方向的一种动作方法。转身在比赛中运用比较广泛，经常与其他技术动作组合运用。

转身时，重心移向中枢脚，另一只脚的前脚掌蹬地，同时中枢脚以脚前掌为轴用力踝地，上体随着移动脚转动，以肩带动向前、向后改变身体方向。在身体移动过程中，要保持身体重心平稳，不要起伏。转身后，重心应转移到两脚之间。转身可分为前转身和后转身。

（1）前转身。移动脚蹬地，在中枢脚前方（身前）进行弧形移动的叫前转身。

（2）后转身。移动脚蹬地，在中枢脚后方（身后）进行弧形移动的叫后转身。

6. 跨　步

跨步是一种起步的动作方法。跨步的动作方法是以一脚为中枢脚，另一脚向前或向侧方跨出，以便衔接其他动作。

（二）接　球

接球

接球是篮球运动中的主要技术之一，是获得球的动作，是抢篮板球和抢断球的基础。在激烈对抗的比赛中，采用正确的动作牢稳地接球，对减少传球失误、弥补传球不足，以及截获对方传球等都有非常重要的作用。接球有双手接球和单手接球两种。

1. 双手接球

双手接球是最基本的接球方法，也是在比赛中运用最多的动作之一。其优点是握球牢稳，易于转换其他动作。双手接球时，两眼注视来球，两臂伸出迎球，手指自然分开，两拇指呈“八”字形，手指向前上方，两手呈一个半圆形。当手指触球后，两臂随后引缓冲来球的力量，两手握球于胸腹之间。保持身体的平衡，做好传球、投篮或突破的准备。来球的高度不同时，两臂伸出迎球的高低也有所不同。

2. 单手接球

单手接球控制的范围大，能接不同方向的来球。但是单手接球不如双手接球牢稳，因此，在一般情况下应尽量用双手接球。如用右手接球，则右脚向来球方向迈出，两眼注视来球。接球时，手掌呈勺形，手指自然分开，右臂向来球的方向伸去。当手指触球时，手臂顺势将球向后引，左手立即握球，双手将球握于胸腹之间，保持基本持球姿势。

（三）传　球

传球

传球是篮球比赛中进攻队员之间有目的地转移球的方法，是进攻队员在场上相互联系和组织进攻的纽带，是实现战术配合的具体手段。传球技术的好坏，直接影响战术质量的高低和比赛的胜负。准确、巧妙地传球，能够打乱对方的防御部署，创造更多、更好的投篮机会。

传球动作方法分双手传球和单手传球，双手传球以双手胸前传球为基本动作方法，单手传球以单手肩上传球为基本动作方法，具体动作方法如下。

1. 双手胸前传球

双手胸前传球是比赛中最基本、最常用的传球方法，用这种方法传出的球迅速有力，可在不同方向、不同距离中使用，而且便于和投篮、突破等动作结合运用。

双手持球的方法是两手手指自然分开，拇指相对呈“八”字形，用指根以上部位持球，手心空出。两肘自然弯曲于体侧，将球置于胸腹之间的部位，身体成基本站立姿势。传球时，前臂在后脚蹬地、身体重心前移的同时迅速向传球方向伸出，拇指用力下压，手腕前屈，食指、中指用力拨球将球传出。球出手后身体迅速调整成基本站立姿势。传球距离近，前臂前伸的幅度小。远距离的传球，则需加大蹬地、伸臂和腰腹的全身协调用力；传球距离越远，蹬地、伸臂的动作幅度越大。（图 8 －2 －1 至图 8 －2 －3）

图 8 －2 －1

图 8 －2 －2

图 8 －2 －3

2. 单手肩上传球

单手肩上传球是单手传球中一种最基本的方法。这种传球的力量大，球飞行速度快，常用于中、远距离传球。

传球时（以右手传球为例），左脚向传球方向迈出半步，右手托球，同时将球引到右肩上方，肘部外展，上臂与地面近似平行，手腕后仰。左肩对着传球方向，重心落在右脚上，右脚蹬地，转体，前臂迅速向前挥摆，手腕前屈，通过食指、中指拨球将球传出。球出手后，右脚随着身体重心前移而向前迈出半步，保持基本站立姿势。（图 8 －2 －4 至图 8 －2 －6）

图 8－2－4

图 8－2－5

图 8－2－6

（四）运　球

运球

运球是持球队员在原地或行进中，用单手连续按拍由地面反弹起来的球的一类动作方法，是篮球比赛中个人进攻的重要技术。它不仅是个人摆脱、吸引、突破防守的进攻手段，也是发动、组织战术配合的重要桥梁。运球是否熟练是能否控制支配球的一个标志。不断练习能促进队员熟悉球性，增强手对球的感应。随着篮球技术的发展和竞赛规则对运球技术限制的修订，放宽了手对球吸附过程的尺度，运球动作和运用都发生了很大的变化。（图 8－2－7）

图 8－2－7

1. 身体姿势

两膝保持相应的弯曲，上体稍向前倾，抬头，注视场上情况。

2. 上肢动作

以肩关节为轴，上臂发力，肘部自然放松，五指分开，扩大控制面，用手指和指根部位及手掌的外缘接触球，按拍球时手心应空出。按拍球的部位由运球的方向和速度来决定，按拍部位不同，球的落点不同，球的入射角与反射角也不同。按拍球的力量大小，决定球从地面反弹的高度和速度。按拍球时，应随球上下迎送，尽量延长吸附球的时间，这样有利于控制支配和保护球，便于改变动作和观察场上情况。

3. 下肢配合

运球一般是在移动中进行的，既要使移动速度与球运行速度一致，又要保持合理的动作节奏，并注意身体重心的控制。动作的协调一致，关键在于按拍球的部位、落点的选择和力量大小的运用。手臂动作的变化要与脚步动作、身体姿势改变同步进行，以使整个运球动作协调地完成。

运球的种类很多，有高运球、低运球、运球急停急起、体前变速变向运球、背后运球、转身运球、胯下运球等，运用不同运球动作的交替组合与变化，能使运球更具有突然性、攻击性和实效性。

（五）投　篮

投篮

投篮是队员将球投入篮圈的一种专门动作，它是篮球比赛中唯一的得分手段，是一切进攻技、战术的最终目的和全部攻守矛盾的焦点。因此，加强投篮技术的教学与训练，正确掌握并熟练运用投篮技术，不断提高投篮命中率，是对教练员和运动员的最基本要求。投篮的基本方法如下。

1. 原地单手投篮

原地单手投篮是基本的单手投篮方法，其他各种单手投篮方法大都由此演变而来。动作方法（以右手投篮为例）：双脚原地开立，右脚稍前，身体重心落在两脚中间，屈肘，手腕后仰，掌心向上，五指自然张开，持球于右眼前上方，左手扶球侧，两膝微屈，上体放松并稍前倾，目视瞄篮点。投篮时下肢蹬伸，同时依势伸腰展腹，抬肘上伸前臂，手腕前屈，以指端拨球，最后通过食指、中指用力地将球投出，球离手后右臂应有自然跟进动作。（图8－2－8、图8－2－9）

图8－2－8

图8－2－9

2. 行进间单手投篮

行进间单手投篮是比赛中广泛应用的一种投篮方法，一般多在快攻或切入篮下时运用，俗称跑动中投篮。最基本的动作是单手肩上投篮，动作方法（以右手投篮为例）：当球在空中运行时，右脚向来球方向或投篮方向跨出一大步，同时接球，左脚向前跨出一小步，脚跟先着地，上体稍后仰，然后迅速过渡到前脚掌着地，并用力蹬地起跳，右腿屈膝上提，左脚蹬离地面。同时双手向前上方举球，腾空后，右臂向前上方伸展。投篮出手后，两脚同时落地，两腿弯曲，以缓冲落地的力量。（图8－2－10至图8－2－12）

图8－2－10

图8－2－11

图8－2－12

3. 跳起单手投篮

跳起投篮简称跳投，这里主要指跳起单手投篮，其出手动作与原地单手投篮基本相同，只是在动作结构上增加了起跳部分，投篮动作要在空中完成。目前，跳起单手投篮已成为篮球运动员普遍采用的主要得分手段，它可以在不同距离、各种角度下运用，方法多样，随机应变。可以高跳高出手，快跳快出手；可以利用侧跨步、后撤步或转身远离对手起跳；也可以贴身跳投和跳起后在空中利用后仰、闪、躲、换手或变高手为低手投篮等，实战价值极高。

原地跳起单手肩上投篮的动作方法（以右手投篮为例）：双手持球于胸、腹之间，两脚左右（或前后）开立，两膝微屈，身体重心落在两脚间，上体放松，眼睛注视篮圈。起跳时两膝适当弯曲（两脚前后开立时也可上一步再做此动作），接着脚掌蹬地发力，提腹伸腰，向上迅速摆臂举球并起跳，双手举球于肩上或头上，左手扶球左侧。当身体升至最高点或接近最高点时，左手离球，右臂向前上方伸直，同时用突发性力量屈腕、压指，使球通过指端投出。球离手后身体自然落地，屈膝缓冲，准备冲抢篮板球或回防。(图 8－2－13 至图 8－2－15)

图 8－2－13

图 8－2－14

图 8－2－15

（六）抢篮板球

攻守双方争夺投篮未中的球称为抢篮板球。它是获得球最主要的手段之一，也是篮球比赛中攻守转换的重要标志和核心。控制好篮板球意味着终结对手的攻击或自己又一轮的进攻的开始。抢篮板球分为抢防守篮板球和抢前场篮板球。

1. 抢防守篮板球

攻方投篮时，防守队员应根据自己与进攻队员之间的不同距离，采取不同的挡人方法，然后根据球的反弹方向，及时转身，抢占有利位置，跳起用单手或双手迅速将球抢走。

2. 抢前场篮板球

根据自己在场上所处的位置，及时判断出球的反弹方向，快速起动，摆脱防守，抢占有利的位置。采取单脚或双脚起跳，腾空后身体和手臂充分伸展，及时调整重心，单手或双手将球抓住，进行投篮或将球传出。

三、进攻战术基础配合

进攻战术基础配合是在篮球比赛中，队员两三人之间有目的、有组织、相互协同行动的配合方法。进攻战术基础配合包括传切配合、突分配合、掩护配合和策应配合。

（一）传切配合

传切配合是队员之间利用传球和切入技术所组成的简单配合，包括一传一切配合和空切配合。

1. 传切配合方法

（1）一传一切配合：④传球给⑤后，立刻摆脱对手向篮下切入，接⑤传来的球投篮。(图 8－2－16)

（2）空切配合：在④与⑥互相传球之际，⑤乘其对手不备之机，突然空切篮下，接外围同伴的传球，然后投篮。(图 8－2－17)

2. 传切配合基本要求

（1）队员配合的距离要拉开，切入路线要合理。

（2）切入队员要利用假动作迷惑对手，掌握好摆脱时机，切入要紧贴对手，动作快速突然。

（3）传球队员动作要隐蔽，传球及时准确。

（二）突分配合

突分配合是持球队员突破对手之后，遇到对方补防时，及时将球传给进攻时机最好的同伴进行进攻的一种配合方法。

1. 突分配合方法

⑤持球突破防守后，遇到❹或者❹补防时，及时将球传给向下摆脱的④或者⑥投篮。(图 8－2－18)

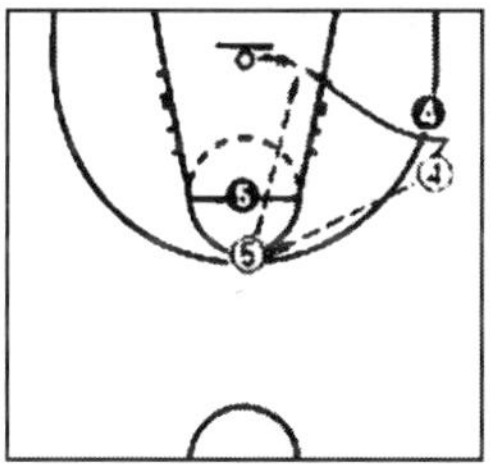

图 8－2－16

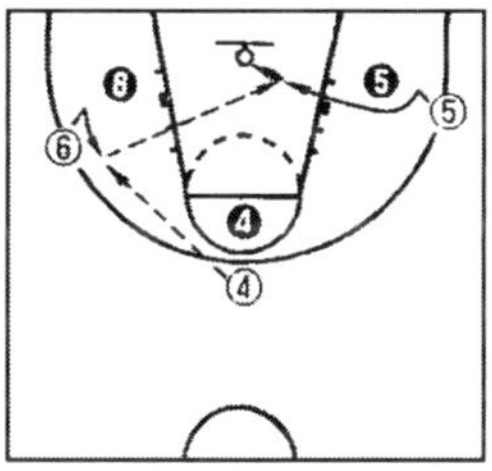

图 8－2－17

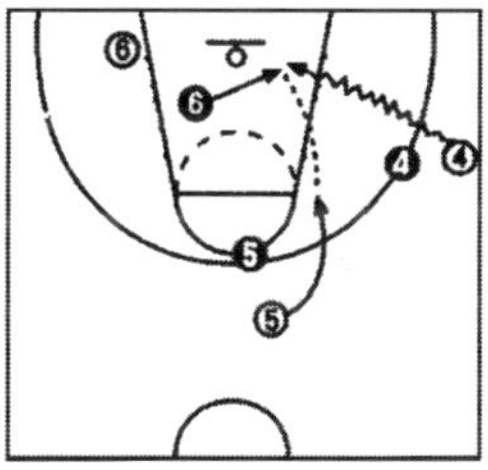

图 8－2－18

2. 突分配合基本要求

（1）突分队员突破时要突然、快速，在突破过程中，在准备投篮的同时要观察攻防队员位置的变化，及时准确传球。

（2）接球队员把握时机及时摆脱防守，迅速抢占有利位置接球投篮。

（三）掩护配合

掩护配合是指进攻队员选择正确的位置，运用合理的身体动作挡住同伴防守者的移动路线，使同伴借以摆脱防守，获得接球投篮或其他进攻机会的一种配合方法，一般分为侧掩护、后掩护和前掩护三种。

1. 掩护配合方法

（1）侧掩护配合：⑤传球给④后跑到④的侧面做掩护，④接球后做投篮或突破的动作，吸引❹的防守，当⑤掩护到位时，④持球从❹的右侧突破投篮，⑤掩护后及时移动到有利位置去接球或抢篮板球。(图 8－2－19)

（2）后掩护配合：⑤传球给⑥时，④跑到⑤身后给⑤做后掩护，⑤传球后做向左切入假

动作吸引❺的防守，当④掩护到位时突然向右侧切入篮下接⑥的传球投篮。(图 8－2－20)

（3）前掩护配合：前掩护是掩护者跑到同伴防守者的身前，用身体挡住防守者向前移动的路线，使同伴借机摆脱防守接球进行攻击的一种掩护方法。⑥跑到⑤的前面给⑤做前掩护，⑤利用掩护拉出，接④传来的球投篮做其他攻击动作。(图 8－2－21)

2. 掩护配合基本要求

（1）掩护者要选择正确的掩护位置和动作，掩护的一刹那两脚平行开立，两腿弯曲，两臂屈肘放于体侧或胸前，防止掩护犯规。

（2）被掩护者在同伴要掩护时，要用假动作吸引防守队员，防止对方抢过或穿过。

（3）当同伴摆脱防守突破后，掩护者应转身挡人接球进攻或跟进抢篮板球。

（四）策应配合

策应配合是处在内线的队员背对或侧对球篮接球，以他为枢纽通过多种传球方式与其他队员的空切（纵横）绕切相结合，借取摆脱防守，创造进攻机会的配合方法。

1. 策应配合方法

进攻队员④摆脱防守插到罚球线做策应，⑤将球传给④，并立即空切篮下，接④的策应传球投篮。(图 8－2－22)

2. 策应配合基本要求

（1）策应（中锋）突然起动摆脱防守占据有利位置，接球两脚开立，两膝弯曲，两肘外展护球，注意场上同伴，及时传或进攻。

（2）外围根据策应位置和机会，及时、准确地传球，人到球到，可迅速切入篮下或给同伴掩护。

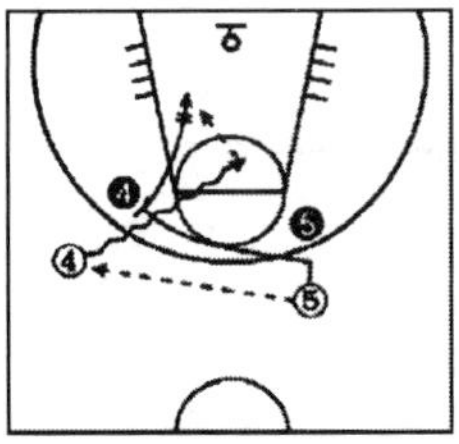

图 8－2－19

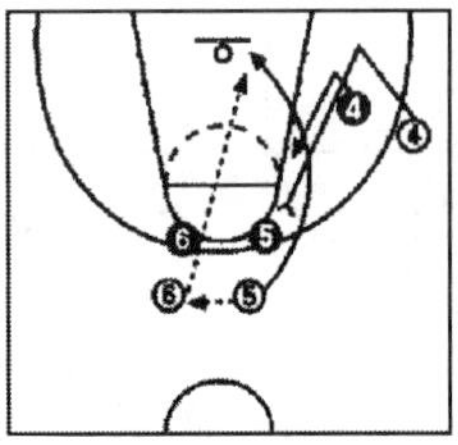

图 8－2－20

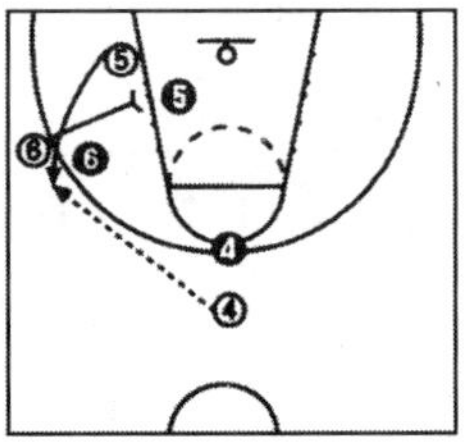

图 8－2－21

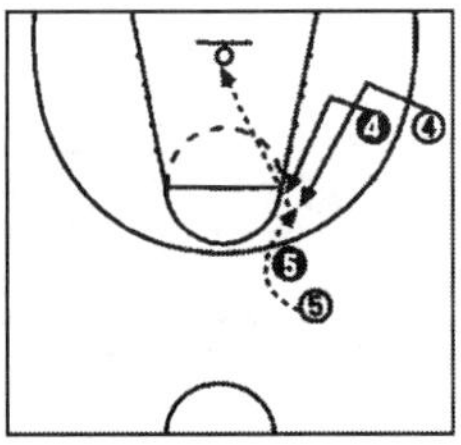

图 8－2－22

四、防守战术基础配合

（一）挤过配合

挤过配合是破坏掩护配合的积极有效的方法之一，指防守者从自己的对手和掩护者之间强行“挤过”，从而继续防守自己对手的方法。

④持球进攻，⑤跑到❹的侧面给④做掩护，❹在⑤靠近自己的一刹那，迅速抢前一步贴近④，从④和⑤中间穿过，并继续防守④。(图 8－2－23)

（二）交换配合

交换配合是指进攻队员做掩护配合时防守掩护的队员与防守被掩护的队员及时交换自己

所防对手的配合方法。

1. 交换配合方法

⑤去给④做掩护，❹要主动发出信号，❺及时封堵④向篮下突破的路线，此时❹应及时调整自己的防守位置，防止⑤向篮下空切。(图 8 -2 -24)

2. 交换配合要点

(1) 防掩护的队员及时提醒同伴“换人”，相互换防堵截进攻队员的攻击路线。

(2) 被掩护的防守队员应及时撤步，在掩护队员转身切入前抢占有利的防守位置。

(三) 关门配合

关门配合是指邻近的两名防守队员协同堵截进攻队员运球突破的一种防守配合方法，通常在区域联防和半场人盯人防守战术中运用。

关门配合要点：

(1) 防突破的队员积极卡位堵截突破队员的突破线路。

(2) 临近突破另一侧的防守队员应快速向同伴靠拢关门，不给突破队员留有空隙。

(四) 补防配合

补防配合是当同伴被突破时或场上出现漏防时，临近的防守队员立即放弃自己的对手，及时去补被漏防的进攻队员的一种配合方法。

1. 补防配合方法

④持球突破❹后向篮下推进，此时，站在低位的❺立即放弃自己的对手⑤，去补防④，❹则去防守⑤。(图 8 -2 -25)

2. 补防配合要点

(1) 补防队员应准确判断场上的漏防情况，补防时果断、迅速抢占有利位置。

(2) 被突破的防守队员应快速向补防队员方向移动，防守被漏防的进攻队员，并观察对方的传球意图，力争抢断球。

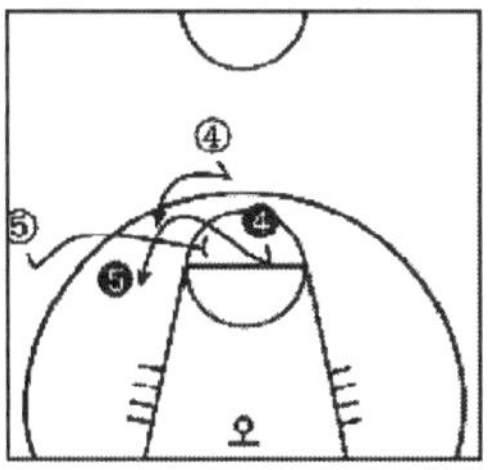

图 8 -2 -23

图 8 -2 -24

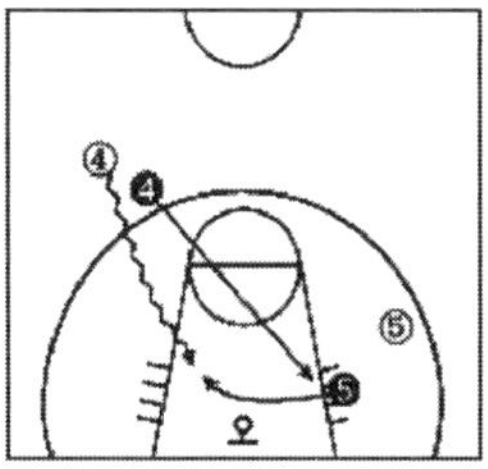

图 8 -2 -25

五、区域联防与进攻区域联防

(一) 区域联防

1. 区域联防的定义

由攻转守时，防守队员迅速退回后场，每一个队员分工负责协同配合防守一定的区域，积极调整自己的位置，形成一定的阵型，把每一个防区的同伴有机地结合在一起，组成全队的防守战术。

2. 区域联防的要求

防守队员以人为主，对有球区域以多防少，对无球区域以少防多，在各自的防区内，做到防人为主，人球兼顾。

3. 区域联防的作用

当对方外围中、远距离投篮相对较差，而内线攻击力较强时，运用区域联防能够发挥集体防守的优势，弥补本队个人防守技术不足，限制对方的内线进攻，减少本队犯规，还有利于组织抢后场篮板球发动快攻。

区域联防站位阵型：2 - 1 - 2 阵型、2 - 3 阵型、3 - 2 阵型、1 - 3 - 1 阵型，其中 2 - 1 - 2 阵型是基本的站位阵型。

（二）进攻区域联防

进攻区域联防是针对区域联防的阵型，结合本队情况，组织相应的落位阵型，通过有目的地穿插跑位和传球，破坏对方联防部署，创造良好的内外线攻击机会的进攻战术。

进攻区域联防的站位阵型及基本配合方法如下。

1. 穿插溜底进攻

④⑤⑦通过传球调动防守，组织中、远投篮，迫使对方扩大防区。若没有机会，⑤接④传球，⑦背插至右侧底角，⑦接⑤传球后可传给⑥或上提的⑧，若没有机会，则回传给⑤重新组织进攻。（图 8 - 2 - 26）

2. 中锋策应进攻

④传球给⑥后，④⑤⑦有目的地往外拉开，给⑥形成个人进攻的机会，若防守队员对⑥形成包夹，⑥则传球给⑤⑦⑧三个攻击点。（图 8 - 2 - 27）

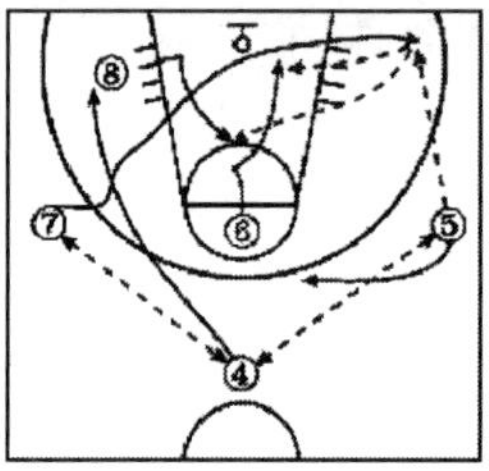

图 8 - 2 - 26

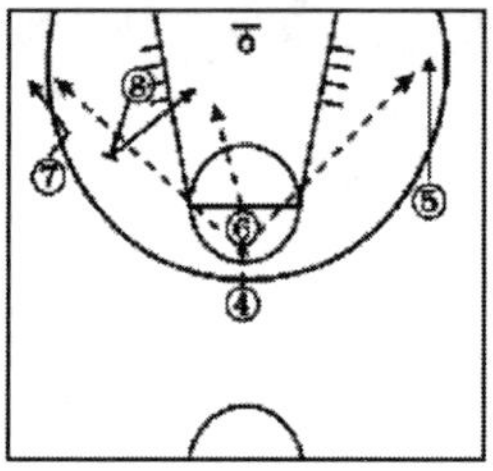

图 8 - 2 - 27

第三节 排 球

一、排球运动简介

排球运动起源于美国。1895 年，排球运动的创始人威廉·摩根，考虑到篮球以及网球等运动的激烈对抗性，不适合各年龄层次的人群活动，就把篮球的球胆取出，将网球的网升高后，在两边用手击来击去。1896 年，在马萨诸塞州的斯普林菲尔德市举行了第一次排球公开赛，这是世界上第一场排球比赛，当时比赛采用五人对五人。此后，这个新的运动项目迅速普及起来，尤其是在美国的各高校和军队里很受欢迎。据史料记载，排球运动是在1905年传入中国广东的沿海城市。在传播过程中，排球运动经历了“十六人制”“十二人制”“九人制”“六人制”的发展历程。在相当长的时间里，九人制排球以其经久不衰的魅力一直流行于包括中国在内的亚洲各国。现如今，享有“排球之乡”美誉的广东台山市依然流行九人制排球。目前室内正式排球均采用“六人制”比赛方法，但在民间很多地方也有三人制、四人制的排球比赛。

二、排球基本技术

排球技术就是运动员在训练和比赛中，在竞赛规则允许的前提下所运用的各种合理的动作。排球技术主要有发球、垫球、传球、扣球。

（一）发　球

发球

发球是发球队员在发球区自己抛球，单手将球直接击入对方场区的技术动作。发球技术可分为正面下手发球、侧面上手发球、正面上手发球、正面上手飘球、勾手飘球、勾手大力发球、高吊球、跳发球等。

正面发球是发球队员面对球网站立，利用收腹、转体、挥臂动作，在头的前上方用全手掌将球击入对方场区的发球技术（图8－3－1至图8－3－4）。其技术要点如下。

（1）抛球要稳：单手抛球要竖直上抛，力求稳定。

（2）挥臂要快：利用蹬地、收腹和转体带动放松的手臂加速挥动。

（3）击球要准：用全手掌击球的后中下部，击球时手指和手掌张开与球吻合。

图8－3－1

图8－3－2

图8－3－3

图8－3－4

（二）垫　球

垫球

垫球是通过手臂或身体其他部位的迎击动作，使球从垫击面反弹出去的击球动作。垫球技术有正面双手垫球、体侧垫球、背垫球、跨步垫球、让垫、挡球、单手垫球、前扑垫球、滚翻垫球和鱼跃垫球等。

正面双手垫球的基本动作：采用半蹲位准备姿势，当球飞来时，双手成垫球手型，手腕下压，两臂外翻形成一个平面，当球飞到腹前一臂距离时，两臂夹紧前伸，插到球下，向前上方蹬地抬臂，迎击来球，利用腕关节以上10厘米左右处的桡骨内侧平面击球的后下部，

身体重心随击球动作前移。击球点保持在腹前一臂距离。(图 8－3－5 至图 8－3－8)

图 8－3－5

图 8－3－6

图 8－3－7

图 8－3－8

传球

(三) 传　球

传球是排球技术中重要的技术之一。传球技术分为正面双手传球、背传、侧传、跳传。排球比赛中传球主要运用于二传。二传技术是较高级的传球技术。二传的任务在于对一传进行调整，以便组织多种进攻战术，是防守转入进攻的枢纽。怎样才能成为优秀的二传手呢？第一，预判准确，取位迅速；第二，传球技术精细而熟练，分配球能力强；第三，视野开阔，有大局观和奉献精神。

正面双手传球基本动作：双手相对成半球形置于脸前，一般在额前上方 20 厘米处。触球瞬间，手指和手腕保持一定的紧张度，以增加弹性和产生适当缓冲。同时向前上方伸臂，配合两脚蹬地和身体伸展的协调动作将球传出。(图 8－3－9 至图 8－3－12)

图 8－3－9

图 8－3－10

图 8－3－11

图 8－3－12

扣球

(四) 扣　球

扣球是队员起跳后，在空中将高于球网上沿的球有力击入对方场区的击球动作。扣球技术分为正面扣球、单脚起跳扣球、双脚冲跳扣球、小抡臂扣球、勾手扣球、扣各种战术球。

正面扣球是基本的扣球技术（图 8－3－13 至图 8－3－16)。其动作有以下几个环节。

(1) 准备姿势：采用稍蹲准备姿势，双臂自然下垂，随时做好助跑起跳扣球的准备。

(2) 助跑起跳：左脚在前，右脚向前跨出一大步，同时重心落在右腿上，左脚迅速并在右脚前，脚尖内扣，同时两臂绕体侧后引，在左脚制动踏跳过程中，两臂积极向前摆动。

伴随双脚蹬地的力量，两臂挥至肩上方。

（3）空中击球：在空中挺胸展腹，转体右臂向后上抬起，身体呈“反弓”形。通过收腹、转体的力量，带动肩关节、上臂、前臂和手依次鞭打击球。击球时五指张开呈勺形，并保持适度紧张，用全手掌击球的后中部，同时主动甩腕用力向前推压。

（4）落地：击球后，双脚落地，脚前掌先落地，依次过渡到全脚掌，顺势屈膝缓冲下落的力量。

图 8－3－13

图 8－3－14

图 8－3－15

图 8－3－16

三、排球基本战术

排球战术分为个人战术和集体战术。将排球的基本战术系统化，并做了详细的阐述是我国对世界排球运动的一大贡献。排球的集体战术分为“四攻”体系：一攻、反攻、保攻和推攻，同时每个进攻体系都有防守战术和进攻战术两个子系统。下面着重介绍集体战术。

（一）集体防守战术

1. 接发球防守站位

目前，接发球防守站位有五人接发球“W”“M”形站位、四人杯形站位、三人线形站位和二人接发球站位。

2. 接扣球防守阵型

接扣球防守战术是前排拦网队员与后排防守队员的整体配合。接扣球防守阵型有无人拦网、单人拦网、双人拦网、三人拦网防守阵型。

单人拦网防守阵型：单人拦网要拦对方队员扣球的主要进攻路线，前排不拦网的队员则及时后撤防守前区或保护拦网队员；后排队员则根据拦网队员的位置及时取位，加强后场区的防守。

图 8－3－17

双人拦网防守阵型：在对方扣球威力较大，扣球路线变化多，打吊结合较多时，可采用双人拦网防守阵型，以“边跟进”防守阵型为例重点介绍。“边跟进”的运用，有“死跟进”和“活跟进”两种用法。第一，“死跟进”是与扣球同边的 1 号或者 5 号，负责防吊球，兼顾球场中间的防守，放弃直线防守。拦网队员直接拦对方的直线，逼迫扣球队员打直线。第二，“活跟进”是当对方强攻水平较高，扣球线路变化大，轻扣和吊球结合较多时采用，即与扣球同边的1号或者5号，根据场上的变化，既要防守直线又要有“第二反应”防对方的吊球。（图8－3－17）

（二）集体进攻战术

集体进攻战术是指二传队员与扣球队员之间的各种进攻战术配合的方法，是进攻战术打法较精彩的部分，包括强攻、快攻、两次球进攻和立体进攻等。

1. 强　攻

强攻是在没有同伴掩护的情况下，扣球队员凭借个人实力强行突破的进攻。根据二传球的位置不同可分为集中进攻、拉开进攻、围绕进攻、调整进攻和后排进攻。初学者和水平较低的运动队可将球高高传到2号和4号进行集中进攻，但是容易被对方识破，导致被拦死或拦回。围绕进攻是发挥扣球队员的进攻能力，通过二传的暗示和扣球队员的跑动避开对方拦网队员，所采用的有效进攻手段。后排进攻是后排队员在进攻线后起跳扣球，因距网较远，扣杀的球进入对区的角度较大，对扣球队员的个人能力要求较高。

2. 快　攻

快攻是指扣球队员扣二传手传出的各种快球和平球，以及利用这些平快球掩护所组成的各种战术配合。快攻有前快球、背快球、背溜、平拉开、调整快、后排快以及各种快球掩护的战术等。

3. 两次球进攻

两次球进攻是指一传来球较高，又在网前适合扣球的位置，前排队员直接将球击入对方场区的进攻打法。其战术特点是出其不意，令对方防不胜防，有较高的得分率，但如果对方判断准确，拦网移动及时，会容易被拦死。

4. 立体进攻

立体进攻是一种前排与后排、快攻与强攻、时间与空间上的多方位组合进攻。它吸收了各种打法的精髓，将场上所有队员参与进攻融为一体，是排球进攻战术打法的最高水平。后排进攻是立体进攻的重要得分点，主导立体进攻的发展方向。

四、排球比赛场地与主要规则

（一）比赛场地

排球比赛场地包括比赛场区和无障碍区，其形状是对称的长方形。规则规定比赛场地的地面必须平坦、水平。国际排联组织的世界性比赛场地的地面只能是木质或合成物质的。场地界线为白色。比赛场区和无障碍区地面应是不同的颜色。

比赛场区是由两条长18米的边线与两条长9米的端线构成的长方形，正中有一条中线把它分为长9米、宽9米的两个相等的场区。比赛场区所有的界线的宽度均为5厘米。线的宽度均包括在场区内。（图8－3－18）

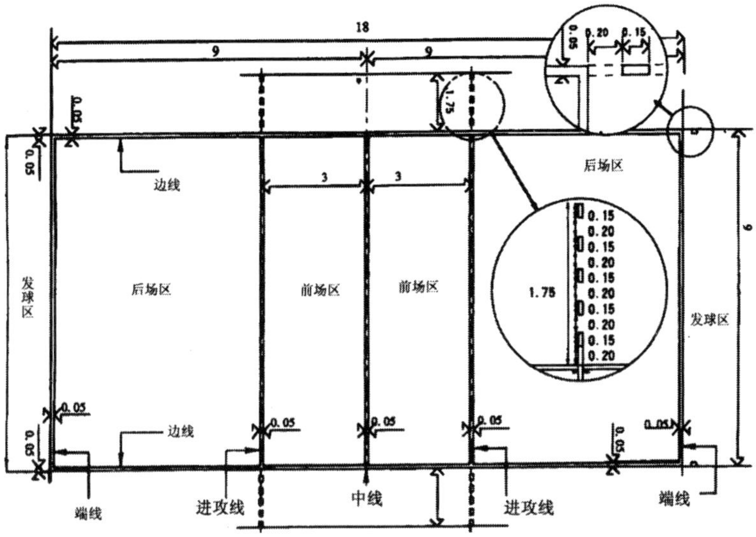

图 8－3－18

（二）主要规则

排球规则是不断变化和发展的，以 2009—2012 年中国排球协会审定的排球竞赛规则为例，重点介绍其主要内容。

1. 界内球、界外球

球触及比赛场区的地面以及界线为界内球，所以说球在线上是界内球。如果球在飞行中触及场外任何事物，或者从非过网区进入对方都视为界外球。

2. 位置错误

当发球员击球的瞬间，若有球员未按其规定位置站立，则判该球员位置错误，对方直接得分，由对方发球开始比赛。双方队员必须在本场内站两排、三列，以队员脚的着地点判定，在发球击球的瞬间前排队员不能比同列的后排队员更靠近本方场区端线；左侧队员不能比同列右侧队员更靠近右侧边线，否则构成位置错误。

3. 持　球

规则规定：球被接住和/或抛出，而不是被弹击出视为持球。此规定只是从质上进行描述，也没有更好的办法进行量化。因此，在比赛中对持球的判罚一般按照比赛队水平的高低，统一持球判罚标准的松紧度。

4. 后排自由防守队员

自由防守队员必须登记其仅作为特殊的后排队员参加比赛，在任何位置上（包括比赛场区和无障碍区）都不得将高于球网的球直接击入对方场区完成进攻性击球。自由防守队员不得发球、拦网或试图拦网。当自由防守队员在前场区进行上手传球且所传球的整体高于球网上沿时，同伴队员不得在高于球网处完成对该球的进攻性击球，否则会构成“后排进攻”犯规。

5. 暂停与技术暂停

国际排联世界性的比赛中第 1～第 4 局中，每局另外有两次时间各为 60 秒的技术暂停，每当领先队达到 8 分和 16 分时自动执行。决胜局（第 5 局）没有技术暂停，只有每队可以请求的、时间各为 30 秒的两次正常暂停。

6. 换　人

每一局每队最多可换 6 人次，可同时换 1 人或多人。每局开始阵容中的队员，在一局中可以退出比赛和再上场 1 次，而且只能回到原阵容的位置。替补队员只能上场比赛 1 次，替换开始阵容的队员。再换人只能由被他替换下场的队员来替换。

第九章 小球运动

第一节 羽毛球

一、羽毛球运动简介

（一）羽毛球运动特点

男女老少皆宜，不受场地限制，易于开展。羽毛球运动对设备要求比较简单，只需要两个球拍、一个球和一条绳索即可。

（二）羽毛球运动价值

1. 健身价值

羽毛球运动健身功能全面，能增大上、下肢和腰部肌肉的力量，加快全身的血液循环，增强心血管系统和呼吸系统的功能，提高人体神经系统的灵敏性和协调性。

2. 娱乐观赏价值

比赛中的杀球，从助跑、起跳、腾空、击球、落地的整个过程以及防守中的鱼跃救球等，运动员优美、舒展的动作都能给人一种美的享受。

3. 能力提升价值

参加羽毛球运动不仅能增强人们体质，而且使人们摒弃封闭思想，产生主动与人交往的意识，在锻炼中相互交流情感，增进友谊，从而提高人的社会交际能力。

4. 经济价值

羽毛球运动涉及的经济价值主要体现在体育用品、培训、场馆等，对经济的延伸作用主要体现在相关产业的发展，如体育旅游、体育彩票、体育保健、体育用品消费，以及交通消费等。与此同时，羽毛球运动带动了诸如职工再就业、人民生活消费等一系列连锁经济效应。

二、羽毛球基本技术

（一）握 拍

握拍

本书讲述的所有基本技术均以右手握拍为例，左手持拍者反之。本教材将拍柄两个宽面分为 A 面与 B 面，另外拍柄 4 个窄面分为 1、3、5、7。（图 9 – 1 – 1、图 9 – 1 – 2）

1. 正手握拍（图9-1-3至图9-1-5）

右手虎口位（拇指与食指夹角）对准拍柄7面，拇指轻放于6面上，食指第二关节轻压2面上，其余三指自然握住拍柄，食指与中指自然分开。此时，食指位置水平高度高于拇指。掌心与拍柄留有空隙（掌心不能接触拍柄），握拍力度适宜（如同握鸡蛋的力量，不可用力过度，只有在击中球瞬间才发力握紧，其余时间要轻握）。单打时握拍的位置为小鱼际部分与拍柄底盖处相平，双打一般握拍柄中间或偏上的位置。

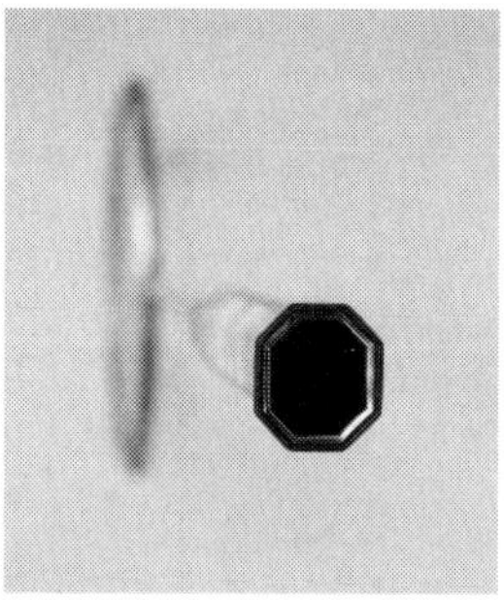

图9-1-1

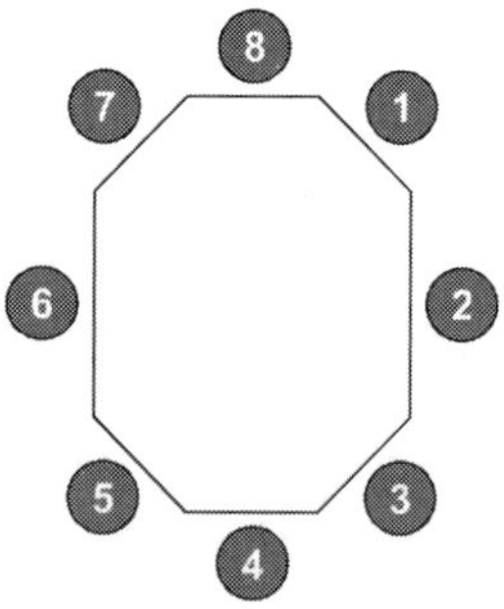

图9-1-2

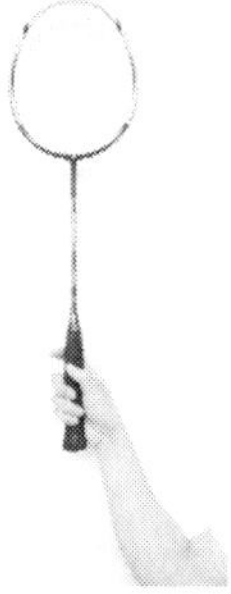

图9-1-3

图9-1-4

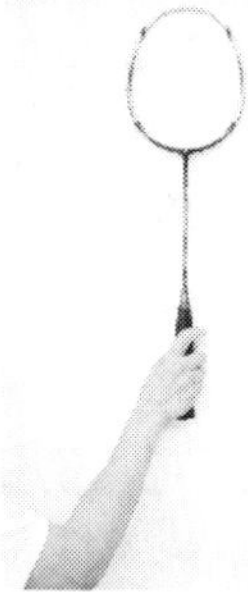

图9-1-5

2. 反手握拍（图9-1-6、图9-1-7）

在正手握拍的基础上，尽量放松握拍，拇指上提，顶贴在拍柄A面上，食指往中指、无名指和小指方向收回，形成食指、中指、无名指和小指并拢自然握住拍柄，掌心与拍柄间留有足够的空隙，切记拇指后端不可与拍柄接触，反手握拍强调拇指握拍，击球时以拇指发力为主。单打时握拍的位置为小鱼际部分与拍柄底盖处相平，双打一般握拍柄中间或偏上的位置。

3. 正反手握拍的使用

正手握拍主要回击正手空间的来球，反手握拍主要回击反手空间的来球。打球过程中根据来球的空间位置需要快速变换握拍方式，通过正确握拍更有效地回击来球。为实现在场上灵活变换正反手握拍，平时可以进行绕“8”字练习，具体的方法如图9-1-8所示。

图 9 -1 -6

图 9 -1 -7

图 9 -1 -8

（二）发 球

1. 正手发球

（1）正手发后场高远球。

动作要领与方法：

①准备姿势：两脚自然开立，左脚在前，脚尖对网，右脚在后，脚尖稍向右侧，重心在右脚上；左手拇指、食指和中指夹持住羽毛球中部，自然平举于胸前方。

②引拍动作：持球左手自然松开，使球自然下落；右手上臂外旋，并带动前臂自下而上沿半弧形做回环引拍动作。

③击球动作：拍面与球在身体右侧前下方接触的瞬间前臂迅速内旋带动手腕，快速向前上方闪动，屈腕、屈指发力，用正拍面将球击出。

④击球后动作：身体重心移至左脚，持拍手随击球动作的惯性自然向上方挥动。（图 9 -1 -9）

图 9 -1 -9

（2）正手发后场平高球。

正手发后场平高球是用正手握拍方法，以正拍面击出飞行弧度较正手发后场高远球低的一种发球。球飞行的高度以对方跳起无法拦截为佳，这种发球可以迫使对方快速移动到端线附近，使对方没有充裕的时间去准备，造成仓促还击来球。如果平高球的质量高的话，就可以积极有效地限制对方大力杀球和其他的一些进攻技术的发挥。由于球飞行的弧度不太高，球速相对就快，所以正手发后场平高球是单打战术中具有一定进攻性的发球。

动作要领与方法：

①准备姿势、引拍动作与正手发后场高远球一致。

②击球时以前臂带动手腕发力为主，拍面与地面的夹角小于45°发球。（图9－1－10）

图9－1－10

（3）正手发网前球。

正手发网前球是用正手握拍，以正拍面击出飞行弧度比正手发后场平高球还要低的一种发球。球的飞行弧度几乎是擦网而过，落入对方前发球区内。击球后的动作与正手发后场高远球一样，自如地向左前方挥动。

动作要领与方法：

①准备姿势大致与正手发后场高远球准备姿势相同。

②用球拍完成小的回环动作。肘关节保持稍微弯曲，腕关节没有或者只有很少的参与。右髋向前送，身体重心移至左脚上。

③击球点位于右侧体前几乎与髋同高的位置，拍头必须低于持拍手。略晚些抛球，手臂离身体较近击球，髋部快速转向前。球拍继续向前挥拍，直到球拍位于大约与胸同高的位置。（图9－1－11）

图 9－1－11

2. 反手发球

（1）反手发网前球。

所发的球贴网而过，落入对方前发球区靠发球前位置。

动作要领与方法：

①准备姿势：面向球网，两脚前后站立（左脚或右脚在前均可），上体稍前倾，身体重心在前脚上。右手反手握拍，左手拇指、食指和中指捏住球的两三根羽毛，球托明显朝下（避免犯规），球体与拍面平行或球托对准拍面放在拍面前方。

②引拍动作：左手放球的同时，以肘为轴，持拍手前臂内旋，带动展腕由后向前做回环半弧形挥动，至一定发力所需幅度。

③击球动作：手腕由外展至内收发力，靠手腕和手指控制力量，以斜拍面向前轻轻推送切击球托，使球尽可能低地沿网上方飞过并落入对方前发球线内。

④击球后动作：以制动动作结束发力，并迅速将握拍姿势调整为正手握拍。（图 9－1－12）

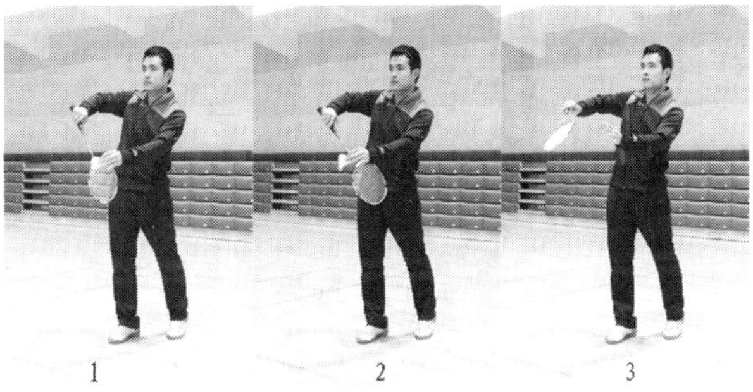

图 9－1－12

（2）反手发后场球。

反手发后场球的飞行角度比反手发网前球稍大，飞行高度以对方原地起跳无法拦截为佳，落入对方后场底线合法发球区。准备姿势及技术动作基本与反手发网前球一致，唯一不同之处，此发球技术击球发力突然，更着重手腕爆发力量，击球后前臂前送跟随动作稍大。

（三）击　球

1. 击高远球

击出高弧线飞行的、几乎垂直落到对方底线附近场区的球，称为高远球。

（1）正手击高远球。

动作要领与方法：

①准备姿势：左脚在前，右脚在后，侧身对网。右手正手握拍屈肘于体侧，上臂、前臂间夹角为45°左右；左手自然上举，保持平衡，双眼注视来球方向。

②引拍动作：当球下落到一定的高度时，手肘上抬，手臂后倒引拍，以肩为轴做回环动作；前臂充分向后下方摆动并外旋，手腕充分伸展；左手随体协调屈臂向身体左侧下降。

③击球动作：击球时前臂急速内旋并带动手腕加速向前上方挥动，手腕屈收，手指屈指发力，用正拍面将球击出。击球点选在右肩的前上方，其高度以持拍手臂自然伸直击球为宜。

④击球后动作：右手随击球后的惯性向左前下方挥动，顺势收回至体前，呈接球前的准备姿势。（图 9－1－13）

图 9－1－13

（2）反手击高远球。

动作要领与方法：

判断准对方来球的方向和落点，迅速将身体转向左后方，步法到位后，右脚前交叉跨到左侧底线，背对球网，身体重心在右脚上，使球在身体的右肩上方。

击球前，由正手握拍迅速换为反手握拍，并持拍于胸前，拍面朝上。击球时，以上臂带动前臂，通过手腕的闪动、自上而下地甩臂将球击出。在最后用力时，要注意拇指的侧压力与甩腕配合，同时还要利用两脚的蹬地、转体等协调全身用力。（图 9－1－14、图 9－1－15）

图 9－1－14

图 9－1－15

2. 击平高球

依据击球方式和击球时球与人的位置，将击平高球技术分为正手击平高球、头顶击平高球和反手击平高球 3 种击法。比较而言，正手击平高球和头顶击平高球两种更为常用。

（1）正手击平高球。

正手击平高球是用正手握拍以正拍面击出飞行弧度比后场高远球弧度低，但对手持拍站在中场起跳到最高点又不能拦击到来球的一种攻击性击球。

动作要领与方法：

①准备姿势、引拍动作同正手击高远球。

②击球动作：与正手击高远球基本一致，只是在击球时，运用前臂带动手腕的充分闪动，然后屈指发力，以比击高远球仰角稍小一些的正拍面（拍面与地面近似垂直）将球击出。

③击球后动作：击球后右手顺势向左下方减速摆臂，最后至体前呈接球前的准备姿势。（图9－1－16、图9－1－17）

图9－1－16

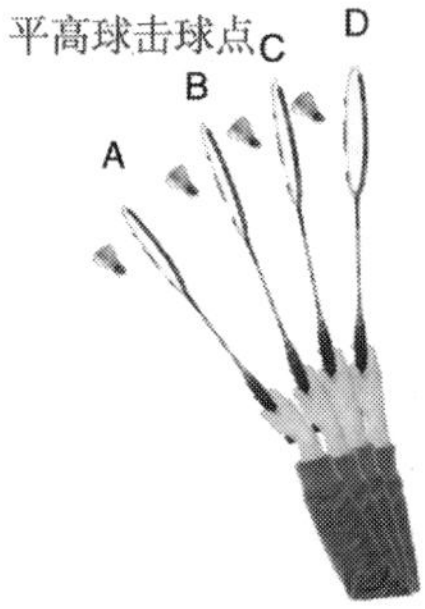

图9－1－17

（2）头顶击平高球。

头顶击平高球是在左后场区用正手握拍以正拍面在头顶击出较后场高远球弧度低且对手持拍站在中场起跳到最高点能拦击到来球的一种击球方式。

动作要领与方法：

①判断来球后，迅速向左侧后场蹬转侧身，做好击球前的准备。

②引拍动作、击球动作和击球后的动作同正手击平高球一样。

3. 吊　球

吊球在进攻中与高远球结合可以起到调动对手的作用。如果想打好吊球，最重要的就是熟练地掌握好后场的高远球技术。

（1）吊球的准备姿势和引拍动作与高远球相同。两者的区别在于以下方面。

①吊球在击球前一刹那停止击球动作。

②吊球只有很少的腕关节参与。

③吊球手拍动作很小。

所以，打吊球时，你的准备姿势一定要和高远球保持一致，这样才能隐蔽好吊球意图。否则，当你还没出手时，对方就已经判断到了，他就会提前移到防守。球应该刚刚飞过网，落在靠近球网的区域。

（2）吊球按照击球手法主要分为轻吊和劈吊。

①轻吊：击球前动作与打高远球相似，击球时拍面正对来球，在触球的一刹那，突然减速或轻切来球，使球刚一过网即下坠。

②劈吊：击球前动作与打高远球、杀球相似。击球时用力较轻，带有劈切动作，落点一般离网较远，球的飞行较轻吊要快。

(3) 吊球依据击球时球与人体的位置可分为后场正手吊球、头顶吊球和反手吊球 3 种方法。

①后场正手吊球。

后场正手吊直线球时，拍面的“包切”动作要小一些，击球瞬间以斜拍面击球托后部右侧偏中的位置，并向前下方切击。

后场正手吊斜线球时，拍面的“包切”动作要大一些，几乎向前下方侧击球托的右侧部位或左侧部位。

②后场头顶吊球。

在左后场区头顶上方位置用正手握拍以正拍面将对方打来的场球还击到其网前区域称为后场头顶吊球。

动作要领与方法：

准备姿势、引拍动作和击球后的动作均与后场头顶击高远球动作相同。

击球动作：后场头顶吊斜线球时，中指、无名指、小指屈外拉拍柄，拇指、食指捻搓拍柄发力，以斜拍面击球托左侧部，击球点在头顶上方；头顶吊直线球时，球拍击球托的正中部位。(图 9－1－18、图 9－1－19)

图 9－1－18

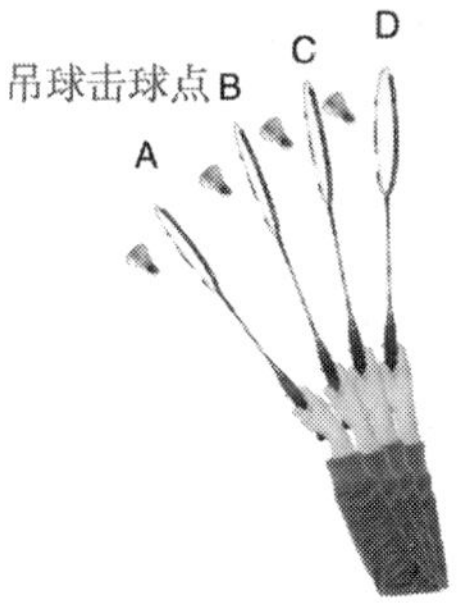

图 9－1－19

③后场反手吊球。

在反手后场区域用反手握拍，以反拍面将对方打来的反手后场球还击到其网前区域位置称为后场反手吊球。

动作要领与方法：

准备姿势、引拍动作与反手击高远球动作相同。

击球动作：击球时前臂外旋带动手腕，用手指捻动发力。若吊直线球，用斜拍面从左向右再向前下方切击球托的中后部。若吊斜线球，用斜拍面向斜下方切击球托的左侧部位。

4. 杀 球

(1) 后手正手杀球。

准备杀球之前先侧身，左脚在前，两脚脚尖着地，用快速的后退步法后退，使击球点在右肩前上方。如果击球点靠后就只能打高远球了。身体后仰，基本呈弓形，这样可以用上全身力量。握拍手腕一定要放松，这样才能发力杀球，否则手腕的力量就使不出来。要在杀球的瞬间握紧拍子使劲杀球。

杀球的瞬间靠的是手腕和手指的爆发力，就像抽鞭子一样，这也是羽毛球所有后场技术都强调的。

如果进行跳杀，起跳的时候大概在球开始下落时，并且双腿要先保持微屈的姿势，靠脚尖蹬地的力量起跳杀球。杀球后立即转身，左脚在后且先着地，右脚落地即回到场地中心位置。

（2）后场头顶杀球。

后场头顶杀球是在左后场区用正手握拍以正拍面在头顶上方将对方击来的球击压到对方场区内的一种杀球方式。

动作要领与方法：

①准备姿势、引拍动作和击球后的动作均与后场头顶击高远球相同。

②击球动作：与后场正手杀球动作要领基本相同，不同的是击球点在头顶正上方。（图 9－1－20、图 9－1－21）

图 9－1－20

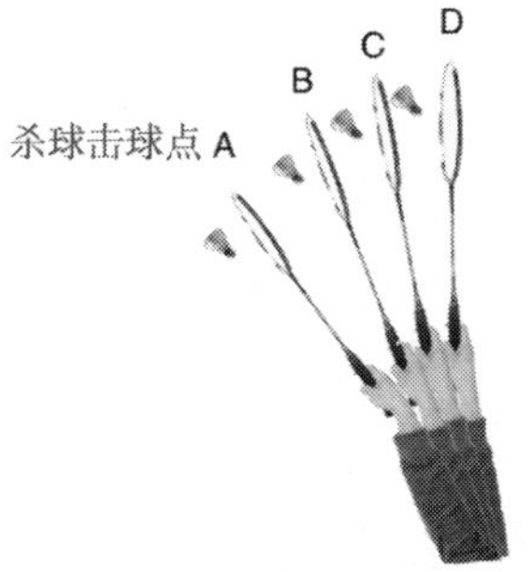

图 9－1－21

（3）后场反手杀球。

后场反手杀球是在反手后场区域用反手握拍以反拍面将对方打来的球击杀到对方场区内的一种杀球方式。

5. 平抽球

平抽球是将位于身体左右侧高度在肩以下、腰以上的球平抽击过去。抽球时以腰为轴，从转髋发力开始，发挥手臂的摆速和手腕的爆发力。

平抽球在双打比赛中比单打比赛中运用更多，特别是双打中前场球的飞行距离短、速度快、擦过网、飞行弧线低与地面平行。

平抽球有正、反手平抽球。

（1）正手平抽球。（图 9－1－22）

动作要领与方法：

①面对球网，右脚稍在前，膝微屈，前脚掌着地，右手握拍于体前。

②右脚稍向前迈出一小步，同时上体稍往右侧，右臂向右侧上摆。球拍上举，肘关节保持一定角度，前臂稍后摆带有外旋，手腕从稍外展至后伸，使球拍到后下方。

③前臂急速往右侧前挥动，从外旋转为内旋，球拍由后伸至闪腕，握紧拍柄挥拍抽击球托底部。

④球拍向左侧顺势盖过去，收拍于胸前回位。

图 9 -1 -22

（2）反手平抽球。（图 9 - 1 - 23）

动作要领与方法：

①准备动作与正手平抽球基本相同。

②右脚向前跨一步，身体左转，右前臂往身前收。肘部稍上抬，前臂内旋，手腕外展，球拍引向左侧。

③右前臂往前挥拍的同时外旋，手腕由外展伸直至内收闪腕，手指突然握紧拍柄，拇指前顶，迎球挥拍，从球托的底部盖压过去。

④击球后，球拍随身体回动而回收。

图 9 -1 -23

6. 平挡球

（1）正手平挡球。（图9－1－24）

正手平挡球是用正手握拍以正拍面将位于身体右侧体前的来球轻挡过网，使球过网后落于对方网前区域内的一种中场击球技术。

动作要领与方法：

图9－1－24

①准备姿势与正手平抽球动作相同。

②引拍动作：右脚向右侧跨出一步，在跨步的同时球拍向右侧后引，使之对准来球，上体向右后转至左肩对网，髋关节也转向右后，右腿蹬直，给接近右侧身体的来球让出适当空位。

③击球动作：击球时不必做较大的挥拍动作，只需借助来球力量，在手腕外展闪动的同时，食指、中指往拇指方向轻轻提拉，靠其余手指突然紧握拍柄产生的力量将球轻挡过网。

④击球后动作：击球后，右脚向前迈，球拍随身体向左转，收回于身前。

（2）反手平挡球。（图9－1－25）

反手平挡球是用反手握拍以反拍面将位于身体左侧体前来的球轻挡过网，使球过网后落于对方网前区域内的一种中场击球技术。

动作要领与方法：

①准备姿势与反手平抽球动作相同。

②引拍动作：球拍向左下侧摆，上体稍向左侧闪，左肩向后侧转动，让出适当的击球空位。

③击球动作：击球时不必做较大的挥拍动作，只需借助来球力量以及手腕的内收动作，由屈腕至伸直闪腕，以握紧球拍产生的力量击球托的后底部，把球轻轻地弹击到对方网前区域。

④击球后动作：击球后球拍回收体前，步法向前跟进一步，以便封住对方的直线或斜线网前回球。

图 9－1－25

7. 推　球

（1）正手推球。

站在右网前，球拍向右侧前上举。在肘关节微屈回收时，前臂稍外旋，手腕稍向后侧，球拍也随之往右下后摆，拍面正对来球。这时，小指和无名指稍松开，使拍柄稍离开鱼际肌，拇指和食指向外捻动拍柄，拍面更为后仰。推球时，身体稍往前移，右前臂往前伸并带内旋，手腕和手指控制拍面角度，手腕由后伸至伸直并闪腕，食指向前压，小指和无名指突然握紧拍柄，拍子急速地由右经前上至左挥动推球，使球沿边线飞向对方后场底角。在挥动过程中，拍子回收。（图 9－1－26）

（2）反手推球。

站在左网前，以反手握拍前臂往前上方伸举。在前臂稍向左胸前收引，肘关节微屈，手腕外展时，变成反手推球的握拍法，球拍松握，反拍面迎球。当前臂前伸并带外旋，手腕由外展到伸直闪腕，中指、无名指和小指突然握紧拍柄，拇指顶压，往右前方挥拍时，推击球托的左侧后部，使球沿对角线方向飞行。击球后，手臂回收，恢复击球前的准备姿势。（图 9－1－27）

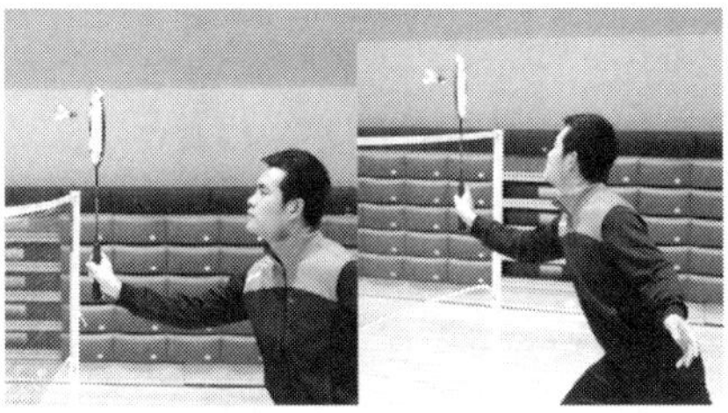

图 9－1－26

图 9－1－27

8. 搓　球

（1）正手搓球。（图 9－1－28）

正手搓球是用正手握拍以正拍面将网前位置的来球运用“搓”“切”等动作回击到对方网前区域附近的击球方式。

动作要领与方法：

①侧身对右边网前，正手握拍，将球拍举高。两臂抬起，以获得身体平衡，同时身体转向侧面。注意伸出左手以获得身体平衡，这一点很重要。

②当球拍举至最高点时，前臂向外旋，手腕由后转伸至稍内收闪动，握拍手的食指和拇

指夹住球拍，中指、无名指和小指轻握球拍柄，使球拍在手腕和手指的挥摆用力下，搓击来球的右下底部。注意球拍拍面不是像直线那样切过去，而是要稍稍带一点倾斜度，这样才能使球旋转起来，翻滚过网。

图 9 -1 -28

（2）反手搓球。（图 9 -1 -29）

反手搓球是用反手握拍以反拍面将网前位置的来球运用“搓”“切”等动作回击到对方网前附近的击球方式。

动作要领与方法：

①准备姿势：运用反手上网步法向来球方向移动，击球前的动作同正手搓球。

②引拍动作：前臂随步法移动过程调整为反手握拍，前臂举起，手腕前屈，手背约与球网同高，拍面低于网顶，用反拍面迎球。

③击球动作：击球时手腕由展腕至收腕发力，击球时由左至右切击球托的左后侧部位。

④击球后动作：同正手搓球，注意握拍要从反手握拍还原手放松握拍。

图 9 -1 -29

9. 勾　球

勾球是将对方击到自己前场区域位置的球还击到与之成对角线位置的对方网前区域内的

击球技术。

（1）正手勾球。（图 9－1－30）

动作要领与方法：

①准备姿势和引拍动作与正手放网前球相同。

②争取高点击球，击球瞬间前臂内旋往左拉收，手腕由稍后伸至内收闪腕挥拍拨击球托的右侧下部，使球沿对角线飞行。

③击球后球拍回收至右肩前。

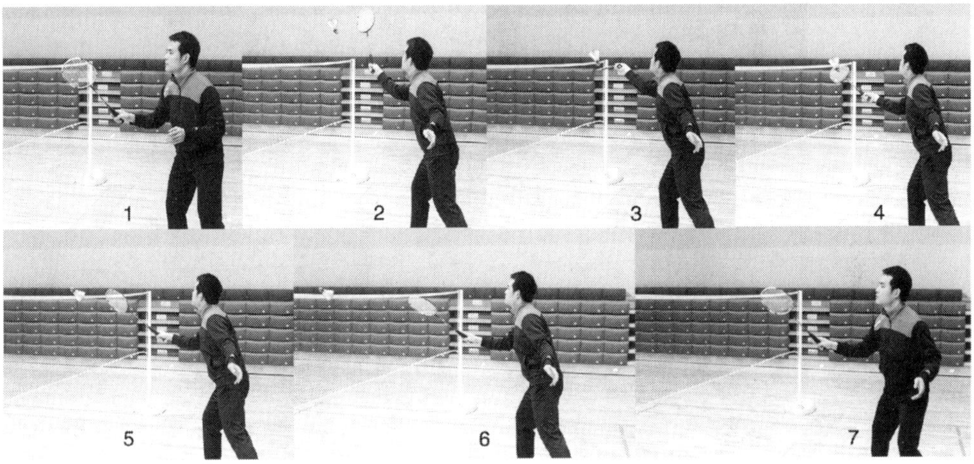

图 9－1－30

（2）反手勾球。（图 9－1－31）

动作要领与方法：

①准备姿势和引拍动作与反手放网前球相同。

②当来球过网时，肘部突然下压，同时前臂有点外旋，手腕由稍屈至后伸闪腕，拇指内侧和中指把拍柄往右侧一拉，其他手指突然紧握拍柄，拨击球托的左侧面，使球沿着对角线飞行。

③击球后，球拍往右回收。

图 9－1－31

10. 扑　球

（1）正手扑球。（图 9－1－32）

动作要领与方法：迅速移向网前，右脚在前，上体直立。在跑动过程中完成击球准备，拍头要过头顶。击球时，随着手臂由屈到伸，手腕由后伸至向前闪动及手指顶压，将球扑下。

图 9－1－32

（2）反手扑球。（图 9－1－33）

动作要领与方法：迅速近网，右脚在前，上体直立。在跑动过程中球拍高举过头。向左转动球拍，使拍面正对球网。击球时，前臂伸直外旋带动手腕内收至外展，拇指顶压，加速挥拍扑球。如果来球靠近网，手腕可外展由左向右拉切击球，以免触网。

11. 挑　球

（1）正手挑球。（图 9－1－34）

正手握拍举在胸前，右脚向右前跨出一大步，左脚在后，侧身向前，重心在右脚上。同时右臂向后摆，自然伸腕，使球拍后引。然后以肘关节为轴，屈臂内旋，并握紧球拍，用食指及手腕的力量，将球向前上方击出。

图 9－1－33

图 9－1－34

（2）反手挑球。（图 9－1－35）

反手握拍举在胸前，右脚向左前方跨出一大步，重心放在右脚上。同时右肩向网，屈肘引拍至左肩旁，然后以肘关节为轴，握拍经体前由下往上，用拇指第一指节压住拍柄的宽面，用力将球击出。

图 9－1－35

（四）步　法

1. 上网步法

如果球的落点靠中场，则需三步上网，即右脚跨出第一步。若球的落点靠网前，则可用两步交叉上网，即左脚跨出第一步。三步上网常用有两种方式。

（1）上右网前。

①前交叉步：右脚向前方迈出一小步，左脚接着前交叉迈过右脚向右前方跨出，然后右脚顺着这一方向蹬跨出一大步到位。

②后交叉步：右脚向右前方迈出一小步，左脚快速跟进到右脚跟后，利用左脚前脚掌内侧后蹬，右脚向右前上跨出一大步。这种蹬跨方式，更为快速，而且移动距离较远。

（2）上左前网：只是方向与上右网前相反，其他相同，特别注意出脚顺序，要与上右网前相同。

2. 后退步法

（1）正手后退步法。

正手后退步法有并步和交叉步两种，实战中可根据场上情况和个人特点灵活使用。

判断准来球后，先调整重心至右脚，然后右脚蹬地迅速向右后撤一小步，同时上体右转，左肩对网，接着，左脚用并步靠近右脚（或从右脚交叉后撤一步），右脚再向后移至来球位置。在移动的同时，必须完成挥拍击球前的预备动作，待球在右肩上方下落时，做正手原地或起跳击球。击球后，身体重心随右脚前移迅速用小步跑或并步回到中心位置。

（2）头顶后退步法。

头顶后退步法是对方来球向左后场区，用头顶击球技术还击时所采用的后退步法。头顶后退步法也可用并步或交叉步移动后退。

判断准来球后，右脚蹬地撤向左后方，同时，髋关节及上体向右后方转动（转动的幅度比正手后退要大些），且稍有后仰。接着，左脚用并步或交叉步后撤，右脚再退至来球位置用头顶击球技术击球。击球后，迅速回到中心位置。

（3）反手后退步法。

反手后退时，应根据离球距离的远近来调整移动步法。

如离球较近，可采用两步后退步法。一种是左脚先向左后方撤一步，接着，上体左转，右脚向左后方跨一步，背对网。另一种是右脚先向左脚并一步，然后，左脚向左后方跨一步，同时上体左转，右肩对网做反手击球。如离球较远，则要采取三步或五步后退步法。三步后退时，右脚先向左脚并一步，左脚再向左后方撤一步，同时上体左转，右脚再向左后方跨一步至来球位置，背对球网，做反手击球。如三步移动还未到来球位置，则左脚、右脚再向后移动一步即成五步后退步法。

3. 两侧移动步法

两侧移动步法多用于对方的扣杀球和打来的半场低平球。其移动前的准备姿势及站位基本同上网步法。

（1）向右侧移动：离球较近时可用蹬跨步（一步）到位击球，如果来球落点距离脚较远时，则需左脚先向右脚垫一小步再起蹬，右脚同时向右侧跨大步。

（2）向左侧移动：用右脚掌内侧用力蹬地，左脚随髋关节的转动同时向左侧跨大步。若来球较远，左脚先向左侧移一小步，紧接着右脚往左侧方向起蹬并转身，向左跨大步。

4. 起跳腾空突击步法

起跳腾空突击步法主要运用于向左、右两侧稍后的位置移动，用单脚或双脚突然起跳拦截对方击来的弧线较低的平高球。它的特点是起动快、动作突然，常在对方尚未站稳之际，给其以袭击，使对方防不胜防。当判断准来球飞向右侧底线且弧线较低时，右脚先向右后方跨一步，接着左脚向右侧后方蹬地，右脚起跳，身体向右侧后方跃起，截住来球，用正手击球技术扣杀或劈吊对方空当。当来球飞向左侧底线时，用右脚掌蹬地，左脚起跳，用特点击球技术突击对方。上网、后退、两侧移动都可运用这种步法。在运用起跳腾空突击步法时应注意击球后落地时，要控制好身体平衡，并立即回到中心位置。

三、羽毛球比赛场地与主要规则

（一）比赛场地

羽毛球比赛场地为一个长方形，每条线宽为 4 厘米，从场地地面起，网柱高 1.5 米，球网上、下宽 76 厘米，球网的上沿是用宽 75 毫米的白带对折成的夹层，网孔为均匀分布的方形，边长15 毫米 ×20 毫米，地面起至球网中央顶部应高 1.524 米，双打边线处网高 1.5 米。标准羽毛球场长为 13.40 米，双打场地宽为 6.10 米，单打场地宽为 5.18 米。场地线的颜色应是白色、黄色或其他容易辨别的颜色。所有的线都是它所界定区域的组成部分。当球网被拉紧时，网柱应与地面保持垂直。网柱及其支撑物不得伸入场地内。不论单打还是双打比赛，网柱都应放置在双打边线上，用绳索或钢丝从中穿过。夹层的上沿必须紧贴绳索或钢丝。球网应由深色优质的细绳编织而成。绳索或钢丝应牢固地拉紧，并与网柱顶取平。球网

两端与网柱之间不应有空隙。必要时，应把球网两端与网柱系紧。(图 9-1-36)

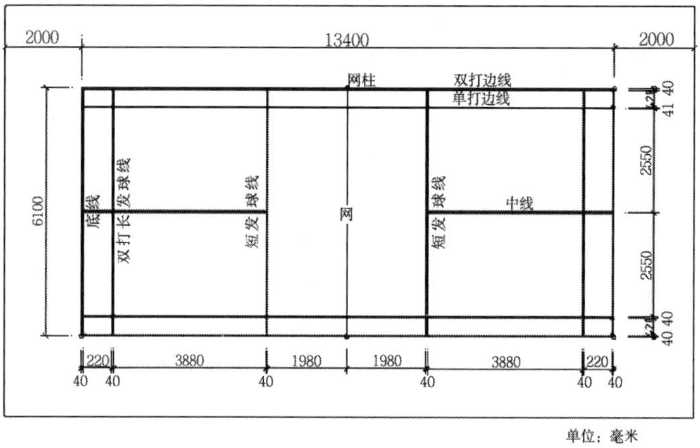

图 9-1-36

（二）主要规则

羽毛球比赛项目有男子单打、女子单打、男子双打、女子双打、混合双打、男子团体与女子团体。

1. 计　分

正式比赛采用21分制，三局两胜：

(1) 先得21分的一方胜1局。

(2) 在一个回合中获胜的一方加1分。

(3) 20平时，连续领先2分的一方胜该局。

(4) 29平时，先得30的一方取胜。

(5) 下一局开始时由上一局的胜方先发球。

(6) 男单、女单、混双三个项目先胜两个项目者胜。

(7) 局与局之间休息2分钟，场与场之间休息5分钟。

(8) 第三局一方比分达到1时，双方需交换场地。

2. 单　打

(1) 发球员的分数为0或双数时，双方运动员均应在各自的右发球区发球或接发球。

(2) 发球员的分数为单数时，双方运动员均应在各自的左发球区发球或接发球。

(3) 球发出后，由发球员和接发球员交替对击直至违例或死球。

(4) 接发球员违例或因球触及接发球员场区内的地面而成死球，发球员就得一分。随后，发球员再从另一发球区发球。

(5) 发球员违例或因球触及发球员场区内的地面而成死球，发球员即失去发球权。随后，接发球员成了发球员，双方均不得分。

3. 双　打

(1) 一局比赛开始和获得发球局的一方，都应从右发球区开始发球。

(2) 只有接发球员才能接发球；如果他的同伴去接球或被球触及，发球方得一分。每局开始首先发球的运动员，在该局本方得分为0或双数时，都必须在右发球区发球或接发球；得分为单数时，则应在左发球区发球或接发球。上述两条相反形式的站位适用于他们的同伴。

（3）任何一局的本方发球员失去发球权后，由该局首先发球员发球，然后首先发球员的同伴发球，接着由他们的对手之一发球，然后再由另一对手发球，如此传递发球权。

（4）运动员不得有发球错误和接发球错误，或在同一局比赛中有两次发球。

（5）一局胜方的任一运动员可在下一局先发球，负方中任一运动员可先接发球。

（6）球发出后就不再受发球区的限制了。运动员可在本方场区自由站位和将球击到对方场区的任何位置。

第二节　乒乓球

一、乒乓球运动简介

乒乓球运动属于隔网对抗的技能类体育项目，起源于19世纪末的英国，是由网球运动派生而来的，所以英文名称叫作“Table Tennis”。1988年第24届汉城奥运会，乒乓球正式成为奥运会比赛项目。

在乒乓球竞技比赛中，我国更是获得了骄人的成绩。据不完全统计，到目前为止，中国乒乓球队已经在世界大赛中获得了超过200个世界冠军，并且这个数字还在不断地被刷新。

1959年，容国团获得了第25届世乒赛男子单打冠军，一声号角吹遍神州大地，中国运动员便开始登上了国际乒坛，逐渐形成了以“快、准、狠、变”为技术风格的直拍近台快攻打法。在1961年第26届世乒赛中，中国队打败了强大的欧洲队，又战胜了擅长“弧圈球”打法的日本队，第一次夺得了男子团体世界冠军。1972年，“乒乓外交”促使中美关系解冻，一场飓风撼动冷战世界，乒乓球对中国外交做出了巨大贡献。由此可见，乒乓球作为“国球”，正是因为它始终伴随中国日渐强壮的脉搏活跃地跳动着。

我国非常注重乒乓球选手的培养，投入了巨大的人力、物力，研发出许多先进的技术和打法，培养出了许多超一流的选手，为全世界乒乓球事业的发展做出了巨大贡献，所以把乒乓球作为我国的“国球”也就当之无愧了。

二、乒乓球基本技术

（一）握　拍

握拍

1. 直握球拍

球拍正面食指第一关节右侧和拇指第一关节指尖正面像钳子一样锁紧球拍两边，球拍背面中指第一关节左侧、手指半屈压紧球拍，无名指、小指半屈紧靠中指，给它做力量支撑。握好球拍后伸直手臂，如球拍拍柄的虚拟延长线与手臂接近平行，则握拍正确。（图9－2－1、图9－2－2）

2. 横握球拍

球拍正面拇指右侧压紧球拍拍面底部与拍柄的结合部，球拍背面食指伸直压紧拍面底部

1～2 厘米处，中指、无名指和小指并拢握住拍柄。握好球拍后伸直手臂，如球拍拍柄的虚拟延长线与手臂接近形成一条直线，则握拍正确。（图 9－2－3、图 9－2－4）

图 9－2－1

图 9－2－2

图 9－2－3

图 9－2－4

（二）正手攻球

预备动作，左脚在右脚前约半个脚掌的位置，双脚打开比肩略宽，左右脚尖分别对准左右两侧球网柱方向，呈外八字形。身体离球台一个拍长的距离，屈膝、收腹、弯腰，身体重心前倾，球拍放在身体正前方位置，肩关节放松，上臂自然靠近身体。引拍时以肘关节为中心，前臂带动球拍向身体右侧下方球台台面上方引拍。击球时以肘关节为中心，前臂带动球拍向眉毛正前方 15～20 厘米处收臂挥拍击球。击球后动作原路返回还原。（图 9－2－5 至图 9－2－16）

图 9－2－5

图 9－2－6

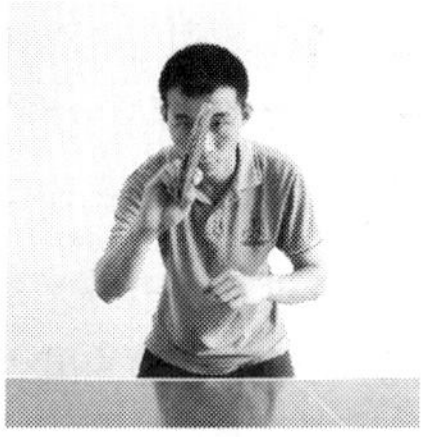
图 9－2－7

图 9－2－8

图 9－2－9

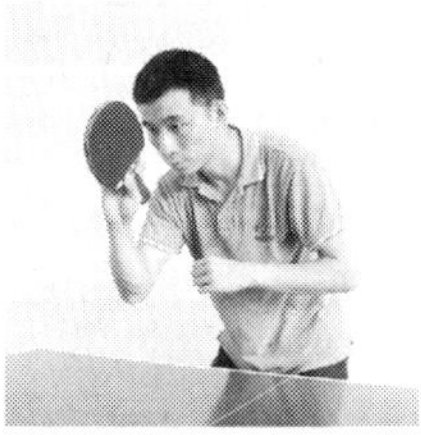
图 9－2－10

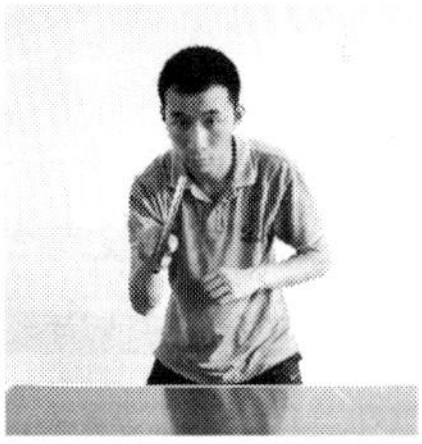
图 9－2－11

图 9－2－12

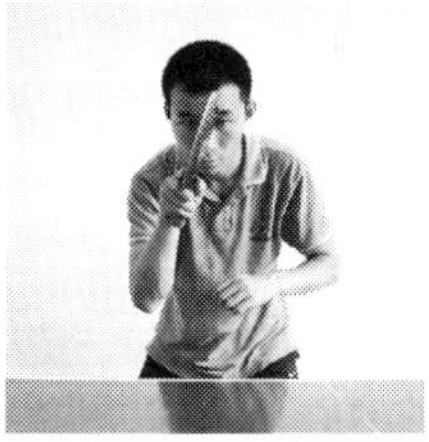
图 9－2－13

图9－2－14

图9－2－15

图9－2－16

（三）反手推挡

1. 直握球拍

预备动作，右脚在左脚前约半个脚掌的位置，双脚打开比肩略宽，左右脚尖分别对准左右两侧球网柱方向，呈外八字形。身体离球台一个拍长的距离，屈膝、收腹、弯腰，身体重心前倾，肩关节放松，上臂自然靠近身体，球拍横向放在身体正前方。击球时球拍击球面与球台台面形成70°～80°夹角，前臂做活塞运动向目标伸手发力击球，肘关节自然打开，击球后动作原路返回还原。（图9－2－17至图9－2－22）

图9－2－17

图9－2－18

图9－2－19

图9－2－20

图9－2－21

图9－2－22

2. 横握球拍

预备动作，右脚在左脚前约半个脚掌的位置，双脚打开比肩略宽，左右脚尖分别对准左右两侧球网柱方向，呈外八字形。身体离球台一个拍长的距离，屈膝、收腹、弯腰，身体重心前倾，肩关节放松，上臂自然靠近身体，球拍横向放在身体正前方。击球时球拍拍面与球台台面形成70°～80°夹角，以肘关节为中心，前臂带动球拍向目标摆臂挥拍发力击球，击球后动作原路返回还原。（图9－2－23至图9－2－28）

图 9－2－23

图 9－2－24

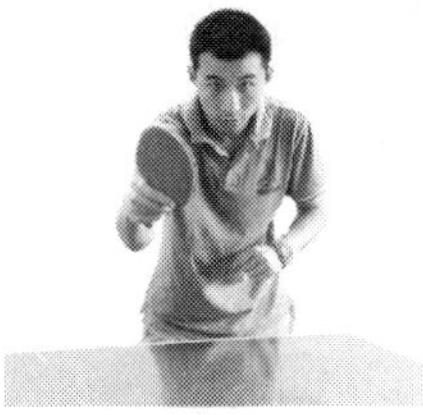
图 9－2－25

图 9－2－26

图 9－2－27

图 9－2－28

（四）正反手搓下旋球

1. 正手搓球

预备动作，右脚在左脚前约一个脚掌的位置，双脚打开比肩略宽，左右脚尖分别对准左右两侧球网柱方向，呈外八字形。身体离球台 10～20 厘米距离，屈膝、收腹、弯腰，身体重心前倾，肩关节放松，上臂自然靠近身体，球拍在身体右侧下方，拍头对准右侧球网柱方向，拍面后仰，击球面与球台台面形成 135°左右的夹角。引拍时以肘关节为支点，球拍向身体近身处内收，击球时前臂带动球拍向目标摆臂挥拍摩擦切球。击球后动作原路返回还原。（图 9－2－29 至图 9－2－34）

图 9－2－29

图 9－2－30

图 9－2－31

图 9－2－32

图 9－2－33

图 9－2－34

2. 反手搓球

预备动作，右脚在左脚前约一个脚掌的位置，双脚打开比肩略宽，左右脚尖分别对准左右两侧球网柱方向，呈外八字形。身体离球台 10～20 厘米距离，屈膝、收腹、弯腰，身体重心前倾，肩关节放松，上臂自然靠近身体，球拍在身体正前方，拍头对准左侧球网柱方向，拍面后仰，击球面与球台台面形成135°左右的夹角，引拍时以肘关节为支点，球拍向身体近身处内收，击球时前臂带动球拍向目标摆臂挥拍摩擦切球。击球后动作原路返回还原。(图9－2－35至图9－2－40)

图9－2－35

图9－2－36

图9－2－37

图9－2－38

图9－2－39

图9－2－40

(五) 拉弧圈球

预备动作，左脚在右脚前约一个脚掌的位置，双脚打开比肩略宽，左右脚尖分别对准左右两侧球网柱方向，呈外八字形。身体离球台80～100厘米距离，屈膝、收腹、弯腰，身体重心前倾，球拍放在身体正前方。引拍时球拍击球面与球台台面形成35°～45°夹角，肩关节放松，上臂自然靠近身体，重心转移到右脚的同时转动髋关节和腰部肌肉，手臂以肘关节为中心，前臂带动球拍向身体右侧下方引拍。击球时，脚下重心由右脚转换到左脚的同时向同一方向转动髋关节和腰部肌肉，手臂以肘关节为中心，前臂带动球拍向眼睛、眉毛正前方20～30厘米处收臂挥拍摩擦击球。击球后动作原路返回还原。(图9－2－41至图9－2－48)

图9－2－41

图9－2－42

图9－2－43

图9－2－44

图9－2－45

图9－2－46

图9－2－47

图9－2－48

（六）发 球

1. 正手平击发球（图 9－2－49 至图 9－2－56）

（1）击球部位：击球时球拍前倾下压，击球面与球台台面形成 70°～80°夹角，击球的中上部。

（2）击球方式：以撞击击球为主。

（3）动作结构：肩关节放松，上臂自然靠近身体，左手握球放在球拍正前方，垂直抛球的同时，手臂以肘关节为中心，向身体后方摆臂引拍。击球时以肘关节为中心，手臂带动球拍向目标方向摆臂挥拍击球。

图 9－2－49

图 9－2－50

图 9－2－51

图 9－2－52

图 9－2－53

图 9－2－54

图 9－2－55

图 9－2－56

2. 正手下旋发球（图 9－2－57 至图 9－2－64）

（1）击球部位：击球时球拍拍面后仰，击球面与球台台面形成 135°～145°夹角，击球的中下部。

（2）击球方式：以摩擦击球为主。

（3）动作结构：肩关节放松，上臂自然靠近身体，左手握球放在球拍正前方，垂直抛球的同时，手臂以肘关节为中心，向身体后方摆臂引拍。击球时以肘关节为中心，手臂带动球拍向前下方摆臂挥拍摩擦击球。

图 9－2－57

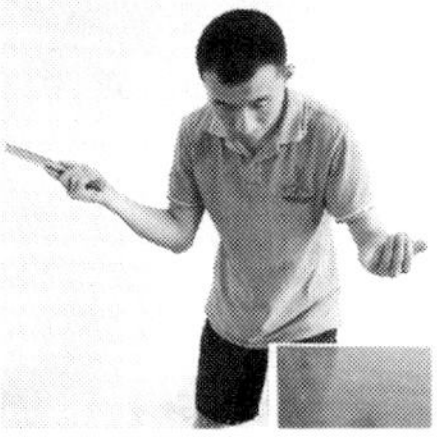
图 9－2－58

图 9－2－59

图 9－2－60

图9－2－61

图9－2－62

图9－2－63

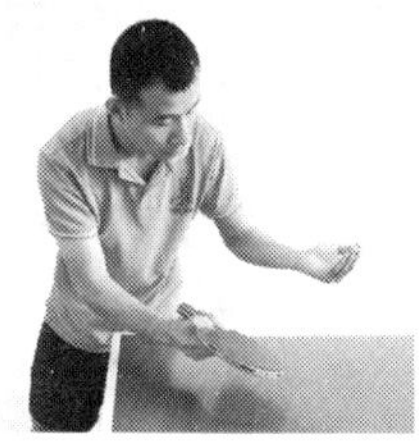

图9－2－64

3. 正手侧上旋发球（图9－2－65至图9－2－72）

（1）击球部位：击球时球拍正面对准右侧对方球台台角，球拍拍面与球台台面形成90°～100°夹角，击球中间偏左侧部位。

（2）击球方式：以摩擦击球为主。

（3）动作结构：肩关节放松，上臂自然靠近身体，左手握球放在球拍正前方，垂直抛球的同时，手臂以肘关节为中心，向身体后方摆臂引拍。击球时以肘关节为中心，手臂带动球拍向左侧上方肩关节方向摆臂挥拍摩擦击球。

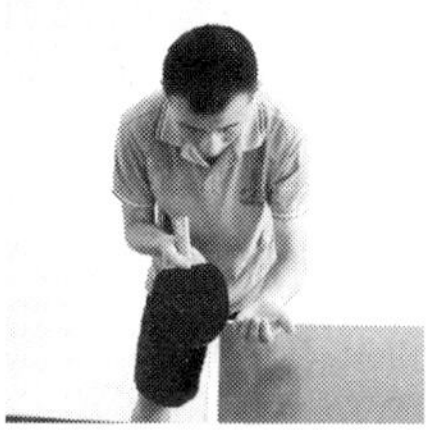

图9－2－65

图9－2－66

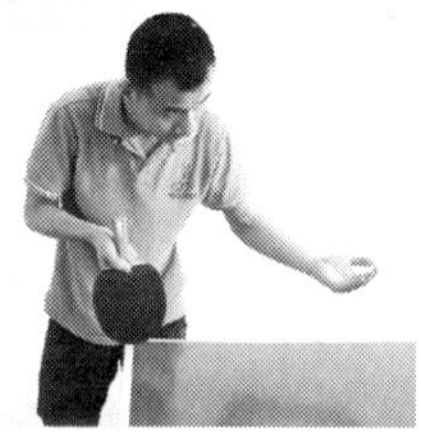

图9－2－67

图9－2－68

图9－2－69

图9－2－70

图9－2－71

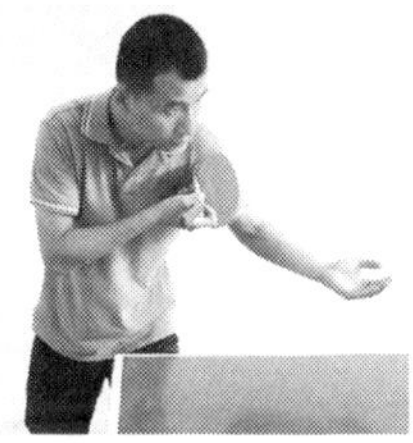

图9－2－72

4. 正手侧下旋发球（图9－2－73至图9－2－80）

（1）击球部位：击球时球拍拍面后仰并对准右侧对方球台台角，球拍拍面与球台台面形成约135°夹角，击球中下方偏左侧部位。

（2）击球方式：以摩擦击球为主。

（3）动作结构：肩关节放松，上臂自然靠近身体，左手握球放在球拍正前方，垂直抛球的同时，手臂以肘关节为中心，向身体后方摆臂引拍。击球时以肘关节为中心，手臂带动球拍向左侧前下方髋关节方向摆臂挥拍摩擦击球。

图9－2－73

图9－2－74

图9－2－75

图9－2－76

图9－2－77

图9－2－78

图9－2－79

图9－2－80

5. 反手侧上旋发球（图9－2－81至图9－2－88）

（1）击球部位：击球时球拍拍面对准左侧对方球台台角，球拍拍面与球台台面形成90°~100°夹角，击球中间偏右侧部位。

（2）击球方式：以摩擦击球为主。

（3）动作结构：肩关节放松，上臂自然靠近身体，左手握球放在球拍正前方，垂直抛球的同时，手臂以肘关节为中心，向身体左侧后方摆臂引拍。击球时以肘关节为中心，手臂带动球拍向身体右侧前上方齐肩高方向摆臂挥拍摩擦击球。

图9－2－81

图9－2－82

图9－2－83

图9－2－84

图9－2－85

图9－2－86

图9－2－87

图9－2－88

6. 反手侧下旋发球（图9－2－89至图9－2－96）

（1）击球部位：击球时球拍拍面对准左侧对方球台台角，球拍拍面与球台台面形成约135°夹角，击球中下方偏右侧部位。

（2）击球方式：以摩擦击球为主。

（3）动作结构：肩关节放松，上臂自然靠近身体，左手握球放在球拍正前方，垂直抛球的同时，手臂以肘关节为中心，向身体左侧后方摆臂引拍。击球时以肘关节为中心，手臂带动球拍向右侧前下方球网柱方向摆臂挥拍摩擦击球。

图 9－2－89

图 9－2－90

图 9－2－91

图 9－2－92

图 9－2－93

图 9－2－94

图 9－2－95

图 9－2－96

（七）移动步法

1. 单　步

（1）技术要点：移动时以一脚蹬地为轴，另一脚可向目标方向跨步，身体重心随之落在移动脚上。

（2）使用范围：常用于接台内短球或离身体较近的来球。

2. 跨　步

（1）技术要点：移动时一脚蹬地，另一脚向目标方向跨出一大步，蹬地脚随后跟上半步或一小步，身体重心随即转移到跨步脚上。

（2）使用范围：常用于接近台进攻时离身体较远的来球。

3. 并　步

（1）技术要点：移动时一脚先向另一只脚移（或叫并）半步或一小步，另一只脚在并步脚落地后即向同方向移动。

（2）使用范围：常用于中近台进攻时的中小范围的移动。

4. 跳　步

（1）技术要点：以移动方向的反方向脚向移动方向蹬地发力为主，两脚同时离地向来球方向跳动。

（2）使用范围：常用于中台进攻时的左右移动。

5. 交叉步

（1）技术要点：移动时以靠近来球方向的脚作为支撑脚，该脚的脚尖调整指向移动方向，远离来球方向的脚在体前交叉，向来球方向跨出一大步，身体随之向来球方向转动，支撑脚跟着向来球方向再迈一步。

（2）使用范围：常用于大范围的移动进攻或救球。

6. 小碎步

（1）技术要点：重心在两脚之间快速多次地进行小范围的转换移动。

（2）使用范围：在各种步伐的移动过程中均可使用小碎步对身体的击球位置进行精确调节，找到最佳的击球点。

三、乒乓球基本战术

（一）发球抢攻战术

1. 战术主导思想

力争主动进攻、先发制人。

2. 战术要求

进攻技术稳定，质量高，威胁大。

3. 使用方法

发球以平击球、长短侧上旋为主，对方接发球无法回击短球，然后主动上手进攻得分。

（二）接发球抢攻战术

1. 战术主导思想

力争主动进攻、先发制人。

2. 战术要求

对来球位置、旋转、落点判断准确，进攻技术稳定，质量高，威胁大。

3. 使用方法

接发球时，准确判断对方发球的位置、旋转和落点，快速移动找到击球位置，主动进攻得分。

（三）搓攻战术

1. 战术主导思想

控制为主，相持中寻找进攻机会，主动进攻得分。

2. 战术要求

充分利用搓球旋转的特点，灵活地变化搓球的方向位置，需要耐心寻找机会，不得急于求成，出现机会，进攻果断。

3. 使用方法

在搓球相持过程中，利用搓球旋转的变化和落点位置的变化为抢攻创造机会，主动进攻得分。

（四）防守反攻战术

1. 战术主导思想

攻防兼备，适时出击。

2. 战术要求

准确判断对方进攻的回球位置，快速移动，做好准备，主动防守，防守回球到对手的空当位置，最大限度地调动对方。

3. 使用方法

在被动情况下，全力防守，利用防守落点的变化充分调动对方，使其在大范围的跑动过程中勉强完成进攻，降低进攻质量，给自己创造反攻得分机会。

四、乒乓球比赛场地与主要规则

（一）比赛场地

（1）每张球台的比赛场地 8 米 ×16 米，赛区应由 0. 75 米高的同一深色的挡板围起，并与相邻的赛区及观众隔开。

（2）球台长 2. 74 米，宽 1. 525 米，高 76 厘米。

（3）整个球网的顶端距离比赛台面 15. 25 厘米。

（二）主要规则

（1）比赛每 2 分交换发球权，10 平后每 1 分交换发球权。

（2）单打淘汰赛采用七局四胜制，双打淘汰赛和团体赛采用五局三胜制。

（3）在一局比赛中，先得 11 分的一方为胜方；10 平后，先多得 2 分的一方为胜方。

（4）攻击次序和方位。

①在获得 2 分后，接发球方变为发球方，依此类推，直到该局比赛结束，或直至双方比分为 10 平，发球和接发球次序不变，但每人只轮发 1 球。

②在双打中，每次换发球时，上一轮的接发球员转换成这轮的发球员，上一轮发球员的同伴转换成这轮的接发球员。

③在一局比赛中首先发球的一方，在该场比赛的下一局中应首先接发球，在双打比赛的决胜局中，当一方先得 5 分以后，接发球的一方必须交换接发球次序。

④一局中，在某一方位比赛的一方，在该场比赛的下一局应换到另一方位。在决胜局中，一方先得 5 分时，双方应交换方位。

第三节　网　球

一、网球运动简介

网球运动的起源可以追溯到 12—13 世纪的法国，现代网球起源于 19 世纪的英国。1873 年，英国人温菲尔德少校最先对草地网球的玩法做了几条简单的规定，成为网球运动最早的规则。1881 年，英国草地网球协会宣告成立，并制定了一系列的规定，使网球成为一项正式的比赛项目。

网球运动的发展趋势将以狠、快、准、灵的全面技术风格，以连续攻击、作风顽强、灵活多变的战术意识，以快速的大力发球、优美的高空扣杀等球艺成为必然。随着世界经济的不断发展，网球发展具有以下特点：一是普及性广，即被世界各阶层的广大人民群众所接受；二是高水平，争夺激烈；三是随着器材的改革，尤其是球拍的研制，网球将向着力量型、速度型方面发展；四是随着网球赛事规模的不断提高，网球的职业化、商业化程度越来越高。

经常参加网球训练，可以使人的动作敏捷、判断准确、反应灵活，能提高速度、力量、耐力、灵敏等素质，对调节肌肉用力的紧张度与肌肉的感觉有良好的影响，对发展协调性有积极作用。

二、网球基本技术

（一）正手击球

正手击球技术

1. 握拍方式

（1）手掌定位。

以食指的指根和小鱼际底部来定位，主要以食指的指根为主（图 9－3－1）。球拍柄水平放置，拍面与地面垂直，拍柄的 8 个面中最上面的面定为第 1 平面，按顺时针依次至第 8 平面（图 9－3－2）。

（2）握拍方式的选择。

正手击球的握拍常用的方式有（本章握拍方式都以右手持拍为例）：大陆式、东方式、半西方式和西方式（图 9－3－3）。

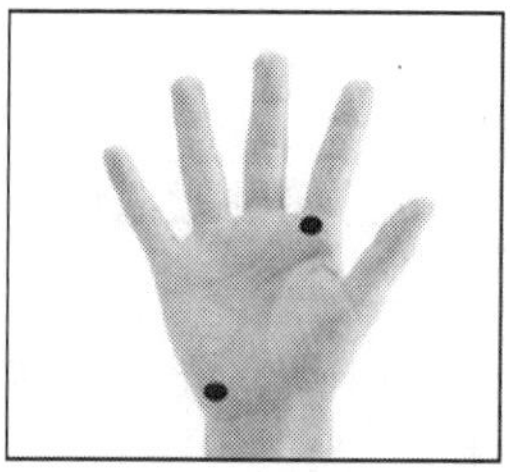

图 9－3－1

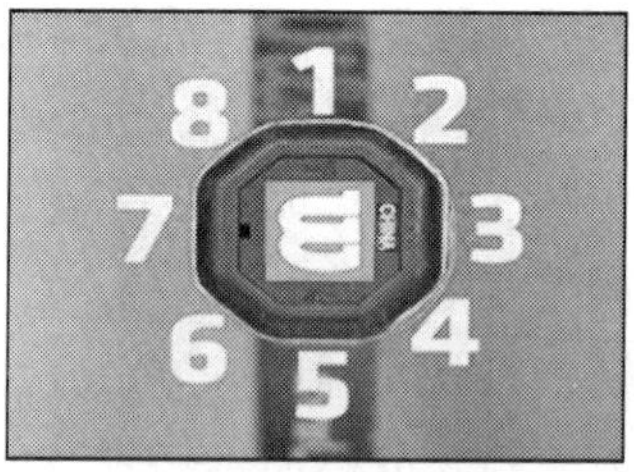

图 9－3－2

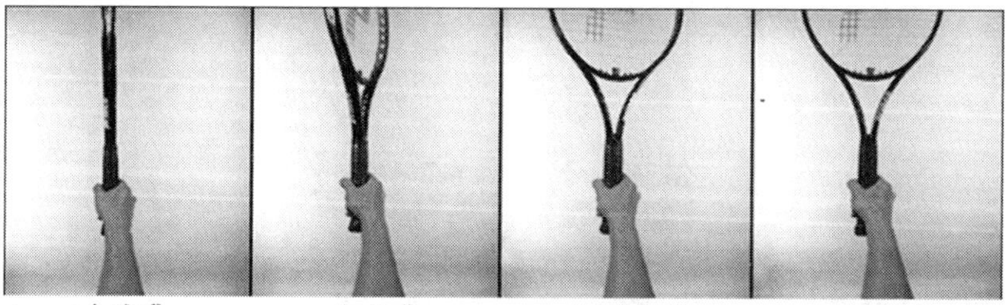

大陆式　东方式　半西方式　西方式

图 9－3－3

大陆式：握拍时食指根部紧贴第 2 平面，虎口对准第 1 平面即可。

东方式：握好球拍时食指的根部紧贴和拍面平行的第 3 平面，食指和中指分开，中指及余下两指自然环扣拍柄，拇指自然弯曲，缠绕拍柄。

半西方式：半西方式握拍是介于东方式和西方式之间的一种握拍方法。握好球拍时食指的根部紧贴第 3 平面和第 4 平面之间的区域，食指和中指略微分开，其余的手指自然握拍。

西方式：西方式握拍食指的根部紧贴在拍柄的第 5 平面上，手掌虎口形成的“V”字形对准第 3 平面，即和拍面平行的面，拇指垫按在第 1 平面上。

2. 准备姿势

准备击球时面对球网，双脚开立约与肩宽，双膝微屈，上肢微微前倾，重心在两脚的前脚掌上，右手握拍，左手轻抚拍柄的上端或者拍颈，两手自然置于体前，拍头向前上方并高于拍柄，拍面略微倾斜，双眼平视前方。（图 9－3－4、图 9－3－5）

图 9－3－4

图 9－3－5

3. 移动及后摆引拍

预判来球的方向并双脚垫步起动，球在空中飞行时快速向球移动，在移动过程中完成向后引拍。

（1）移动步法及步法模式。

交叉步：类似于跑步。这种步法能够迅速地移动，让选手快速靠近或者移开球。

并步：很适合近距离移动。垫步完成后，直接向移动方向并步过去。并步类似于滑行，但是应该注意：滑行时不要有太大的重心起伏，不然就是在浪费体能。

调整步：亦称小碎步，这种步法对于微调平衡和位置达到最佳的击球点至关重要。

以上几种步法的组合以及击球前上出的最后一步脚的位置，决定了步法模式。步法模式通常分为开放式、半开放式、关闭式等几种类型。

（2）后摆引拍。

判断来球的方向，在转身转体的带动下，做弧形的后摆引拍动作。引拍时在右肩向后转的基础上把球拍向后引出，整个过程中肘关节微屈，拍头微微向上，后摆至拍底指向来球，拍头指向后面的挡网，拍面略微向下关闭。

4. 挥拍击球

借助转体的力量，利用离心力大力摆动身体并挥出球拍，拍头从外侧向内侧加速。从后摆进而向前挥动时向前迎击来球，争取在球的上升期击打来球。球触拍后，挥拍沿着球飞行的方向向前、向左上方送出，重心移落在左脚，身体也随着转向球网，挥拍动作在左肩上方结束，左手在右肩的上方扶住拍颈。（图 9－3－6 至图 9－3－11）

图 9－3－6

图 9－3－7

图 9－3－8

图 9－3－9

图 9－3－10

图 9－3－11

5. 快速回位

在移动回位的时候要保持双眼始终盯住来球，同时选择最可能快的步伐迅速回到最有利于下一次击球的位置。回位时多采用并步（侧滑步）或者交叉步。

（二）反手击球

1. 握拍方式

双手反拍（以右手持拍为例）依食指的指跟和小鱼肌底部为定位点：左手的食指指根和小鱼际底部呈一直线握在拍柄的第 7 平面上，右手的食指指根和小鱼际底部呈一直线握在拍柄的第 2 平面上。（图 9－3－12）

2. 准备姿势

准备击球时面对球网，双脚开立约与肩宽，双膝微屈，上肢微微前倾，重心在两脚的前脚掌上，右手握拍，左手轻抚拍柄的上端或者拍颈，两手自然置于体前，拍头向前上方并高于拍柄，双眼平视前方。

3. 移动及后摆引拍

球离开对手的球拍正是你开始准备的时刻，对手击球瞬间你完成预判和垫步，球在空中飞行的过程中你要快速移动并完成换握拍的方式及向后的引拍动作。

（1）移动步法及步法模式。

双手反手击球的步法和步法模式和正手击球相同，当垫步后，起动脚为左脚，左脚后撤再依次右—左—右—左完成步法的移动；或者垫步后直接迈出右脚，然后依次左右交换完成移动。

（2）后摆引拍。

当判断来球为反手时，在肩的带动下双手向后摆动引拍。引拍时右手肘关节尽量伸直，让上臂紧贴身体，拍头高于拍柄，拍面向下，拍底指向来球方向。

4. 挥拍击球

挥拍击球时，左脚蹬地发力，转髋带肩、手臂及球拍迎着来球的方向向前挥动。在球的上升期击打来球，击球点在右脚侧前方腰部高度，前挥动作要平滑、连贯，击球前瞬间拍头低于来球，击打时靠左手向前挥动的力量把球拍向前上方带出。挥拍动作结束时重心移落在右脚，身体也随着转向球网，挥拍动作在右肩上方结束。（图 9－3－13 至图 9－3－18）

5. 快速回位

在移动回位的时候保持双眼始终紧盯来球，选择能帮你保持场上位置的回位方式。在场地上尽量保持最有利、最熟悉的站位。

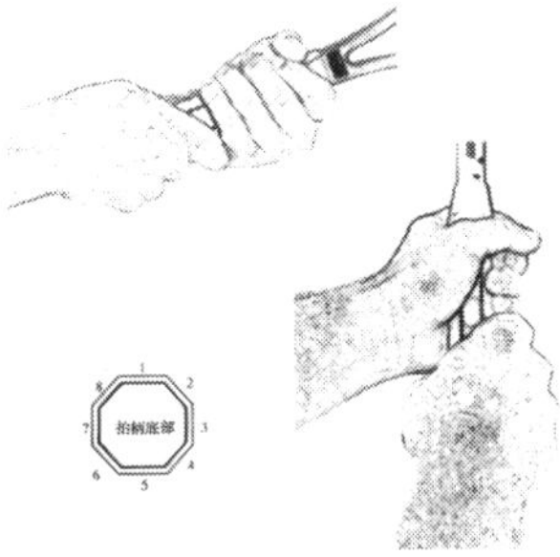

图 9－3－12

图 9－3－13

图 9－3－14

图 9－3－15

图 9－3－16

图 9－3－17

图 9－3－18

（三）发　球

发球技术动作

发球技术是网球技术中最重要、最特别的技术之一，也是网球技术中唯一完全由球员控制的技术（图 9－3－19 至图 9－3－26）。一次好的发球，不仅可以在较大程度上发挥出个人的特点，用以控制对方，最大限度地施展自己的战术意图，而且甚至可能直接得分。发球质量的好坏取决于球的速度、落点和旋转这三项指标。所以，球员都力求较全面地掌握各种发球技术，以争取在比赛中获得先机。

图9－3－19

图9－3－20

图9－3－21

图9－3－22

图9－3－23

图9－3－24

图9－3－25

图9－3－26

1. 握拍方式

发球通常使用大陆式握拍。这种握拍对形成扣腕动作和握拍臂动作提供大的活动范围，适合于高点击球时，充分发挥用腕的力量。

2. 准备姿势

单打在右区发球时，站在端线后中心标志点稍右侧的位置，左脚脚尖对向左边网柱，与底线呈45°角，两脚分开约与肩同宽，两脚的连线指向发球区。在左区发球时，左脚脚尖对准右侧网柱，右脚约与端线平行。无论在哪个区域发球，人的重心都放在左脚上。抛球手拇指、食指和中指轻轻拖住球，掌心向上。球拍置于身体前方，拍头稍稍向前上方倾斜，呼吸均匀，注意力集中。

双打发球站位与单打略有不同，一般站在边线与中心标志点的中间，这样做可以更好地保护自己的半场。

3. 抛球与后摆引拍

做好准备动作后，双手同时向下运动，当持球手向下到左大腿内侧时，持拍手运动到右大腿外侧，重心从左脚转移到右脚。当球拍从身后向头上方做大弧度的摆动，身体做转体、屈膝、展肩时，持球手柔和地在身前左脚前方上举，直至伸直高及头顶抛出球。此时身体重心转向左脚，双腿膝关节微屈，左侧腰、胯呈“弓”形。抛球时，动作要协调、平稳，球送至最高点再离开手顺势到空中，右肘向后外展约同肩高，拍头指向天空，拍底指向地面，双肩与球网约呈直角。

4. 挥拍击球

当左手抛出球时，抬肘转体让球拍继续一个向上摆起的趋势，在向前转动的身体和顶出的右肩带动下，使手臂产生一个完美的绕圈。此时，肘关节、球拍拍底向上，拍头向下。当球下降至击球点时，左脚上蹬，伸膝转髋发力，使手臂和身体充分伸展，迅速向前、向上挥拍击球。身体向前上方伸展击球时，肩、手臂回转，双肩与球网平行，持拍手腕带动前臂做旋内“鞭打”动作。这是发球技术的关键环节，也是其他诸如重心前移、蹬地、转体、挥拍等环节聚集的结果。

5. 随挥跟进

在球拍撞击球后，球员应顺着身体及挥拍动作的惯性做收腹、转肩及收拍的动作。这一系列动作称为随挥。随挥时球拍经过左腿外侧，并收于左侧身体腋下，右腿小腿上翘来维持身体平衡。

发球可分为平击发球、上旋发球和切削发球三类。平击发球的速度最快，击球点在身体的前上方，以拍面中心平直对准球的后中部，发球时前臂和手腕做旋内“鞭打”动作，以提高发球的速度和命中率。上旋发球能够产生足够的旋转，球抛到头部偏左一点的位置，球拍迅速从左下方向右上方挥动，从左下方向右上方摩擦球的背面。切削发球能够产生较大的速度与向右的旋转，发球时快速从右上方向左下方挥动球拍，击打球的外侧，使其产生右侧旋转。

（四）接发球

接发球技术和底线正反手抽击球动作十分类似，但更加简洁。它是接发球员根据对方发球的速度、旋转、落点和弹跳弧度等，所采用的各种正反手击球手法的集合，其主要目的是把对方发来的极具威胁的球回击到对方的场地。（图 9－3－27 至图 9－3－36）

1. 握拍与站位

右手普遍采用正手握拍方法，左手用双手反手握拍方法。这样接发球手既可以快速接发正手位的发球，又可以快速变换握拍接发反手位的发球。站位采用低重心、大分开脚步、上体略微前倾的方式，当在右区接发球时右脚基本在边线的延长线上，在左区接发球时左脚基本在距离边线半步内。

2. 引　拍

在接发球区准备好后，当对方准备发球时，两脚快速原地交换重心；对方发球瞬间向前快速分腿垫步，眼睛紧盯来球，并转身转体向后小幅度地引拍，随时准备向前上脚迎击来球。接发球的引拍动作比一般的正反手击球引拍动作幅度要小，均为直线小摆动拉拍。总体归结为转体、侧身上步和手臂随身体小幅度转动拉拍。

图 9－3－27

图 9－3－28

图 9－3－29

图 9－3－30

图9-3-31

图9-3-32

图9-3-33

图9-3-34

图9-3-35

图9-3-36

3. 挥拍击球

由于发球的力量大、速度快、旋转强，造成接发球的挥拍和击球时间很短。接发球时不同于底线抽击球时依靠身体旋转来增加力量，而是借助身体重心的前移。接发球挥拍击球时应注意以下几点。

（1）快速侧身后，减小挥拍动作幅度。拍头向前加速包裹来球，前挥完整，动作流畅、不间断。

（2）掌握拍形。在击球瞬间握紧球拍，使拍头稳定。

（3）击球位置固定。球拍与球接触位置尽可能控制在球拍的甜点上，使球身与拍面完全接触。

（4）注意球身与身体的距离。一般小于正常击球位置，使手臂带动身体转动，借助身体的力量将球击出。

（5）后腿蹬地，重心向前转移。

4. 随 挥

接发球时基于动作的稳定性要求，随挥要求球拍向前推送完整，以便产生足够的撞击力度，并由前臂带动球拍自然向前、向上，使整个接发球动作完整、自然、流畅。

（五）截 击

截击是指来球过网未落地之前在空中飞行时被凌空回击到对方场区的击球技术，又称拦网（图9-3-37至图9-3-42）。

图 9-3-37

图 9-3-38

图 9-3-39

图 9-3-40

图 9-3-41

图 9-3-42

1. 握拍与站位

正反手截击常用的握拍方式都为大陆式，这样在截击时就省去了换握拍的麻烦。在准备截击时两脚平行站立，与肩同宽，脚后跟稍稍抬起，膝关节微屈，上肢略微向前倾斜，以便灵活移动，非持拍手扶拍颈将球拍置于胸前，拍头竖起指向前方。

2. 引　拍

截击技术的引拍动作要迅速、简练。不管是正手截击，还是反手截击，引拍动作一定是先分腿垫步再以肩转动引拍。正手引拍以右脚为轴向右侧转动，球拍略微向后打开，后引不要超过右肩，身体面向来球方向，拍头高于手腕，手腕高于肘关节，保持手腕固定，眼睛紧盯来球。反手引拍时以左脚为轴向左侧转动，同时左手辅助拍颈将球拍向后拉，持拍手的肘关节弯曲，拍头向上竖立，球拍置于来球后方，重心移向左腿。

3. 上步击球

看准来球，正手时右脚蹬地向前上方跨出左脚，反手时左脚蹬地向前上方跨出右脚。触球时应该迅速、干脆、简短，手腕紧固保持拍面的稳定。一般来说，击球点位置越低，拍面就越接近水平；击球点位置越高，拍面就越接近垂直甚至是略微向下，与此同时球拍的触球部位也由球的底部点到后中上部发生微妙的变化。

4. 随挥和回位

截击的随挥动作要短而脆，随挥动作幅度极小。完成截击动作时，身体重心在跨出去的脚上，拍面指向出球方向。完成一次截击后应立刻收回跨出去的脚，回到刚开始的准备姿势，或者向前跟进准备。

(六)凌空抽击

当对方的回球是较高、较慢的中前场球时，越来越多的选手选择采用正反手的大力抽击把球回击到对方场地，这就是凌空抽击（图 9－3－43 至图 9－3－45）。其动作要点是：

（1）击球点必须靠前，击球的高度在腰部和肩部之间。

（2）击球时，向前迈出的脚要大跨步，同时夹紧腋下，更多地使用前臂的力量。

（3）击球后球拍大幅度地随挥出去，结束时身体重心明显前移。

图 9－3－43

图 9－3－44

图 9－3－45

(七)高压球

所谓高压球，是指在头顶以类似发球的动作用扣压方式完成的一种击球技术（图 9－3－46 至图 9－3－49）。根据击球的方式不同可以分为正手高压球和反手高压球。根据球是否落地又可以分为落地高压球和凌空高压球，其动作上都与发球相似。

图 9－3－46

图 9－3－47

图 9－3－48

图 9－3－49

1. 握拍与步法

高压球的握拍基本为大陆式握拍法。侧并步是在高压球中比较常见的步法，多用于对手被动挑高球时运动员主动高压。此时，侧身引拍后，后脚带领前脚小步后撤，类似于侧身滑步移动。侧后交叉步相比侧并步难度稍大，侧身引拍时，前脚经后脚后方向后撤步，再让后脚移动至两脚平行位置，两脚依次交替移动。不论采用哪种移动方式，最后都是双脚一前一后的站位方式，两脚的连线几乎与球网垂直，人体的重心在后面的脚。

2. 侧身举拍

高压球的动作与发球相似，但球拍直接从体前举起，并迅速侧身，持拍手向后抬起，将球拍放置脑后偏上位置，非持拍手高高抬起，向前上方伸展指向来球，并维持身体平衡。

3. 扣腕击球

当来球接近击球区域时，后脚蹬地发力，由上肢带动肩部的回转，快速向前上方挥动手臂，在手臂带动下拍头快速向前、向上挥动。击球时上臂、前臂完全伸展于高点接触，前臂内旋以做到拍面平击来球。跳起扣杀时，在击球时前后脚在空中交换，落地时非发力脚先落地。

（八）挑高球

挑高球技术是把对方来球向空中高高挑起，使球越过对方或对方队友，落入其球场后端，为自己赢得回位时间或直接得分的技术。

1. 上旋挑高球

正手上旋挑高球大多采用半西方式握拍法。准备击球前，上步转肩向后做弧线引拍动作，向前击球的瞬间，拍头低于手腕的位置，采用手腕与前臂的旋内动作，由后下方向前上方挥拍，做弧线鞭打以加强球拍对球的擦击。（图 9－3－50 至图 9－3－53）

图 9－3－50

图 9－3－51

图 9－3－52

图 9－3－53

双手反手上旋挑高球时，侧身转肩右脚向前跨出，身体重心在右脚。转髋转腰，球拍由后下方向前上方挥出，拍面尽量垂直于地面，拍头略低于手腕。通过手腕与前臂的强力旋内动作触击球的中部或中下部，使球产生强烈上旋。（图 9－3－54 至图 9－3－57）

图 9－3－54

图 9－3－55

图 9－3－56

图 9－3－57

2. 下旋挑高球

正手下旋挑高球时，采用正手握拍或大陆式握拍。转肩向后引拍，球拍要低于预期的击球点，膝关节要微屈，非持拍手前伸维持身体平衡。在上步击球时球拍拍头向前加速时，并确保拍面微微打开，拍面打得越开，球的飞行轨迹就越高，相应的，就会影响击球的深度。击球点在身体前面腰部高度。通过微微向下摩擦球体的后中下部使其产生下旋，最后以向前向上的随挥动作结束击球。

单手反手下旋挑高球，引拍类似于反手切削球。拍头始终处于低点，以便能做出从低往高的挥拍动作。保持膝关节弯曲，两脚前后开立，向前上脚时向上向前加速挥拍。

（九）放小球

放小球就是轻轻将球放到对方网前的一种击球技术（图 9－3－58 至图 9－3－67）。其目的是把球打到对方场区靠近网的位置，以调动对方，争取比赛的主动权。

图 9－3－58

图 9－3－59

图 9－3－60

图 9－3－61

图 9－3－62

图 9－3－63

图 9－3－64

图 9－3－65

图 9－3－66

图 9－3－67

（1）采用与底线正反手抽击球相同的握拍方法，当向前挥击球瞬间将握拍法调整为大陆式握拍或根本不换握拍的方式。为保证放小球动作的隐蔽性和突然性，尽可能把换握拍的时间推后，以免让对手过早察觉击球意图。

（2）击球前的准备姿势、后摆拉拍和随挥动作与正反手抽击球相似，动作要尽可能隐蔽得使对手无法判断。

（3）击球时，侧身对网，手腕保持适度紧张，拍面稍向后仰，拍头高于设想的击球点。球拍触球瞬间，手腕放松，拍面打开，从球后部向下摩擦球，使球产生下旋，前臂和手腕前送上托将球轻柔地送过网。

（4）击球后身体中心向击球方向跟进，用自然、协调、连贯的动作来完成随挥动作。

（十）反手切削球

反手切削球的适用范围非常广泛，在比赛中可以达到化解危机、改变球的旋转、调整击球节奏的目的（图 9－3－68 至图 9－3－72）。反手切削球的技术要领如下：

图 9－3－68

图 9－3－69

图 9－3－70

图 9－3－71

图 9－3－72

（1）持拍手的握拍为大陆式。当决定用反手切削球技术时，立即向非持拍手的一侧转体、转肩带动手臂转动，基本上让背部对准对手；两脚的连线基本与端线垂直，双膝微屈；保持拍面微微打开，拍头上翘，并高于拍柄；持拍手在肩部高度弯曲肘关节。

（2）击球时，左脚向前蹬地发力，向前大步跨出右脚；向前顶髋，转肩，保持人体重心向前转移；持拍手臂由后上方向前下方挥出，手腕保持紧张，拍面微微向上打开，在身体的左前方切击球的后中下部；左手也随之向后摆出，以维持身体的平衡；整个过程中眼睛始终紧盯来球。

（3）击完球后，身体重心惯性前移；手臂、球拍也随惯性前移，挥击至右肩高度，在身体右前方肩部高度结束动作。

三、网球基本战术

网球战术是有预见、有目的和有意识地运用单项技术或多项技术的组合，并有针对性地通过击球力量、速度、旋转和落点的变化，达到克敌制胜的行为。

（一）单打战术

单打战术是在单打比赛过程中，运动员根据临场比赛的情况，有目的、有针对性地对技术的运用。单打战术不仅是单打比赛获胜的一个重要因素，而且是双打战术的基础。

1. 发球战术

从发球的性能上讲，运动员在发球战术上，通常结合力量、旋转和落点将对手置于被动的接发球状态。从发球技术的应用上说，注重一发的威胁性和成功率，保证二发的稳定性和一定的攻击性。

2. 接发球战术

接发球是获取比赛胜利的必要手段。阻止对手发球上网和提高击球的稳定性是接发球个人战术运用的两条基本原则。将球击入自己设想的区域；改变接发球的速度和旋转；不断改变接发球的方式；尽量预判到对手的发球意图。

3. 底线战术

通过连续多拍的施压从而造成对手的主动失误。通常调动对手前后、左右不断跑动，使对手疲于应付；主动改变球的旋转，利用平击球、上旋球、下旋球等不同的组合，让对手不适应球的旋转；适时改变击球的节奏，让对手失去运动时的舒适性。

4. 网前战术

当自己在底线打出极具威胁的进攻，把对手大范围的调动开或对手打出落点较浅的中前场球时，就应该主动上网，利用截击、高压或者放小球等技术在网前解决战斗。在网前应该果断、干脆、直接，人随球动，迅速来到网球封网，不给对手任何反击的机会。

5. 超身球战术

当对手来到网前时，采用超身球将对手穿越。打超身球时一般是低、平、快的球比较适宜，直线时要求发力，把球打深；斜线时要求线路浅，角度刁。有时超身球也可以采用较大弧度和旋转的上旋球。

（二）双打战术

双打战术是网球运动员在比赛中，根据网球比赛的规律、敌我双方的具体情况和临场变化，在密切合作、默契配合的过程中，有效运用各项技术的有预见、有目的、有组织的行动。

1. 站位时的战术

站位会影响运动员技、战术的发挥。站位一般分为双底线、双上网、一底一前等几种类型。高水平的双打一般都是采用发球上网或接发球上网的双上网战术。

2. 发球战术

双打的发球不是强调直接得分，而是给网前的同伴创造出抢网的机会。因此，双打中的发球应注意：提高一发的成功率，控制球的旋转；变化发球的落点；寻找对手回发球时路线选择的规律。

3. 截击战术

双打中球员进入场地内，适合截击时就应该大胆地把球打向斜线，或者直接打向靠近球员脚下，或者打向对手两人的中间。伺机两人向前跟进争取更多的主动权。

4. 挑高球战术

挑高球时动作要隐蔽，应等对手有上网的意图或者已经来到网前准备截击时出其不意地打出，将球尽量打到场地的后场。

5. 底线抽击战术

不论发球方或者接发球方都会有一人在底线开始比赛，当在底线抽击准备破网时应尽量把球打低、打平。保证每球过网，要巧妙、凶狠，争取变被动为主动，尽早压制对手为同伴创造机会或伺机来到网前。

四、网球比赛场地与主要规则

（一）比赛场地

网球比赛场地是一个长方形，长 23.77 米（78 英尺），单打比赛场地宽为 8.23 米（27 英尺），双打比赛场地宽为 10.97 米（36 英尺）。（图 9－3－73）

场地中央由一条挂在绳索或钢丝绳上的球网从中间分开。所使用的绳索或钢丝绳应附着或挂在两个 1.07 米（3.5 英尺）高的网柱上。球网应该充分展开填满两个网柱之间的空间，网孔的大小应以确保球不能穿过网为宜。球网中央用一条中心带向下绷紧固定，使球网中心的高度为 0.914 米（3 英尺），球网上端的网绳或钢丝绳应当用一条网带包裹住，中心带和网带应完全为白色。所有场地的测量应以线的外沿为准，所有的线应颜色统一，且与场地的颜色有明显的区别。

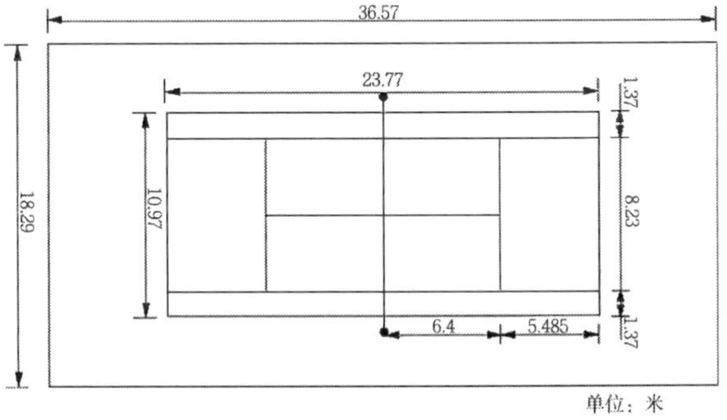

图 9－3－73

（二）主要规则

1. 赛　制

一场比赛可以采用三盘两胜制或五盘三胜制。一盘的计分制有两种，最常用的是“长盘制”和“平局决胜局制”。使用任何一种计分制在比赛前提前声明，如果比赛中使用“平局决胜局制”还必须声明决胜盘将采用“长盘制”还是“平局决胜局制”。

2. 场地的交换

运动员应在每一盘的第一局、第三局和随后的每一个单数局结束后交换场地。每盘结束后，运动员也应交换场地，除非一盘结束后双方局数相加之和为偶数，则在下一盘第一局结束后再交换场地。在平局决胜局中，运动员每打 6 分球后交换场地。

3. 发球次序

每一发球局结束后，接发球员在下一局中应该成为发球员，发球员成为接发球员。双打比赛中，每一盘的第一局先发球的那对选手应决定哪一名运动员先发球；同样，他们的对手也应该在第二局开始前，做出谁发球的决定。

4. 双打的接发球次序

在每一盘的第一局，接发球的那对选手应该决定哪一名运动员在本局的第一分中接发球；同样，在第二局开始前，他们的对手也应该做出决定由哪一名运动员在该局接第一分发球。先接发第一分的运动员的同伴应该接本局的第二分接发球。

第十章 武术与技击

第一节 太极拳

一、太极拳历史渊源

太极拳是我国传统文化的优秀代表，以其独特的技击、养生、健身、文化等功能风靡海内外，是世界上参与人数最多、影响力最为广泛的全球性健身运动之一，也是一项文化品位极高的健身运动，被誉为“世界第一健身品牌”。最早的太极拳系河南省温县陈家沟陈氏第九世传人陈王廷（1600—1680 年）所创。

明代末年，天下混乱，陈王廷报国无门，终日郁郁不得志，隐居乡间。晚年时候，他立志创拳，在祖传拳术和多年研究民间武术基础上，由博返约，大胆创新。他博采众家之精华，结合太极阴阳之理，参考中医经络学说及导引、吐纳之术，创编出了阴阳开合、虚实转换、刚柔相济、快慢相间、老少皆宜的陈式太极拳。太极拳历经 300 多年的流传，演变出了陈、杨、吴、武、孙、和流传广泛、特点显著的六大太极拳流派。

（一）陈式太极拳

陈式太极拳是各派太极拳的始源。自从明朝末年陈王廷创造以来，陈式太极拳一直是同少林拳齐名的内家第一拳种，但是由于历代一直不外传的封闭性，外人长久以来很难窥到它的端倪。陈式太极拳在各式太极拳中独留其刚柔相济、快慢相间、蹿蹦跳跃、松圆弹抖的特色，并具有独特的健身和技击作用，在养身方面尤其有效。它不仅有松慢柔和的普遍特色，还有螺旋缠丝的爆发力。

（二）杨式太极拳

杨式太极拳由河北邯郸永年人杨露禅及其子杨班侯、杨健侯，其孙杨少侯、杨澄甫等在陈式老架太极拳的基础上发展创编。杨露禅（1799—1872 年），河北永年人，就学于陈长兴。杨式太极拳拳架舒展简洁，结构严谨，身法中正，动作和顺，轻灵沉着兼而有之；练法上由松入柔，刚柔相济，形成独特的风格。杨式太极拳以舒展大方、圆活连贯、柔和缓慢、似行云如流水的风格享誉世界。它的动作简洁、干练、曲中求直，极具艺术感的圆与曲线的动作轨迹，更引起世人青睐。

（三）吴式太极拳

吴式太极拳是在杨式太极拳的基础上发展创新而来的，始于满族人全佑（1834—1902

年)，经其子吴鉴泉数十年融化和拓展，形成一种以柔化为主、拳架紧凑、拳法细腻、轻灵圆活的新架，遂以吴式命名，以别于其他太极拳法。

（四）武式太极拳

武式太极拳是武禹襄（1812—1880 年）先生在陈式太极拳及赵堡太极拳的基础上，根据练功方面的感悟而创编的拳式，它小巧紧凑，集强身、防身、修身为一体，更适合文人修炼，后人称为武式太极拳。

（五）孙式太极拳

孙式太极拳创始人孙福全（1862—1932 年)，字禄堂，晚号涵斋，河北完县人。他自幼酷爱武术，经数年研摩，功夫深厚，后从师郝为真学太极拳。孙禄堂毕生研究武术，精形意、八卦及太极拳术，并聚三家拳术之精义，融会一体而创孙式太极拳。孙式太极拳的特点是进退相随，迈步必跟，退步必撤；动作舒展圆活，敏捷自然。

（六）和式太极拳

和式太极拳创编人和兆元（1810—1890 年)，河南温县赵堡镇人，自幼喜爱武术，聪颖勤奋，师承赵堡镇一代太极拳名师陈清平。经十余年勤学苦练，终在陈清平诸弟子中脱颖而出，责无旁贷地全面继承了师传太极拳理法。和式太极拳除具有三直、四顺、六合等一般太极拳要点外，又有自己显著的特点，它遵循“中正松柔，轻灵圆活，顺遂自然”之要领。演练时身体中正安舒，不偏不倚，不贪不欠，脊背骨节垂直贯穿，经络通畅；由形体到意识均要放松，由松入柔，积柔成刚，以柔走化，以刚击敌，阴阳相济，刚柔并用。

二、24 式简化太极拳套路

24 式简化太极拳是中华人民共和国成立后推行的简易太极拳套路。为了便于在广大群众中推广太极拳，1956 年，国家体委（现国家体育总局）在杨式太极拳的基础上，删去繁难和重复的动作，编成了 24 式简化太极拳。

（一）起　势

（1）身体直立，两脚并拢，目视前方，呼吸自然。(图 10－1－1)

（2）提左腿开步，与肩同宽。(图 10－1－2)

（3）两臂向前慢慢平举，与肩同高，与肩同宽，掌心向下。(图 10－1－3)

（4）上体保持正直，两腿屈膝下蹲；同时两掌轻轻下按，两肘下垂与两膝相对；目平视前方。(图 10－1－4)

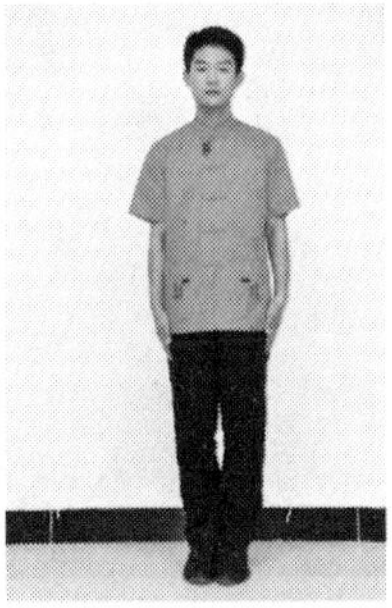

图 10-1-1

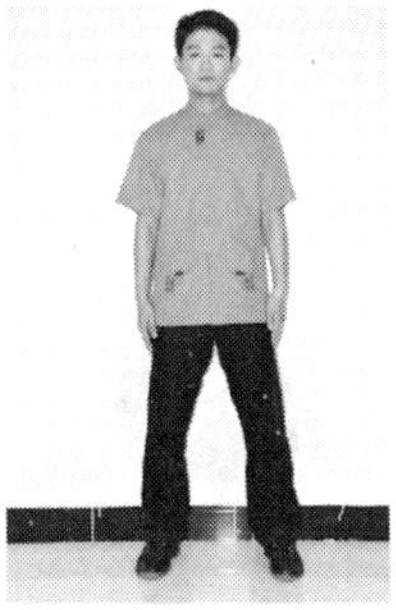

图 10-1-2

图 10-1-3

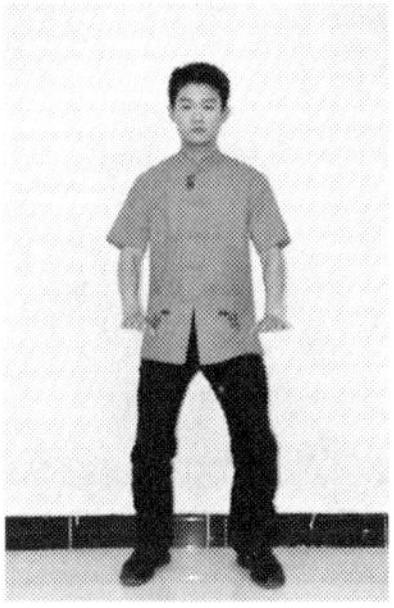

图 10-1-4

（二）左右野马分鬃

（1）上体微向右转，重心移至右腿；同时右臂收在胸前平屈，手心向下，左手经体前向右下画弧至右手下，手心向上，两手心相对成抱球状；左脚收到右脚内侧，脚尖点地；目视右手。

（2）上体微向左转，左脚向左前方迈出，右脚跟后蹬，右腿自然伸直，成左弓步；同时上体向左转，左右手随转体慢慢分别向左上、右下分开，左手高与眼平（手心斜向上），肘微屈；右手落在右胯旁，肘也微屈，手心向下，指尖向前；目视左手。（图 10-1-5）

（3）上体慢慢后坐，身体重心移至右腿，左脚尖翘起，微向外撇，随后脚掌慢慢踏实，左腿慢慢前弓，身体左转，身体中心再移至左腿；同时左手翻转向下，左臂收在胸前平屈，右手向左上画弧至左手下，两手心相对成抱球状；右脚随即收到左脚内侧，脚尖点地；目视左手。

（4）右腿向右前方迈出，左腿自然伸直，成右弓步；同时上体右转，左右手随转体分别慢慢向左下、右上分开，右手高与眼平（手心斜向上），肘微屈；左手落在左胯旁，肘也微屈，手心向下，指尖向前；目视右手。（图 10-1-6）

（5）动作同（3），唯左右相反。

（6）动作同（4），唯左右相反。（图 10-1-7）

（三）白鹤亮翅

（1）上体微向左转，左手翻掌向下，左臂平屈胸前，右手向左上画弧，手心转向上，与左手成抱球状；目视左手。

（2）右脚跟进半步，上体后坐，身体重心移至右腿，上体先向右转，面向右前方，眼看右手；然后左脚稍向前移，脚尖点地，成左虚步，同时上体再微向左转，面向前方，两手随转体慢慢向右上、左下分开，右手上提停于右额前，手心向左后方，左手落于左胯前，手心向下，指尖向前；目平视前方。（图 10-1-8）

图 10－1－5

图 10－1－6

图 10－1－7

图 10－1－8

（四）左右搂膝拗步

（1）右手从体前下落，由下向后上方画弧举至右肩外侧，肘微屈，手与耳同高，手心斜向上；左手由左下向上，向右下方画弧至右胸前，手心斜向下，同时上体先微向左再向右转；左脚收至右脚内侧，脚尖点地；目视右手。

（2）上体左转，左脚向前迈出成左弓步；同时右手屈回由耳侧向前推出，高与鼻尖平，左手向下由左膝前搂过落于左胯旁，指尖向前；目视右手手指。（图 10－1－9）

（3）右腿慢慢屈膝，上体后坐，重心移至右腿，左脚尖翘起微向外撇，随后脚掌慢慢踏实，左腿前弓，身体左转，重心移至左腿，右脚收到左脚内侧，脚尖点地；同时左手向外翻掌由左后向上画弧至左肩外侧，肘微屈，手与耳同高，手心斜向上；右手随转体向上、向左下画弧落于左脚前，手心斜向下；目视左手。

（4）动作同（2），唯左右相反。（图 10－1－10）

（5）动作同（3），唯左右相反。

（6）动作同（2）。（图 10－1－11）。

（五）手挥琵琶

右脚跟进半步，上体后坐，身体重心转至右腿上，上体半面向右转，左脚略提起稍向前移，变成左虚步，脚跟着地，脚尖翘起，膝部微屈；同时左手由左下向上挑举，高与鼻尖平，掌心向右，臂微屈；右手收回放在左肘里侧，掌心向左；目视左手食指。（图 10－1－12）

图 10－1－9

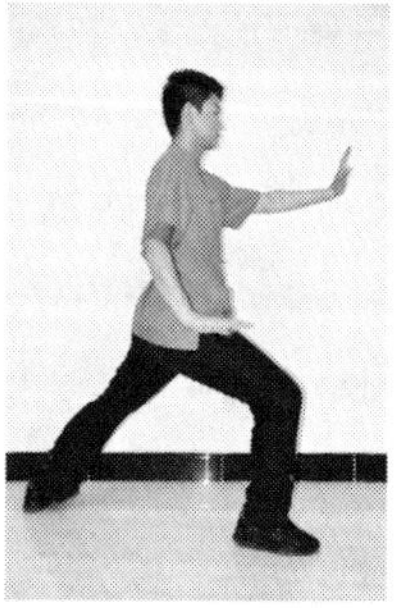

图 10－1－10

图 10－1－11

图 10－1－12

（六）左右倒卷肱

（1）上体右转，右手翻掌手心向上经腹前由下向后上方画弧平举，臂微屈，左手随即翻掌向上；眼的视线随着向右转体先右视，再转向前方视左手。（图 10－1－13）

（2）右臂屈肘折向前，右手由耳侧向前推出，手心向前，左臂屈肘后撤，手心向上，撤至左肋外侧；同时左腿轻轻提起向后偏左退一步，脚掌先着地，然后全脚慢慢踏实，身体重心移到左腿上，成右虚步，右脚随转体以脚掌为轴扭正；目视右手。（图 10－1－14）

（3）上体微向左转，同时左手随转体向后上方画弧平举，手心向上，右手随即翻掌，掌心向上；目随转体先左视，再转向前方视右手。（图 10－1－15）

（4）动作同（2），唯左右相反。（图 10－1－16）

（5）动作同（3），唯左右相反。（图 10－1－17）

（6）动作同（2）。

（7）动作同（3）。

（8）动作同（2），唯左右相反。

图 10－1－13

图 10－1－14

图 10－1－15

图 10－1－16

图 10－1－17

（七）左揽雀尾

（1）上体微向右转，同时右手随转体向后上方画弧平举，手心向上；左手手心向下；目视左手。

（2）身体继续右转，左手下落逐渐翻掌经腹前画弧至右肋前，手心向上；右臂屈肘，手心转向下，收至右胸前，两手相对呈抱球状；同时左脚收到右脚内侧，脚尖点地；目视右手。

（3）左脚向左前方迈出，上体继续向左转，右腿自然蹬直，左腿屈膝成左弓步；同时左臂向左前方出，右手向右下落放于右胯旁，手心向下。（图10－1－18）

（4）身体微向左转，左手随即前伸翻掌向下，右手翻掌向上，经腹前向上、向前伸至左前臂下方；然后两手下捋，即上体向右转，两手经腹前向右后上方画弧，直至右手心向上，高与肩平，左臂平屈于胸前，手心向后；同时身体重心移至右腿；目视右手。（图 10－1－19）

（5）上体微向左转，右臂屈肘折回，右手附于左手腕里侧，上体继续向左转，双手同时向前慢慢挤出，左手心向后，右手心向前，左前臂要保持半圆；同时身体重心逐渐前移变成左弓步；目视左手腕部。（图 10－1－20）

（6）左手翻掌，手心向下，右手经左腕上方向前、向右伸出，高与左手齐，手心向下，两手左右分开，宽与肩同；然后右腿屈膝，上体慢慢后坐，身体重心移至右腿上，左脚尖翘起；同时两手屈肘回收至腹前，手心均向前下方；目平视前方。

（7）上式不停，身体重心慢慢前移，同时两手向前、向上按出，掌心向前；成左弓步；目平视前方。（图 10－1－21）

图 10－1－18

图 10－1－19

图 10－1－20

图 10－1－21

（八）右揽雀尾

（1）上体后坐并向右转，身体重心移至右腿，左脚尖里扣；右手向右平行画弧至右侧，然后由右下经腹前向左上画弧至左肋前，手心向上；左臂平屈胸前，左手掌向下与右手成抱球状；同时身体重心再移到左腿上，右脚收到左脚内侧，脚尖点地；目视左手。（图 10－1－22、图 10－1－23）

（2）同“左揽雀尾”（3），唯左右相反。（图 10－1－24）

（3）同“左揽雀尾”（4），唯左右相反。（图 10－1－25）

（4）同“左揽雀尾”（5），唯左右相反。（图 10－1－26）

（5）同“左揽雀尾”（6），唯左右相反。

（6）同“左揽雀尾”（7），唯左右相反。（图 10－1－27）

图 10－1－22

图 10－1－23

图 10－1－24

图 10－1－25

图 10－1－26

图 10－1－27

（九）单　鞭

转体运臂，右脚内扣，上体右转，勾手收脚，转体上步，弓步推掌成单鞭。（图 10－1－28）

（十）云　手

（1）重心移至右腿上，身体渐向右转，左脚尖里扣；左手经腹前向右上画弧至右肩前，手心斜向后，同时右手松勾变掌，手心向右前；目视左手。（图 10－1－29）

（2）上体慢慢左转，重心随之逐渐左移；左手由脸前向左侧运转，手心渐渐转向左方；右手由右下经腹前向左上方画弧至左肩前，手心斜向后；同时右脚靠近左脚，成小开立步；目视右手。（图 10－1－30、图 10－1－31）

（3）上体再向右转，同时左手经腹前向右上画弧至右肩前，手心斜向后；右手向右侧运转，手心翻转向右；随之左腿向左横跨一步；目视左手。（图 10－1－32、图 10－1－33）

（4）动作同（2）。（图 10－1－34、图 10－1－35）

（5）动作同（3）。（图 10－1－36、图 10－1－37）

（6）动作同（2）。（图 10－1－38）

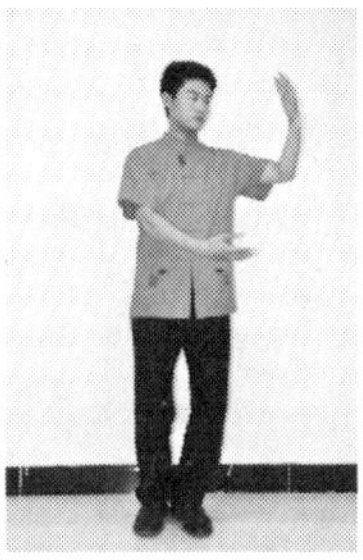

图 10－1－28　图 10－1－29　图 10－1－30　图 10－1－31　图 10－1－32　图 10－1－33

（十一）单　鞭

转体运臂，右脚内扣，上体右转，勾手收脚，转体上步，弓步推掌成单鞭。（图 10－1－39）

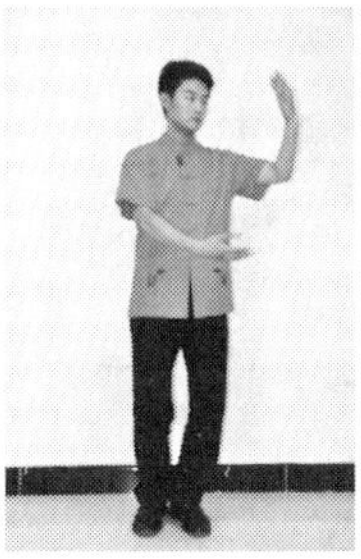

图 10－1－34　图 10－1－35　图 10－1－36　图 10－1－37　图 10－1－38　图 10－1－39

（十二）高探马

右脚跟进半步，右勾手变成掌，两手心翻转向上，两肘微屈；同时身体微向右转，左脚跟渐渐离地；目视左前方，上体微向左转，面向左前方，右掌经右耳旁向前推出，手心向前，手指与眼同高；左手收至左侧腰前，手心向上；同时左脚微向前移，脚尖点地，成左虚步；目视右手。（图 10－1－40）

（十三）右蹬脚

（1）左手手心向上，前伸至打手腕背面，两手相互交叉，随即向两侧分开并向下画弧，手心斜向下，同时左脚提起向左前侧方进步（脚尖稍外撇）；身体重心前移；右腿自然蹬直，成左弓步；目视前方。

（2）两手由外圈向里圈画弧，两手交叉合抱于胸前，右手在外手心均向后；同时右脚向左脚靠拢，脚尖点地；目平视右前方。

（3）两手臂左右画弧分开平举，肘部微屈，手心均向外；同时右腿屈膝提起，右脚向右前方慢慢蹬出；目视右手。（图 10－1－41）

（十四）双峰贯耳

（1）右腿收回，屈膝平举；左手由后向上、向前下落至体前，两手心均翻转向上，两手同时向下画弧，分落于右膝盖两侧；目视前方。

（2）右脚向右前方落下，重心渐渐前移，成右弓步，面向右前方，同时两手下落慢慢变拳，分别从两侧向上、向前画弧贯拳至面部前方，呈钳形状，两拳相对。（图 10－1－42）

（十五）转身左蹬脚

（1）左腿屈膝后坐，身体重心移至左腿，上体左转，右脚尖里扣；同时两拳变掌，由上向左右画弧分开平举，手心向前；目视左手。

（2）身体重心再移至右腿，左脚收到右脚内侧，脚尖点地；同时两手由外圈向里圈画弧合抱于胸前，左手在外，手心均向后；目平视左方。

（3）两手臂左右画弧分开平举，肘部微屈，手心均向外：同时左腿屈膝提起，左脚向左前方慢慢蹬出；目视左手。（图 10－1－43）

图 10－1－40

图 10－1－41

图 10－1－42

图 10－1－43

（十六）左下势独立

（1）左腿收回平屈，上体右转；右掌变成勾手，左掌向上、向右画弧下落，立于右肩前，掌心斜向后；目视右手。

（2）右腿慢慢屈膝下蹲，左腿由内向左侧偏后伸出，成左仆步；左掌下落掌心向外，向左下顺左腿内侧向前穿出；目视左手。（图 10－1－44）

（3）身体重心前移，左脚跟为轴，脚尖尽量向外撇，左腿前弓，右腿后蹬，右脚尖里

扣，上体微向左转并向前起身；同时左臂继续向前伸出立掌，掌心向右，右勾手下落，勾尖向后；目视左手。（图 10－1－45）

（4）右腿慢慢提起平屈，成左独立式；同时右勾手变掌，并由后下方顺右腿外侧向前弧形上挑，屈臂立于右腿上方，肘与膝相对，手心向左；左手落于左胯旁，手心向下，指尖向前；目视右手。（图 10－1－46）

图 10－1－44

图 10－1－45

图 10－1－46

（十七）右下势独立

（1）右脚下落于左脚前，脚尖着地，然后左脚以前脚掌为轴，脚跟转动，身体随之左转；同时左手向后平举变成勾手，右掌随着转体向左侧画弧，立于左肩前，掌心斜向后；目视左手。（图 10－1－47）

（2）同“左下势独立”（2），唯左右相反。（图 10－1－48）

（3）同“左下势独立”（3），唯左右相反。（图 10－1－49）

（4）同“左下势独立”（4），唯左右相反。（图 10－1－50）

图 10－1－47

图 10－1－48

图 10－1－49

图 10－1－50

（十八）左右穿梭

（1）右穿梭，落脚抱球，转体上步，弓步架推。（图 10－1－51）

（2）左穿梭，后坐撇脚，收脚抱球，转体上步，弓步架推。（图 10－1－52）

（十九）海底针

（1）右脚向前跟进半步，身体重心移至右腿，左脚稍向前移举步；右手下落经体前向后、向上提抽至肩上耳旁，左手下落至体前侧。

（2）左脚尖点地成左虚步；同时身体稍向右转；右手再随身体左转，由右耳旁斜向前下方插出，掌心向左，指尖斜向下；与此同时，左手向前、向下画弧落于左胯旁，手心向下，指尖向前；目视前下方。左脚尖点地成左虚点；同时身体稍向右转；右手再随身体左转，由右耳旁斜向前下方插出，掌心向左，指尖斜向下；与此同时，左手向前、向下画弧落于左胯旁，手心向下，指尖向前；目视前下方。（图 10－1－53）

（二十）闪通臂

（1）上体稍向右转，左脚微回收举步；同时两手上提；目视前方。

（2）左脚向前迈出，脚跟着地；左右两手分别向左前、右后分开；左手心向前，右手心向外；目视前方。

（3）重心前移，左腿屈膝弓成左弓步；同时右手屈臂上举，停于右额前上方，掌心翻转斜向上，拇指朝下；左手由胸前随重心前移慢慢向前推出，高与鼻尖平，手心向前；目视左手。（图 10－1－54）

图 10－1－51

图 10－1－52

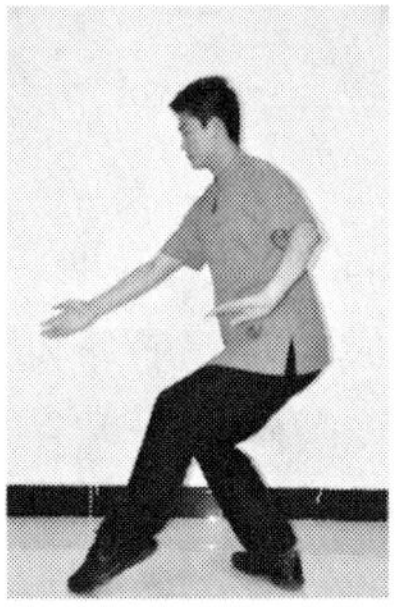
图 10－1－53

图 10－1－54

（二十一）转身搬拦捶

（1）上体后坐，身体重心移至右腿上，左脚尖里扣；身体向右后转，然后身体重心再移至左腿上；与此同时，右手随着转体向右、向下变拳，经腹前画弧至左肋旁，拳心向下；左掌上举于头前，掌心斜向上；目视前方。

（2）向右转体，右拳经胸前向前翻转撇出，拳心向上；左手落于左胯旁，掌心向下，指尖向前；同时右脚收回后不要停顿或脚尖点地，即向前迈出，脚尖外撇；目视右拳。（图 10－1－55）

（3）身体重心移至右腿上，左脚向前迈出一步；左手上起经左侧向前上画弧拦出，掌心向前下方；同时右拳向右画弧收到右腰旁，掌心向上；目视左手。（图 10－1－56）

（4）左腿前弓成左弓步，同时右拳向前打出，拳眼向上，高与胸平，左手附于右前臂里侧；目视右拳。（图 10－1－57）

（二十二）如封似闭

（1）左手由右腕下方向前伸出，右拳变掌，两手手心逐渐翻转向上并慢慢分开回收；同时身体后坐，左脚尖翘起，身体重心移至右腿；目视前方。

（2）两手在胸前翻掌，向下经腹前再向上、向前推出，腕部与肩平，手心向前；同时左腿前弓成左弓步；目视前方。（图 10－1－58）

图 10－1－55

图 10－1－56

图 10－1－57

图 10－1－58

（二十三）十字手

（1）屈膝后坐，身体重心移向右腿，左脚尖里扣，向右转体；右手随着转体动作向右平摆画弧，与左手成两臂侧平举，掌心向前，肘部微屈；同时右脚尖随着转体稍向外撇，成右侧弓步；目视右手。

（2）身体重心慢慢移至左腿，右脚尖里扣，随即向左收回，两脚距离与肩同宽，两腿逐渐蹬直，成开立步；同时两手向下经腹前向上画弧交叉合抱于胸前，两臂撑圆，腕高与肩平，右手在外，成十字手，手心均向后；目视前方。（图 10－1－59）

（二十四）收势

（1）两手向外翻掌，手心向下，两臂慢慢下落，停于腹前；目视前方。（图 10－1－60）

（2）两腿缓缓蹬直，同时两掌慢慢下落至大腿侧，然后收左脚成并步直立；目视前方。（图 10－1－61）

图 10－1－59

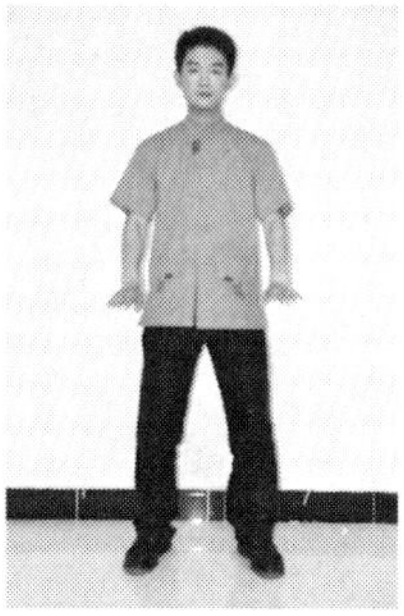
图 10－1－60

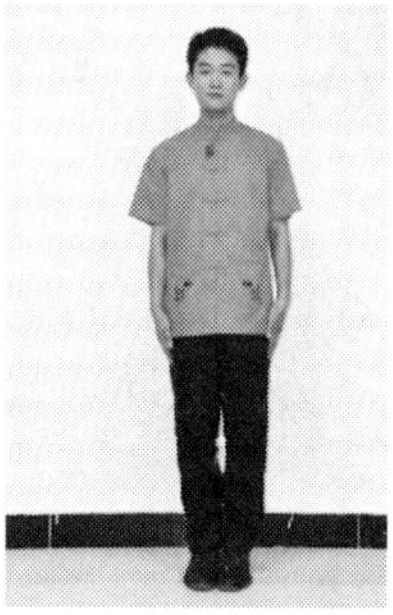
图 10－1－61

第二节　散　打

散打也叫散手，古时称为“角力”“白打”“抱手”“相搏”“手搏”“技击”等。散打以踢、打、摔、拿四大技法为主要进攻手段，还有防守、步法等重要技术，特点是远踢、近打、贴身摔，它既讲究功法，又能锻炼人的意志力和反应能力，它不仅可以用来防身抗暴，而且也能强身健体。

一、预备姿势

预备姿势是为完成进攻和防守所采用的最有利的姿势，因人而异，但应具有身体重心稳固、暴露给对方的面积较小、利于防守和起动、便于发力、利于进攻等优点。

动作要领与方法：两脚前后分开，前脚跟与后脚尖之间为一脚半距离，前脚与后脚间横向距离稍宽于肩，前脚尖略向内侧转，后脚尖朝斜前脚跟稍离地面，两臂自然弯曲，左、右臂之间夹角约为90°，左拳置于体前略低于眼睛，拳面斜朝前，拳眼斜朝上，右拳置于右肋前，拳面略高于下颚，肘部与身体相距约一拳距离，以左肩左腹部侧向着对方，含胸收腹，上体稍前倾，头略低，下颚微收，咬牙闭嘴，目视前方。（图 10 -2 -1 至图10 -2 -3）

图 10 -2 -1

图 10 -2 -2

图 10 -2 -3

二、基本步法

散打步法是为保持与对手间的距离，实施进攻与防守动作或破坏对手进攻与防守意图，而进行的专门的脚步移动方法，步法有滑步、垫步等。

（一）滑　步

1. 前滑步（图 10 -2 -4）

预备姿势，后脚蹬地，前脚向前移动，落地时以前脚掌先落地，后脚快速前移，落地后与预备姿势相同。后滑步与前滑步方向相反。

图 10 -2 -4

2. 左滑步

预备姿势，后脚蹬地，前脚向左平移，后脚也随之向左移动，动作完成后与预备姿势相同。右滑步与左滑步方向相反。

注意事项：移动中，上体重心不能起伏太大，脚步移动的跨度稍小，步法轻盈。

（二）垫　步

1. 前垫步

预备姿势，前脚蹬地，后脚前移，在前脚内侧落地的同时前脚前移，落步后仍成预备姿势。

2. 后垫步

预备姿势，后脚蹬地，前脚后移，在前脚内侧落地的同时后脚后移，落步后仍成预备姿势。

注意事项：变换要快，两腿不可交，垫步时重心平稳，双脚贴近地面滑行。

三、基本拳法

拳法主要有直拳、摆拳、勾拳，其中还演变出刺拳、鞭拳等。

（一）直拳（图 10－2－5 至图 10－2－7）

左直拳：预备姿势站立，左脚在前，右脚在后，左脚跟稍外旋，重心移至左脚，上体略左转，同时，左臂顺肩伸肘，使拳面向前直线冲击，力达拳面，拳心朝下，右拳至下颚处，目视前方，然后左拳压肘收回，成基本姿势。右直拳反之。

要点：使蹬地、扭胯、拧腰之力传达拳面，整个动作要协调完整，重心不可过多前倾，击拳前不可出现先收拳再击的预兆，也不可在冲拳时将右臂后拉，结合步法的击法应做到拳到脚到。

图 10－2－5

图 10－2－6

图 10－2－7

（二）摆拳（图 10－2－8 至图 10－2－11）

右摆拳：预备姿势站立，左脚蹬地，身体重心移向右脚，右脚跟略离地外转，并踝转脚掌，上体左转的同时右臂内旋，抬肘与肩平，使拳由右向左横击高于肩平，然后恢复基本姿势。左摆拳反之。

要点：摆拳时身体不可向左倾斜，要边击拳边抬肘，击打后重心偏右脚，右脚的踝转力不可忽视，要含胸收腹，不可低头。右摆拳击打前左臂不可后拉，重心落在右脚，但上体不可过于前倾。

图 10 -2 -8

图 10 -2 -9

图 10 -2 -10

图 10 -2 -11

（三）勾拳（图 10 -2 -12、图 10 -2 -13）

右勾拳：预备姿势站立，左脚蹬地，重心移向右脚，右脚跟略外转，脚掌蹍地，上体右转略下沉后，右膝及上体瞬间挺伸并向左转体，同时，右臂外旋由下向上击拳，拳面朝上，拳心朝左内，力达拳面，左拳仍置于下颚前，目视右拳，然后再恢复基本姿势。左勾拳反之。

图 10 -2 -12

图 10 -2 -13

要点：右臂外旋与击打不同时，不可外旋后再击打，上体不可过于前倾，屈臂的角度大小根据对方的远近距离及击打的部位而定，上体向右转下沉再蹬地，挺伸与左转瞬间要协调自然，不可断裂或过程太长。

四、基本腿法

腿法是散打技术中最重要的技法之一，在比赛中使用率最高，腿较手长，可发挥一寸长、一寸强的作用，腿较粗壮有力，攻之威力大，防之有效，腿的攻击面大，容易得手。腿攻击对方下身，比较隐蔽，因此拳家常说：手是两扇门，全凭腿打人；三分拳七分腿等，可见腿在散打中的地位。

腿法在散打中占有很重要的地位，拳谚道：“练拳不溜腿，到老冒失鬼。”散打中有四大击法，即踢、打、摔、拿。踢就是腿法，腿法在散打比赛中得分最多，据统计，其占总得分的 63.5%。

（一）正蹬（图10－2－14至图10－2－17）

右蹬腿：预备姿势站立，身体重心移至左腿，左腿略屈，右腿屈膝上抬，含胸、收腹，下腿贴近胸部，脚尖勾起，脚底朝前下，随即右腿由屈而伸向前上方蹬出，力达脚跟，当脚触击目标时伸胯并使脚尖猛向前下方压踩，使力达全脚掌，动作完成后，腿自然下落在体前，目视前脚部，还原成基本姿势。左蹬腿反之。

要点：支撑腿可微屈保持平衡，上体不可过分后仰，屈膝上抬与右伸蹬要连贯。

图10－2－14

图10－2－15

图10－2－16

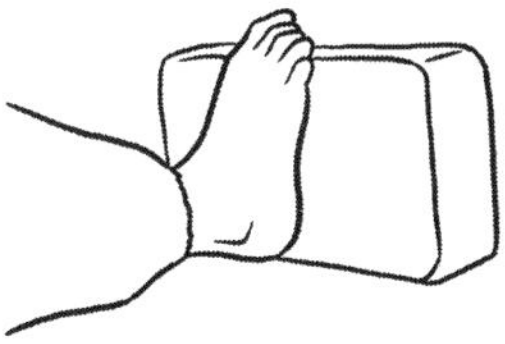

图10－2－17

（二）侧踹（图10－2－18至图10－2－21）

右侧踹腿：预备姿势站立，重心移至左腿，膝略屈，脚尖外展，右腿屈膝上抬，抬膝高于腰，脚尖勾起，脚底朝外侧下，随即小腿外翻脚，底朝向攻击点挺膝踹出，力达脚底，同时左腿挺直，上体向左腿侧倾，目视脚面，然后踹出，腿下落，还原成基本姿势。左侧踹腿反之。

图10－2－18

图10－2－19

图10－2－20

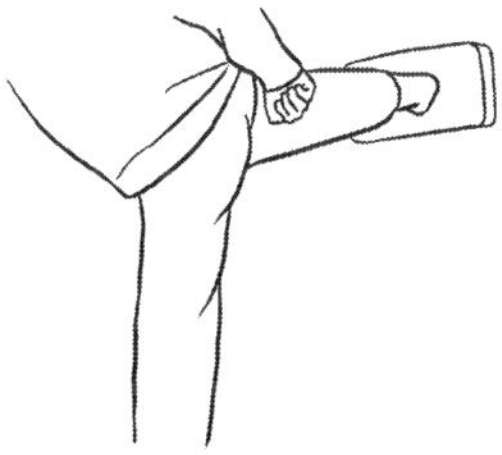

图10－2－21

要点：提膝时上体略向支撑腿侧转，脚内侧与地面近于平行，踹出时身体向支撑腿侧倾的斜度随攻击点的高度变化，越高倾斜度越大，支撑腿应用脚前掌为轴蹍地，使脚跟内收。

（三）鞭腿（图10－2－22至图10－2－25）

右鞭腿：预备姿势站立，重心移至左腿，膝略屈，右腿屈膝上抬，高过腰，同时膝略内收，小腿略外翻，踝部放松，随即挺膝，使小腿从外向上、向前、向内弧形弹击，并使脚面绷平使力达脚面或胫骨处，目视脚部，然后侧弹腿，下落还原成基本姿势。左鞭腿反之。

要点：弹腿的膝部发力要借助拧腰转胯之力，加大力度，弹腿时支撑腿膝伸直并以脚掌为轴，蹍地，脚跟内收，上体不可过于倾斜。

图 10－2－22

图 10－2－23

图 10－2－24

图 10－2－25

五、基本摔法

（一）抱腿别腿摔（图 10－2－26 至图 10－2－29）

在格斗中，向对方的支撑腿后上左步，顺势将对方左腿抱住，上体右转，用左腿别对方右腿，同时用胸下压对方左腿，将对方摔倒在地。

要领：抱腿准确、有力，转体协调，顺势压腿。

（二）双腿抱膝摔（图 10－2－30 至图 10－2－32）

在格斗中，先左脚向前滑步，同时用左直拳虚晃，右直拳重击对方脸部，对方受击必上体后仰，露出下盘空当，抓住时机，右脚向前上步至对方裆部，两手从外向内环抱对方膝窝，同时上体前倾，右肩前顶，合力将对方摔倒。

要领：左右直拳连击要具有威胁，使其上体后仰，露出下盘，上步及时，抱腿顶肩干脆利索，整套动作要连贯。

图 10－2－26

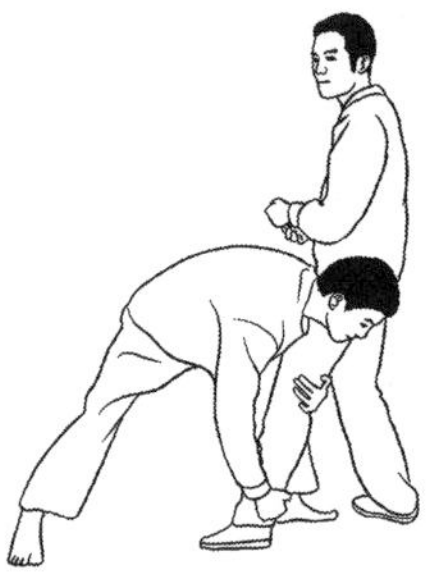
图 10－2－27

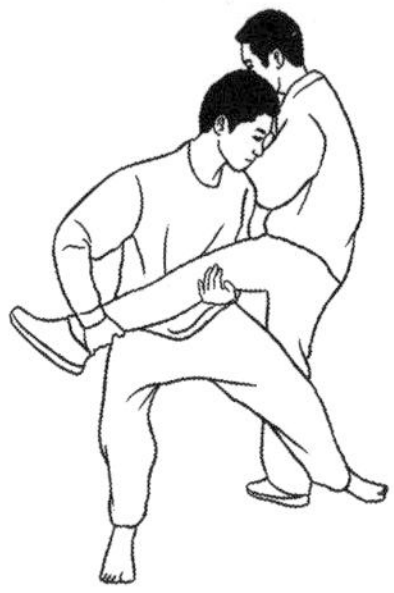
图 10－2－28

图 10－2－29

图 10－2－30

图 10－2－31

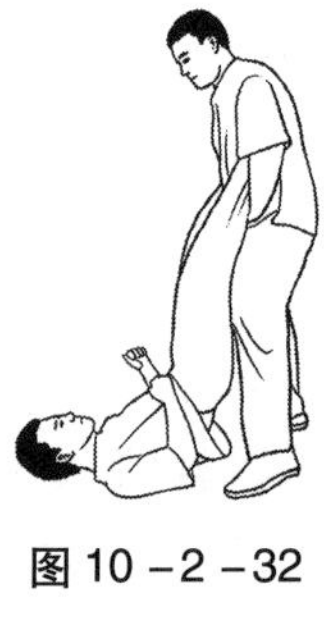
图 10－2－32

（三）拉臂过背摔（图10－2－33至图10－2－36）

在格斗中，对方以右摆拳攻击我头部，我速左转身并以双手抓住其手腕，紧接着我向前方上右脚，身体向左转90°，将对方右臂紧贴于我右肩上，然后两手向前拉，臀部向后上方顶，全身发力，将其背起摔于体前。

要领：双手抓臂及时，上右步迅速，背摔前，对方与我贴紧，发劲时，双手向下拉与臀部向后顶要相合。整套动作要协调。

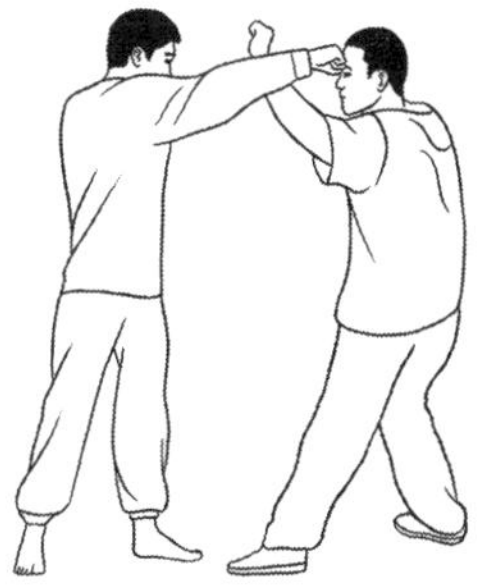
图10－2－33

图10－2－34

图10－2－35

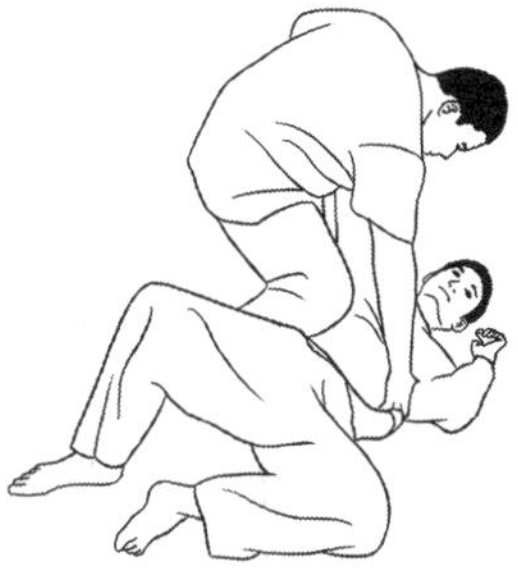
图10－2－36

（四）插裆扛摔（图10－2－37至图10－2－40）

在格斗中，对方进左步并用右摆拳击我头部，我迅速用左臂由里向外向上格挡，并顺势展指抓住其腕，我速用右直拳击对方面部，紧接着上右脚于对方两脚中间，同时右手向前、向下插入对方裆下，接着左手抓其踝部向后拉，右臂抱其裆向上提，右肩扛其腹，上体抬起，将对方摔于身后。

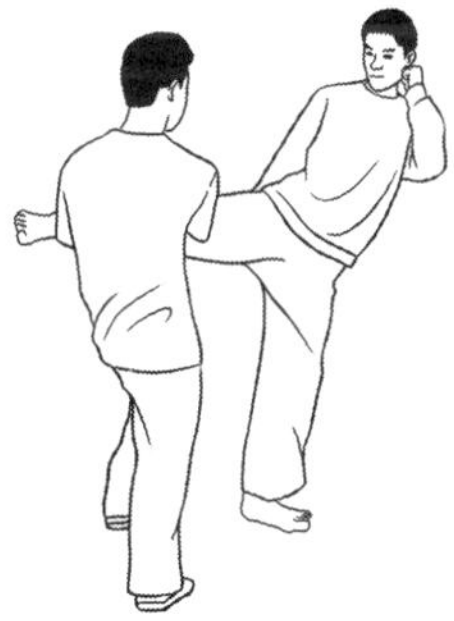
图10－2－37

图10－2－38

图10－2－39

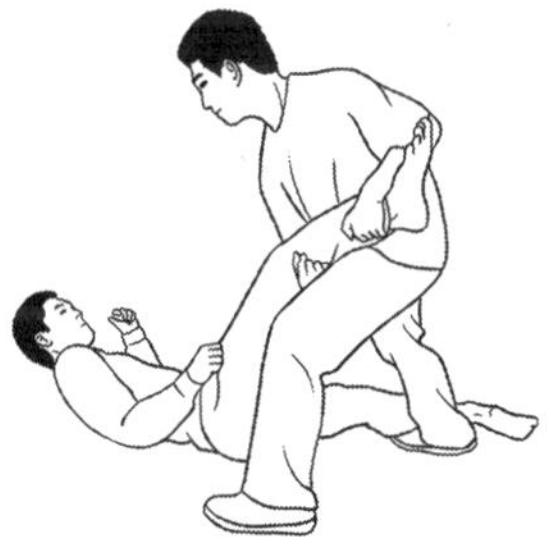
图10－2－40

要领：挡抓及时，封其面要突然、有力，上步与插裆要迅速到位，左手拉右手提与肩扛上提要协调。

六、散打比赛规则简介

散打的胜利有两种情况：一是优势胜利，二是分数获胜。

（一）优势胜利

（1）实力相差悬殊时，为保护运动员，场上裁判员经裁判长同意后可宣告占优势的一方获胜。

（2）一方运动员受重击倒地，在10秒内不能重新比赛，或10秒内站起后明显丧失比赛能力，另一方运动员即取得优势胜利。

（3）在一场比赛中，如果一方运动员被3次强制读秒，到最后一次读秒完毕，场上裁判员即可宣布另一方获胜。

（4）在比赛中，一方运动员出现伤病，经现场医务监督诊断，若不宜继续进行比赛，场上裁判员可宣布另一方获胜。

（5）当一方犯规被取消比赛资格时，对方运动员获胜。

（6）因对方弃权获胜。

（二）分数获胜

在非优势胜利的情况下，比赛中得分多少将决定运动员的胜负。运动员得分由两部分组成，一是技术得分，主要由3名边线裁判员进行记录；二是当对方技术犯规或侵人犯规受罚时，自己将获得1分或2分，犯规的判罚由场上裁判员执行，记分员进行记录。运动员要想获得技术得分，就必须使用一定的招法进行进攻，单纯的防守是不能得分的，但防守动作的有效使用可以使对方不得分。

规则对可得分的部位也有严格要求，仅指有效攻击对方的头部、躯干、大腿和小腿，其中膝法只能攻击腰带以上躯干部位。在比赛中，攻击对手的拳套和手臂时不能得分。规则规定了禁击的三个部位：后脑、颈部和裆部。这三个部位是人体的薄弱之处，如果受到攻击，很容易造成伤害事故。

七、散打竞赛裁判法

（一）得分标准

1. 得3分标准

（1）用主动倒地的动作致使对方倒地，而自己迅速站立者，得3分。

（2）用转身后摆腿击中对方躯干部位而自己站立者，得3分。

2. 得2分标准

（1）一方倒地（两脚以外任何部位接触台面），站立者得2分。

（2）用腿法击中对方躯干部位。

（3）被强制读秒1次，对方得2分。

（4）受警告1次，对方得2分。

3. 得1分标准

（1）用手法击中对方得分部位。

（2）用腿法击中对方头部、大腿和小腿。

（3）运动员消极8秒，被指定进攻后，8秒内仍不进攻，对方得1分。

（4）主动倒地超过3秒不起立，对方得1分。

（5）受劝告1次，对方得1分。

4. 不得分

（1）方法不清楚，效果不明显。

（2）双方倒地或下台。

（3）双方互打互踢。

（4）用方法主动倒地，对方不得分。

（5）抱缠时击中对方。

（二）犯规判定

规则规定的犯规有两大类：一类是侵人犯规，侵人犯规极容易给对手造成伤害，因此场上裁判员对侵人犯规的处罚极其严厉，甚至当有些运动员有侵人犯规的倾向时，场上裁判员就会给予提醒，这叫作必要提示。二类是技术犯规，主要指一些不符合规则要求会对比赛造成一定影响的行为。

（三）侵人犯规

（1）在场上裁判员口令“开始”前或“停”后进攻对方。

（2）击打对方禁击部位。

（3）用头、肘和反关节动作进攻对方。

（4）用膝攻击对方头部。

（5）使用迫使对方头部先着地的摔法或有意砸压对方。

（6）用腿法攻击倒地一方的头部。

（7）用牙咬对方。

（四）技术犯规

（1）消极搂抱对方。

（2）消极逃跑躲避对方攻击。

（3）用手抓住围绳进攻对方或不正当地利用围绳或立柱。

（4）处于不利状况时要求暂停。

（5）比赛中对裁判员有不礼貌的行为、语言或有其他不服从裁判员的行为。

（6）有意拖延比赛时间。

（7）上场不戴或吐落护齿，有意松脱护具。

（8）教练员及助手严重违反规则。

对犯规的处罚措施主要有 3 种：劝告、警告和取消比赛资格。技术犯规一般给予劝告，对手得 1 分。没有造成严重后果的侵人犯规，一般给予警告，对手得 2 分。运动员故意伤人或者虽然不是故意的犯规却使对方不能比赛时，就要被取消当场的比赛资格，并视情况给予禁赛处分。这种处分一般是比较谨慎的，场上裁判员不能独立执行，只能由裁判长进行确定。

第三节 女子防身术

女子防身术就是女性用于抗暴御侮的搏击术。女子防身术的最大特点就是：实用！无招、无式、无规则，无时间、无特定环境，一切以杀敌、伤敌或逃跑为最终目的。一句话可以概括为——“使用自己最强大的武器打击敌人最薄弱的部位”，使用所有可以使用的手段，对敌人实现最大程度的伤害，没有任何武术框架，没有任何搏斗约束，随意使用身体的各个部位，随意使用各种道具等都可以成为上乘的搏斗技术，正所谓：法无定法。

女性有与男性不同的生理特点，女子自卫防身有其特殊的环境和条件特点，所以要依这些特点而创立适宜女性特点的防身术。下面介绍简单实用的防身术。

一、被按压在身下的防身术

女性倒地后成仰卧姿势，被歹徒按压。这时歹徒可能站着，可能跪着，可能坐着，也可能趴着，可能骑在女性身上，也可能卧靠在旁边，仅以上身压着仰卧者；可能抓领，可能抓肩，可能搂脖，也可能掐喉。但是不管处于上述哪种情况，都要尽可能地采取攻其要害、一招制敌的抬腿蹬击裆部方法。这时可能采取的直接攻击的方法有以下几种。

（1）如对方是分跨于仰卧者身体站立，而俯身抓、掐、压制仰卧者，仰卧者可抬腿蹬击其裆部。要领是要抬起腰、臀，用将身体送出去的力量猛蹬。（图 10－3－1、图10－3－2）

（2）如对方手肘抬起，露出腋下，可用掌夹、风眼捶、勾手等猛击其腋窝。

（3）直接戳击对方眼睛和戳击对方咽喉，有意想不到的效果，因为这时距离很近。（图10－3－3）

（4）如果手臂未被压住，对方的手臂又未形成阻隔（多在抱胸、腰时），可用肘尖横击其太阳穴。要点是要用上腰腹之力、旋臂之力。（图 10－3－4）

（5）如歹徒强行亲吻仰卧者，可抓住机会咬掉其鼻尖或舌尖。但要注意的是，被咬伤后的歹徒可能更丧心病狂。因此要在狠咬之后，趁其负痛一时失智的机会，迅速逃脱。

（6）以头锋撞其鼻梁，抬头要猛。（图 10－3－5）

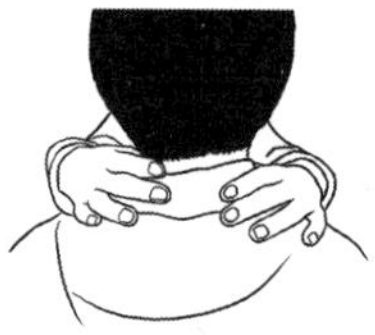

图 10－3－1

图 10－3－2

图 10－3－3

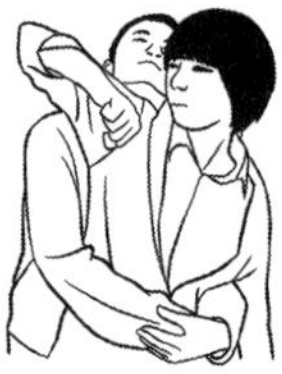

图 10－3－4

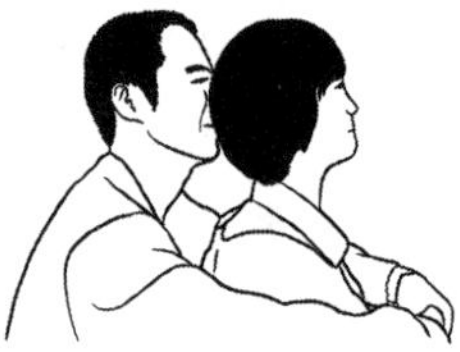

图 10－3－5

二、被歹徒抱时的防身术

（一）正面被对手抱腰

正面被对手抱腰，但手臂未同时被抱住，是以肘部攻击对方太阳穴的最好时机。一旦歹

徒双手抱住你的腰，他的头部就全部暴露而失去防护了。（图 10 –3 –4）

正面被抱腰时，因为手臂未被抱住，所以这时也可以采用叉眼、戳喉等方法（图 10 –3 –6）。如果只求解脱，可采用折手指技法。（图 10 –3 –7）

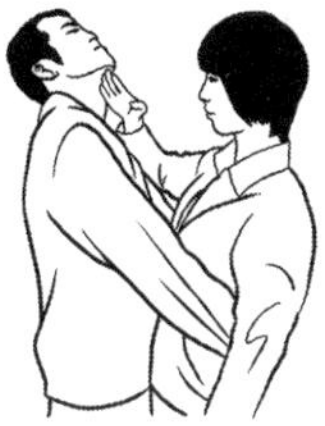
图 10 –3 –6

图 10 –3 –7

（二）后腰被抱

后腰被抱时，可以脚跟猛踩其脚面（图 10 –3 –8）。被抱者可伸手抓、握、提对方的睾丸，俗称“仙人摘桃”，因对方注意力在上部，很有隐蔽性，成功的可能性很大。需要注意的是，反手掏出，务要准确。如果歹徒抱住的是腰际，那么歹徒必然弯腰，头较低，这时可猛仰头以后脑击其面部。

图 10 –3 –8

三、头发被抓扯时的防身术

当女性被人从正前方抓住头发往前拖扯之时，切勿与抓扯者的抓扯力相抗，以免头皮受伤。抓扯者拖带一般朝上向下前方，女性的头不能抬起，头、眼也朝着这个方向。外行抓扯人一般都是身内拖带，因此裆部要害部位便全部暴露，并正处于被抓扯者面对的方向。这时，应趁被抓扯俯身向前窜而站立不稳之机，借着抓拉之力，借着惯性，将膝头高提，以提膝的打法猛撞歹徒裆部。尤其要注意的是：很多人抓扯别人头发有抓住前后推拉的习惯。在他推时，应顺其力后仰或后退，以免受伤；在他拉时，则借其力冲过去提膝攻击。千万不要和歹徒硬抗是关键。

当女性侧立被人拖扯头发时，可顺其力侧身弯腰靠近对方，顺势发撩掌击其裆部，然后以手抓握其睾丸。歹徒有时会揪住女性头发拖着往前走，这时女性是在歹徒的背侧位置，头已过其肘前，身在其肩后。这时，应以手掌自歹徒后裆猛地插入，使用掏裆法，握紧其睾丸后提。一手掏裆时，另一手抓抱其腰胯配合发力。头发被抓时抱住对方，可用一手掌心向上，四指直插进软肋（肋骨下），扣住肋骨往上扯，对方痛极自然会松手；或双手叠压于对方抓发之手背部，上体前倾弯腰下压或击打对方肘部曲池穴等，对手也会松手。

四、被歹徒按压时的防身术

被歹徒按压时，如手未被按压，可张开手掌，以掌根猛击歹徒鼻梁。轻者鼻血长流，重则可致昏厥。这一掌在武术中叫迎面掌。迎面掌到位后，张开的五指以指甲贴其面抓下，武术中这一招叫“迎面贴金”，又叫“洗脸炮”。轻则抓破眼睑，泪流不止，眼睛睁不开，重则伤及眼球。这一招虽不致命，但使用方便，乘歹徒一时丧失施暴能力，自卫者可及时逃脱。

以一指或二指叉眼的方法在武术中叫“单放”“双放”“二龙戏珠”。在被歹徒按压时，因为距离极近，歹徒又不防范，使用单指叉眼、双指叉眼的技法则是非常有效的。事实上，只要能叉中歹徒眼睛，并不拘泥于用单指还是双指，用五指亦可，用双手双指亦可。前提是要视使用的熟练程度和当时两手自如情况而定。

歹徒对女性施以暴力或以暴力相威胁，只是为了达到某种目的。一般情况下，歹徒并不会直接伤害女性的性命，也不会有除目的之外的其他暴力伤害，更不会有歹徒非要女性端起拳头，跟他比个武功高下不可。所以，广大女性注意了，能逃就逃，一边反抗一边呼叫。

第四节　跆拳道

一、跆拳道运动简介

跆拳道是一项源于朝鲜半岛的古老而又新颖的利用手脚技术和身体能力进行自身修炼和搏击格斗的一种东方武技，分为大众跆拳道和竞技跆拳道；按级别分为“十级、三品、九段”。跆拳道练习中要以“礼义廉耻，忍耐克己，百折不屈”为宗旨，其以腿法为主，拳脚并用；动作追求速度、力量和效果，以击破为测试功力的手段；强调呼吸，发声扬威；以刚制刚，方法简练；具有礼始礼终、内外兼修的运动特点；具有防身健身、修身养性、娱乐观赏等多方面的作用；可以培养顽强勇敢、吃苦耐劳的精神，磨炼坚韧不拔、积极向上的品质。

二、跆拳道基本技术

（一）跆拳道实战的基本站姿

标准实战姿势：左脚在前称为左势；右脚在前称为右势。以左势为例（图 10－4－1），双脚自然地前后开立约与肩同宽，前脚掌斜向右前微内扣约 45°，后脚掌斜向右前内扣 30°~60°，后脚跟抬起，膝盖微屈，保持弹性和灵活。身体自然直立，侧面对敌，左肩向前呈 30°~45°，前手低、后手高，呈防御状态。

（二）跆拳道运动的基本手形、手法与步形、步法

1. 跆拳道运动的基本手形、手法

（1）拳：四指节节回屈并拢握紧，将拇指内屈紧贴食指和中指的第二关节处，拳面要平。（图 10－4－2）

（2）冲拳：以腰部旋转带动肩部手臂旋转出拳，放松手臂和拳头，在击中目标的一刹那，突然加速用力握紧拳头以拳面击中目标，力达拳面。（图 10－4－3）

图 10-4-1

图 10-4-2

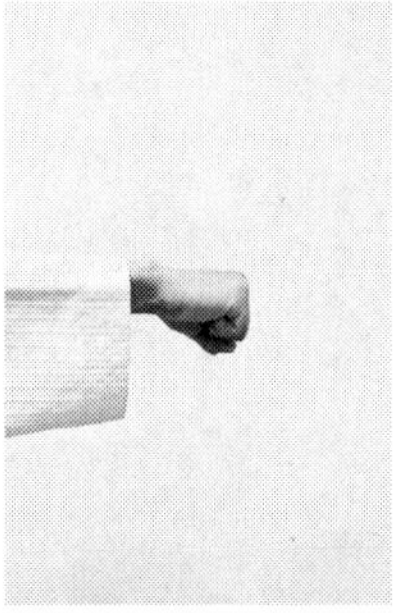

图 10-4-3

（3）手刀：四指并拢微屈，拇指屈曲贴紧食指，小指的外侧沿形成手刀，拇指的内侧形成刀背。可砍击或截击，可攻击对方的颈部。（图 10-4-4）

（4）贯手：手形和手刀相似，中指和食指微屈，基本保持四指尖齐平，拇指向掌内贴紧。戳击对方的主要器官。（图 10-4-5）

（5）二指贯手：伸展食指和中指呈“V”字形，拇指压紧无名指和小指第二指关节处。主要攻击对方的眼睛。（图 10-4-6）

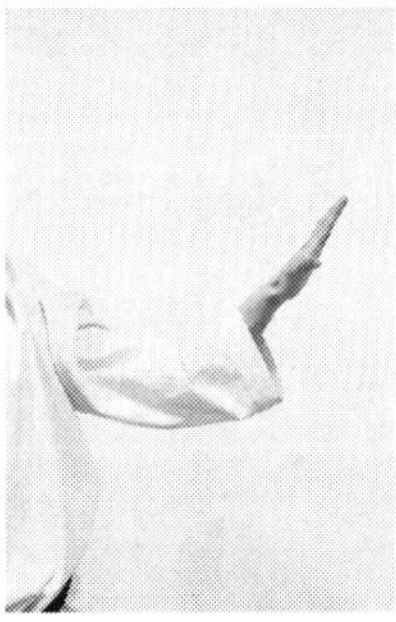

图 10-4-4

图 10-4-5

图 10-4-6

2. 跆拳道运动的基本步形、步法

（1）步形。

①并步：两脚并拢，身体直立，两脚内侧贴紧并拢。（图 10-4-7）

②开立步：两脚左右开立与肩同宽，两脚尖稍微外展，两臂下垂于体侧，两手轻握拳，身态自然。（图 10-4-8）

③马步：两脚左右平行开立约 3 倍于脚长，挺胸立腰，上体正直；两膝关节微屈下蹲，重心在两脚之间。（图 10-4-9）

④弓步：两脚前后开立约 3 倍于脚长，前腿屈膝，后腿伸直，后脚尖与前脚的延长线呈 30°；前腿膝关节和脚面垂直，重心中间偏于前脚。（图 10-4-10）

⑤前行步：亦称行走步、高前屈立。两脚前后开立姿态和平时向前走路时相似，前后脚相距大约一拳头，重心在两脚之间。（图 10-4-11）

⑥三七步：亦称后屈立。两脚前后相距一步约两脚半，后脚尖外展约 90°，后膝弯曲，前腿膝微屈，脚尖朝前，重心前后腿三七分。（图 10-4-12）

图 10－4－7

图 10－4－8

图 10－4－9

图 10－4－10

图 10－4－11

图 10－4－12

⑦虚步：亦称猫足步。两脚前后开立约一脚半，后腿尖外展大约 90°，前脚脚尖点地，脚跟抬起，两膝关节微内扣，重心在后腿。（图 10－4－13）

⑧独立步：亦称鹤立步。一腿直膝站立，脚尖外展约 90°；另一腿屈膝上提，脚贴于支撑腿内侧或膝窝处。（图 10－4－14）

⑨交叉步：亦称十字步。两腿交叉，两小腿贴紧。交叉步有两种形式：一种是一脚向另一脚后面插步，脚掌着地，两腿膝关节交叉，称后交叉步；另一种是一脚向另一脚前面插步，脚掌着地，两腿膝关节交叉，称前交叉步。（图 10－4－15）

图 10－4－13

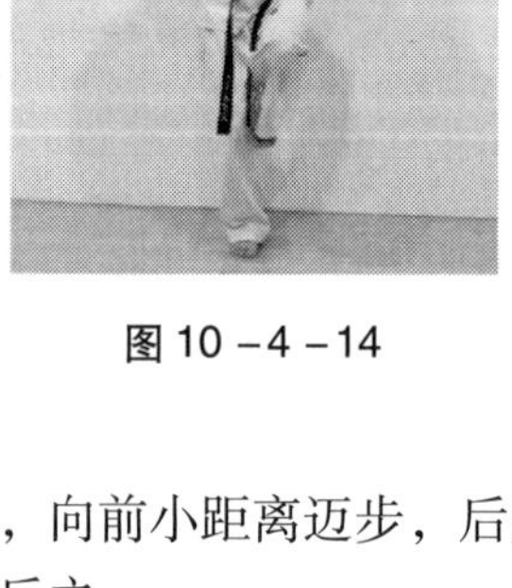

图 10－4－14

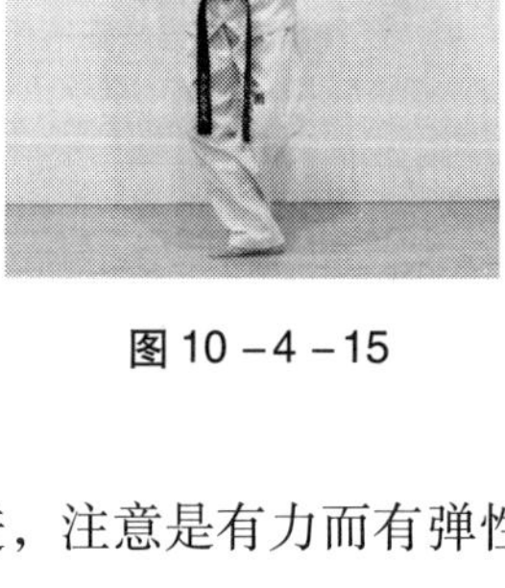

图 10－4－15

（2）步法。

①前滑步与后撤步：前脚先动，向前小距离迈步，后脚迅速跟进，注意是有力而有弹性地跟进，而非被前脚拖进。后撤步反之。

②前垫步与后垫步：前垫步和前滑步相反，后脚先动，向前有力而弹性地垫向前脚，同时前脚迅速向前小距离迈步，感觉就像后脚撞击前脚有弹性地前进。后垫步反之。

③前进步和后退步：前进步顾名思义，属于大距离前进的步伐。前脚后拉半步，后腿迅

速越过前脚，交叉大跨步前进（原理：前脚之所以后拉半步，是为了保持重心，否则后腿交叉大跨步向前进时，容易使重心过于前冲，因此前脚在后拉瞬间，重心稍微后移，利于身体前后平衡）。后退步反之。

④侧闪步：和前滑步类似，区别在于侧闪步是向左右移动。向左移则左脚先动，向右移则右脚先动。此步伐用于左右闪躲，可配合攻击。

（三）跆拳道运动的基本腿法

1. 前踢（图 10－4－16 至图 10－4－20）

图 10－4－16

图 10－4－17

图 10－4－18

图 10－4－19

图 10－4－20

【动作过程】

（1）左势站立，重心移至左腿。

（2）提起右大腿同时髋部略向左转，膝盖朝前，脚面稍绷直，双手握拳自然垂放在身体两侧。

（3）继续将髋关节前送，右大腿向前抬提，当大腿抬至水平或稍高时，向前弹出小腿，用脚面击打目标。

（4）直接向右转髋使右小腿折叠快收回原位，右腿落下成右势，然后后撤右腿，还原为左势准备姿势。

【动作要领】

（1）提起右腿时，两大腿内侧之间的距离应尽量小，即右腿尽量直线出腿。

（2）为保持重心，躯干可稍向后倾，尽量将髋部向前送出，若是高前踢，髋部则要尽量向上向前送。

（3）击打时脚面绷直。

（4）小腿弹出后，在弹直的一刹那，要有一个制动的过程，使脚产生鞭打的效果。

（5）脚尖的方向向前上方。

（6）用前踢主要攻击对方的面部、下颚。

2. 横踢（图 10－4－21 至图 10－4－25）

图 10－4－21

图 10－4－22

图 10－4－23

图 10－4－24

图 10－4－25

【动作过程】

（1）左势站立，重心移至左腿。

（2）提起右大腿同时髋部略向左转，膝盖朝前，大、小腿折叠，脚面绷直。

（3）继续将右大腿向前提高，左脚向外侧转动，右腿快速鞭打踢出小腿，膝盖朝向左侧。

（4）用脚面击打对方胸腹部、面部和两肋部（或是所有被护具包围的部位，以下同）。

（5）击打后，右脚自然落下成右势，然后后撤右脚，还原成左势准备姿势。

【动作要领】

（1）横踢和前踢类似，区别在于横踢腿的膝盖方向在击打的一刹那，是瞬间转髋朝向对方的腹部，而前踢腿的膝盖方向是向前上方。

（2）提起右腿时，两大腿内侧之间的距离应尽量小，即右腿直线出击。

（3）为保持重心，躯干稍向左后倾以配合快速转髋。

（4）击打时脚面绷直，但踝关节要放松。

（5）腿弹出后，在弹直的一刹那，要有一个制动的过程，使脚产生鞭打的效果。

（6）提膝应尽量随着转髋同时进行，不能完全转髋后再提膝，这样会造成膝盖过早偏向左侧。

（7）左脚应积极配合髋部的转动，转动时可稍有一点踮起。

（8）用横踢主要攻击对方胸腹部、面部和两肋部。

3. 前横踢（图 10－4－26 至图 10－4－28）

图 10－4－26

图 10－4－27

图 10－4－28

【动作过程】

（1）右势站立，左脚向前站立，将身体重心移至左腿。

（2）提起右腿，向前送髋，大、小腿稍折叠。

（3）绷紧脚面，右膝内向，快速弹出小腿。

（4）右脚自然落下，两脚同时后撤一步，还原成右势准备姿势。

【动作要领】

（1）前横踢与横踢相似，由于用前腿击打，距离对方近，动作较隐蔽，很难使对方察觉，缺点是击打力度小。

（2）后脚一定要配合积极向前移动。

（3）右腿的小腿要快速弹出，尽量增加鞭打力量。

（4）在击打的一刹那，膝盖方向朝向对方的腹部。

（5）小腿弹出后，在弹直的一刹那，要有一个制动的过程，使脚产生鞭打的效果。

（6）用前横踢主要攻击对方的胸腹部、面部和两肋部。

4. 旋风踢（图 10－4－29 至图 10－4－34）

【动作过程】

（1）右势站立，以右前脚掌为轴脚后跟外旋，重心移至右腿。

（2）身体左后转约 360°，左腿也随着向后转动。

（3）身体稍后仰，左腿下落的同时右脚蹬地使用右腿横踢技术。

（4）击打后，两脚自然落下成右势。

图 10－4－29

图 10－4－30

图 10－4－31

图 10-4-32

图 10-4-33

图 10-4-34

【动作要领】

（1）旋风踢主要用在中、远距离时使用。

（2）提起左腿向后转动时，左腿围绕着右腿转动，两大腿内侧之间的距离不应过大。

（3）为保持重心，躯干应稍向后倾。

（4）击打时右脚脚面稍绷直，但踝关节要放松。

（5）右小腿弹出后，在弹直的一刹那，要有一个制动的过程，使脚产生鞭打的效果。

（6）右脚应积极配合身体的转动，以右脚前掌为轴转动。

（7）用横踢主要攻击对方胸腹部、面部和两肋部。

5. 双飞踢（图 10-4-35 至图 10-4-41）

【动作过程】

（1）右势站立，重心移至右腿。

（2）提起左大腿使用横踢，然后在左脚未落下时，立即提右腿使用横踢，也就是连续使用两个横踢。

（3）击打后，两脚自然落下，还原成右势准备姿势。

【动作要领】

（1）一般来说，在中、远距离时是使用双飞踢的较好时机，双飞踢中的第一个横踢常常是为了找到合适的距离或破坏对方的进攻，以利于第二个横踢。

（2）击打第一个横踢时，身体可稍后倾，以利于第二个横踢。

（3）两腿交换之间，髋部要快速扭转。

（4）用双飞踢主要攻击对方的胸腹部、面部和两肋部。

图 10-4-35

图 10-4-36

图 10-4-37

图 10-4-38

图 10 -4 -39

图 10 -4 -40

图 10 -4 -41

6. 后踢（图 10 -4 -42 至图 10 -4 -46）

图 10 -4 -42

图 10 -4 -43

图 10 -4 -44

图 10 -4 -45

图 10 -4 -46

【动作过程】

（1）右势站立，重心移至右腿。

（2）以右脚尖为轴，右脚跟外旋，身体向左后方转动，同时提起左大腿，使大、小腿几乎折叠，脚尖勾起，头部稍向左后方转动。

（3）左腿向后平伸后蹬，在蹬直前膝盖稍外翻（向左侧）。

（4）用脚跟部位击打对方腹部和胸部。

（5）击打后，左脚自然落下成左势，然后后撤左脚，还原成右势准备姿势。

【动作要领】

（1）身体向左后方向转动时，要同时快速提起左膝。

（2）身体转到背朝对方时要制动，同时左脚后蹬，此时身体不应再有转动，膝盖此时的方向应与右腿膝盖方向一致。

（3）在提起左腿时，两大腿内侧之间的距离尽量小，即左腿“擦”着右腿起腿。

（4）身体转动时，头部配合同向转动。

（5）为保持重心，躯干在向下弯曲的同时可稍挺胸。

（6）动作熟练时，转身与后蹬应是同时进行的。

（7）最后再练习后踢击头（高后踢）。

（8）右脚应积极配合髋部的转动，调整好身体重心。

（9）由于对方进攻常常是侧向，后踢的方向应在正前方稍偏向左侧。

（10）用后踢主要攻击对方的胸腹部、头部和两肋部。

7. 下劈（图 10－4－47 至图 10－4－51）

图 10－4－47

图 10－4－48

图 10－4－49

图 10－4－50

图 10－4－51

【动作过程】

（1）右势站立，重心先移至右腿。

（2）提起左大腿，同时略转髋向右并向上送髋，使左腿膝盖与胸部尽量贴近，身体重心向上。

（3）左脚高举过头，左腿伸直贴紧上体，上体保持正直或稍前俯，重心向上。

（4）左脚脚面稍绷直，左腿快速下压（如刀劈木块一样），用脚掌或脚后跟下砸对方的头部，身体重心前移至左腿上，身体要稍后仰来控制重心。

（5）击打后，左脚自然落下成左势，然后后撤左脚，还原成右势准备姿势。

【动作要领】

（1）劈腿与中国武术中的正踢腿相似，区别在于劈腿稍有一点转髋，并且提腿向上时，要向上积极送髋，大、小腿之间也可以有一定的弯曲度。

（2）在下劈时，身体重心向前移。

（3）上提左腿时，左脚脚面不需要绷直，应自然放松，而下劈腿时要稍绷直。

（4）也可直接用前腿（右腿）使用劈腿，左脚进行跟步（即随着身体重心向前移动而向前跳动）。

（5）右脚应积极配合身体向前移动，调整好身体重心。

（6）在练习时，也多采用如武术的外摆腿和里合腿的劈腿方法，只是在下落时是向前方劈下，分别称为外摆劈腿（由内向外摆）和内摆劈腿（由外向内摆）。

（7）用劈腿主要攻击对方面部。

8. 侧踢（图 10－4－52 至图 10－4－55）

图 10－4－52

图 10－4－53

图 10－4－54

图 10－4－55

【动作过程】

（1）右势站立，将重心移至右腿，同时以右脚前掌为轴，脚跟内旋。

（2）直线提起左大腿，弯曲小腿同时向右转髋，身体左侧侧对对方。

（3）膝盖方向朝内，勾脚面，展髋，走直线平蹬出左腿，用脚掌外侧攻击对方。

（4）左腿自然落下，并撤回原位。

【动作要领】

（1）侧踢同中国散手中的侧踹。

（2）也可用前腿（右腿）直接侧踢对方。

（3）右脚一定要配合积极向前移动。

（4）用侧踢主要攻击对方两肋部、胸腹部。

9. 后旋踢（图 10－4－56 至图 10－4－60）

【动作过程】

（1）右势站立，以右脚尖为轴，右脚跟外旋，重心移至右腿。

（2）身体向左后方转动，同时提起左大腿向斜后方向 40°左右蹬伸，头部向左后方转动。

（3）身体继续旋转，左腿借旋转的力，向后画一个半圆形的水平弧线，快速屈膝用脚掌击打对方头部。

（4）击打后，身体重心依然在右腿上，左脚自然落下，还原成右势准备姿势。

【动作要领】

（1）左腿并不是抡圆了去画弧，在开始时有一个向斜后方向蹬伸的动作。

（2）身体向左后方向转动时，同时要快速提起左腿。

（3）身体转动时，头部配合同向转动。

（4）小腿在开始时要自然放松，在接触对方头部前再瞬时绷紧脚面，用脚掌呈水平弧线鞭打。

（5）动作熟练时，转身与后蹬接摆应是同时进行的。

（6）右脚应积极配合髋部的转动，在完成整个动作之前，重心一直落在右脚掌前半部分。

（7）用后旋踢主要攻击对方的面部。

图 10－4－56

图 10－4－57

图 10－4－58

图 10－4－59

图 10－4－60

三、跆拳道品势

跆拳道品势（又称为“型”）是指练习者以技击为主要内容，通过攻守进退的动作编排，以强身健体、磨炼意志为目的一种练习形式。其分为初级品势太极一章至太极八章；高级品势又分为：高丽型、金刚型、太白型、平原型、十进型、地跆型、天拳型、汉水型、一如型。

跆拳道品势的特点：动作简练，招式工整；左右对称，阴阳合宜；以气促力，刚柔相济；归原还位，礼始礼终。

跆拳道品势的作用：磨炼意志，培养品德；身心双修，增强体质；掌握技击，防身克敌；交流技艺，丰富生活。

太极一章的一套动作是对八卦中“乾”的运用。“乾”指天、父（阳），象征万物的根源，意味着初始。

太极一章所走路线呈“王”字形。（图 10－4－61）

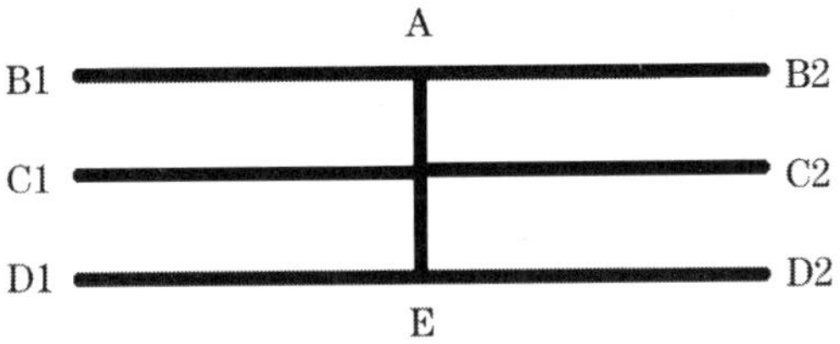

图 10－4－61

动作 1：立正站在演武线的中间 A 的位置（图 10－4－62）；左脚横跨一步，双手掌心向上经腹前至下颚，同时配合吸气，重心慢慢提起，再握拳匀速向下发力配合呼气至腹前，拳心斜向躯干。（图 10－4－63）

动作 2：身体向左转 90°面向 B2 方向，同时成左行走步，左臂经右肩下格挡，右手握拳于腰间，拳心向上。（图 10－4－64）

图 10－4－62

图 10－4－63

图 10－4－64

动作 3：向前上步成右行走步，右直拳顺攻中段，与胸同高，拳打中线，左手握拳于腰间，拳心向上。（图 10－4－65）

动作 4：以左腿为轴身体向右后转 180°面向 B1 方向，成右行走步，右拳经左肩下格挡，左手握拳于腰间，拳心向上。（图 10－4－66）

动作 5：向前上步成左行走步，左直拳顺攻中段，右手握拳于腰间，拳心向上。（图 10－4－67）

动作 6：以右腿为轴，身体向左转 90°面向 E 方向，左拳经右肩成弓步下格挡，右手握拳于腰间，拳心向上。（图 10－4－68）

图 10－4－65

图 10－4－66

图 10－4－67

图 10－4－68

动作 7：下肢不动，右直拳逆攻中段，拳打中线，左拳收回于腰间，拳心向上。（图 10－4－69）

动作 8：右脚向 C1 方向横跨一步成右行走步，左拳向内中位格挡，与肩同高，右手握

拳于腰间，掌心向上。(图 10－4－70)

动作 9：向前上步成左行走步，右直拳逆攻中段，左拳收回于腰间，拳心向上。(图 10－4－71)

动作 10：以右腿为轴，身体向左转面向 C2 方向，成左行走步，右手向内中位格挡，与肩同高，左手握拳于腰间，掌心向上。(图 10－4－72)

图 10－4－69

图 10－4－70

图 10－4－71

图 10－4－72

动作 11：向前上步成右行走步，左直拳逆攻中段，右拳收回于腰间，掌心向上。(图 10－4－73)

动作 12：以左腿为轴，身体向右转 90°面向 E 方向，右拳经左肩成弓步下格挡，左手握拳于腰间，掌心向上。(图 10－4－74)

动作 13：下肢不动，左直拳逆攻中段，右拳收回于腰间，拳心向上。(图 10－4－75)

动作 14：左腿向前方上步，双手臂在胸前十字交叉，左手在外，右手在内，身体左转面向 D2 方向，成左行走步，接左臂上格挡，手腕在额头上方，右拳于腰间，掌心向上。(图 10－4－76)

动作 15：左腿不动，左拳收回在腹前，右腿前踢攻击上段，屈腿落步成右行走步，同时右直拳顺攻中段。(图 10－4－77 至图 10－4－79)

图 10－4－73

图 10－4－74

图 10－4－75

图 10－4－76

图 10－4－77

图 10－4－78

图 10－4－79

图 10－4－80

动作 16：以左脚为轴，身体向后转 180°，面向 D1 方向，双手在胸前十字交叉，右手在外，左手在内，成右行走步，右臂上格挡，左拳于腰间，拳心向上。（图 10－4－80）

动作 17：右脚不动，左腿前踢攻击上段，右拳收回在腹前，屈腿落步成左行走步，同时左直拳顺攻中段。（图 10－4－81 至图 10－4－83）

图 10－4－81

图 10－4－82

图 10－4－83

动作 18：以右脚为轴，身体向右转 90°，面向 A 方向，成左弓步，同时左拳经右肩下格挡，右手握拳于腰间，掌心向上。（图 10－4－84 及背面）

动作 19：左脚不动，右脚向前一步成右弓步，同时右直拳顺攻中段，并配合发声“嘿耶!”。（图 10－4－85 及背面）

动作 20：以右脚为轴，身体向左后转 180°，双手握拳由下颚还原成准备式，左脚并步，立正。（图 10－4－86、图 10－4－87）

图 10－4－84

图 10－4－84 背面

图 10－4－85

图 10－4－85 背面

图 10－4－86

图 10－4－87

第十一章 形体运动

第一节 健美操

一、健美操运动简介

健美操是在音乐伴奏下进行各种不同类型的操化动作，它融体操、舞蹈、音乐于一体，以身体练习为基本手段，有氧运动为基础，以达到增进健康、塑造形体和娱乐身心的目的。

现代健美操起源于20世纪60年代末的美国，当时的美国太空总署为了对宇航员进行体能训练，由医学博士库伯尔（Coper）根据宇航员所处的特殊环境和对身体机能的特殊要求，设计了一些配合音乐的有氧训练动作，这些训练内容后来逐步发展成为一项具有独特体系的运动。

20世纪70年代末，健美操发展成为一项独立的体育运动项目，风靡世界。好莱坞电影明星简·方达（Jane Fanda）是现代健美操运动的代表人物，她根据自己的健身体会和经验编写了《简·方达健美术》一书，于1981年在美国出版发行，立刻引起轰动，并被翻译成20多种文字，在全世界30多个国家出售，对健美操运动在世界范围内的推广起到了巨大的作用。

20世纪80年代初，健美操运动传入中国，从一开始就受到了青年学生的喜爱，并在高校和社会上普及开来。随后，北京、上海、广州等地相继举办了各种健美操活动，同时，结合我国的实际情况创编出各种各样的徒手健美操和持轻器械健美操，极大地推动了我国健美操运动的发展。

二、健美操运动的分类

根据健美操练习的不同目的和任务，健美操可分为健身健美操和竞技健美操两大类。

（一）健身健美操项目简介

健身健美操以健身为目的，旨在全面活动身体、发展身体，其强度和难度相对较低，社会不同年龄、层次的人都可以练习。

1. 传统有氧健美操

传统有氧健美操是健身健美操的核心内容，动作比较简单，也是各种类型健美操的基础，它可以提高心肺功能和人体的有氧代谢能力，通常是采用单个步伐或步伐组合来配合上肢动作进行练习。

2. 搏击健美操

搏击健美操是以有氧健美操为基础，并结合了拳击、武术、跆拳道的基本动作。这种在音乐伴奏下用力进行挥拳踢腿的有氧运动，瞬间爆发力强，肢体伸展幅度大，能够增强肌肉的力量、弹性与身体柔韧性，尤其对腰、腹有特殊的效果。

3. 拉丁健美操

拉丁健美操源于国标中的拉丁舞，但不强调基本步伐，对动作的细节要求也不高，它舞姿优美，热情奔放，动感强烈，使练习者在伴随音乐燃烧激情的同时，达到减肥瘦身的效果，尤其对腰、腹的锻炼有很好的效果。

4. 踏板健美操

踏板健美操通常是在一块 10～25 厘米的踏板及地面上练习健美操的动作和步伐，踏板的高度可以根据健身者自身情况进行调节，踏板健美操活动强度较大，不仅能提高身体的协调性，还能达到减肥瘦身的效果。

5. 哑铃健美操

哑铃健美操是利用小哑铃较轻的重量来进行练习，不仅可以提高有氧训练的强度，提高新陈代谢水平，而且可以有效地减少身体多余脂肪，起到明显的塑形、美体效果。

6. 健身球健美操

健身球最早是在瑞士作为康复医疗设备而出现，后来逐渐演变成新兴的健身运动项目。健身球健美操集健身娱乐为一体，非常有趣味性，它有着很好的损伤恢复和康复功能，尤其对腰背疾病疗效显著，而且还可以提高人体的柔韧、力量、平衡、心肺功能以及改善体形姿态。

7. 水中健美操

水中健美操综合了游泳和健美操的优点，常常是在音乐的伴奏下，结合不同的身体动作和舞蹈步伐来锻炼和放松身体。水中健美操与地面锻炼相比，由于水的阻力大和热传导快，可以比地面练习更快达到减肥、塑身的效果。同时，在水中练习健美操还可以减轻运动中地面对膝关节、踝关节的冲击力，有效减少关节的负荷。

（二）竞技健美操项目简介

竞技健美操虽然起源于传统的有氧健美操，但作为一种竞技项目，它有着特定的比赛规则和评分方法，要求运动员能够在音乐伴奏下，完成连续复杂的、高强度的成套动作，对人的身体素质、技术技能和艺术表现能力等有都较高的要求。

竞技健美操的比赛规则对每一具体细节做出了详细的说明，包括对人数、场地、时间、服装等都有专门的规定。竞技健美操的比赛项目分为男子单人操、女子单人操、混合双人操、3 人操（3 名运动员性别任选）、集体 6 人操。

三、健美操运动的特点

（一）健身美体的实效性

健美操以人体解剖学、运动生理学、体育美学、体育心理学等多学科的理论为基础，编排以健身美体为目的，动作内容丰富，强调健美大方，讲究力度和弹性。与其他体育项目相比，健美操对塑造健美的体形和姿势，提高协调性、柔韧性和弹跳能力，培养审美的意识尤为突出。

（二）强烈的节奏性

健美操融基本体操、现代舞蹈、节奏音乐于一体，动作具有强烈的节奏性。健美操音乐节奏清晰、旋律优美，具有鲜明的现代韵律感，多取材于迪斯科、爵士、摇滚等现代音乐和具有上述特点的民族音乐，能够烘托气氛、激发练习者情绪，使之产生轻松愉快的感觉，不觉得疲劳，既得到美的享受，又提高了协调性、节奏感、韵律感和表现力。

（三）高度的艺术性

人类对身体状况所追求的最高境界是“健康、力量、美丽”，而健美操的动作无不处处体现着“健、力、美”的特征。协调、流畅、有弹性的健美操动作，不仅使人们锻炼了身体，增强了体质，而且还从中得到了美的享受，提高了审美意识和艺术修养。

（四）广泛的适应性

健美操练习形式多样，节奏有快有慢，动作有难有易，运动量和强度可大可小，容易控制，对场地、器材条件的要求也不高，不管是什么年龄、性别、形体、身体素质、技术水平、个性的人群都能找到适合自己方式的健美操练习，并从中得到乐趣。

四、健美操的锻炼价值

（一）增进身体机能

经常参加健美操运动，能够提高关节的灵活性，增强肌肉力量和弹性，提高韧带、肌腱等结缔组织的柔韧性；促进心血管系统机能，提高心脏供血能力和对脑细胞的供氧，改善新陈代谢，减少脂肪沉积，延缓血管硬化；提高呼吸系统的耐力水平，使机体具有较强的有氧代谢能力；较多的髋部活动，不仅锻炼了腰腹肌和骨盆肌，而且加强了肠胃蠕动，增强消化系统机能；对不同动作组合的练习以及协调性要求，有助于提高练习者的动作记忆和再现能力，促进神经系统的灵活性、均衡性，能够改善和提高神经系统的活动能力。

（二）塑造健美形体

健美操动作频率较快，跳跃动作较多，运动负荷和能量消耗较大，利于消除多余的脂肪，有益于肌肉、骨骼、关节的匀称与协调发展，同时经常性的形体动作训练，有利于改善不良的身体姿势，线条清晰，塑造优美的体形。

（三）缓解精神压力，娱乐身心

健美操的动作充满青春活力，在音乐伴奏下进行练习，气氛欢快，使练习者心情愉快，不易疲劳，还可缓解精神压力。集体配合的练习还有助于增进友谊，增强群体意识。

此外，长期从事健美操运动还可以增强韵律感、节奏感，提高音乐、舞蹈素养，以及提高认识美、鉴赏美、表现美直至创造美的能力。

五、健美操的基本动作

健美操的基本动作是指动作中最主要、最稳定的部分，其他所有动作都是以此为核心产生和发展出来的。健美操的基本动作内容丰富，但相对简单，练习者易于练习和掌握，基本动作也是掌握其他动作的基础。

（一）健美操的基本手型（图 11－1－1）

健美操有多种手型，它是从爵士舞、西班牙舞、迪斯科、武术中吸收和发展起来的。手型恰到好处地运用，可以使手臂动作更加生动活泼，表现出美感，还有助于加强动作的力量性。

健美操的手型主要有拳和掌两种。

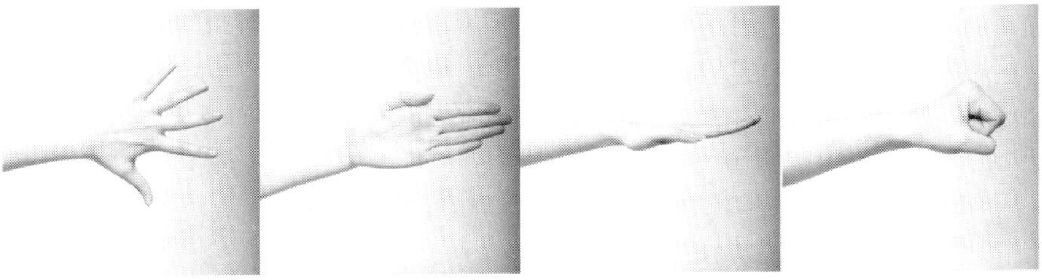

图 11－1－1

（1）开掌：五指用力伸直张开。

（2）并掌：五指并拢伸直。

（3）拳：五指弯曲紧握，拇指压在食指、中指的第二关节。

（二）头颈基本动作（图 11－1－2）

头颈基本动作包括屈、转、绕与绕环等动作。做各种形式的头颈动作时，节奏要慢，上体保持正直，充分伸展颈部的被动肌群。

图 11－1－2

（三）肩部动作（图 11－1－3）

肩部动作由提肩、沉肩、绕肩、肩绕环等动作组成。提肩时要尽量向上，沉肩时要尽量向下，动作幅度要大而有力，绕肩时上体不能摆动，颈与头不能前探。

图 11－1－3

（四）臂部动作（图 11－1－4 至图 11－1－9）

臂部动作包括举、屈、伸、摆、绕、绕环、振、旋等动作。做臂部动作时，上体保持正直，位置要准确，幅度要大，力求伸展到身体的最远端。

图 11－1－4

图 11－1－5

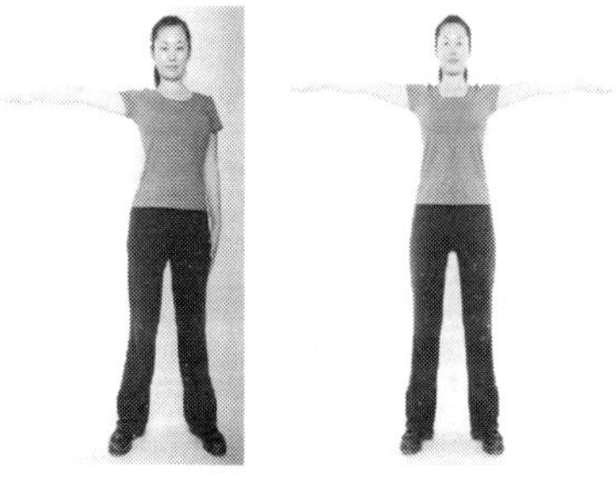

图 11－1－6

图 11－1－7

图 11 -1 -8

图 11 -1 -9

（五）胸部动作（图 11 -1 -10）

胸部动作由含胸、展胸、移胸等动作组成。练习时，收腹、立腰，胸的动作要达到最极限。

图 11 -1 -10

（六）腰部动作（图 11 -1 -11）

腰部动作由屈、转、绕、绕环等动作组成。做腰部动作时，身体远端尽力向外延伸，前驱、转时，上体立直，绕和绕环时，速度放慢，要充分及连贯。

图 11－1－11

（七）髋部动作（图 11－1－12）

髋部动作由顶髋、提髋、绕髋和髋绕环等动作组成。练习髋部动作时，上体放松，髋关节应平稳、柔和、协调，并稍带弹性。

图 11－1－12

（八）健美操的基本步伐（图 11－1－13、图 11－1－14）

健美操基本步伐是体现健美操练习者下肢动作基本姿态的主要手段，基本步伐的练习能培养练习者的协调性和节奏感。健美操规则规定的 7 个基本步伐是踏步、吸腿跳、踢腿跳、后踢腿跳、弹踢腿跳、开合跳和弓步跳。

图 11－1－13

图 11－1－14

（1）踏步：两腿交替，不间断地做屈膝上提，然后踏地的动作。踏步动作包括脚尖不离地的踏步、脚离地的踏步、高抬腿的大幅度踏步。

（2）吸腿跳：单腿跳起，同时另一腿屈膝向前、侧上提。

（3）踢腿跳：单腿跳起，同时另一腿直腿向前、侧方向踢出，包括小幅度和大幅度的踢腿。

（4）后踢腿跳：两脚交替有短暂腾空过程（类似跑步），小腿向后屈。

（5）弹踢腿跳：单腿跳起，同时另一腿经屈膝向前、侧方向弹踢。

（6）开合跳：并腿跳起，分腿落地，然后分腿跳起，并腿落地。

（7）弓步跳：并腿跳起，落地时成前（侧、后）弓步。

在进行基本步伐的练习时，跳跃要轻松自如，有弹性，注意呼吸的配合。

六、健美操的编排与实践

（一）健美操编排的基本方法

健身健美操的动作编排是以 32 拍为一个单位，也就是 4 个 8 拍为一组。

1. 基本动作节拍

例如：1 个踏步 =1 拍 =1 ×8 拍（可做 8 次）；1 个开合跳 =2 拍 =1 ×8 拍（可做4 次）。

2. 组合动作的基本方式

掌握健美操的基本步伐后，就可以利用这些动作开始进行锻炼了。为了进一步理解和巩固这些动作，最初可以反复练习，当步伐熟练后，就可以把这些单个步伐按照自己的实际水平组合在一起，变成一组一组的动作，避免反复练习单一动作的枯燥感。初学者1组动作可包括2～4种步伐，对于中级水平的练习者来说1组动作可包括5～6种步伐。通常4个8拍（32拍）为一个组合。

例如：4个动作组成1个组合。8次踏步（1×8拍），4次弓步跳（1×8拍），4次吸腿跳（1×8拍），4次开合跳（1×8拍），共32拍。

3. 动作的变化方式

在熟练掌握健美操的基本步伐，学会将单个步伐组合成32拍的动作组合后，为了使动作组合变得更加丰富、更具挑战性，还要懂得运用动作变化的基本要素。

（1）方向变化：在完成某一个动作时进行不同方向和不同度数的变化。例如，顺时针转90°，向左、向右转。

（2）动作杠杆的变化：在完成动作时对手臂和腿的长度进行变化。

（3）冲击力的变化：在不改变动作结构的前提下，改变冲击力。

（4）路线变化：在进行健美操练习时，沿不同的路线做动作，如Z、L、W型等。

（5）风格的变化：在不改变动作结构的前提下，改变动作的风格，例如踏步加上摆髋变成拉丁操的风格。

（6）手臂动作的变化：在不改变基本步伐的基础上，将手臂动作不断进行变化。

4.《全国健美操大众锻炼标准》的创编原则

《全国健美操大众锻炼标准》以下简称《锻炼标准》。

（1）有氧原则。

健美操在国外一直被称为“有氧体操”，是众多有氧运动的一种，因此在《锻炼标准》的创编过程中充分考虑了“有氧”的因素，注意在运动过程中运动负荷始终保持在有氧的范围内。通过多种组合练习，以提高心肺功能、影响人的整体为基础，达到锻炼身体、增强体质、健美形体的目的。

（2）无损伤原则。

大众健美操的锻炼目的是增强体质、增进健康、塑造美的形体，并形成良好的心理状态。因此，在选择动作时，注意避免使用高难度动作和超负荷动作，以及运动范围过大的动作，以确保无损伤，并有益于健康。

（3）简单易学原则。

《锻炼标准》的实施对象是一般群众，其目的是使更多的人参与到健美操运动中来，并在锻炼的同时，掌握相关的健美操知识、基本技术与风格特点，从而推动健美操运动的发展。因此，在动作的选择上注重简单易学和实效性，使之便于开展和普及。

（4）循序渐进原则。

各等级之间保持有机的联系，在保证合理的运动负荷的基础上，运动量和难度逐渐加大。动作由简至繁，幅度由小至大，速度由慢至快，练习步骤由分解至完整。

（5）提高人体基本素质原则。

根据不同等级的任务和技术要求，通过基本动作、组合动作和力量素质的教学，提高人体的力量、柔韧、协调、灵敏等基本素质和基本能力。

5.《全国健美操大众锻炼标准》的评定因素

（1）动作的正确性：身体姿态要舒展；动作技术要正确；动作范围要适当。

（2）身体的协调性：全身协调运动；动作轻松、有弹性；动作清晰，无多余动作；动作避免过分松弛或过分紧张。

（3）连接动作的流畅性：动作之间的连接要自然、流畅；动作的转换及方向的变化要干净利落，无多余动作。

（4）节奏感：动作要充分表现音乐情绪；动作和音乐节奏要配合协调；一连串动作的节奏要准确。

（5）表现力：动作要展示内心的激情，体现一种健康、向上的情绪；提倡个人风格的表现力。

（二）健美操的实践

1. 选择适合自己的锻炼方案

坚持健美操锻炼可以增进健康，缓解精神压力，预防心理疾病的发生。学习之余进行健美操锻炼能起到积极性休息的目的，使智力水平得到更充分的发挥。但由于每个人的身体状况及健美操锻炼水平不同，同一个锻炼方案对每个人所起的效果也会不一样。因此，要根据自己的实际情况选择恰当的锻炼方案，才能达到最佳的锻炼效果。

健美操可以根据不同年龄、不同身体状况、不同的需求进行编排，人们可以根据自己的需要和情况，选择不同类型的健美操。例如，初学者可以选择较简单的组合练习或短套路练习，有一定水平后再做一些变化较多、难度较高的套路练习。体形不同的人也可针对自己的体形特点加强某些方面的锻炼。

2. 《全国健美操大众锻炼标准》规定的等级、层次与对象

《锻炼标准》将大众锻炼标准共分为 6 个等级、4 个层次。

等级水平由低到高分别为 1、2、3、4、5、6 级。

（1）层次：1 级为入门，2、3 级为初级，4、5 级为中级，6 级为高级。

（2）对象：1 级面向大众，2、3 级面向有意参加健美操锻炼者，4、5 级面向健美操爱好者，6 级面向有意于健美操深造及准备进入竞技健美操训练者。

3. 《全国健美操大众锻炼标准》对各级别的要求

（1）1 级：学习以步伐为主的最基本动作，步伐以单一、原地动作为主；进行低强度的有氧训练；素质以辅助支撑的俯卧撑、低强度的仰卧起坐和低负重的力量练习为主；学习和了解健美操的常识。

（2）2、3 级：掌握基本动作；学习健美操典型动作；以下肢单动作配合上肢简单动作为主；保持中低强度有氧训练；素质以上肢、腰、腹、臀部的力量和弓步及各部位拉伸练习为主。

（3）4、5 级：掌握健美操典型动作；学习健美操复合动作及简单的步伐变换技术及跳跃技术；提高身体的协调性；提高运动负荷，保持中等强度的有氧训练；素质训练以塑造形体为主，增加柔韧的练习方法。

（4）6 级：掌握复合动作的变化规律，巩固已掌握的步伐变换技术及跳跃技术；提高动作的表现力；加大运动负荷，以中等强度的有氧训练为主，达到减脂的目的；提高肌肉力量，并进一步塑造其形态，加大动作的空间位移，展现良好的协调性。

4. 养成良好的锻炼方式

健美操锻炼应根据人体的生理特点和锻炼基础进行，遵循人体生理学规律，如果不注意自身特点、不考虑安全因素、扰乱生物节律以及盲目追求锻炼效果，不仅达不到锻炼效果，有时甚至会对身体造成损害。因此，锻炼时应注意以下几点：

（1）结合自身特点进行锻炼，选择适合自己类型的健美操和动作组合。

（2）要持之以恒，健美操锻炼和其他运动项目一样，必须进行不间断练习才能达到理想的效果。

（3）掌握正确的锻炼方法和手段，重视基本功和基本动作练习，并根据自身的体质状况，把握好练习时间和运动负荷。

（4）定期对健美操的锻炼效果进行评价，可制定包括体重、胸围、腰围、臀围、心功能指数等多项指标的健康卡片，每月测试一次，以作对比。

第二节 瑜 伽

一、瑜伽简介

（一）瑜伽的起源和发展

瑜伽起源于印度，瑜伽一词来自印度古代梵文，是梵文“yoga”的译音，瑜伽的思想和实践在印度源远流长。

在中国，越来越多的人从了解瑜伽、喜爱瑜伽，到参与瑜伽锻炼，并把瑜伽锻炼作为生活的一部分，这些人群以女性为主，以中青年为主。全国各个健身中心也都开设了瑜伽，成为健身中心主打锻炼形式。同时，瑜伽正走进课堂，逐步成为学生喜爱的体育锻炼项目之一。

（二）瑜伽的基本分类

1. 办公室瑜伽

办公室瑜伽是以办公室作为锻炼场所，办公用品作为道具，针对白领人群的特点进行减压为主的瑜伽锻炼。

2. 居家瑜伽

毛巾也可以作为道具，通过瑜伽练习，轻轻松松扫除疲劳，调整心态，放松心情。

3. 双人瑜伽

双人瑜伽能让我们学会与人分享、交流和互动，强调与人共同协作来完成一个人难以完成的动作。

4. 形体瑜伽

通过反关节的练习，纠正不良身体姿态，改变生活习惯，打造良好的身体姿态。

5. 器械瑜伽

利用器械，加强练习力度和强度，达到更好的练习效果。

6. 孕妇瑜伽

通过练习瑜伽掌握正确的呼吸技巧和放松方法，提高心肺功能，为助产和产后恢复打下良好基础，增强腹肌力量，有利于缩短产程。

7. 高温瑜伽

通过温度和速度达到排毒养颜的功效，比平时多几倍的汗量，将体内的多余脂肪和毒素排出，达到减肥养生的功效。

8. 减压瑜伽

通过抬高下肢的练习，使血液回流，全身肌肉放松，调节呼吸，减轻压力，缓解疲劳。

二、瑜伽练习的要点及图解

（一）瑜伽练习注意事项

1. 瑜伽的呼吸

（1）胸式呼吸：吸气时，肋骨慢慢向外扩张，胸廓张开，将新鲜空气通过呼吸道吸入肺部，当吸气量加深时，腹部向内收紧，将吸入的气集中在胸腔。呼气时，肋骨收紧，胸廓还原，慢慢将肺内浊气呼出体外。

（2）腹式呼吸：吸气时，胸廓保持不变，腹部肌肉放松向外扩张，随着吸气量的加深，膈肌下降，腹内脏器下移，小腹慢慢鼓起。呼气时，腹部收紧，膈肌升起，把肺内浊气完全排出，内脏器官恢复原位。仰卧姿势、俯卧姿势的练习，多采用腹式呼吸。

（3）混合式呼吸：是胸式呼吸和腹式呼吸结合在一起的自然呼吸，吸气时，用腹式呼吸过渡到胸式呼吸。呼气时，按相反的顺序，先放松胸廓，然后再放松腹部慢慢呼出浊气。大部分的瑜伽练习都适用混合式呼吸。

（4）瑜伽的呼吸贯穿整个练习，呼吸自由顺畅最重要，动作开始时调整好呼吸的节奏，动作过程中呼吸自如，结束时，深呼吸调整心率至平缓。

2. 瑜伽练习的力度

（1）柔韧的力度：初级瑜伽柔韧练习时，要注意力度的控制，每个动作都要温和地伸展身体，达到自己的限度即可，不要过度用力，避免受伤。当韧带、关节的灵活度加强时，再提高自己的锻炼标准。

（2）平衡的力度：初级瑜伽平衡，从站立姿势开始，到单腿站立，先不强调抬起腿的高度，保持身体的平衡，掌握平衡以后，再提高要求，逐步提高抬起腿的高度。

（3）力量的力度：初级瑜伽力量的控制，要做到力所能及，支撑动作从双手、双脚开始，一段时间的练习以后，掌握了技巧，力量得到提高，再增加难度。

（二）瑜伽练习组合、练习要点及图解

组合一　伸展身体（Body extend）

预备：身体直立，抬头挺胸，两肩下沉，收腹提臀，两脚左右开立。（图 11－2－1）

动作 1：身体转体 90°，手臂经侧上伸手掌合十，抬头看手指的方向，两腿成弓步。（图 11－2－2）

常见错误：弓步开度不够。

要点：弓步要站稳，手臂尽量向上伸，身体向后屈。

动作2：在动作1的基础上，手臂打开成斜上伸展，眼看斜上方。（图11－2－3）

常见错误：胸部左右伸展不够。

要点：两臂尽量向两侧伸展。

动作3：重心后移至后腿上，后腿微屈，前腿伸直，同时，身体前屈至胸部靠近大腿，双手侧后伸。（图11－2－4）

常见错误：前屈体时低头含胸。

要点：保持身体姿态的伸展，前腿伸直。

动作4：身体转体90°右手触右脚，左手臂向上伸，眼看左手方向。（图11－2－5）

常见错误：侧屈体时低头含胸。

要点：右肩尽量靠近右腿，保持身体姿态伸展。

动作5：重心前移至右腿站立，左手抓左脚向上拉起，右手臂前伸。起立落腿，转体90°还原至预备姿势。相反方向练习，结束。（图11－2－6）

常见错误：稳定性不够。初学者，不强调高度，保持好身体伸展的姿态和稳定性。

要点：手臂和腿部同时用力，保持身体平衡。

图11－2－1

图11－2－2

图11－2－3

图11－2－4

图11－2－5

图11－2－6

组合二 身体侧伸展（Body extend sideward）

预备：身体直立，抬头挺胸，两肩下沉，收腹提臀，两脚左右开立。（图11－2－7）

动作1：左脚右前点地，右手下按，左手上伸托掌，身体侧屈。（图11－2－8）

常见错误：身体前倾，拉伸不够。

要点：身体侧屈时，保持身体的面向前，不要转体。

动作 2：重心前移至左腿成弓步，身体前屈。（图 11－2－9）

常见错误：重心不在前腿上。

要点：重心落在前腿上，加大拉伸左侧身体的力度。

动作 3：重心后移至两腿之间，身体向左侧屈。双手臂经侧交换位置。（图 11－2－10）

常见错误：身体的角度不好。

要点：拉伸右侧身体，身体面向前。

动作 4：右脚向右前一步成右弓步，右手背至体后，左手经上与右手会合。（图 11－2－11 及背面）

常见错误：肩关节伸展不够。

要点：伸展身体和肩部。

动作 5：转体 90°成侧弓步，身体侧屈靠近大腿，双手松开，左手经前在体后与右手会合，起立，还原至预备姿势。相反方向练习，结束。（图 11－2－12 及背面）

常见错误：髋关节伸展不好。

要点：身体面向前，保持身体伸展。

图 11－2－7

图 11－2－8

图 11－2－9

图 11－2－10

图 11－2－11

图 11－2－11 背面

图 11－2－12

图 11－2－12 背面

组合三　身体平衡（Body balance）

预备：身体直立，抬头挺胸，两肩下沉，收腹提臀，两脚左右开立。（图 11－2－13）

动作 1：右腿直立，左腿抬起，将左脚底贴紧右腿内侧，双臂经侧上伸手掌合十。（图 11－2－14）

常见错误：抬起腿没有收紧。

要点：身体保持直立伸展，左脚和右腿相互用力。

动作 2：左腿移至右腿前，身体前屈靠近腿，双手臂侧后伸展。（图 11－2－15）

常见错误：支撑腿没有弯曲，左手臂后伸，身体后屈。

要点：身体尽量靠近腿部，保持身体平衡。

图 11－2－13

图 11－2－14

图 11－2－15

动作 3：放下左腿成后点地站立，右手触头部。(图 11－2－16)

常见错误：后屈时，挺腰不够。

要点：后屈时，腰部挺直，胸部后屈，身体保持平衡。

动作 4：身体恢复直立，右手臂前伸，左手臂扶腿，左腿后举至后举腿平衡。还原至预备姿势，相反方向练习。(图 11－2－17)

常见错误：身体下压，后背肌肉松散。

要点：身体随着后腿的高度向前伸，后腿尽量高举起，身体保持平衡。

动作 5：左腿落地，成左右开立，双手臂侧伸，身体前屈，转体 90°上手撑地，左腿向后上伸。(图 11－2－18、图 11－2－19)

常见错误：双腿伸展不够，姿态控制不够好。

要点：腿尽量后伸并举高，手臂撑地要用力并伸直手臂，保持身体平衡。

动作 6：以右手右脚为轴，转体 180°，（翻转）左脚落地，左手在胸前屈曲，成单手蹲撑。然后，挺髋伸手臂，成单手支撑，相反方向练习。起立，还原成预备姿势，结束。(图 11－2－20、图 11－2－21)

常见错误：髋部伸展不够。

要点：翻转时，手臂用力。支撑时，身体呈一条直线，保持身体平衡。

图 11－2－16

图 11－2－17

图 11－2－18

图 11－2－19

图 11－2－20

图 11－2－21

组合四　身体后屈（Body bend backward）

预备：身体直立，抬头挺胸，两肩下沉，收腹提臀，两脚左右开立。（图 11－2－22）

动作 1：身体前屈呈 90°，手臂侧伸。（图 11－2－23）

常见错误：身体过分下压。

要点：身体伸展，与地面平行。

动作 2：身体向右转体 90°成右腿屈左腿后伸，身体后屈，手臂经侧双手合十向上伸。（图 11－2－24）

常见错误：重心太高。

要点：身体尽量后屈，后退伸直，保持身体平衡。

动作 3：重心后移至左腿，右腿伸直，转体 90°，身体侧屈，右手触右脚，左手臂上伸。（图 11－2－25）

常见错误：侧屈时，身体前倾。

要点：身体面向前，尽量侧屈。

图 11－2－22

图 11－2－23

图 11－2－24

图 11－2－25

动作 4：左手在左前方撑地，右手臂向上伸，右脚移到左后侧点地，身体后屈。（图 11－2－26）

常见错误：身体伸展不够。

要点：身体向后尽量伸展开，保持平衡。

动作 5：身体翻转成正面，右腿后伸，右手前伸。然后放松身体和腿，收腹含胸，右膝盖接触右肘关节，再伸展一次。（图 11－2－27、图 11－2－28）

常见错误：支撑时，平衡控制不好。

要点：身体和腿向上伸展。

图 11－2－26

图 11－2－27

图 11－2－28

动作 6：成分腿蹲，双手经内扶脚的外侧，低头伸直腿，成分腿屈体立，重复一次。起立，还原成预备姿势，结束。（图 11－2－29、图 11－2－30 及侧面）

常见错误：身体与地面角度不好。

要点：身体尽量靠紧大腿，尽量伸直腿，保持身体平衡。

图 11－2－29

图 11－2－30

图 11－2－30 侧面

组合五　身体扭转（Body twist）

预备：屈腿盘坐，双手放在膝关节上，挺直后背。（图 11－2－31）

动作 1：手臂经侧举至左手背后，右手扶左膝盖，身体扭转，右肩接触右膝盖。（图 11－2－32）

常见错误：含胸。

要点：左肩展开，身体尽量靠近腿。

动作 2：向右转体 45°右腿伸直，左脚掌贴住右腿内侧，手臂经侧向上，身体前屈。（图 11－2－33、图 11－2－34）

常见错误：屈膝腿外展不够，身体姿态控制不好。

要点：身体挺直，保持好姿态尽量靠近腿部。

图 11－2－31

图 11－2－32

图 11－2－33

图 11－2－34

动作3：身体立直，向左扭转，左脚至右腿外侧，右肘至左腿外侧，左手掌与右手掌相对。(图11－2－35)

常见错误：后背不挺直。

要点：后背尽量挺直再扭转。

动作4：左腿屈膝至左侧，身体右侧屈，右手触右脚，左手后背。

常见错误：低头含胸。(图11－2－36)

要点：右肩尽量接触右腿。后背挺直。

动作5：右腿收回，右脚掌与左脚掌相对，手臂经侧落下，两手交叉于体前，身体前屈。恢复身体姿势到预备姿势，结束。(图11－2－37)

常见错误：低头含胸。

要点：双腿外开，身体尽量前屈，靠近地面。

图11－2－35

图11－2－36

图11－2－37

组合六　腿部伸展（Legs extend）

预备：直角坐。(图11－2－38)

动作1：含胸收腿，双手抱膝（图11－2－39），伸直腿，身体后屈双手撑地（图11－2－40），反复一次上手抱膝再伸展。含胸收右腿（图11－2－41）。

常见错误：后背伸展不够。

要点：含胸时后背充分伸展，展胸时，抬头上挑腰。

图11－2－38

图11－2－39

图11－2－40

图11－2－41

动作2：身体后倒，右腿摆至身体左侧，双手侧展开。(图11－2－42)

常见错误：肩部离开地面。

要点：身体扭转，腰部放松。

动作3：双手搬右腿至身体前。(图11－2－43)

常见错误：双腿弯曲。

要点：搬腿时，要伸直腿，尽量靠近身体，左脚不离开地面。

动作4：右腿屈膝，双手抱膝至胸前，然后做交换左右腿，左腿屈膝，双手抱膝至胸前。(图11－2－44)

常见错误：大小腿折叠不够紧，节奏控制不好。

要点：交换腿时，控制好节奏，双腿同步完成交换动作。

动作5：头部和腿部离开地面，腿部交换动作。(图11－2－45)

常见错误：同动作4。

要点：同动作4。

图11－2－42

图11－2－43

图11－2－44

图11－2－45

动作6：身体转体成侧卧肘撑，右手搬起右腿。(图11－2－46)

常见错误：身体接触地面的位置不好。

要点：搬腿时，腿要伸直，尽量使腿靠近身体，身体面向前。腿的外侧接触地面。

动作7：右腿屈膝收腿，再伸直控住。(图11－2－47)

常见错误：同动作6。

要点：伸腿时，控制好节奏，慢慢伸直。

动作8：转体90°俯卧，右手抓左脚，向上搬腿。左手、右腿伸直。(图11－2－48)

常见错误：搬拉腿的方向不正确。

要点：搬腿时，尽量向右肩上方位置拉动腿，手臂伸直；松开手，换另一侧。

图11－2－46

图11－2－47

图11－2－48

动作9：双手抓脚，抬头向上拉动腿。(图11－2－49)

常见错误：搬拉腿的方向不正确。

要点：后背收紧，尽量挺胸抬头，向上方搬拉腿。

动作 10：双手松开，放在髋部位置，腿向上伸展。腿放下，身体放松，结束。（图 11 - 2 - 50）

要点：腰部、腿和臀部尽量收紧。然后双腿放松落至地面，结束。

图 11 - 2 - 49

图 11 - 2 - 50

组合七　躯干拉伸（Trunk pull and extend）

预备：面向 45°双腿弯曲坐立，双手下垂于体侧。（图 11 - 2 - 51）

动作 1：身体扭转 90°侧屈至右腿，右肩贴右膝，同时，右手臂贴地屈肘，左手臂上伸。（图 11 - 2 - 52）

常见错误：后背不够挺直。

要点：身体伸展，肩和手臂呈一条直线。

动作 2：身体立起，双手分别向右前上、左后下伸展。同时，后腿伸直。（图 11 - 2 - 53）

常见错误：身体伸展不够。

要点：身体尽量向后伸展拉伸。

动作 3：右手臂后撑地，左手臂向上伸，挺胸、挺髋成双脚单手撑地。（图 11 - 2 - 54）

常见错误：髋部伸展不够。

要点：右手臂用力撑地，髋关节向上挺起，伸展后背，双腿用力。

图 11 - 2 - 51

图 11 - 2 - 52

图 11 - 2 - 53

图 11 - 2 - 54

动作 4：臀部落地，身体成预备姿势，手臂在体后合掌。（图 11 - 2 - 55 及背面）

常见错误：指尖方向不对。

要点：手尽量合上掌部，指尖向上。

动作 5：左手搬起左脚放置肘关节处，右手与左手合掌。然后，右手经前、上、左在后上方与左手合掌。（图 11 - 2 - 56、图 11 - 2 - 57）

常见错误：膝盖和髋部不在一条直线上。

要点：此动作有一定的难度，不要过分用力，可以降低难度，只做图 11－2－56 亦可。

动作 6：双腿伸直于体侧，身体向左、向前、向右屈体，手臂伸展。（图 11－2－58、图 11－2－59）

常见错误：前屈时，含胸。

要点：挺直后背，身体尽量靠近地面，拉伸腿部。

动作 7：身体立起，右手臂后撑地，左手臂向上伸，挺胸、挺髋成双腿单手支撑。（图 11－2－60）

常见错误：髋部伸展不够。

要点：右手臂用力撑地，髋关节向上挺起，伸展后背，双腿用力。

图 11－2－55

图 11－2－55 背面

图 11－2－56

图 11－2－57

图 11－2－58

图 11－2－59

图 11－2－60

动作 8：身体还原到预备姿势，手臂体后相握，然后，身体前屈。还原身体成预备姿势，结束。（图 11－2－61、图 11－2－62）

常见错误：含胸低头。

要点：后背挺直，身体贴紧腿，手臂尽量上伸。

图 11－2－61

图 11－2－62

组合八　倒立伸展（Arms -tanding extend）

预备：跪坐，手臂下垂。然后身体前屈，双手前伸。（图 11-2-63、图 11-2-64）

动作 1：胸部贴近地面前穿撑起上体，左腿屈膝抬起（图 11-2-65）。然后按原路线回到预备姿势（图 11-2-64）。反复 2 次。

常见错误：胸部动作不到位。

要点：胸部尽量贴近地面，手臂原地用力撑地。

图 11-2-63

图 11-2-64

图 11-2-65

动作 2：跪撑，低头收腹含胸，然后挺胸、抬头。（图 11-2-66、图 11-2-67）

常见错误：动作顺序不正确。

要点：伸展动作时，注意从骶椎开始做，逐步到头部，尽量充分伸展躯干部位。

图 11-2-66

图 11-2-67

图 11-2-68

图 11-2-69

动作 3：身体翻转 180°成坐立姿势（图 11-2-68）。身体后倒，两腿后伸（图 11-2-69）至脚尖点地手臂肘撑地面，手扶后背（图 11-2-70）。再慢慢经屈膝（图 11-2-71）至伸直双腿（图 11-2-72）。

常见错误：手撑的位置不正确，髋关节伸展不够。

要点：动作过程要缓慢，控制好平衡，肘关节夹紧撑地，手撑后背，髋关节尽量伸直。

动作 4：右腿屈膝脚尖点左膝，交换腿部动作。（图 11-2-73）

常见错误：同动作 3。

要点：屈膝腿大腿与地面平行，交换腿时，注意动作舒缓，控制好身体姿态，保持髋关节伸展。

图 11－2－70

图 11－2－71

图 11－2－72

图 11－2－73

动作5：两腿向侧伸展（图11－2－74），再伸展髋关节回到图11－2－72的动作，反复一次。然后，屈膝收腿，还原至图11－2－69的动作。

常见错误：同动作3。

要点：动作舒缓，双腿尽量侧开，控制好身体姿态，保持髋关节伸展。

动作6：屈膝落至髋侧，手握踝关节（图11－2－75）；同时，挺胸、挺髋，肩和脚撑地（图11－2－76），反复一次。再抬起右腿，点在左膝上（图11－2－77），然后，伸直右腿（图11－2－78），反复一次后换另一腿练习。还原至图11－2－76动作。

常见错误：挺髋不够，手撑的位置不正确。

要点：肘关节撑地要用力，躯干尽量伸展。伸腿时，控制好节奏，直到伸直。

结束：全身放松，调整好呼吸。（图11－2－79）

图 11－2－74

图 11－2－75

图 11－2－76

图 11－2－77

图 11－2－78

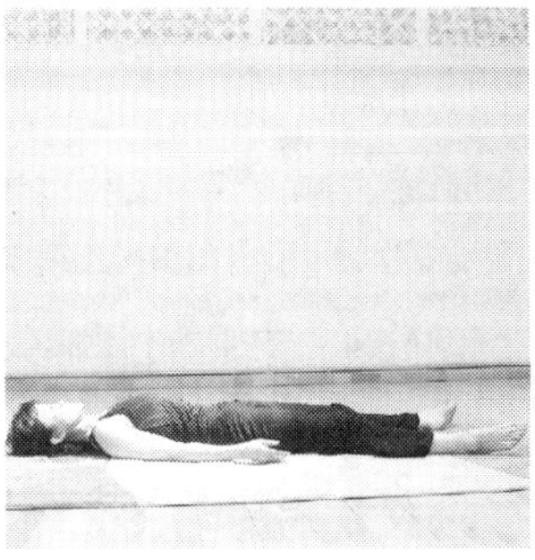
图 11－2－79

其他动作：

（1）侧支撑（Support sidewards）。（图 11－2－80）

双手撑地，左肘关节顶住右大腿外侧，双腿伸直，手臂将身体支撑离开地面。

常见错误：支撑点不准确。

要点：重心前移，支撑点在上臂中段。

（2）分腿支撑（Straddle support）。（图 11－2－81、图 11－2－82）

上手撑地肘关节分别顶住大腿的内侧，伸直腿，使身体离开地面。

常见错误：支撑点不准确。

要点：重心前移，臀部抬起，支撑点在上臂中段、大腿的内侧，保持身体平衡。

图 11－2－80

图 11－2－81

图 11－2－82

（3）头手倒立（Head－hands stand）。（图 11－2－83 至图 11－2－85）

头触撑地，手背触地，脚尖点地，然后屈膝收腿，伸直髋关节和腿，成头手倒立。

常见错误：头部接触地面的部位不正确，髋部伸展不够。

要点：头的前额部位接触地面，手臂辅助平衡。伸展髋关节时，注意动作节奏。

图 11－2－83

图 11－2－84

图 11－2－85

三、瑜伽课程考试要求

（一）考试内容和方法

（1）学习过的组合，任选其一，均可以作为考试内容。

（2）自主创作、编排的组合。

（3）音乐，可以选用教师上课用的音乐，或者自主选择音乐，音乐的时间：5 分钟 ± 15 秒。

（4）自由组成考试小组，男女不限，每组1~6人（包括6人）。

（5）要求有队形变化，至少6个队形的变化。

（二）评分标准

考核标准满分为100分。

100~90分：自主创编的动作，队形变化顺畅，能很好地展示所选动作，表现力强，动作连贯优美、舒展缓慢并与呼吸吻合。

89~80分：自主创编的动作，队形变化畅顺，能展示所选动作，有表现力，动作连贯、舒展缓慢并与呼吸吻合。

79~70分：能展示所选动作，有表现力，动作连贯、舒展缓慢并与呼吸吻合。

69~60分：能展示所选动作，动作连贯，动作大致与呼吸吻合。

60分以下：不能完成动作，有严重的错误动作，与呼吸不吻合。

第三节　健身健美

一、健身健美简介

健身健美作为现代体育运动项目发展至今已有百年历史。它是由德国医生尤金·山道创立的一项旨在发展发达全身各部肌肉的体育运动方法。

健身健美是一项通过徒手或各种器械练习，以发展肌肉、增强体力、改善形体和陶冶情操为目的的运动项目。在健身健美练习中，练习者利用各种轻重器械（杠铃、哑铃、弹性限度内拉力器和多功能力量练习器等）进行有目的、有针对性的练习。基于健身健美的项目特点，在课程教学中主要注重的是技术的正确性、练习的安全性、练习的渐进性、负荷的合理性、个体的差异性以及练习时间的持续性，同时更强调高质量的课内练习与必须的课外锻炼相结合，积极自觉的个人练习与同学间的相互帮助和保护相结合。

二、健身健美练习方法与手段

（一）臂部练习

1. 臂弯举

方法：坐于长凳上，掌心向内，双手各握一哑铃；吸气同时抬起一侧手臂，掌心转向上方，肘部抬高，继续弯举哑铃至最高点。双手交替完成。主要锻炼肱桡肌、肱肌、肱二头肌以及三角肌前束。

2. 锤击式臂弯举

方法：站姿、坐姿均可。掌心向内，双手握哑铃。两肘紧靠躯干两侧，吸气弯举哑铃至肩部最高点，还原至肘关节伸直。两手同时或交替进行。主要锻炼肱二头肌、肱肌。

3. 仰卧哑铃（杠铃）臂屈伸

方法：仰卧于长凳上，双臂伸直。正握哑铃（杠铃）。吸气屈肘，稳定上肢，回到起始位呼气。主要锻炼肱三头肌。

（二）肩部练习

1. 坐（站）姿肩后（体前）实力推

方法：伸直背部，正手握铃，置于肩后（体前）上方；吸气，将杠铃推至头顶上方，至双肘完全伸直；完成时呼气。主要锻炼三角肌中束、斜方肌上部、肱三头肌、前锯肌、菱形肌、冈下肌、冈上肌以及小圆肌。

2. 直立并握杠铃提肘拉

方法：两脚分开直立，腰背伸直，双手并握杠铃杆中部，置于大腿前；吸气，贴身提杠铃至下颌处，并使肘关节向上做最大位移；慢匀速返回至起始位时呼气。主要锻炼三角肌、斜方肌、肱三头肌以及肱二头肌。

（三）胸部练习

1. 平位（上斜、下斜）杠铃（哑铃）卧推

方法：仰卧于卧推凳上，保持头、肩、臀始终紧贴凳面。双脚平行放于凳尾两侧地面；双手握距明显大于肩宽，掌心向外，正握杠铃；吸气，闭气使杠铃慢速降至胸部乳头上方，触胸即可；推举杠铃至双肘完全同时伸直时呼气。主要锻炼胸大肌、肱三头肌、三角肌前束、前锯肌以及喙肱肌。

此动作可延伸至多种体位、握法、握距及杠铃下降触点，并因此而产生多部位的练习效果。完成此动作时，如腰部有不适者，可采用抬脚屈腿至腹部上方的方式完成练习。

2. 俯卧撑

方法：身体俯卧，双臂伸直，双手与肩同宽或稍宽；双掌掌心向下平行或向内支撑于地面，双脚并拢；吸气屈肘，使躯干平行靠近地面；推举身体至双臂肘关节完全伸直时呼气。主要锻炼胸大肌、肱三头肌以及三角肌前束。

此动作变换躯干体位，亦可改变锻炼部位。

3. 仰卧飞鸟（平位/上斜）

方法：仰卧于飞鸟凳上，掌心相对，手握哑铃；双臂向上伸，手腕稍微内扣，肘关节微屈；吸气，双臂匀速缓慢向肩两侧分开至肘关节与肩部齐高；停顿一秒，呼气的同时还原至起始位。主要锻炼胸大肌及肌肉的柔韧性。

此动作为单独练习胸肌的最好方法之一。

4. 仰卧哑铃（杠铃）屈（直）臂上提

方法：仰卧于飞鸟凳上，头、肩、背、臀紧贴凳面，双脚平行放于凳尾两侧地面，双手持铃；吸气将哑铃（杠铃）下降至头后屈肘；返回起始位并呼气。主要锻炼胸肌、肱三头肌长头、大圆肌、背阔肌、前锯肌、菱形肌以及胸小肌。

此动作练习时，负重不宜过重。吸气时应做到充分。

（四）背部练习

1. 正（反）卧引体向上

方法：双臂伸直，宽握距，正握单杠；吸气身体上拉至眼睛高于单杠处还原呼气。此动作是非常有效的锻炼肱二头肌、肱肌、肱桡肌和胸大肌的方法，是增加背部肌肉厚度的最佳方法之一。

此动作可采用体前和颈后两种方式，以达到不同的练习效果。如需增加练习强度，可在练习者身体上增加负重。

2. 俯卧背起

方法：俯卧于体操垫或专用器械上，固定下肢双踝部，并使髋部位于支撑点最前端；双手抱头（或双手伸直反握于臀后）；挺胸扩肩，下颌微抬，吸气，向上挺身。练习时尽可能使躯干大于0°。主要锻炼竖脊肌、臀肌、股二头肌长头及背部其他肌肉。

（五）腹部练习

1. 屈膝仰卧起坐

方法：屈膝平卧，双脚着地，两手抱头；吸气团身将躯干部抬起至双肘能触膝时呼气；复位后不间断重复此动作直至腹肌出现涨热现象。主要锻炼腹直肌，对屈髋肌和腹部斜肌也可起到锻炼作用。对于初练者用向前伸臂动作代替双手抱头动作更易完成。

2. 屈腿仰卧起坐

方法：平躺，双手抱头，抬腿屈髋呈90°；吸气团身起坐至头接近大腿部时呼气；复位后不间断重复此动作直至腹肌出现涨热现象。主要锻炼腹直肌。初练者只完成至双肘触膝即可。

3. 小腿搁凳仰卧起坐

方法：身体平躺，将两小腿搁置矮凳上，双手抱头，吸气团身起坐使头部尽可能触及膝部时呼气；复位后不间断地重复此动作直至腹肌出现涨热现象。主要锻炼腹直肌上部，对髂腰肌、阔筋膜张肌和股直肌也能起到锻炼作用。

（六）腿部练习

1. 负重颈后深蹲起

方法：收腹挺胸直腰，使杠铃置于肩上时，双手以明显大于肩宽的握距握于杠铃两侧（握距以练习者感到舒适为宜），并使掌心朝下，虎口向前，手腕部位与掌背呈平面；下蹲时两腿尽量分开，脚尖向前或朝外并使膝关节与脚尖在同一直线上。吸气、闭气下蹲至膝关节明显高于臀部时起蹲，直至双膝完全伸直，呼气。主要锻炼股四头肌、长收肌、大收肌、短收肌、竖脊肌。

2. 负重颈后半蹲起

方法：将杠铃置于肩部斜方肌上，且稍高于三角肌后束，以练习者合适的握距握住杠铃两侧；深吸气平视前方，双腿分开与肩同宽，保持脚尖向前或朝外，缓慢屈膝下蹲至大小腿夹角呈90°或稍大于90°时，还原至起始位呼气。主要锻炼股四头肌、臀肌、收肌、竖脊肌、腹肌以及腘绳肌。

3. 俯卧小腿屈伸

方法：俯卧，双手紧握于体前固定位，脚踝部负重，吸气时尽力抬脚至膝关节完全弯曲（尽量使足跟触及臀部），缓慢还原至起始位时呼气。主要锻炼股二头肌（短头）、半腱肌、半膜肌、小腿三头肌及胫骨前肌等。

此动作可分为分腿交替或并腿练习。

（七）臀部练习

1. 负重弓步

方法：双脚分开与髋同宽，双手持铃置于颈后肩上，吸气向前跨一步下蹲，上身保持直立，呈弓步；前腿上部稍低于膝部水平线；还原至起始位呼气。主要锻炼臀肌、股四头肌。初练者因较难掌握平衡，应从小负荷练起。

2. 侧卧直腿侧平举

方法：侧卧，头与肩呈一条直线，向上抬腿，与地面形成约90°角，保持膝部伸直，还原至起始位，不间断地重复此动作。主要锻炼臀中肌、臀小肌。

动作幅度可依据个人实际情况控制。注意在腿抬到最高点时保持3～5秒。熟练者可小腿负重练习，以增加效果。

3. 站姿直腿负重后摆

方法：直立站立时保持髋、膝、踝呈一条直线，在运动腿踝部固定轻负荷物（如沙袋等），双手握固定位保持身体平衡，吸气直腿后伸，呼气还原至起始位。不间断完成。主要锻炼臀大肌、腘绳肌。此练习有利于腿部塑形，增加臀部紧张度。

三、健身健美练习法则

（一）初级阶段练习法则

（1）渐进性超负荷法：增强任何健康素质的基础是使肌肉担负比它已习惯的更重的工作，使肌肉承担不断增大的负荷。具体就是逐步提高重量与密度，但一定要循序渐进。

（2）多组练习法：即每个动作要进行多组练习，以使每一肌肉群都能彻底得到锻炼。

（3）动作多变法：为了避免肌肉适应，经常给肌肉以新的刺激。

（4）孤立锻炼法：对要发展的肌肉部位，要尽可能地不借助其他部位，单独承受负荷来集中刺激肌肉。

（二）中级阶段练习法则

（1）优先训练法：对于身体最弱或重点要加强的部位的训练，安排在训练课的最前面，以充足的精力、体力保证训练质量。

（2）金字塔法：即先用一次能举起的最大重量的60%做5次，随后增加重量，减少次数，直到用80%的最大重量做5～6次。

（3）分部练习法：把身体分为几部分，对每部份各采用更多的锻炼动作和组数，分别在不同的锻炼日来练，以增加锻炼的全面强度。

（4）大量充血法：使用几个不同的动作来刺激同一块肌肉，以增大血流量，集中刺激。

（5）超级组法：把起反作用的相对肌肉群连接一起来练，当练其中之一时，有利于另一部分的疲劳消除。

（6）复合组法：把两个锻炼同一肌肉部位的动作连接进行，就称为复合组。

（7）综合练习法：为使整个肌肉细胞增大，需要对红肌、白肌分别刺激，即增加耐力和负荷的承受力。

（8）周期法：全年锻炼的某一时期，都采用相应的训练法则，如此可利于休整，避免过度疲劳，保持稳步前进。

（9）静力紧张法：即在做一个动作姿势时，不管是否使用重量，最后都静止不动，并保持最大紧张度3～6秒。这对增强神经对肌肉的控制很有好处。

（三）高级阶段练习法则

（1）“欺骗”法：在做每一个动作时，按正确的姿势练到再也无力去做一次为止，然后采用不太规整的动作，或借助其他部位完成一两次的法则。

（2）三合组：即对同一肌肉部位接连做3个不同动作，中间不休息。

（3）巨型组合法：把锻炼同一肌肉部位的5～6个动作连接着做，中间不休息。

（4）先期疲劳法：对不容易刺激的部位，采用先完成“孤立”动作，再做“基本”动作的法则。

（5）休息—停歇法：用增加每组间的休息时间来保证次次都在举最大限度的重量。这是增大体力兼增大肌肉块的训练法则。

（6）顶峰收缩法：在动作做到肌肉收缩最紧张位置时，持续一下这种收缩状态。这能使肌肉线条更明显。

（7）持续紧张法：避免动作的“惯性”来缓慢完成动作，使肌肉持续紧张，肌肉线条会更加明显。

（8）反地心吸力法：在动作回复下落时，用力抗住所用重量的下降力。这种方法能使肌肉快速增长。

（9）强挤次数法：当做到再无力量时，让同伴帮上一点力来完成2～3次。

（10）双分部法：一天进行两次分部练习，练习不同的肌肉群。

（11）三分部法：一天的早上、下午、晚上各练一次，每次只练1～2个肌肉部位。

（12）“烧点”法：当做完一组的最后一次时，再继续做几次短而不完全的动作，这有助于肌肉围度和血管的增长。

（13）质量法：在规定的组数和次数进行锻炼时，逐步减少组与组之间的休息时间，这适于赛前锻炼。

（14）渐降组法：在一次动作中，当做到做不了时，减一点重量继续做下去，然后再减重量做。

（15）直觉法：通过自己锻炼的感觉最适合于自己的训练法则。这是每个健美运动员都应掌握的最重要的一条法则。

（16）兼顾法：把孤立动作和基本动作在一个锻炼课程内训练的法则。

（17）部分动作法：用超负荷的重量来做动作全程的一半，使所锻炼的肌肉充分地得到大强度的刺激。

（18）快速法：针对缓慢动作适应性的刺激肌肉法。

（19）交错穿插法：在组与组间隙之间，插入锻炼其他部位的动作，是充分利用时间的一种方法。

四、健身健美比赛规则简介

（一）健美比赛

（1）国际健美比赛男子竞赛级别为成年组，设60kg、65kg、70kg、75kg、80kg、85kg、90kg、100kg、+100kg。亚洲地区比赛设50kg、60kg、65kg、70kg、75kg、80kg、85kg、90kg、+90kg。

（2）参赛选手赛前必须进行体检，体检合格方可报名参赛。比赛时禁止参赛选手有任何文身及饰物。除可适量擦抹人工着色剂和植物油外。

（3）国际健美比赛杜绝过度发展身体的某一部分肌肉导致过分畸形。国际健美比赛倡导匀称、平衡、协调、全面发展全身肌肉。

（4）男子个人的7个规定动作。

①前展双肱二头肌：面向裁判员直立，两脚自然开立，抬起两臂，弯曲肘部与肩齐高，两手握拳，拳心向下，收缩肱二头肌及全身肌肉。

②前展双背阔肌：面向裁判员直立，两脚自然开立，以两手握拳或张开的方式置于低腰部，然后用力伸展背阔肌，同时收缩全身前面的肌肉。

③侧展胸部（左右侧不限）：运动员选择较好的一只手臂侧向裁判员站立，以右侧为例：右手弯起，紧握拳，左手握住右手腕，右腿屈膝以脚尖点地，挺起胸部，用力弯曲右臂，使右臂肱二头肌收缩隆起，同时收缩腿部肌肉，尤其是股二头肌和小腿肌。

④后展双肱二头肌：背向裁判员直立，弯曲双臂与腕部（动作与前展双肱二头肌相同）。然后一脚以脚尖着地提起脚跟向后支撑，用力收缩全部手臂以及肩部肌肉、上下背肌、腿部肌肉。

⑤后展双背阔肌：背向裁判员直立，将双手置于腰部，肘部张开，一脚以脚尖着地，提起脚跟向后支撑，将背阔肌尽力伸展，用力收缩小腿肌。

⑥侧展肱三头肌（左右不限）：侧向裁判员站立，双手置于身后，再以双手指互勾或者以后面的手握着前面手的手腕，靠向裁判员的这条腿必须屈膝以脚尖着地，用力收缩前侧手臂展示肱三头肌，并提起胸部，用力收缩腹肌及大、小腿肌。

⑦前展腹部和腿部：面向裁判员直立，将双手置于头后，一只腿向前伸出，收缩腹部肌肉，身体向前微倾似含胸拔背的动作，同时收缩前伸腿的肌肉。

（5）女子个人的5个规定动作。

①前展双肱二头肌：面向裁判员直立，双手上举过头，手臂与躯干呈45°，双手张开放松或者握拳，右腿向右方伸直，收缩肱二头肌、腹肌、大腿肌、小腿肌。

②侧展胸部（左右不限）：侧向裁判员直立，前腿向前屈膝脚跟提起，前面的手臂弯曲呈90°，掌心向上。其他要领与男子侧展胸部要领相同。

③后展双肱二头肌：背向裁判员直立，双臂上举过头呈45°，两手张开放松或者握拳，一条腿向后侧伸出，脚跟提起，收缩肱二头肌、上背肌群、骶棘肌、大腿肌、小腿肌。

④侧展肱三头肌：侧向裁判员站立，要领与男子侧展肱三头肌要领相同。运动员也可选择较好的一只臂展示肌肉，右（或左）侧对裁判员，前腿向后伸直，两臂于身后，收缩肱三头肌、胸肌、腹肌、大腿肌、小腿肌。

⑤前展腹部和腿部：面向裁判员站立，要领与男子前展腹部和腿部要领相同。

（6）男女混合双人的5个规定动作。

要求与男子个人和女子个人规定动作相同。

（7）自由造型。

自由造型运动员应从前、后、左、右四个面来显示体形和肌肉。动作数量：男子不得少于15个；女子不得少于20个。每个造型应有短暂的停留。自由造型是运动员通过艺术化及舞台舞蹈化动作来展示其肌肉发达程度的表演。

（二）健身比赛

（1）男子比赛设青年组和成年组。

青年组：年龄规定为21岁以下，不分身高级别；

成年组：无年龄限制，按身高体重分级。

（2）女子健身设青年组和成年组。

青年组：年龄规定为21岁以下，分为+163cm和163cm两个级别；

成年组：无年龄限制，亦分为+163cm和163cm两个级别。

（3）为了能完全地进行运动特长激情表演，不允许使用人体油，运动表演中提倡表现力量、速度（节奏）与柔韧素质、个性、气质与超凡魅力等。

第四节 体育舞蹈

一、体育舞蹈简介

（一）体育舞蹈的起源与发展

体育舞蹈起源于西方国家，经历了原始舞蹈—公众舞—民间舞—宫廷舞—社交舞—新旧国际标准舞等数百年的发展阶段，也称交际舞、交谊舞。

交际舞起源于14—15世纪的意大利，16—17世纪流传到欧美各国，在法国得到较快发展。1768年巴黎举办了第一个收费的舞会，法国大革命推动了舞厅交际舞的发展，华尔兹成为19世纪中叶主要的舞会交际舞。

1924年开始，英国皇家舞蹈教师协会对华尔兹、探戈、维也纳华尔兹、狐步、快步等舞的舞姿、舞步和跳法加以规范和整理，称作国际标准舞。第二次世界大战后，英国皇家舞蹈教师协会又将伦巴、恰恰、桑巴、斗牛、牛仔等拉丁舞整理并纳入了国际标准舞范畴。此时，国际标准舞已包括了标准舞、拉丁舞，并发展到了10个舞种。

国际标准舞以其特有的风格和魅力在极短的时间里风靡世界，并获得了极高的国际声誉。其本身具有的文明典雅的风格和规范化的基本舞步以及日趋清晰的技巧体系，得到了公众的认可，并获得了广泛的发展。

国际标准舞的普及推动了竞赛的开展。1959 年，国际交际舞理事会制定了规则，举行了第一届交际舞世界锦标赛，此后每年举行一次。1960 年，拉丁舞正式列入世界锦标赛比赛项目。1964 年，国际标准舞又增加新的表演和比赛项目——团体舞（也称队列舞），使国际标准舞 10 个舞种的风格特点得到更为鲜明的体现。至此，国际标准舞已发展成为标准舞、拉丁舞、团体舞三种形式，每年在国际上都有不同地区、不同规模、各种级别的比赛，后被称为体育舞蹈。

（二）体育舞蹈在中国的发展

交际舞早在 20 世纪 30 年代就传入我国，当时在上海、北京、天津、南京、广州等城市流行起来，并逐步形成一种自娱性较强的普通交际舞形式。

1986 年，中国国际标准舞总会成立，其是最早将国际标准舞引入中国的专业舞蹈社团。1991 年 5 月，中国体育舞蹈运动协会成立，协会制定了竞赛规划（草案），每年举办一届全国体育舞蹈锦标赛，并培训体育舞蹈骨干及考核体育舞蹈教师和裁判员。中国体育舞蹈运动协会于 1991 年成为世界舞蹈及体育舞蹈理事会（WDDSC）准会员。中国体育舞蹈联合会在加入国际体育舞蹈联合会后，已举办亚洲体育舞蹈锦标赛等多项赛事。

据统计，目前全国体育舞蹈参与者和爱好者数以亿计。国务院发布实施的《全民健身计划纲要》中将体育舞蹈列为推广项目之一。在“终身体育”及“健康第一”的思想指引下，体育舞蹈走进了大学体育课堂，成为大学体育教育和业余活动的一道风景线。作为新兴的体育运动项目，体育舞蹈的发展空间将更为广阔，其体育价值和竞技价值也将得到更充分的展现。

（三）体育舞蹈的内涵与特点

体育舞蹈也称“国际标准交际舞”，是体育运动项目之一。它是由属于文艺范畴的舞蹈演变而来的体育项目，兼具文艺和体育的共同特点，是以竞赛为目的，具有自娱性和表演观赏性的竞技舞蹈。体育舞蹈具有律动性、规范性、艺术性、娱乐性、健身性等特点。

（四）体育舞蹈的项目分类和内容特点

体育舞蹈按舞蹈的风格和技术结构，可分为标准舞和拉丁舞两大类；按竞赛项目分为三大类：标准舞、拉丁舞和团体舞。

（1）标准舞：又称“摩登舞”，起源于欧洲，具有端庄、含蓄、稳重、典雅的风格和绅士风度，包括华尔兹（Waltz）、探戈舞（Tango）、狐步舞（Slow Foxtrot）、快步舞（Quick Step）和维也纳华尔兹（Viennese Waltz）。

（2）拉丁舞：起源于非洲和拉丁美洲，具有热情、奔放、浪漫的风格特点，包括桑巴舞（Samba）、伦巴舞（Rumba）、恰恰舞（Cha－Cha－Cha）、斗牛舞（Paso Doble）和牛仔舞（Jive）。

（3）团体舞：是标准舞或拉丁舞的混合舞，由 8 对选手组成，借助音乐的引导，将 5 种舞蹈在变化莫测的队形变动中编织出丰富多样的图案，它将音乐、舞姿、队形、图案和选手间的和谐配合融为一体，达到完美的统一，使体育舞蹈的风格特点得到了更为鲜明的展现。

二、体育舞蹈的常用名词及术语

（1）舞程向：在同一舞池中，为避免舞者相碰撞，规定必须按逆时针方向行进，这一行进方向称舞程向。

（2）舞程线（简称 L. O. D）：沿舞程向方向行进的路线叫舞程线。（图 11－4－1）

（3）舞姿：泛指舞者跳舞的姿态。

①合对位舞姿（闭式舞姿）："合"指男女交手握抱；"对"指男女面对面。泛指男女面对双手扶握的身体位置。

②侧行位舞姿（简称 P. P）：指男士的右侧与女士左侧身体贴靠，身体的另一侧略向外展开呈"V"字形的站立或行进的身体位置。

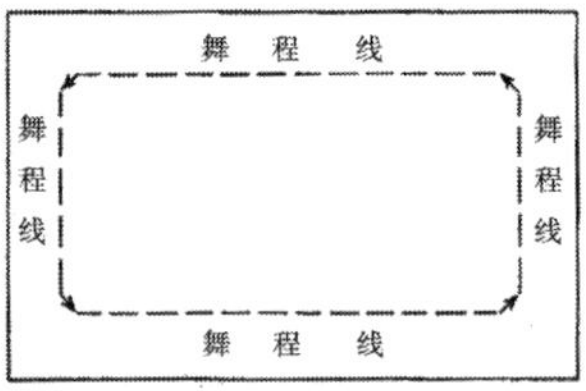

图 11－4－1

③外侧位舞姿（简称 O. P）：是指在摩登舞中，男女舞伴的一侧脚向舞伴同侧脚的外侧（右外侧或左外侧）前进所形成的身体位置。

④并肩位舞姿：指在拉丁舞中，男女面对同一方向肩臂相并的身体位置。以男士为基准，男士左肩与女士右肩相并叫"左并肩位"；男士右肩与女士左肩相并叫"右并肩位"。

⑤影子位舞姿：男女舞伴面向同一方向重叠而立，形影相随的身体位置。以女士居前较常见。

（4）反身动作（简称 C. B. M）：一侧脚前进或后退时，同侧肩和胯后让或前送，使身体与舞步形成反向配合的身体动作。

（5）反身动作位置（简称 C. B. M. P）：在身体不转动的情况下，一脚在身前或身后形成交叉，以保证两人身体维持相靠姿态的身体位置叫反身动作位置。常用于外侧舞伴姿态、侧行位置姿态的舞步中。

（6）升降动作（起与伏）：是指在跳舞时身体的上升与下降。升降动作是在膝、踝、趾关节的屈和伸动作的转换中完成的。

（7）倾斜动作（简称 B. S）：指在跳一些舞步时，身体的倾斜。从形体上讲，是指肩的平衡线向左向右的倾斜，它与地面的水平线呈三角斜线。

（8）节奏：通常指以一定规律反复出现、赋予音乐以性格的具有特色的节拍。

（9）速度：这里指音乐速度，即每一分钟内所演奏的小节总数。

（10）准线：指的是双脚的位置或双脚方向与场地的关系。

（11）平衡：舞蹈中身体重心的准确分配。

（12）基本舞步：构成一种特定舞蹈的基调舞步型。

（13）滑步：指在第二步双脚并拢的三步组成的舞步。

（14）踌躇步：前进暂时受阻的舞步型或舞步型部分重心停留于一脚超过一拍。

（15）锁步：两脚前后交叉的舞步。

（16）脚跟转：向后迈出的脚的脚跟转。在动作过程中并上的脚必须与主力脚平行，旋转结束时身体重心移动至并上的那只脚。

（17）脚跟轴转：不变重心的单一脚跟旋转。

（18）开式转：第三步不是并靠而是超越第二步的旋转。

（19）轴转：一脚脚掌旋转，另一脚处于或前或后的反身动作位置。

三、体育舞蹈的创编

体育舞蹈的创编就是将单个动作，按一定的时间、场地、范围和方向路线，合理地连贯起来，组成一套动作。体育舞蹈的创编，无论在体育舞蹈教学、训练和比赛中都十分重要。

（一）体育舞蹈的创编原则

体育舞蹈的创编必须有一个总体构思。首先要确定整套动作的风格、结构、运动负荷、主体动作和动作顺序，进行精心设计。其次要选择适宜的音乐，解决好单个动作、组合动作的连接，使音乐格调、节奏与动作协调，力求动随音转，音随动张，相辅相成，相得益彰。在创编的过程中要遵循如下原则：

1. 目的性原则

（1）根据不同的目的任务创编。

（2）根据不同对象的特点创编。

（3）根据体育美学的形式美创编。

2. 全面性原则

（1）身体各部位活动全面。

（2）动作的时空变化丰富。

3. 合理性原则

（1）恰当编排动作。

（2）科学安排运动负荷。

4. 艺术性原则

（1）音乐选配的艺术性。

（2）动作设计的艺术性。

（二）体育舞蹈的创编步骤

（1）创编前的准备。

（2）制定总体方案。

（3）音乐选择与剪接。

（4）进行动作创编。

（5）练习与调整。

（6）撰写文字说明与绘图。

（三）体育舞蹈的创编方法

（1）设计新颖独特的开始与结束动作。

（2）多种方法创编单个动作。

（3）以独特的思路创编成套动作。

四、体育舞蹈基本技术实践

（一）标准舞

标准舞又称摩登舞，体育舞蹈项群之一。在此介绍最常见的华尔兹舞种。

1. 华尔兹的基本知识

（1）风格特点：庄重典雅，华丽大方，动作流畅起伏，婉转多变，舞姿飘逸洒脱，男士气宇轩昂，女士雍容大方。

（2）音乐节奏：3/4 拍，一般情况下 30 ~ 32 小节/分钟，音乐华丽，节奏明显。

（3）基本步伐：左脚并换步、右转步、右脚并换步、左转步、叉形步、侧行追步、后退锁步、后叉形步、纺织步、右旋转步。

2. 华尔兹的握抱姿势

（1）闭式舞姿。（图 11 - 4 - 2 至图 11 - 4 - 4）

（2）散式舞姿。（图 11 - 4 - 5）

（3）外侧舞姿。（图 11 - 4 - 6、图 11 - 4 - 7）

图 11 - 4 - 2

图 11 - 4 - 3

图 11 - 4 - 4

图 11 - 4 - 5

图 11 - 4 - 6

图 11 - 4 - 7

3. 华尔兹的基本步伐

（1）左脚并换步：开始姿势采用闭式舞姿，结束姿势采用闭式舞姿。1 ~ 3 步动作及脚迹图示见图 11 - 4 - 8 至图 11 - 4 - 12。

图 11 -4 -8

图 11 -4 -9

图 11 -4 -10

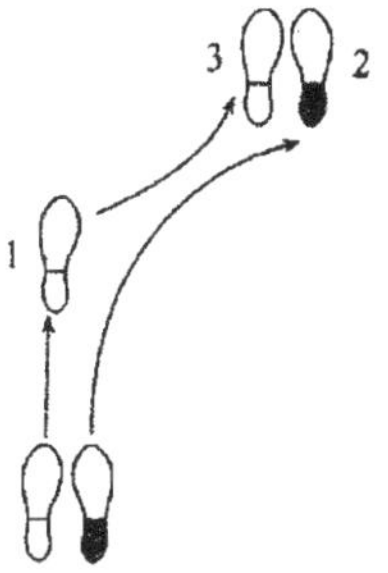

图 11 -4 -11

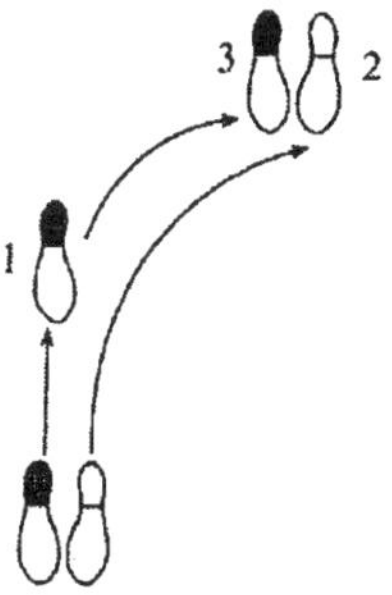

图 11 -4 -12

(2) 右转步：开始姿势采用闭式舞姿，结束姿势采用闭式舞姿。1 ~6 步动作及脚迹图示见图 11 -4 -13 至图 11 -4 -20。

图 11 -4 -13

图 11 -4 -14

图 11 -4 -15

图 11 -4 -16

图 11 -4 -17

图 11 -4 -18

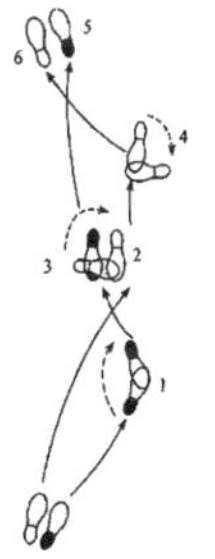

图 11 -4 -19

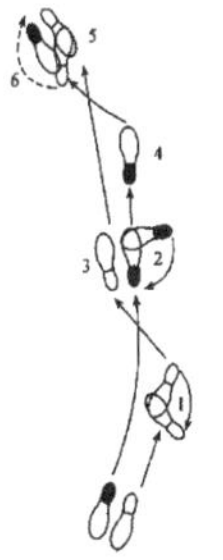

图 11 -4 -20

(3) 右脚并换步：开始姿势采用闭式舞姿，结束姿势采用闭式舞姿。1 ~3 步动作及脚迹图示见图 11 -4 -21 至图 11 -4 -25。

图 11 -4 -21

图 11 -4 -22

图 11 -4 -23

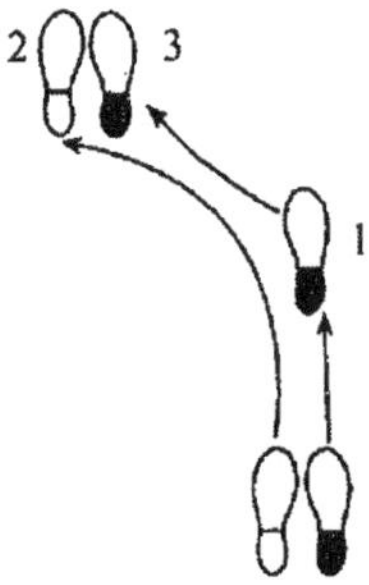

图 11 -4 -24

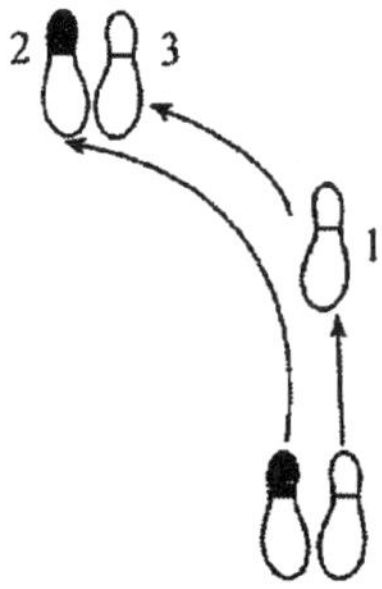

图 11 -4 -25

（4）左转步：开始姿势采用闭式舞姿，结束姿势采用闭式舞姿。1 ~6 步动作及脚迹图示见图 11 -4 -26 至图 11 -4 -33。

图 11 -4 -26

图 11 -4 -27

图 11 -4 -28

图 11 -4 -29

图 11 -4 -30

图 11 -4 -31

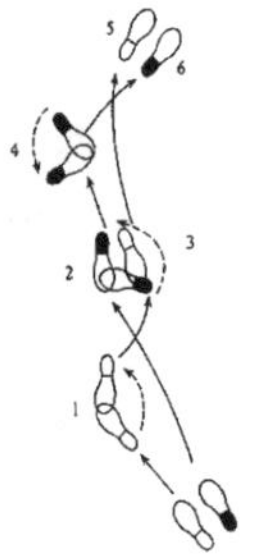

图 11 -4 -32

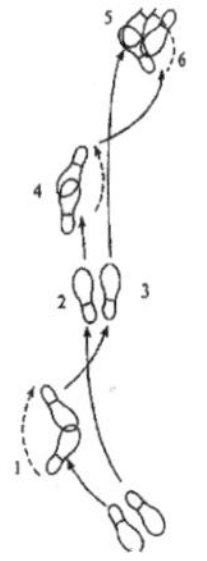

图 11 -4 -33

（5）叉形步：开始姿势采用闭式舞姿，结束姿势采用 P. P 舞姿。1 ~3 步动作及脚迹图示见图 11 -4 -34 至 11 -4 -38。

图 11－4－34

图 11－4－35

图 11－4－36

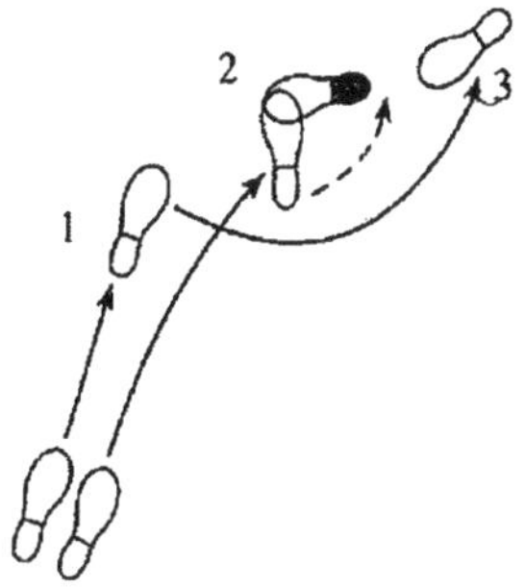

图 11－4－37

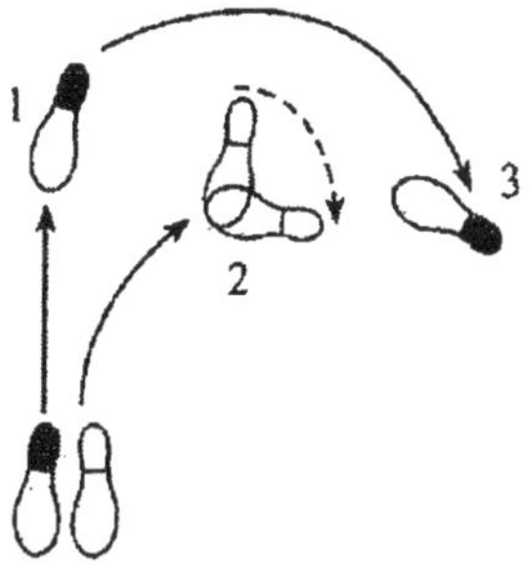

图 11－4－38

（6）侧行追步：开始姿势采用 P. P 舞姿，结束姿势采用闭式舞姿。1～4 步动作及脚迹图示见图 11－4－39 至图 11－4－44。

图 11－4－39

图 11－4－40

图 11－4－41

图 11－4－42

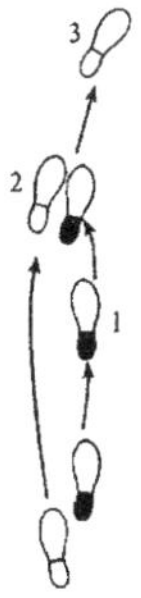

图 11－4－43

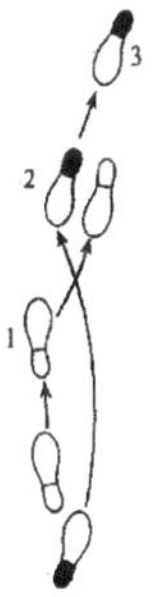

图 11－4－44

（7）后退锁步：开始姿势采用闭式舞姿，结束姿势采用闭式舞姿。1～4 步动作及脚迹图示见图 11－4－45 至图 11－4－50。

图 11－4－45

图 11－4－46

图 11－4－47

图 11－4－48

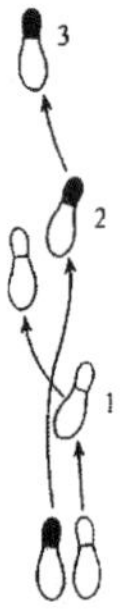

图 11－4－49

图 11－4－50

（8）后叉形步：开始姿势采用闭式舞姿，结束姿势采用 P. P 舞姿。1～3 步动作及脚迹图示见图 11－4－51 至图 11－4－55。

图 11－4－51

图 11－4－52

图 11－4－53

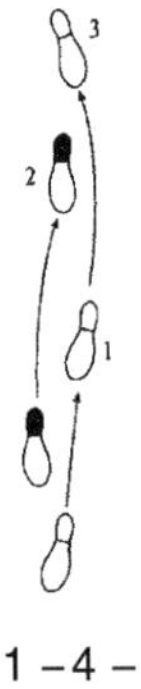

图 11－4－54

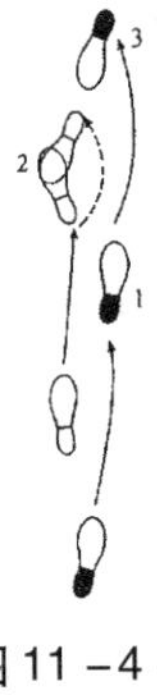

图 11－4－55

（9）纺织步：开始姿势采用 P. P 舞姿，结束姿势采用闭式舞姿。1 ~6 步动作及脚迹图示见图 11 -4 -56 至图 11 -4 -63。

图 11 -4 -56

图 11 -4 -57

图 11 -4 -58

图 11 -4 -59

图 11 -4 -60

图 11 -4 -61

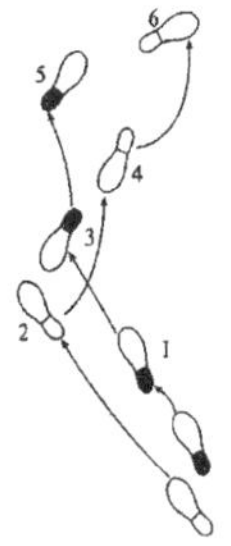

图 11 -4 -62

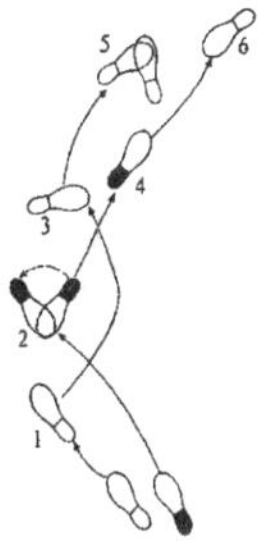

图 11 -4 -63

（10）右旋转步：开始姿势采用闭式舞姿，结束姿势采用闭式舞姿。1 ~3 步动作及脚迹图示见图 11 -4 -64 至图 11 -4 -68。

图 11 -4 -64

图 11 -4 -65

图 11 -4 -66

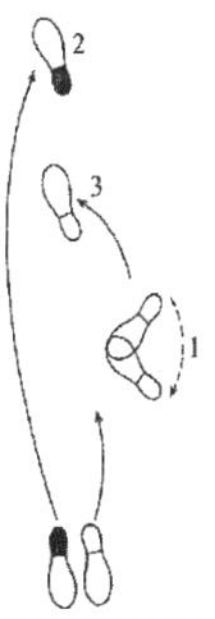

图 11 -4 -67

图 11 -4 -68

（二）拉丁舞

拉丁舞，体育舞蹈项群之一。在此介绍其中的一个舞种——伦巴舞。

1. 伦巴舞的基本知识

（1）风格特点：以胯部的转动带动腿和手臂的运动，在节奏中一张一弛。2、3 拍移动步中的前半拍为张力，后半拍为松弛；4、1 拍逗留步中的第 4 拍和第 1 拍中的前半拍为张力，第 1 拍后半拍为松弛。这样就形成了胯的摆动。

（2）音乐节奏：一般是 4/4 拍，每分钟为 28 ~ 31 小节，重音在第 1 拍和第 3 拍。

（3）基本步伐：基本步、纽约步、定点转、开式扭臀步、扇形步、曲棍步、右陀螺转、闭式扭臀步、阿里曼娜、手接手、阿伊达。

2. 伦巴舞的握持姿势

（1）闭式舞姿。（图 11 －4 －69）

（2）开式舞姿。（图 11 －4 －70、图 11 －4 －71）

图 11 －4 －69

图 11 －4 －70

图 11 －4 －71

（3）并行舞姿。（图 11 －4 －72）

（4）并肩舞姿。（图 11 －4 －73、图 11 －4 －74）

图 11 －4 －72

图 11 －4 －73

图 11 －4 －74

（5）影位舞姿。（图 11 －4 －75、图 11 －4 －76）

（6）扇形舞姿。（图 11 －4 －77）

图 11－4－75

图 11－4－76

图 11－4－77

3. 伦巴舞的基本步伐

（1）基本步：开始姿势采用闭式舞姿，开立，重心男在右脚女在左脚，结束姿势采用闭式舞姿。1～6 步动作图示见图 11－4－78 至图 11－4－83。

图 11－4－78

图 11－4－79

图 11－4－80

图 11－4－81

图 11－4－82

图 11－4－83

（2）纽约步：开始姿势采用开式舞姿，开立，重心男在右脚女在左脚，过程姿势采用并肩舞姿，结束姿势采用开式舞姿。1～6 步动作图示见图 11－4－84 至图 11－4－89。

图 11－4－84

图 11－4－85

图 11－4－86

图 11－4－87

图 11－4－88

图 11－4－89

（3）定点转：开始姿势采用开式舞姿，开立，重心男在右脚女在左脚，结束姿势采用开式舞姿。1～6 步动作图示见图 11－4－90 至图 11－4－95。

图 11－4－90

图 11－4－91

图 11－4－92

图 11－4－93

图 11－4－94

图 11－4－95

（4）开式扭臀步：开始姿势采用开式舞姿，开立，重心男在右脚女在左脚，结束姿势采用女士左肩正对男士成 90°的舞姿。1～3 步动作图示见图 11－4－96 至图 11－4－98。

图 11－4－96

图 11－4－97

图 11－4－98

（5）扇形步：开始姿势采用开式舞姿或开式扭臀步结束姿势，并立，重心男在左脚女在右脚，结束姿势采用扇形舞姿。1 ~3 步动作图示见图 11 –4 –99 至图 11 –4 –101。

图 11 –4 –99

图 11 –4 –100

图 11 –4 –101

（6）曲棍步：开始姿势采用扇形舞姿，开立，重心男在右脚女在左脚，结束姿势采用开式舞姿。1 ~6 步动作图示见图 11 –4 –102 至图 11 –4 –107。

图 11 –4 –102

图 11 –4 –103

图 11 –4 –104

图 11 –4 –105

图 11 –4 –106

图 11 –4 –107

（7）右陀螺转：开始姿势采用闭式舞姿，开立，重心男在左脚女在右脚，结束姿势采用闭式舞姿。1 ~3 步动作图示见图 11 –4 –108 至图 11 –4 –110。

图 11 -4 -108

图 11 -4 -109

图 11 -4 -110

(8) 闭式扭臀步：开始姿势采用闭式舞姿，开立，重心男在右脚女在左脚，结束姿势采用并行舞姿。1 ~3 步动作图示见图 11 -4 -111 至图 11 -4 -113。

图 11 -4 -111

图 11 -4 -112

图 11 -4 -113

(9) 阿里曼娜：开始姿势采用扇形舞姿，开立，重心男在右脚女在左脚，结束姿势采用开式舞姿。1 ~6 步动作图示见图 11 -4 -114 至图 11 -4 -119。

图 11 -4 -114

图 11 -4 -115

图 11 -4 -116

图 11 -4 -117

图 11 -4 -118

图 11 -4 -119

（10）手接手：开始姿势采用开式舞姿，开立，重心男在右脚女在左脚，过程姿势采用并肩舞姿，结束姿势采用开式舞姿。1～6 步动作图示见图 11－4－120 至图 11－4－125。

图 11－4－120

图 11－4－121

图 11－4－122

图 11－4－123

图 11－4－124

图 11－4－125

（11）阿伊达：开始姿势采用开式舞姿，开立，重心男在左脚女在右脚，结束姿势采用并肩舞姿。1～3 步动作图示见图 11－4－126 至图 11－4－128。

图 11－4－126

图 11－4－127

图 11－4－128

第五节　啦啦队

一、啦啦队简介

（一）啦啦队文化的起源

啦啦队的历史可以追溯到原始部落时代，啦啦队原名 cheerleading，其中 cheer 有振奋精神、提振士气的意思，在早期的部落社会里，为激励外出打仗或者打猎的战士，通常会举行仪式，仪式中族人用欢呼、手舞足蹈的表演来鼓励战士，希望战士凯旋。

（二）啦啦队发展演变过程

和其他任何事物一样，啦啦队的背后也颇有一段历史。在古希腊第一次奥林匹克运动会所举办的赛跑比赛中，古时候的观众们就曾为赛跑者欢呼喝彩。到了19世纪60年代，英国的学子们开始在竞技体育赛事中欢呼助威，随后不久这一形式就传到了美国。1865年，在新泽西州的普林斯顿大学，第一个（旨在创造体育比赛刺激气氛的）活力俱乐部诞生了，他们发明了已知最早的欢呼口号。

有组织的啦啦队活动始于1898年。早期的啦啦队以男性为主。然而，随着第二次世界大战中大批青年男子奔赴战场，这一局面也随之转变了。自此以后，超过90%的啦啦队队员由女性担当。

（三）现代啦啦队的起源

现代啦啦队是体育运动中的一个新兴项目。美国是啦啦队运动的发源地，至今已经有一百多年的历史。现代啦啦队运动的历史可以追溯到19世纪80年代，当时美国正风行着美式足球，在普林斯顿大学的校园里的一场美式足球赛场上，为了帮他们加油、呐喊助威、烘托赛场气氛，第一次出现了自发的、有组织的团队表演形式，这就是现代啦啦队的雏形。1884年，普林斯顿大学的一个毕业生托马斯·皮布尔斯（Thomas Peebles）把这种有组织的呐喊、欢呼连同足球运动一起带到了明尼苏达大学，从此有组织的啦啦队欢呼在明尼苏达产生。我们今天所熟知的啦啦队创始于1898年。明尼苏达大学的学生约翰尼·坎贝尔（Johnny Cambell）在一次足球比赛时非常的激动，从人群中跳出来站在观众前面带领他们一起为比赛呐喊助威，这次对啦啦队的发展有着重要转折意义的呐喊被记载在明尼苏达大学由学生发行的“Ariel”刊物上。因为那是最后一场比赛，他们要把明尼苏达大学的热情展现给人们，提名6位男生带领人群呐喊助威。因此，1898年1月12日才是啦啦队正式诞生的时间。

（四）现代啦啦队的种类

现代啦啦队由最初的为美式足球呐喊助威的活动发展到现在成为世界范围内的一项体育运动。啦啦队是以团队的形式出现，并结合以Dance（舞蹈）、Cheer（口号）、Partner Stunts（舞伴特技，是指托举的难度动作）、Tumbling（技巧）、Basket Toss（轿抛）、Pyramid（叠罗汉）、Jump（跳跃）等动作技术，配合音乐、服装、队形变化及标示物品（如彩球、口号板、喇叭与旗帜）等要素，并遵守比赛规则中对性别、人数、时间限制、安全规则等规定进行比赛的运动，称为竞技啦啦队，也可称为啦啦队。竞技啦啦队分为技巧啦啦队和舞蹈啦啦队。其中技巧啦啦队包括Mixed（男女混合组）、All - Female（全女子组）和Partner Stunts（舞伴特技）；舞蹈啦啦队又包括Pom（花球）、High Kick（高踢腿）、Jazz（爵士）和Prop（道具）4个组别。

（五）现代啦啦队运动的特点

啦啦队以其多样性、独特性、节奏感及健身的全面性，充分展现校园内年轻人青春、活力、健康、向上的一面，受到青少年和大学生的喜爱。

（六）啦啦队运动在我国的发展

在中国，啦啦队是一项具有独特魅力的新型体育运动。1998 年中国大学生篮球联赛诞生以来，为其加油呐喊的啦啦队表演应运而生，各高校充满活力和洋溢着青春气息的啦啦队表演给观众留下了深刻的印象，也成为篮球场上一道亮丽的风景线。

（七）啦啦队运动在我国高校的发展

啦啦队运动是一项具有独特魅力的新型体育运动，近年来，啦啦队运动在我国发展非常迅速。在中国大学生健美操艺术体操协会的大力倡导和推动下，啦啦队运动在中国已经取得了可喜的成绩，备受广大青少年的青睐，特别是在全国高等院校中更是掀起一阵阵啦啦队运动狂潮。随着啦啦队比赛的增多，参与啦啦队运动的学生与开展啦啦队运动的学校也越来越多，啦啦队运动的水平也越来越高。

二、啦啦队竞赛

（一）啦啦队项目分类

规定套路：指由中国大学生健美操艺术体操协会啦啦队专项委员会审定的运动员等级规定套路。

舞蹈自编套路：以舞蹈动作为主，通过展示各种舞蹈技巧和元素并可结合道具为基本内容的团队竞赛项目。

技巧自编套路：以翻腾、托举、抛接、金字塔组合、舞蹈动作、过渡连接及口号等形式为基本内容的团队竞赛项目。

（二）啦啦队项目成套音乐和时间

比赛音乐：可以使用一首或多首混合的音乐，可加入特效音乐，节奏要清晰明快、热情、动感、奔放、兴奋，即有震撼力。

规定套路音乐时间：成套动作时间为 1 分 30 秒，前后有 10 秒的宽容度。从第一个声音响起开始计时，到最后一个声音结束时完成计时。

自编套路音乐时间：成套动作时间为 2 分 30 秒，前后有 10 秒的宽容度。从第一个声音响起开始计时，到最后一个声音结束时完成计时。

（三）啦啦队竞赛

1. 竞赛种类

锦标赛、世界杯、大奖赛、冠军赛、公开赛、挑战赛、分区赛、邀请赛、擂台赛。

2. 竞赛时间

运动队被叫到后 20 秒内必须上场，超过 20 秒将给予减分，超过 60 秒将取消比赛资格。

3. 竞赛人数

6～30 人（性别不限）。

4. 竞赛场地

可用体操板或地毯，舞台不得小于 13 米 ×13 米，并清楚地标出 12 米 ×12 米的比赛区域。标志带为 5 厘米宽的红色或白色带，标志带是场地的一部分。

（四）啦啦队竞赛常用道具与口号设计

1. 常用道具

花球、标志牌、麦克风、旗、横幅、充气棒等。

2. 口号的定义与意义

口号作为伴随啦啦队兴起、发展的项目特征之一，充分地体现了这项运动的健康、积极和充分的团队凝聚力，显示了参与这项运动的运动员在其集体里的充分合作与团队精神。口号是啦啦队成套中除基本动作、技巧和舞蹈外，通过语言、道具来体现整体套路与团队精神的工具，由一段具有特殊意义的字、词、短句等组成，象征了队伍的目标理念。

3. 啦啦队口号的设计原则

往往组成口号的句子或词语多来自比赛的内容、自己的学校或队伍本身，并且是将这些短语组成一系列有意义的、鼓动人心的句子。比如：学校的吉祥物、名字、校训，或是自己队伍当中一直流行的，大家都理解其中意义的语言等。

4. 口号运用时的技巧

（1）统一是原则，应从整体放弃个人风格，从而让口号听起来一致。

（2）口号一定要简单、简短。

（3）符合成套设计的总体思路和音乐特点，让口号的过渡更自然。

（4）可以利用道具或标志牌、旗帜等传达口号的理念。

（5）真情流露，喊出口号的真谛、气势，让所有人都能感受到队员的激情。

（五）啦啦队基本手位

啦啦队 32 位基本手位。（图 11－5－1）

图 11 -5 -1

（六）啦啦队基本站位

啦啦队六位基本站位。（图 11 －5 －2）

图 11 -5 -2

（七）啦啦队基本手形

啦啦队 8 种基本手形。（图 11 –5 –3）

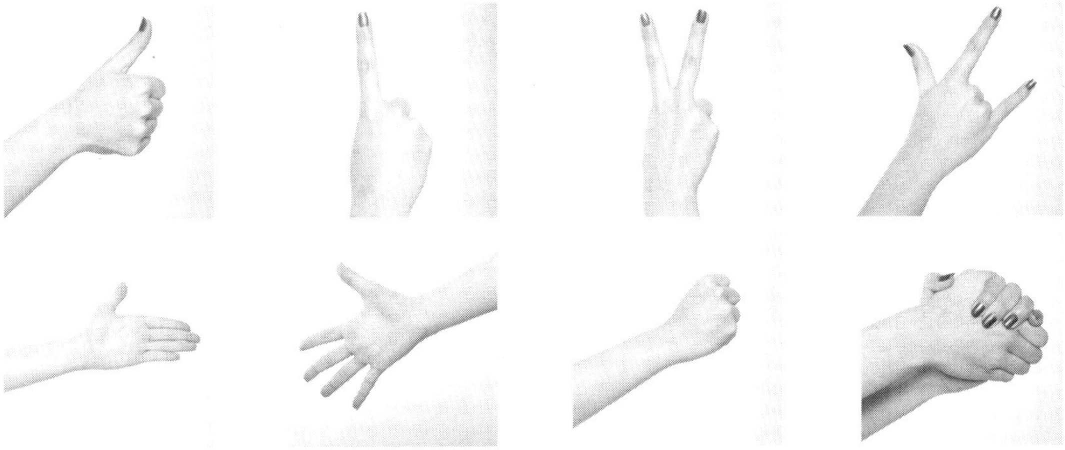

图 11 –5 –3

第十二章　新兴体育运动

第一节　体育拓展

一、体育拓展概述

（一）体育拓展的起源与发展

体育拓展已经成为提高沟通技巧、凝聚力、领导力、决策力、竞争力、人际信任和个人身体与心理素质培养中被广泛采用的培训与教育手段。

体育拓展，也称拓展训练，英文名 Outward Bound，从字面上去解释为船只即将离港招集船员的旗语，在后来被人们解释为：在暴风雨来临之际一艘船即将起锚开航，离开安全的港湾，驶向广阔无际的大海，投向未知的旅程，去迎接一次次艰巨的挑战，战胜一次次艰难险阻。

体育拓展起源于第二次世界大战期间的英国，当时，大西洋上有很多盟国船只由于受到敌军潜艇的攻击而沉没，大批船员落水，由于海水冰冷，又远离大陆，绝大多数船员不幸罹难，但仍有极少数的人在经历了长时间的磨难后得救生还。人们在了解了这些生还者的情况后，发现一个令人惊讶的事实：绝大多数生还者并不是最年轻的，也不是体格最强壮的，反而是那些相对年龄偏大的海员。经过调查研究，专家发现这些人之所以能够活下来，关键在于他们有良好的心理素质和坚定的意志，有强烈的责任感，善于同他人合作。此外，他们不一样的品质还包括具有较强的团队协调和配合能力。

体育拓展理论与实践最初就来源于对海员幸存者的研究，教育家库尔特·哈恩（Kurt Hahn，1886—1974 年）于 1941 年在英国创办了阿伯德威海上学校，训练年轻海员在海上的生存能力和船触礁后的自救生存技巧，并使他们的身体和意志都得到锻炼。战后体育拓展的独特创意和训练方式逐渐被推广开来，训练对象由最初的海员扩大到军人、警察、消防员、军校学员、童子军、学生、工商业人员等各类群体，训练目标也由单纯的体能、生存训练扩展到心理训练、人格训练、管理训练等。

从广义上讲，体育拓展是让人们在高山瀚海中迎接各种各样的挑战，从中学会应对一系列困难的能力，尤其是运用身体的各种技能应对生存危机和心理压力的考验，从而获得全新体验，改变内心认知，它讲究户外特点和冒险技能的学习，注重学习者内心的体验感受。从狭义上讲，体育拓展是将管理与心理游戏融入户外体育游戏与活动，以体验式学习模式进行的一种团队教育活动，达到“磨炼意志，陶冶情操，完善人格，熔炼团队”的目标。

（二）学校体育拓展

在学校，体育拓展是一项突破传统教育思维和教学模式、具有全新教育理念的新型体育课程。美国哈佛大学商学院于20世纪80年代首次将拓展课程引入MBA教育，进入21世纪后，拓展课程逐渐进入我国高校，成为深受学生喜爱的体育项目课程。

体育拓展教学活动通常设定在陌生情景或特定的环境下，以身体活动为载体，以团队为组织形式，以游戏为主要活动内容，以全面提高学生的身体健康、心理健康和社会适应能力为目标，学生以体验式的学习模式全面塑造个体并提高团队素质。体育拓展的课程是“体能消耗适中、心理挑战较大、团队熔炼为主”，以全面发展学生素质为目的，积极倡导素质教育的新型体育实践课程。

简单地说，体育拓展就是将身体素质、心理与社会适应等多种学习目标，设计在游戏和体育活动中，使游戏和体育活动变为有针对性的教育手段，通过“挑战自我，熔炼团队”的学习，使学生在发展身体素质的同时，从中感悟游戏内外的道理，并启发学生进入深层次的思考，在激情、喜悦或挫折之后顿悟人生的道理。体育拓展传达的是这样一种理念，即“小游戏，大道理”，因为游戏变大就是生活，将道理变小就是真谛，拓展的学习不仅仅局限在单个的体育游戏之中，还是寻找游戏之外和其相近的真实生活。

（三）体育拓展的课程内容

体育拓展包括户外场地拓展、室内拓展、水上拓展和野外拓展。在学校体育教学中，体育拓展课程内容以低风险的户外场地拓展、室内拓展和水上拓展为主。

（四）体育拓展课程的特点

1. 综合活动性

拓展课程的所有项目都以体能活动为引导，引发出认知活动、情感活动、意志活动和交往活动，有明确的操作过程，要求学生全身心地投入。

2. 挑战极限

一些拓展课程项目具有一定的难度，主要表现在心理和生理考验上，需要学生向自己的能力极限挑战，跨越“极限”。

3. 集体中的个性

拓展课程实行分组活动，强调集体合作，力图使每一名学生竭尽全力为集体争取荣誉，同时从集体中汲取巨大的力量和信心，在集体中显示个性。

4. 高峰体验

在克服困难、顺利完成课程要求以后，全体学生能够体会到发自内心的胜利感、满足感和自豪感，获得人生难得的高峰体验。

5. 自我教育

教师只是在课前把课程的内容、目的、要求以及必要的安全注意事项向学生阐明，活动中一般不进行讲述，也不参与讨论，充分尊重学生的主体地位和主观能动性。即使在课后的总结中，教师也只是点到为止，主要让学生自己来讲述，以达到学生自我教育的目的。

6. 全面发展

通过拓展课程，学生在如下方面有显著的提高：认识自身潜能，增强自信心，改善自身形象；克服心理惰性，磨炼战胜困难的毅力；启发想象力与创造力，提高解决问题的能力；认识群体的作用，增进对集体的参与意识与责任心；改善人际关系，学会关心，更为融洽地与团队合作；学会欣赏、关注和爱护大自然。

（五）体育拓展课程的独特意义

作为培养团队精神、沟通技巧和领导才能的拓展训练在近几年已经变得十分流行，无论是世界著名企业还是世界知名高校，都广泛地采用拓展训练来培养和教育他们的员工或学生。

1. 拓展训练对团队建设的意义

（1）增强凝聚力：促进沟通，融洽团队关系；配合团队的理念教育与目标教育，形成共同参与和共同意志；强化对个体的文化管理，实现精神激励。

（2）增强竞争力：树立相互配合、支持的团队意识；激发创造进取精神；促进团队在障碍超越、危机处理、变化应对等方面能力的提升。

（3）变革与学习：能潜移默化地使个体认识到“只有变是唯一的不变”，达成“变革与创新是最好的生存发展之道”的共识，并建立共同愿景，从而消除集体推行变革时的理念意识阻碍；同时，通过让受训者深入体验组织学习与知识创新过程，从而有效地帮助团队实现建立学习型组织的目标。

2. 拓展训练对团队成员个体的意义

（1）释放生活、工作与学习压力，调节心理平衡。

（2）认识自身潜能，增强自信心。

（3）提高自我控制能力，从容应对压力与挑战。

（4）强化探索精神与创新意识，培养进取心。

（5）学会更好地与他人进行沟通与协调，优化人际环境。

（六）体育拓展教学的 4 个流程

1. 团队热身

在课程开始时，团队热身活动将有助于加深学生之间的相互了解，消除紧张，建立团队，以便轻松愉悦地投入各项教学活动。

2. 个人项目

本着心理挑战最大、体能冒险最小的原则设计，每项活动对受训者的心理承受力都是一次极大的考验。

3. 团队项目

团队项目以改善学生的合作意识和集体的团队精神为目标，通过复杂而艰巨的活动项目，促进学生之间的相互信任、理解、默契和配合。

4. 回顾总结

回顾将帮助学生消化、整理、提升训练中的体验，以便达到活动的具体目的。总结使学生能将拓展课程的收获迁移到学习、工作、生活中去，以实现整体教育目标。

二、体育拓展的经典项目

（一）高空项目

1. 高空单杠（图 12－1－1）

（1）项目概述。

高空单杠是一个以个人挑战为主的项目，它属于高心理冲击的高空跳跃类项目，它模拟的是在舰船发生事故即将沉没的时候，救援直升机放下悬空的单杠，这是在极具危险的环境中的机会，我们别无选择，只有一条路通向生存，机会就在眼前，最后关头我们必须纵身一跃抓向它，不管是否抓住都无怨无悔。整个过程学生必须在穿着保护装置的前提下，爬上约 10 米高圆形小跳台独立完成。

（2）学习目的。

一是培养学生克服恐惧、勇于挑战的信心并在其中激发个人潜能；二是学习用积极的心态去争取和获得机会；三是增强团队精神，面对困难时相互鼓励、相互帮助；四是学会目标管理与自我说服；五是学会分析风险和把握机会的能力。

2. 垂直天梯（图 12－1－2）

（1）项目概述。

垂直天梯是一个 2～3 人共同挑战并需团队配合的项目。它模拟船舱发生严重漏水，我们必须依靠彼此间的相互合作才能爬上更高的圆木梯逃离迅速上涨的海水以获得安全。项目具有一定的难度和心理冲击力，需要消耗较大的体力。想要获得新高，就必须相互帮助，既要甘为人梯，也要勇于探索。最重要的是不能忘记同路人，相互支持与相互感恩可以让大家一起前进和提高。整个过程学生必须在穿着保护装置的前提下，以 2～3 人为小组共同爬上约 15 米高的圆木梯。

（2）学习目的。

一是培养学生的责任感和人际信任感；二是培养学生合作精神和协调能力；三是培养学生不离不弃的共同体意识；四是培养学生克服困难的毅力和胆量，增强勇攀高峰的信心和解决问题的能力；五是培养学生珍惜别人的帮助、懂得感恩的意识。

图 12－1－1

图 12－1－2

（二）中低空项目

1. 信任背摔

（1）项目概述。

信任背摔是最为经典的拓展项目，它模拟舰船严重破损船员弃船登上救生艇，救生艇已经坐满，而船即将沉没，但仍有最后一名离船的船员尚未登艇，如果他直接跳下那将使救生艇倾覆，唯一安全的上艇方法是背向后直体倒下，其他全体在艇上的船员须组成“人床”在下方接住他。整个过程要求全体组员参与，彼此的信任来源于彼此的责任和关爱，团队的支持是个人勇于挑战的基础。

（2）学习目的。

一是培养团队相互信任的意识；二是克服恐惧心理，增强挑战自我的勇气；三是发扬团队精神相互帮助，培养团队责任感；四是体会通过挑战突破本能的意义。

2. 电　网

（1）项目概述。

电网也叫蜘蛛网，是一个著名的户外游戏，是幻想与挑战的完美融合。它模拟的是完成任务的回撤小组，在无路可走时，正前方有一张大电网，它是一张有“漏洞”的“智能网”，任何人触碰电网都会被“击伤”并关闭该网洞，每个网洞只能通过一人，小组人人肩负重任，必须全体通过，否则强敌在40分钟内赶到后小组将全军覆没。活动中每一个人都需要做最大的努力，否则某人的放松将会给别人造成更大的麻烦，甚至会让所有的人前功尽弃。

（2）学习目的。

一是在活动中培养团队合作精神、学习分工合作与冲突处理技巧、培养沟通能力；二是增强学生充分利用资源、配置资源的能力与时间管理能力。

（三）地面与心智项目

1. 盲人方阵

（1）项目概述。

盲人方阵是一个以团队挑战为主的项目。它模拟我们在误食一种奇异的果实后，大家在随后的40分钟内暂时失明，为保安全，我们找到一堆绳子，围成一个方阵来抵御外敌，越大的正方形对于敌人来说越有防御力，因此我们必须把其建造得又大又方，建好后我们均匀分兵把守之。小组全体成员参加活动，这将是一次非同寻常的经历，带给你全新的认知。

（2）学习目的。

一是培养学生的沟通意识，提高沟通技巧和决策能力；二是了解领导力对完成任务的重要作用；三是培养学生将所学知识学以致用的能力；四是理解“失与得”的辩证关系。

2. 同心鼓

（1）项目概述。

同心鼓又叫击鼓颠球，是一个以团队挑战为主的项目，挑战团结协作的能力。每个小组得到一个拴有十多根绳子的大鼓，在众人的牵拉下将一个排球不断颠起，努力挑战更多的次数，每个人都需要100%的专注与激情。

（2）学习目的。

一是培养学生团结协作完成共同目标的能力；二是培养学生不怕挫折、不断进取的意识；三是感受相互鼓励对完成任务的积极作用；四是感受团队成长与团队绩效的提高过程。

（四）户外与水上项目

1. 校园趣味定向越野

（1）项目概述。

校园趣味定向越野是一个以团队熔炼为主的项目。团队必须按照要求完成任务，寻找指定地点并完成秘密任务。你们有高级的侦查工具和密信，准确完成任务快速返回者获得嘉奖。身边的校园这时变得既熟悉又陌生，快速准确到达目标点后，我们会陷入迷茫，这时需要队友间的协作，通过分析、判断、寻找和确定来完成任务。

（2）学习目的。

一是培养学生确认方向和寻找指定目标的能力；二是培养学生快速判断与分析的能力；三是培养学生协作和互助的精神。

2. 扎筏渡河

（1）项目概述。

扎筏渡河是一个以团队熔炼为主的项目。全班学生被分成两支互为友军的侦查小分队，在完成任务后回撤途中遇到一条充满食人鱼的河流，敌军主力将在60分钟后追到，你们将利用现场提供的工具和器材制造救生筏，并赶在敌军到达前全体渡河，否则就有可能损失惨重甚至全军覆没。

（2）学习目的。

一是在活动中培养团队合作精神、学习分工合作与冲突处理技巧、培养沟通能力；二是增强学生充分利用资源和对资源的配置能力；三是培养学生对时间和资源的管理能力；四是培养学生细致的工作作风；五是培养学生在竞争中寻求合作的能力。

第二节　轮　滑

一、轮滑概述

轮滑运动是一项历史悠久、开展广泛的运动项目，包括速度轮滑、花样轮滑和轮滑球以及单排轮滑和双排轮滑等。轮滑运动不仅能锻炼身体、增强体质、消除疲劳，还能调节精神，在世界各地有着广泛的群众基础和深厚的文化内涵，深受世界各国人民的喜爱。

（一）起源与发展

溜冰鞋最早出现于公元1100年，是利用骨头装在长皮靴脚掌上帮助猎人进行在冬天才有的打猎的游戏。苏格兰人 Dutchman 于公元 1700 年爆炸性地创造了第一双溜冰鞋；他希望能在夏天模拟出冬天溜冰，于是把敲钉的线轴长条木附在他的鞋子上。同一年在爱丁堡组成了第一个溜冰俱乐部。

1984 年，罗勒布雷德（Rollerblade）公司开始研发各种不同用途的轮滑鞋，罗勒布雷德一直是国际飞轮业界领导品牌，1994 更把 ABT 简易刹车系统带入市场，就是我们今天看到的单排轮滑（图 12－2－1）。单排轮滑运动，不只限于曲棍球运动员，更成为一种时尚休闲运动，风靡世界各地。

图 12－2－1

1995 年，美国有限体育电视网（ESPN）举办的第一届极限运动会更把特技单排轮滑运动推向了全世界。特技单排轮滑运动起源于美国，其特技鞋也不同于普通单排轮滑，是在单排轮滑基础上附加了许多配件，最终使单排轮滑更好玩、更刺激。

轮滑运动进入 2010 年广州亚运会竞赛项目，共设 9 块金牌。

（二）轮滑优点

1. 娱乐性

比较大众化的轮滑鞋可分为速滑鞋、平花鞋、极限鞋、速降鞋、休闲鞋、越野鞋等，都有很强的娱乐性，从速度或技术上都很是有趣，既可以个人单独练习，也可以群体进行游戏。

2. 环保性

轮滑运动本身不会产生任何污染，倡导了健康的环保理念，是一项时尚的健康运动。

3. 健身性

轮滑是一项全身性运动，它能促进心脑血管系统和呼吸系统机能的改善和代谢作用的加强，能增强臂、腿、腰、腹等各处肌肉的力量和身体各个关节的灵活性，特别是对人平衡能力的掌握上有很大的帮助。同时，轮滑也是一项健康的有氧运动，一般来说，轮滑的最大氧气消耗量（测量运动强度的基准）是跑步的 90%，对保持有氧运动的最佳强度很有效果，保持 23 千米/时的速度滑轮滑时测量的心跳数是最大心跳数的 74%，这属于典型的有氧运动，可以达到强化心血管和燃烧脂肪的效果。所以，也有越来越多的女孩子把轮滑作为一项改善体形、减肥塑身的运动。

4. 工具性

除了上述的特性外，轮滑还具有很多体育项目所不具备的一个特性，就是它可以当作交通工具。一般情况下，在平整的路面上，轮滑可以代步成为交通工具。当然，其抓地性会因路况的不同而有所不同，但基本上是没有问题的。在交通越来越拥挤的今天，轮滑已成为一种流行和时髦的交通工具。当然，还是要提醒大家，滑着轮滑穿梭于车来人往的大街上时，一定要注意交通安全。

5. 经济性

作为一项简单经济的运动，大家在玩轮滑的时候除了初学时需要贮备的轮滑鞋和护具外，几乎不用再花费其他费用，这些运动器材的使用寿命也很长，无需一直更换。而且轮滑不像游泳、网球等运动一样，需要特定的运动场所，需要花费一笔价格不菲的会员费，办理会员卡进入专业场练习等。

6. 方便性

轮滑不需要特定的运动场地，甚至专门有在公路上举办的轮滑公路赛等赛事，这些都展现出了轮滑这项运动的方便、快捷性，同时，轮滑的另一大特点就是环保，既不消耗能源也不造成环境污染。所以玩轮滑基本没有什么顾虑，只要你想玩，就没有什么可犹豫的，找到一块平整的路面就可以享受轮滑带给你的乐趣了。

7. 刺激性

虽然轮滑是危险系数相对较低的一项极限运动，但这其实仅限于业余休闲的玩家，如极限轮滑仍是一项非常具有挑战与刺激的运动。极限轮滑主要分为街式极限轮滑和专业场地极限轮滑，而专业场地的比赛又可以分为道具赛和半管赛。这些比赛主要是做些危险动作，如下梯、跳台、空中动作。评委根据动作的难度和完成情况来评分，在观众大饱眼福的同时也绝对能让你体会到轮滑无与伦比的刺激性。

8. 观赏性

花样轮滑的出现最初是为了进行花样滑冰的训练，所以二者的观赏性也几近相当，当然，由于花样轮滑动作目前尚没有达到花样滑冰的难度，抓地性比花样滑冰差一些，这会使得在实践中花样轮滑的观赏性较花样滑冰略有逊色。可轮滑的魅力依然很大，况且轮滑的另一个项目——平地花式轮滑同样极具观赏性。从事平地花式轮滑时，运动员穿轮滑鞋运用各种灵活多变的步法绕过放置在地上的障碍物，动作敏捷、灵巧，往往让观众惊叹不已，掌声不断。而速度轮滑则与跑步类似，更多注重的是速度，以至于在轮滑的三个单项中是观赏性相对较差的一项，但由于运动的高速度和高难度，使得速度轮滑看起来仍是非常精彩。

二、轮滑基本技术

（一）普通轮滑技巧

1. 站姿（图 12－2－2）

第一种是普通的平行站立，即将两只脚平行稍窄于肩，双膝微弯以保持重心，以脚踝的力量控制好不要让脚左右摆动，要保证轮子垂直于地面。穿专业平花鞋平行站立时因为鞋的结构设计影响，两脚会自然地向外压外刃。第二种是应用于非平整地面的“丁”字形站立（也叫“T”字形站立），即一只鞋的最后一个轮子抵在另一只鞋的第二和第三只轮子之间，双膝微弯，双腿之间稍有间隙，以保持重心，仍然是以脚踝控制鞋子。

2. 起步（图 12－2－3）

从“T”字形站姿起步，让前脚保持前进姿势，后脚向外方推轫，就会有前进的力量。

3. 滑行（图 12－2－4）

滑行时为保持较好的平衡，让一脚稍稍提起放在另一脚前方，膝盖弯曲。

4. 身体的摆动

将重心放到左脚，用右脚推轫并向外侧伸展，滑行；然后将双脚并行。接下来将重心放到右脚，左脚向外推轫、伸展、滑行，如此左右不断互换。

5. 身体的姿势（图 12－2－5）

身体稍稍半蹲，像是要坐。将双脚向前伸出，弯曲膝盖及脚踝，使重量在整双鞋上。

6. 停止（图 12－2－6）

以上述姿势滑行，双脚靠近保持平行，有刹车的那脚稍稍向前滑行，使两脚距离约有半只脚，提起脚尖直到刹车碰触到地面，然后慢慢将重量移到刹车，增加压力，直到停下来。

图 12－2－2

图 12－2－3

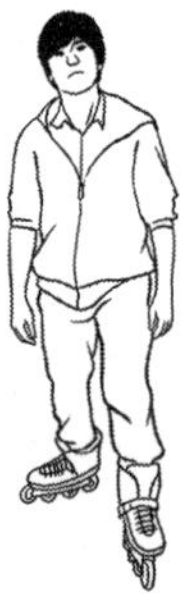
图 12－2－4

图 12－2－5

图 12－2－6

（二）轮滑练习

轮滑是一项极易掌握的体育运动，任何人都能很快地学会它。但对很多人来说，初次接触轮滑时，心理上会产生一种畏惧感——担心摔跤。其实，只要简单地掌握一些轮滑的方法和技巧，就能把这项运动变成乐趣。

初学轮滑者一定要有耐心，请记住以下禁忌：滑行前不做准备活动，不戴护具，滑行后立即喝水。初学时一定要注意培养正确的姿势，滑行时腰、膝、踝关节保持弯曲，降低身体重心，身体失去平衡时要向下蹲。以下是高手总结出的口诀：滑需团身，弯曲求稳，重心稍后，欲进先侧，斜中求正，先倾后蹬，先蹬后落，胯部摆动，三点对齐。平衡是掌握轮滑的基础。由于轮滑鞋与地面接触面积小，加之滑轮与地面摩擦后的滚动，所以就不易掌握平衡。练习平衡是非常重要的，具体的做法是：①原地踏步，练习静平衡，熟悉轮滑的性能；②用互助法和扶助法练习平衡，两个人相互扶助或双手扶住身边的其他物体，前后左右移动，练习平衡技术；③借助外力练习平衡，比如可以通过对静止物体的反作用力使自己滑动，或让别人用力将自己推动，也可以抓住正在移动的人或其他物体，使自己前进或后退。

（三）移动重心的练习

1. 原地站立与踏步练习

穿好轮滑鞋，两脚平行站立与肩同宽，两腿微屈，上体稍前倾，两臂自然下垂。身体重心移至左腿，右腿稍抬起、放下。然后身体重心移至右腿，左腿稍抬起、放下。反复进行练习，逐渐加快速度。

2. 单脚支撑平衡练习

在掌握原地踏步基础上，保持原来的姿势，手扶栏杆或同伴，将重心移至一条腿上，另一条腿向侧伸出再收回成开始姿势，换脚重复以上动作。

3. 模仿滑行姿势的蹲起练习

速度轮滑的滑跑姿势直接关系到滑行速度的快慢。正确的滑跑姿势，是上体前倾接近水平，肩背稍高于臀部，腿部弯曲，上体与地面呈 15°～20°，大腿和小腿呈 90°～110°，两踝关节呈 50°～70°，两手互握放于背后或在体侧自然摆动，头部自然抬起，眼向前看 5～10 米处。

4. “八”字行走练习

两脚呈外“八”字站立，保持好站立的姿势，重心移至左脚上，右脚向前迈一小步，重心随之移至右脚上，然后抬左脚向前迈一步，重心随着移至左腿上，然后抬右脚向前迈一步，重心随着移至右腿上，重复上述练习。

5. 交叉步行走练习

原地站立，先将重心移至左腿上，收右腿，向左腿前外侧迈步成交叉姿势，重心随着移至右腿上，接着收左腿左侧跨一步，成开始姿势，反复练习。

（四）弯道滑行

弯道滑行技术和直道滑行技术有明显的区别。弯道滑行技术特点在于练习者用交叉步滑行。由于向心力的作用，上体不仅前倾，而且还要向左倾。

1. 左脚支撑、右脚连续蹬地的滑行

从站立姿势开始，左脚用外刃蹬地后迅速与左脚并拢，接着右脚再做一次蹬地动作，左脚继续做前外曲线滑行。

2. 在圆弧做不连贯的交叉步滑行

在圆弧上用直线滑行步法，中间插入弯道交叉步。当左脚有稳定的平衡时，右脚向左脚左侧前方迈一小步；只要右脚有短暂的滑行之后，左脚就迅速从右腿后方收回，同时右脚蹬左脚直线滑进。重复上述动作。

（五）停止法

在滑行中，有时需要及时停止滑行，所以在初步掌握滑行基本动作的同时，就要学会停止滑行的方法。常用的停止法有“T”形停止法和双脚急停法。

1. “T”形停止法

在向前滑行中，将重心放在右脚上，右膝弯曲，同时抬起左脚横放在右脚后成“T”形，然后以左脚四轮的侧面摩擦地面，减缓滑行速度，直到停止滑行。

2. 双脚急停法

在向前滑行中，两脚并拢，两脚同时向逆时针方向（或顺时针方向）转体 90°，右脚以内侧轮、左脚以外侧轮压紧地面，同时屈膝后坐，上体前倾，身体向左（右）倾倒，两臂前伸，两脚用力压紧地面，就会停止滑行。

第三节 街 舞

一、街舞的起源及发展

街舞是基于不同的街头文化或音乐风格而产生的多个不同种类的舞蹈的统称，最早的街舞舞种为Locking（锁舞），起源于20世纪60年代，是美国黑人城市贫民的舞蹈，是一种发泄情绪的运动演绎成的街边文化，特色是爆发力强，在舞动时肢体所做的动作亦较其他舞蹈夸张。

到了20世纪70年代它被归纳为嘻哈文化（Hip－Hop Culture）的一部分，具有较强的表演性、参与性和竞争性。跳街舞使人注意力集中，兴趣浓厚，它的动作优美随意，能培养一个人的意志力，也可使大脑想象力、创造力发挥到极致。街舞最吸引人的地方是以全身的活力带来热情澎湃的感觉，经常练习还可增强全身协调性。街舞属于一种中低强度的有氧运动，有一定的瘦身功效。街舞最早起源于撒哈拉以南的非洲，是爵士舞发展到20世纪90年代的产物，它的动作由各种走、跑、跳组合而成，并通过头、颈、肩、上肢、躯干等关节的屈伸、转动、绕环、摆振、波浪形扭动等连贯组合而成，其各个动作都有特定的健身效果，既注意了上肢与下肢、腹部与背部、头部与躯干动作的协调，又注意了组成各环节各部分的独立运动。因此，街舞不仅具有一般有氧运动改善心肺功能、减少脂肪、增强肌肉弹性、增强韧带柔韧性的功效，还具有协调人体各部位肌肉群、塑造优美体态、提高人体协调能力、陶冶美感的功能。20世纪80年代，街舞传入中国，并逐渐作为健身活动传播开来。

二、街舞舞种

（一）Breaking（霹雳舞）

霹雳舞要求舞者具有较高的力量、柔韧性和协调性，属于技巧性较高的体育舞蹈，所以最先为国内青少年所喜爱。跳这种类型舞蹈的青少年叫作B－Boy/B－Girl。

（二）Popping（机械舞）

它起源于机械人动作及形态，其动作特点是将力量一次释放出来。由于舞者不是机器人，机械舞的顿点没这么重，而是滑过骤停就好。动作要配合音乐节拍卡得刚刚好，“卡”简单说起来就是肌肉瞬间收紧，相对地，不卡拍的时候肌肉放到最松，但不是无力地乱甩。

（三）Locking（锁舞）

Locking这个动作是从滑稽的卡通人物（叫作Rerun）身上发展出来的，这个卡通人物常常做很滑稽的舞蹈动作，手脚动作非常快，可是在动作和动作间他又会短暂地暂停一下，或是锁住。

Locking就是身体做一些很快的动作，然后在某一个动作的时候突然停住，最关键的在于手部的旋转与定住。

（四）Hip－Hop（嘻哈舞）

Hip－Hop 这个词中文译作嘻哈。在 20 世纪 60 年代末 70 年代初，以纽约为首的美国东海岸城市兴起了一系列黑人文化艺术形式，包括说唱、涂鸦、街舞和 DJ 打碟四部分。Hip 的意思是“屁股”，Hop 的意思是“跳动”，连起来可以解释为“跳动的屁股”。20 世纪 80 年代初，“嘻哈教父”阿弗里卡·班巴塔借用嘻哈这个词来统称以上述四种文化形式为代表的黑人城市文化运动，很快被广泛接纳，而上面四种文化就成为我们通常所说的嘻哈四大元素了。

Hip－Hop 是人们最常接触的一种舞蹈，它有着幅度大而简单的舞步，能够表现出复杂的舞感。因为容易学习，跳起来也相当好看，所以 Hip－Hop 很受大众喜爱。

（五）House（浩室舞）

House 是在 1988 年前后开始的。House 的音乐被各个不同种族的人及各式各样的人所喜爱，有很多文化的色彩加入了 House Club，而 House 的舞蹈就在这样的环境中逐渐建立起来。非洲人跳非洲舞蹈，巴西人跳 Capoeira（这是非裔巴西人的艺术），B－Boy、Hip－Hop 舞者、Jazz 舞者、Tap 舞者，所有的这些人创造了纽约的 House 舞蹈。Capoeira 对 House 的影响很大。

（六）Jazz（爵士舞）

Jazz 有很多种，如 Power Jazz、Modern Jazz、Sexy Jazz、New Jazz 等。

Power Jazz 是种力量型的 Jazz，很注重力点和力的爆发点的控制，跳起来属于很劲爆的那种。

Modern Jazz 由芭蕾舞蹈演变而来的，是一种很绅士、很优雅的舞种，也是其他 Jazz 舞种的基础舞种之一。

Sexy Jazz 很性感，在 Modern Jazz 的柔软基础上加上了一些性感的演变。

New Jazz（中文翻译不是新爵士，它的全称是 New York Jazz）早期是在美国纽约由芭蕾所演化过来的。它创造出了芭蕾融合 Hip－Hop 的街舞魅力，其实 New Jazz 也可以说是 Jazz 加上 Hip－Hop 的一种舞。New Jazz 就是我们现在一般在跳的爵士，只不过造型点比较多。以前可能是有了舞蹈，再找音乐，但是新潮爵士则是有音乐，再配合去编舞，像各式音乐 MTV。

（七）Reggea（雷鬼舞）

雷鬼，又称瑞格顿，是 Reggae 的音译。国内习惯叫雷鬼。现如今，雷鬼不仅是一种快乐的旋律，它已经成了一种全世界认同的拉丁美洲现象。雷鬼被认为是拉丁 Hip－Hop，因为除了旋律和感性的调子，它还是一种年轻一代表达他们关于影响当今拉美社会的问题的情感和思想的方式。这种感性的旋律起源于加勒比海地区说西班牙语的国家。它融合了瑞格舞、Hip－Hop 和拉丁音乐的元素，充满快乐和性感。它非常容易跳，不要求舞者和听者有特殊技能。除了大多数雷鬼歌曲的歌词很难念以外，雷鬼是一种社会现象，一种表达和沟通方式，它必定能够长久流传，也必将一点点被吸收，最终产生新的不同的有活力的音乐表现方式。

雷鬼舞蹈早期就是酒吧里面的钢管舞，它的特点就是性感，雷鬼舞有许多胯部扭动的动作。非常纯的雷鬼是那种一看就觉得很原始的舞蹈，有点野人的感觉，起初的雷鬼是人们用来发泄情绪的一种简单方式，只是这个文化在传播的过程中有了点改变，所以，现在的雷鬼舞掺杂了其他很多元素在里面，更加有美感。

（八）New Style

New Style 是近年来出现的一种新街舞风格，它像是一种跳舞的使用技巧，因为 Breaking、Popping、Locking 都能跳成 New Style。这也就对 New Style 舞者提出了很高的要求，什么东西最好都要会一点。New Style 感觉就是一门使用的技术，它里面 Hip - Hop 的东西比别的东西要多一些，因为 New Style 其实还是建立在 Hip - Hop 基础上的。每个人对音乐的理解和自己所擅长的东西都不一样，如同一首歌你可能喜欢用 Locking 表现，别人可能用 Popping 表现，单调出来的都属于 New Style。

三、街舞服饰

篮球服、大的 T 恤、拖地的多兜裤、宽大的牛仔裤、棒球帽、紧身背心、运动鞋等都可以是你的选择，不过要提醒你，在追求时尚、个性化的同时，也要注意美观舒适。街舞服饰最好是宽松肥大的服饰。

四、街舞比赛场地和器材

街舞比赛在 14 米 × 12 米范围内的木地板上进行，不设边界线。街舞对于场地和器材没有严格的要求，只要有一块平整的场地，热衷于此项运动的青少年便可忘我地投入。但随着街舞技术动作的不断发展以及技术动作的革新，一些难度较大动作对于场地就有了较高的要求，如做大风车就需要场地表面的光滑度较好。对于器材方面，现在使用较多的有头具、护腕、护膝等，在这方面要求舞者有超凡的想象力，只要是可利用的、对完成动作有帮助的器材都可以使用。

第四节　毽　球

一、毽球概述

（一）起源与发展

毽球俗称踢毽子，是我国一项历史悠久的传统体育运动项目，在长期的发展过程中，广泛传播，逐渐普及。

1. 起　源

踢毽子起源于我国汉代，盛行于六朝、隋唐时代。《唐代高僧传》中记载：北魏时有一个叫跋陀的人到洛阳去，在路上遇到了 12 岁的惠光，惠光在天街井栏上反踢毽子，连续踢了 500 次，观众赞叹不已。这说明踢毽子在当时已在民间流传。到了唐宋时期，踢毽子非常盛行，花样繁多，还出现了专门制作、出售毽子的店铺。到了清代，踢毽子的技巧已经达到了一个相当高的水平。清代民间艺人绘制的《踢毽图》上的人物动作和姿态，跟现代毽球运动十分相似。

2. 发展趋势

（1）国内趋势：毽球运动占地面积小，器材简单，男女老少皆宜，已经成为全民健身运动的重要内容。在群众性毽球活动广泛开展的基础上，我国毽球运动的经济水平也不断提高，涌现出一大批高水平运动队。

（2）国外趋势：毽球运动在世界范围内蓬勃开展，尤其是在越南、老挝、德国、匈牙利、荷兰等国家，已经成为深受人们欢迎的体育健身项目。可以预见，我国传统项目——毽球，将以崭新的姿态，活跃在世界体坛中。

（二）场地、器材和装备

1. 场　地

毽球比赛场地采用羽毛球双打比赛场地（图 12 –4 –1）。

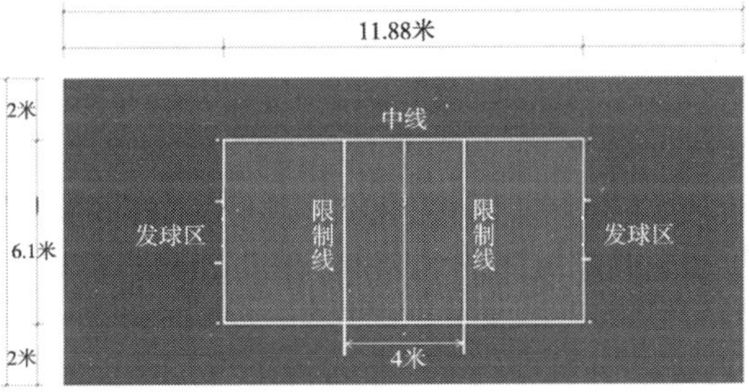

图 12 –4 –1

（1）规格。

①场地长 11. 88 米，宽 6. 1 米。

②场地应按平面图画出清晰的界线，较长的两条界线叫边线，较短的叫端线。

③连接场地两边线的中点与端线平行的线叫中线，中线将场地分为均等的两个场区。

④在中线两侧各画一条与中线平行的线叫限制线，中线至限制线的距离为 2 米。

⑤距两端线中点两侧各 1 米处向场外各画一条长为 20 厘米与端线垂直的短线叫发球区线，发球区线向后无限延长的区域叫发球区。

（2）设施。

①网柱：网柱安在中线以外，距边线 50 厘米处。

②球网：球网为深绿色，长 7 米，宽 76 厘米，网孔 2 厘米见方；球网上沿缝有 4 厘米的双层白布，用绳穿起，将球网挂在网柱上；球网必须挂在中线的垂直上方，两端距地面的垂直高度必须相等，两端与中间的高度相差不得超过 2 厘米；球网的中部顶端距地面垂直高度为 1. 6 米（男子）或 1. 5 米（女子）。

③标志带与标志杆：在球网的两端，垂直于边线和中线交接处，各系有一条宽 4 厘米、

长76厘米的白色带子，叫标志带；在球网上连接标志带外侧应系有两根有韧性的杆，叫标志杆，两杆内侧相距6米；标志杆应高出球网上沿4厘米，并用鲜明对比的颜色画上10厘米长的格纹。

（3）要求。

场地上空6米以内（由地面计算）和场地四周2米以内不得有障碍物。

2. 器材和装备

（1）毽球。

毽球的高度为13～15厘米，重量为13～15克，由毽毛和毽垫构成（图12－4－2）。

①毽毛为四支白色或彩色鹅翎呈十字形插在毛管内，每支羽毛宽3.20～3.50厘米。

②毽垫直径3.80～4.00厘米、厚1.30～1.50厘米，由上垫、下垫和毛管构成，毛管高2.50厘米。

③毽垫的下垫和毛管连在一起，上垫套在毛管上，上垫和下垫中间套有由三层以上硬质薄形皮革或类似材料制成的垫圈。

图12－4－2

（2）装备。

作为毽球运动的参与者，无论是日常练习还是参加比赛，都需要有一身合适的装备，包括服装和鞋子等。

二、毽球基本技术

毽球运动对身心健康极为有益，主要依靠下肢做接、落、跳、绕、踢等动作，使下肢的关节、肌肉、韧带都得到全面的锻炼，同时也使腰部得到锻炼。经常参加这项运动，不仅可以使下肢肌肉、韧带富有弹性、关节灵活，而且可使心肺系统得到全面锻炼，起到增进身体健康的良好作用。

毽球运动不仅是锻炼身体的手段，也是一种优美的艺术表演。它的基本技术包括准备姿势、起球、发球、移步等。

（一）准备姿势

准备姿势是运动员在场上接球时身体的一种等待状态。保持良好的姿势，是身体能随时在瞬间由静变动，由被动状态变主动状态的关键。准备姿势一般分为左右开立站姿和前后开立站姿两种。

1. 左右开立站姿（图12－4－3）

（1）动作方法：①两脚左右开立，略比肩宽，两膝略屈，脚跟略提起；②两臂自然垂直于体侧，两脚保持略动状态。

（2）技术要点：①屈膝提踵，上体前倾；②两脚保持略动。

（3）错误纠正：直腿、上体直立、脚跟提得过高为常见的动作错误。因此，应在做动作时屈膝，使膝关节得到缓冲，同时注意上体要前倾，脚跟略提，两脚要始终保持略动状态。

（4）伤害预防：充分做好准备活动，提高肌肉温度，避免肌肉拉伤。

2. 前后开立站姿（图 12－4－4）

前后开立站姿能使运动员从静止状态快速转向前后的移动状态，较多地应用在比赛的接发球过程中。

（1）动作方法：①两脚前后开立，呈前后开位站姿；②两臂自然垂直于体侧，两脚保持略动状态；③上体略前倾，重心落于两脚之间，两眼注视来球。

（2）技术要点：①防守时注意后脚脚跟离地，身体重心要向前移随时保持静中带动的状态；②屈膝提踵，上体前倾；③两脚略动便于步伐的转换。

（3）错误纠正：同“左右开立站姿”。

（4）伤害预防：同“左右开立站姿”。

图 12－4－3

图 12－4－4

（二）起　球

起球是指球从脚面弹起到最高点的过程。根据起球时接触点的不同，起球技术可分为脚内侧起球、脚外侧起球、脚背起球、腿部起球、胸部起球和头部起球。

1. 脚内侧起球（图 12－4－5）

（1）动作方法：①起球前，两脚自然开立，踢球脚在后，两膝略屈，两臂放松，自然下垂于体侧；②起球时，身体重心移到支撑腿上，踢球腿大腿带动小腿，由后向前上方摆动，在摆动过程中，逐渐形成髋关节外张、膝关节弯曲、踝关节内翻的基本姿势；③击球的一刹那，脚部击球面端平，击球部位应在脚内侧的中部，击球点一般在支撑腿膝关节前约40 厘米处。

（2）技术要点：①在接发球时，队员要积极移动，调整好人与球之间的位置，做到一次起球到位；②在组织进攻时，要通过积极移动和第一次调整球的机会，处理好人与球之间、传球队员与进攻队员之间的位置关系；③在防守快速球、大力量球时，要提高出脚速度；④起球全过程应注意柔和、协调，大腿和小腿应完成向前上方的送球动作；⑤注意膝关节向外张，大腿向外转动并略上摆，髋和膝关节放松，小腿向上摆，脚放平，用内足弓部位踢球。

（3）错误纠正：踢毽时用大腿或小腿发力击球为常见的动作错误。因此，应在做动作时用踝关节发力。

（4）伤害预防：要充分做好准备活动，以免对踝关节或膝关节造成扭伤或挫伤。

2. 脚外侧起球

（1）动作方法：①起球前，两脚自然开立，两膝略屈，做好准备姿势；②起球时，身体重心移动支撑腿上，击球腿的髋、膝关节内扣，踝关节外翻，使脚外侧尽量与地面平行；③击球是利用小腿外翻快速上抬的动作完成的，脚接触球的部位一般在脚外侧面的中部或中后部，击球的高度一般不超过膝关节；④当来球较高并快速向体侧后方飞行时，触球腿的大腿可外传，迅速沿地面向后摆，伸腿插入球下，踝关节自然勾起向外翻转，脚指向体侧，脚的外侧面约呈水平，身体保持前倾，利用小腿快速屈膝上抬的动作，向体前上方击球。

（2）技术要点：①当来球平且快，落在身体两侧或从体侧、肩上向后场飞行时，一定要略侧身，向体侧甩踢小腿，勾脚尖，用脚外侧踢球；②要想获得较低的托球点，必须要使支撑脚做适当的弯曲；③身体重心应放在支撑脚上，击球点离地面 15 ~ 20 厘米。

（3）错误纠正：直腿、踝关节外翻、小腿外翻做匀速运动为常见的动作错误，因此，应在做动作时屈膝、膝关节内扣、小腿外翻的速度一定要快，同时注意当来球较高并快速向体侧后方飞行伸直腿插入球下时，一定要注意踝关节要勾起并外翻，身体保持前倾，切记绷脚，身体正直。

（4）伤害预防：要充分做好准备活动，以免对踝关节或膝关节造成扭伤或挫伤。

3. 脚背起球

（1）动作方法：①起球时，一脚支撑身体，另一脚主动插入球下，脚背与地面基本呈水平状态，当球快落到脚背上时，利用适度的伸膝和踝关节背屈的协调用力的勾踢动作，把球向上踢起；②击球部位在脚的跖趾（脚面上接近脚趾的部分）关节处，击球点在离地面 10 ~ 15 厘米的高度，击出球的方向、弧度和落点，可通过脚背面的变化和踝关节背屈勾踢的程度来调整。

（2）技术要点：①脚背踢球，一般用正脚背，要注意绷脚尖和抖动脚踝发力击球。②击球点离地面 10 ~ 15 厘米。

（3）错误纠正：勾脚尖或用大、小腿发力击球是常见的动作错误。因此，应在做动作时绷脚尖、抖动脚踝发力击球，同时注意抖动脚踝发力击球的速度不要过快或过慢，以免影响踢球的质量。

（4）伤害预防：要充分做好准备活动，防止在抖动或接球的过程中扭伤脚背以及踝关节。

图 12 -4 -5

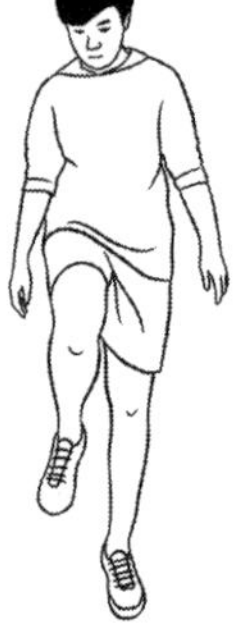

图 12 -4 -6

4. 腿部起球（图12－4－6）

（1）动作方法：①（以右腿为例，左腿支撑身体）当来球飞近大腿时，重心移到支撑腿上，击球腿自然屈膝，大腿带动小腿由后向前上方快速抬起，用大腿的前1/3处击球，抬腿力量的大小应根据起球的速度和落点加以控制；②击球后，击球腿立即放下，准备衔接下一个动作；③腿接触球时与地面保持一定的角度，形成良好的反射角，击球后腿立即放下，准备衔接下一个动作。

（2）技术要点：左腿支撑身体，右腿屈膝，大腿带动小腿上提，膝关节略低于髋，用大腿的前半部分（主要由膝关节发力）起球。

（3）错误纠正：直腿、小腿主动发力击球为常见的动作错误。因此，应在做动作时自然屈膝，大腿带动小腿，发力击球，同时注意要用大腿的前半段击球，以便达到击球目的。

（4）伤害预防：充分做好腿部和髋部的准备活动，以免扭伤髋关节，拉伤腿部肌肉。

（三）发　球

发球是比赛的开始，又是一项进攻技术。发球的时候可采用盯人、找空、压后、吊前等手段发出各种战术球，以达到破坏对方、组织进攻或直接得分的目的。根据发球时身体与球网的关系，以击球接触角的位置不同，发球技术可以分为脚内侧发球、脚正背发球、脚外侧发球。

（四）移　步

移步是利用脚步动作，根据来球的距离远近、球速快慢，采用各种不同的步伐，使身体接近球的落点，以便能及时准备地触击球。

三、毽球基本战术

毽球战术是在比赛中，根据毽球的运动规律、彼此的具体情况和比赛场上的变化，安排具体阵容，合理地运用技术，充分发挥己队之长，限制对方正常发挥，进行有组织、有目的、有预见性的、克敌制胜的行动。毽球比赛战术分为进攻战术和防守战术。

进攻战术是将高于网上沿的毽子直接攻入对方场地区的一种击球动作。进攻战术根据阵容配置可分为："一、二"配备、"二、一"配备和"三、三"配备。

防守战术是比赛争取得分的关键技术，也是缓解对方进攻的最好方法，从而为反击得分创造有利条件。防守战术根据阵容配置可分为："弧形防""一拦二防""二拦一防""拦一堵一防"。

第五节　棒、垒球

一、棒、垒球简介

棒、垒球，有人会认为是同一种球类项目，其实，棒、垒球是棒球和垒球的简称，因其比赛形式、规则极其相似，故经常被合称为"棒、垒球"。

（一）棒球（Baseball）

棒球运动是一种以棒打球为主要特点，集体性、对抗性很强的球类运动项目。它在国际上开展较广泛，影响较大，被誉为“竞技与智慧的结晶”，在美国、日本尤为盛行，被称为“国球”。美国有关专家多年来的考据认为，棒球运动源于英国的板球。1839 年，美国人道布尔迪（Doubleday）组织了第一场与现代棒球运动十分相似的比赛。1873 年棒球由美国传入日本。日本职业棒球队创始于 1934 年。目前，棒球最普及的是美国和日本。

（二）垒球（Softball）

同美国三大运动之一的棒球相比，垒球所需的场地小、球体大、球速慢（因为垒球运动的规则规定在抛球过程中，手必须在肩下）。由于以上诸多优点，垒球运动很快风靡美国各地。

垒球运动分为两种——快速垒球和慢速垒球。垒球的这两种形式都深受美国人民的喜爱。随着第二次世界大战中美国势力的扩张，垒球运动在全世界得到了推广。此后，垒球逐渐成为女子运动。20 世纪 50 年代，垒球项目也从大众游戏转变成为竞技体育项目。澳大利亚早在 1947 年就举办了第一届全国女子垒球锦标赛，而相应的男子比赛直到 1984 年才开始。1965 年，在澳大利亚的墨尔本举行的第一届女子垒球世锦赛决赛中，东道主澳大利亚队以 1:0 击败了美国队，夺得了世界冠军。这次比赛后，快速垒球很快成了垒球运动的主流。

1970 年第二届女子垒球世锦赛举行，此后每隔 4 年，便分别举办一次男子、女子、青年垒球世锦赛。时至今日，在垒球运动产生百年之后，垒球仍然是全美最受欢迎的运动之一。世界垒球联合会也有了 120 多个成员。

垒球运动发展初期，包括 4 名游击手，每方有 10 名上场队员。由于慢速垒球的规则要求投手掷出的球必须有一弧线，从而有效地限制了球速，使得比赛的比分通常很高。与此相反，快速垒球则是低分投手的竞争，比赛中也只有 9 名上场队员。

不过奥运会的垒球运动可不比职业棒球运动差多少，亚特兰大奥运会上，曾有投手投出了时速高达 18 千米的球。由于垒球的投手与击球员之间只有 12. 2 米的距离，棒球为 18. 4 米，一般棒球投手的球速为每小时 160 千米，所以对于垒球选手来说，其反应能力不比棒球选手差多少。

此外，在英文中名为“软球”（softball）的垒球其球体实际上与棒球同样坚硬。两种球的唯一不同之处在于，垒球体的周长为 30. 4 毫米，棒球体的周长为 22. 8 毫米。

二、棒、垒球基本技术

（一）进攻技术

（1）击球：有持棒挥击和持棒触击两种方法，击球员双手握棒，手指第二关节对齐（图 12 –5 –1）。

挥击时，双手靠拢，前肘离身，前臂拉平，后肘不宜过于贴身，挥棒时前脚伸踏不要过大，以免影响挥棒的准确性。挥棒力量主要靠后蹬、转体、拉臂、甩腕（图 12 –5 –2 至图 12 –5 –8）。

图 12－5－1

图 12－5－2

图 12－5－3

图 12－5－4

图 12－5－5

图 12－5－6

图 12－5－7

图 12－5－8

（2）跑垒：击球员击出球后，在守方队员未接到球的瞬间，立即上垒，抢垒位。

（3）滑垒：跑垒员身体贴地面滑动的占垒动作，有侧身倒地踏垒和俯冲倒地踏垒。滑垒共有 4 种姿势：单脚冲前坐势滑进；双脚冲前，单脚勾垒；双脚冲前从垒侧滑过后，翻身用手抓垒；双手冲前，用腹部滑进触垒。

（二）防守技术

防守技术包括接球、传球、投球、触杀、封杀和追杀。

（1）接球：面向本垒，两脚左右开立，两手置于胸前，眼睛注视来球；一般用双手接球。（图 12－5－9、图 12－5－10）

（2）传球：以食指、中指和拇指持球，掌心不触球；有肩上传球、体侧传球和低手传球。（图 12－5－11 至图 12－5－17）

图 12－5－9

图 12－5－10

图 12－5－11

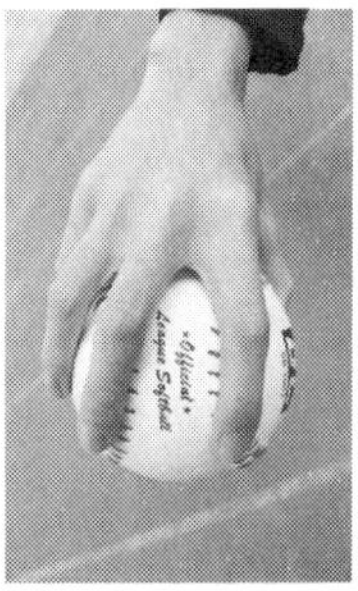
图 12－5－12

图 12－5－13

图 12-5-14

图 12-5-15

图 12-5-16

图 12-5-17

（3）投球：一般采用身体正对击球员的正面投球和身体侧对击球员的侧面投球两种投球姿势，球出手时通过手指、手腕的压、拧、拨等动作，可投出不同性能的曲线球、直线球、变速球、飘球和下坠球；有肩上高压、低肩侧投、低手3种投球动作。

（4）触杀：守备员持球碰触离开垒位的跑垒员使之出局。

（5）封杀：守备员持球，在跑垒员进垒或退垒到达垒位前，先触及垒位，或对击跑员进行传杀，使之出局。

（6）追杀：守场员追赶离开垒位的跑垒员并用持球手碰触跑垒员，使之出局。

三、棒、垒球基本战术

（一）进攻战术

进攻战术一般按照全队所规定的战术及教练员临时的战术暗号进行。

（1）观察：投手投来的第一个球，不击，以观察投手的动作及实力。

（2）积极迎击第一个球：达到攻其不备的目的。

（3）击出高远球：准备牺牲自己促使同队进垒得分。

（4）打带跑：把球击到一垒跑垒员身后的空隙地带，使其他跑垒员安全进到二垒或抢到三垒，破坏对方企图制造双杀的机会。

（5）跑了再打：跑垒员先偷垒，击球员随后击球。

（6）触击牺牲打：击球员用触击将球击向一垒（或三垒），击出地滚球引诱守队“杀”一垒，击球员牺牲自己，使同队进垒或返回本垒得分。

（7）一、三跑垒员双偷垒：制造三垒跑垒员返回本垒得分机会，应注意避免互相冲撞和钉鞋伤人。

（二）防守战术

防守战术须全队密切配合，及时移动补位和进行掩护，以防止攻队进垒或得分，常用的战术有以下几种。

（1）接球后传一垒封杀击跑员。

（2）双杀：接球后传到最近垒位封杀跑垒员，随即传球到一垒封杀击跑员造成双杀。

（3）夹杀：守队互相配合传球，截杀在垒间的跑垒员，逼赶跑垒员退回原垒并乘机在垒间触杀之。

（4）防止双偷垒：由接手指挥行动，由游击手、二垒手或投手作中间策应拦截接手传二垒的球，再传回本垒，截杀三垒跑垒员。如三垒跑垒员不抢回本垒，即由守二垒的队员接球，截杀一垒跑垒员。

（5）配球：投手针对击球员不同弱点，投出不同的球，如快速球、变速球、曲线球或下坠球等，使击球员无法击中来球，造成出局。

（6）缩小防圈：为了防止击球员采用牺牲触击球战术，缩短防守距离，明确本垒前各区有人负责截接球，其余各队员应移动补位防守。

总之，不论是攻还是守均应有统一指挥，统一暗号，平常训练时反复运用，比赛时才能配合默契，运用自如。

四、棒、垒球比赛目的及场地

（一）比赛目的

（1）棒球运动是在规定的场地范围内，两队各出 9 名队员，在各自的教练员指导下，按照规则在 1 名或 1 名以上裁判员的裁决下进行比赛的一项体育运动。

（2）比赛的目的是争取得分多于对方队而取得比赛的胜利。

（3）在规定的有效比赛局数结束时，按照本规则判得分较多的一队为胜队。

（二）比赛场地

1. 场地地面

比赛场地是一个直角扇形区域，直角两边是区分界内地区和界外地区的边线。两边线以内为界内地区；两边线以外为界外地区。界内和界外地区都是比赛有效地区。界内地区又分为内场和外场。内场呈正方形，四角各设一个垒位，在同一水平面上在尖角上的垒位是本垒，并依逆时针方向分别为一垒、二垒和三垒。内场以外的地区为外场。比赛场地必须平整，不得有任何障碍物。

地面应平整。跑垒路线上的土质要松软。一般国际比赛场地要求内场整个场地呈龟背形，最高点为投手区，跑垒路线、投手区及各垒位周围是土地，内场其余地方及外场区应为草坪。比赛场地的内场与地面平，只是投手区为直径 5. 49 米的圆圈土坡，投手板高出地面 25 厘米。投手板用木头或橡胶制成，应固定在地上。击球员区及接手区为限制击球员及接手的合法活动范围。

注：如果在规定的场地上有观众或障碍物时，应由裁判组根据情况订出临时或特定规则并通知比赛队。

2. 场地大小

内场每边垒间距离为 27. 43 米。投手板的前沿中心和本垒尖角的距离为 18. 44 米。本垒后面和两边线以外不少于 18. 29 米的范围内为界外的有效比赛地区。两边线至少长 76. 20 米。两边线顶端连接线的任何一点距本垒尖角的距离都不应少于 76. 20 米。

本垒尖角后 18. 29 米处应设置后挡网。网高 4 米以上，长 20 米以上。场地周围设置围网，高度 1 米以上为宜。

注：①1958 年 7 月 1 日以后由职业球团建造的棒球场，两边线应至少延长至 97.54 米，本垒经二垒伸向中外场的距离至少达 121.92 米。

②根据我国场地情况，如有困难，两边线长度可规定为 91 米，本垒经二垒伸向外场的距离可定为 108 米，本垒到后挡网和两边线到野传球线的距离可定为 15 米。

3. 场地布置

场地应布置捕手区、打击区、跑垒指导员区、跑垒限制线、击球员准备区、野传球线、全垒打线和草地线。

（1）捕手区：自本垒尖角后 2.44 米处画一条横线，线长 1.10 米，线的两端距本垒中心线各 0.55 米，然后再从两端向本垒方向各画一与本垒中心线平行的线，与击球员区界线连接，这个区域叫捕手区。

（2）打击区：在本垒的左右两侧，各画一个长方形的击球员区。该区长 1.82 米，宽 1.22 米。两区相邻近的内侧界线各距本垒板边沿为 0.15 米，以本垒横中心线为准，击球员区前后部分各长 0.91 米。

注：打击区（包括标出该区的白线）为界外地区，但击出的球如停止在打击区和边线所形成的三角区内时应判为界内球。

（3）跑垒指导员区：在一垒、二垒及二垒、三垒垒线与边线相交的点以外 4.57 米处向本垒方向各画一条与边线平行长 6.10 米的线，再在线的两端向场外各画一条长 3 米的垂直线，这三条线以内的区域为跑垒指导员区。在一垒一侧为一垒跑垒指导员区，在三垒一侧为三垒跑垒指导员区。

（4）跑垒限制线：由本垒和一垒的中点和沿边线至一垒后 0.91 米处各向场外画一条长 0.91 米的垂直线，并将两垂直线的终点连接在一起，就是跑垒限制线。这条线和边线所构成的长条区域就是跑垒限制道。

（5）击球员准备区：在本垒尖角 3.96 米处向本垒纵向中心线两侧各量 11.28 米，并以该处为圆心各画一直径为 1.52 米的圆圈，此圆圈就是击球员准备区。

（6）野传球线：距两条边线外至少 18.29 米处，各画一条与边线平行的线，该线一端与后挡网相连，另一端与本垒打线和边线末端相交的延长线相连，此线是野传球线，用以区分界外比赛有效地区和无效地区。

（7）全垒打线：以二垒垒位中心为圆心，以圆心到边线顶点的距离为半径，画一弧线与两侧边线末端相交，此弧线即为全垒打线，作为判断全垒打的标志。

（8）草地线：在草皮场地上，以投手板前沿中心为圆心，28.93 米为半径，在界内连接两边线所画弧线，即为草地线。此线以外的外场地区为草地，以内为土地。

注：①场地上各线的宽度为 7.6 厘米，线的宽度包括在各区域的有效范围之内。

②边线通过打击区的部分不应画出。

4. 比赛设施

（1）本垒板。

本垒板用白色橡胶制作，呈五角形，应固定在地上，与地面齐平。本垒板尖角两边应与一垒和三垒边线外沿交角叠合。

（2）垒包。

一垒、二垒、三垒垒包均为38.1厘米见方、厚7.6～12.7厘米的白色帆布包。一垒、三垒垒包应整个放在内场，二垒垒包的中心放在两垒线的交叉点上。垒包内装棕毛等细软物。垒包应钉牢在地上。

垒包钉置的方法：比较简单的方法是用十字帆布带和带钩的长钉固定。

在垒包的正中下面用带钩的长钉（约30厘米）钩好扎牢，并将长钉钉入地下，以便滑垒时垒包不致移动（但可以转动），同时也可避免碰伤。

（3）投手板和投手区。

投手板用白色橡胶制成，板长61厘米，宽15厘米。投手板周围应有86.4厘米宽、152厘米长的平台。投手板应与平台齐平。投手板和平台置于高出地面0.25米、直径为5.48米圆形土墩内的投球区（圆心在投手板前沿中心正前方0.46米处），投手板前的斜坡应为平台前沿起向前1.83米，每向前30.5厘米降低2.54厘米，然后向4个垒位逐渐倾斜并与之齐平。

（4）队员席。

一垒及三垒两侧各设一个队员席，设于距两边线至少18.29米的野传球线外侧。队员席上面应安置顶棚，背后和两侧都应是封闭的。

（5）球。

棒球是圆形软木、橡胶或类似物质作球心，绕以麻线，再以两块白色马皮或牛皮包紧平线密缝而成。球面应平滑。重量为141.7～148.8克。圆周围22.9～23.5厘米。

（6）球棒。

球棒呈圆柱形，棒面必须平滑无截面接头。金属棒的两端必须密封，握棒部分的棒帽末端直径为2.4～5.0厘米，棒长不得超过1.07米，最粗处直径不得超过7厘米。为便于握棒，从握棒的一端起至45.7厘米的长度内，可用布条、胶布带或橡胶包缠。

（7）服装。

比赛时，同队队员应穿着式样和颜色整齐一致的比赛服装（包括内衫和外露部分）。服装上不得有闪光的纽扣或附饰物，服装上衣背面应有不小于15.2厘米的明显的号码，上衣和裤子的号码要一致。队员穿着与同队队员不一样的服装时不得参加比赛。每队应有深浅不同的两套服装，先攻队穿深色，后攻队穿浅色。

队员可穿有平扁铁钉或橡皮头的棒球鞋，但不得是圆尖的金属钉。长扁铁钉长不得超过1.5厘米。

注：教练员、跑垒指导员均应穿着与本队队员同样的运动服装。

第六节　无线电测向运动与定向越野

无线电测向运动与定向越野项目近年来在我国学校体育中受到了越来越高的重视，第6届全运会的无线电测向比赛专门设置了定向越野的比赛项目。因此，这两个项目一直以来都紧密地联系在一起，国家体育总局航空无线电模型运动管理中心无线电定向部专门负责这两个项目的赛事管理和普及，在无线电测向训练与比赛中经常接触定向越野的知识，因此，本节将结合这两个项目的特点进行介绍。

一、无线电测向运动

无线电测向运动类似于众所周知的捉迷藏游戏，运动员通过手中的测向机运用测向技术寻找到能发射无线电波的小型信号源（即发射机）的过程，即无线电捉迷藏，是现代无线电通信技术与传统捉迷藏游戏的结合。通常人们把事先巧妙隐藏起来的信号源比喻成狡猾的狐狸，故此项运动又称无线电“猎狐”或抓“狐狸”。

无线电测向运动是组织者在旷野、山丘的丛林或近郊、公园等优美的自然环境中，事先隐藏好数部信号源，连续发出规定的电报信号，运动员利用测向机在野外一定的范围内，测出隐蔽电台的所在方向，采用徒步方式，奔跑一定距离，迅速、准确地逐个或按照找台顺序找到这些信号源，以在规定时间内，找满指定台数、实用时间少者为优胜的比赛项目。该项运动充分考验运动员的思考能力和体能素质，运动员在平时的练习中除了要进行身体训练外，还需要学习无线电方面的知识，掌握测向机或其他电子制作技能。

无线电测向运动不是简单在固定场地上或野外的单一奔跑，也不是纯科技性的室内制作，而是理论与实践、动手与动脑、室内与室外、体能与智力的结合，有机地将科技、健身、休闲、娱乐融为一体。无线电测向运动作为一项科技体育竞技项目，是现代无线电通信技术与传统捉迷藏游戏的结合，有它独特的魅力和特点。没有任何一个运动项目能像无线电测向那样，使运动员在知识技能、身体素质、心理品质等诸方面有着强烈的竞争性，真正使运动员在身体和智力等方面得到磨炼和考验。

（一）使用和掌握测向机

1. 测向机各旋钮、开关的功能

（1）频率旋钮：用来寻找需要收测电台的信号，要求被收测信号的音调清晰、悦耳，而其他电台信号尽可能小，减小其干扰。

（2）音量旋钮：用来控制音量大小。此旋钮在快速接近电台的途中，随着信号强度的不断增加而需经常旋动，每次旋转时，应放置在音量适中并略微偏小的位置，以获得较准确的方向。

（3）单向开关：用来判断电台的方位。当需要判断单向时，按下此开关，将拉杆天线接入电路，其输出电势与磁性天线所感应的电势复合，产生一个心脏形方向图，这就克服了磁性天线的双值性。当松开此开关，自动切断直立天线，测向机保持“8”字形方向图。

（4）电源开关：短距离用的 PJ－80 型测向机不单设电源开关，插入耳机即接通电源，拔出即断开电源。

2. 正确的持机方法

（1）80 米波段测向机的持机方法。

以 80 米波段直立式测向机为例，正确的持机方法是：右手持机，拇指靠近单向开关，其他四指握测向机，手背一面是大音面，松肩、垂肘，测向机举至胸前，距人体约 25 厘米，尽量保持测向机与地面垂直。测单向时，为了测线准确及找准方位物，可将持机臂伸直，将测向机抬高至与眼平，进行瞄准。

按个人的不同习惯，也可左手持机，右手转动旋钮。

（2）2 米波段测向机的持机方法。

基于短距离 2 米波段测向采用垂直极化波及测向时多用单向大音面的特点，通常为右手持机，左手调整旋钮和开关；将测向机举至胸前，并使天线所在平面与地面保持平行（或垂直），引向器始终处于前方，以便准确观察电台方向线，当信号弱或收不到信号时，可将测向机举过头顶。

3. 熟悉电台呼号

每一部隐蔽电台（或称信号源）均有自己的编号和呼号，并具有连续或轮流自动拍发等幅电报的功能。判断电台、台号时，要注意分辨长音、短音出现的先后顺序和长音、短音的数目。电台发信时，重复循环各自的电码符号。在语言中，通常用“达”表示长音，用“的”表示短音，如以 1 号台 MOE 为例，叫作拍发“达达、达达达、的”；以 2 号台 MOI 为例，叫作拍发“达达、达达达、的的”。

80 米波段电台呼号	2 米波段电台呼号
1 号台：MOE — —— ●	1 号台：● — — — —
2 号台：MOI — —— ● ●	2 号台：● ● — — —
3 号台：MOS— —— ● ● ●	3 号台：● ● ● — —
4 号台：MOH — —— ● ● ● ●	4 号台：● ● ● ● —
5 号台：MO5 — —— ● ● ● ● ●	5 号台：● ● ● ●
6 号台：6 — ● ● ● ●	6 号台：— ● ● ●
7 号台：7— ● ● ●	7 号台：— ● ●
8 号台：8 —— ● ●	8 号台：—— ●
9 号台：9 —— ●	9 号台：——
0 号台：0 ———	0 号台：———
信标台 MO — ——	信标台 MO — ——

（二）测出电台方向线的基本方法

1. 80 米波段测向的基本方法

80 米波段测向有测单向和测双向两种方法供选择。在实际测向中，两种方法必须配合使用，才能获得满意的效果。按使用单、双向的步骤不同，可分为单向—双向法和双向—单向法两种。

（1）单向—双向法：按前述持机方法持机，拉出直立天线（随着与电台距离的缩短，其高度要相应地降低。选手应通过反复实验，掌握在距电台 20 米以外和以内的不同距离上，获得良好单向时直立天线的最佳高度），按下单向开关，使本机大音面做环向扫动，同时旋转频率钮，当耳机内出现需要测收的电台信号且声音最大时，测向机大音面所指方向即为电台方向。这一过程称测单向（又叫定边，即定出电台在哪边）。由于大音面是一个较大的扇面，难以准确地确定电台方向线，因此在单向测完后要松开单向开关，用磁性天线的小音点（即磁棒）对着电台并左右摆动，声音最小时磁棒所指方向，即为电台的准确方向线。后面的这个过程称测双向（又叫测线，即测出电台所在的一条直线）。

（2）双向—单向法：先不按单向开关，用磁性天线收到电台信号后，水平旋转测向机，找出小音点（或称哑点线）获得电台所在直线，然后按下单向开关并转动测向机 90°，在此位置上，反复迅速地转动测向机 180°，比较声音大小，声音大时，本机单向大音面所指的方向，即为电台的方向。最后，再用双向小音点瞄准。

2.2 米波段测向的基本方法

对 2 米波段测向机来说，有如下两种测向方法。

（1）单向法（也叫主瓣一次测向法）：当 2 米波段测向机收到电台信号后，转动天线 360°，依靠尖锐的主瓣方向图（此时引向器的前引伸方向声音最大），即可明确地测出电台方向线。若发现主瓣与后瓣难以分清（在前后两个方向上声音大小差不多），可将测向机音量关小，举过头顶，在主、后瓣两个方向上翻转天线，反复对比两边的音量大小，防止测反方向。

（2）单向—双向法：这种方法多用于主瓣不够尖锐的二元八木天线或要求方向线很准确的近距离测向中。在被测电台发信后，首先，按八木天线的一般使用方法，使各振子所在平面与地面平行，用前述单向法测出电台的大致方向；然后，把天线立起来使用，使反射器（或引向器）在有源振子的上方或下方，而失去反射（或引向）的作用。此时只有有源振子起作用，天线的方向图是单个有源振子的“8”字形方向图。这种类似于磁性天线的方向图，小音点的信号强度变化率大，方向性非常明显，而且小音点测向时，可利用振子的指向进行瞄准，提高了测向准确性。这种单、双向配合使用的方法与 80 米波段测向方法相似，可按测向机的性能和使用者的习惯灵活运用。

另外，80 米测向机的直立天线，目前多采用拉杆天线，其高度可以调整。实践证明，在测单向时，随着与电台的距离的缩短，特别是到了近台区，直立天线的高度要相应地降低，才能获得较理想的心脏形方向图。为此，运动员应分别在距电台 20 米以外和 20 米以内的不同距离上，边调整直立天线的高度，边分辨单向的好坏，反复试验，直到使测向机的单向小音面面对电台，耳机声音最小或无声。此时的直立天线高度，即为在该距离上的最佳高度。运动员在测向时，按此高度测单向，可提高单向鉴别的速度和精度。

二、定向越野

定向越野是指运动员借助定向地图和指北针，按组织者规定的顺序方式，自我选择行进路线并到访地图上所标示的地面检查点，以通过全程检查点用时较短者或在规定时间找到检查点得分较多者为胜的一种体育运动。定向越野通常在野外森林进行，也可在城市的近郊、公园和较大的校园等各种地形进行。参加定向越野必须有定向地图，在定向地图上标有定向路线，一条定向路线一般包括一个起点（用三角表示）、一个终点（用双圆圈表示）和一系列的检查点（用单圆圈表示）。运动员根据定向地图所提供的信息，可以利用指北针快速定向，在实际地形中寻找一个橘黄色和白色相间的点标旗，该点标旗的位置准确放置在地图所标示的地点圆圈的中心点。为了证实运动员通过了这些检查点，他们必须在到达的每一个检查点（点标）处使用打卡器在卡上打卡，当然，也可用其他办法做记号，以证明他们确实到达此地。现在大型比赛都用电子打卡系统打卡，它不仅能证实运动员正确通过检查点，而且还能同时记录通过检查点的各段时间。运动员通过检查点与检查点之间的路线由运动员自已做出选择。这种借助于定向地图和指北针在生疏的地域辨明方向，选择路线并以最快速度到达目的地的能力是定向越野区别其他体育运动的精髓所在。

（一）定向地图和方向指示标识

定向地图：定向地图一般由方向指示标识、地图比例尺、符号和颜色、图例注记和检查点符号说明表等要素组成。（图 12－6－1）

方向指示标识：阅读地图，首先要辨别图上方向。地平面上有东、南、西、北 4 个基本方向，还可再分出东北、东南、西北、西南四个方向，共 8 个方向。地图也有方向，如果地图没有方向指示标识，通常默认“上北下南，左西右东”的图上方向。定向地图是用磁北方向线和指向箭头指示地图方向的。（图 12－6－2）

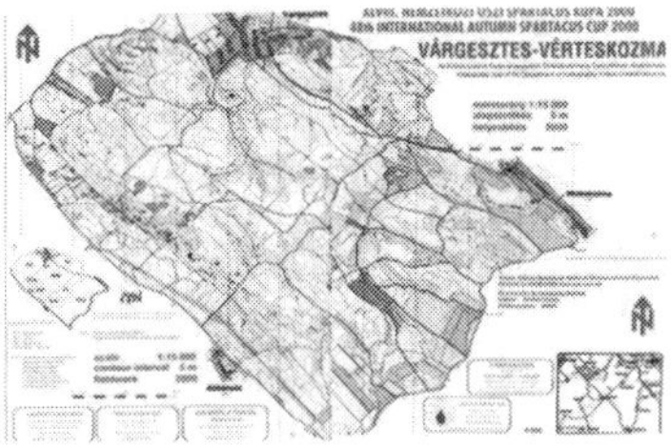

图 12－6－1

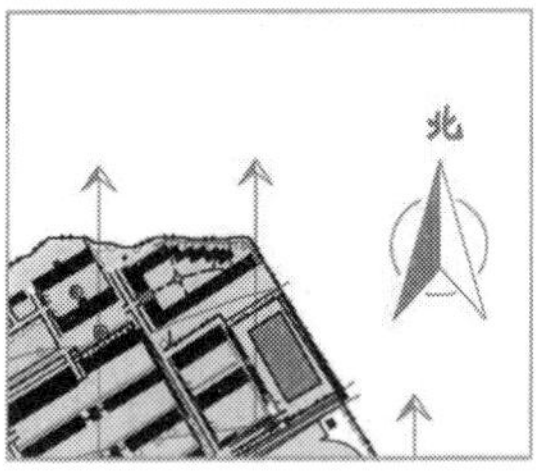

图 12－6－2

（二）地图比例尺

地图上某线段长与相应的实地水平投影长度之比，叫地图比例尺，它确定了地图与实地地面缩小的倍数。地图比例尺主要有以下 2 种表示方式：①数字式，如 1∶10000 或 1∶1 万；②文字式，如图上 1 厘米等于实地 100 米。

（三）符号与颜色

为使不同国籍的定向爱好者都能容易阅读和理解定向地图，国际定向联合会统一规定了定向地图的符号和颜色，具体分为地貌符号（棕色）（图 12－6－3）、岩石与石块符号（黑色）（图 12－6－4）、水系与淤泥地符号（蓝色）（图 12－6－5）、植被符号（白色、黄色和不同浓度的绿色等）（图 12－6－6）、人工地物符号（黑色、棕色等）（图 12－6－7）、比赛路线与技术符号（紫色等）（图 12－6－8）、检查点说明表（紫色或其他颜色）（图12－6－9）等。

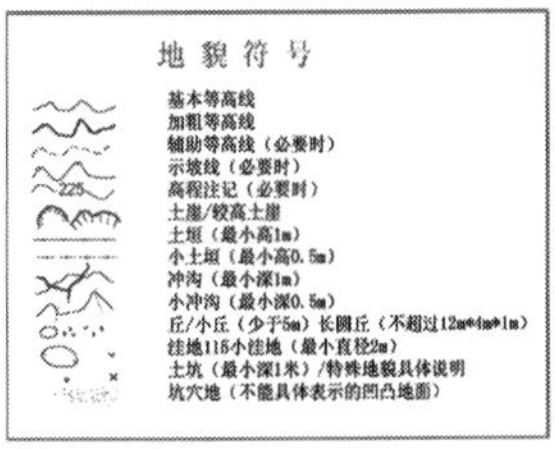

图 12－6－3

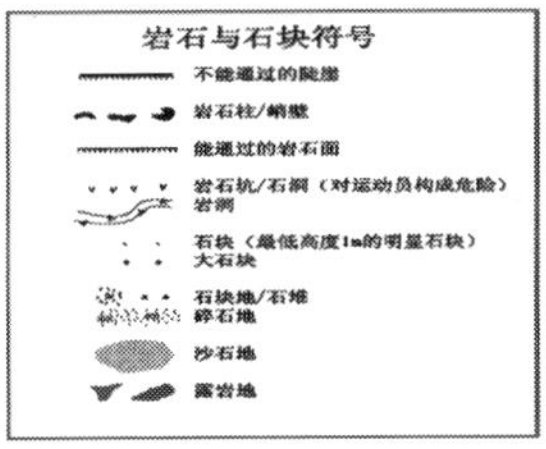

图 12－6－4

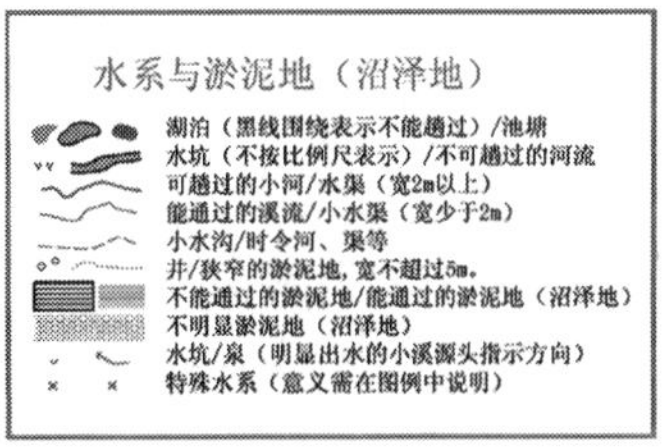

图 12－6－5

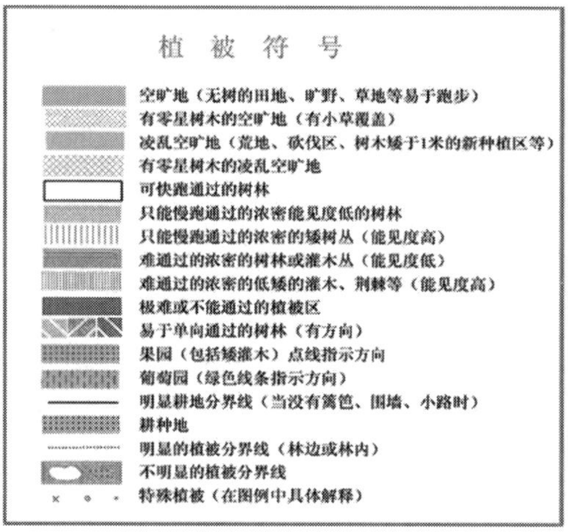

图 12－6－6

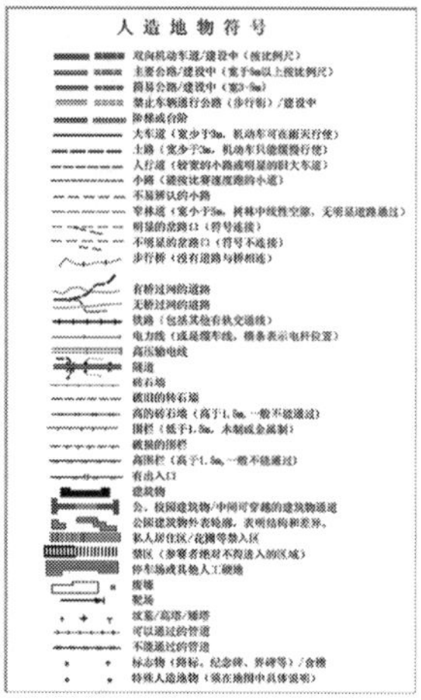

图 12－6－7

（四）图例注记

地图符号的对照说明叫图例。（图 12－6－10）

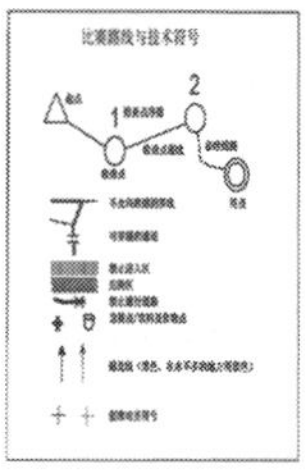

图 12－6－8

图 12－6－9

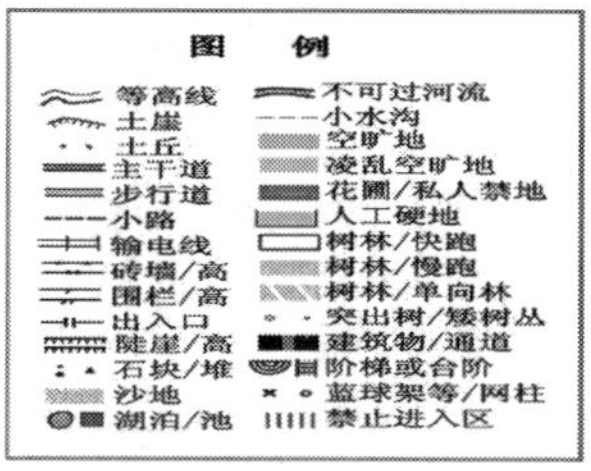

图 12－6－10

一般普及型的定向地图附有图例，对于高级竞赛型的定向地图可不附图例，或只附统一规范之外的符号图例。图上的文字说明，如图名、比例尺、等高距、赛会名称、主办单位，标明山高、海深的数字等叫注记。有些定向地图还标有主办单位、比赛日期、宣传口号、赞助单位及广告等。

（五）地图与山地对照

认识不同形态的山。（图 12－6－11）

地图与山地对照，认识山背与山谷。（图 12－6－12）

图 12－6－11

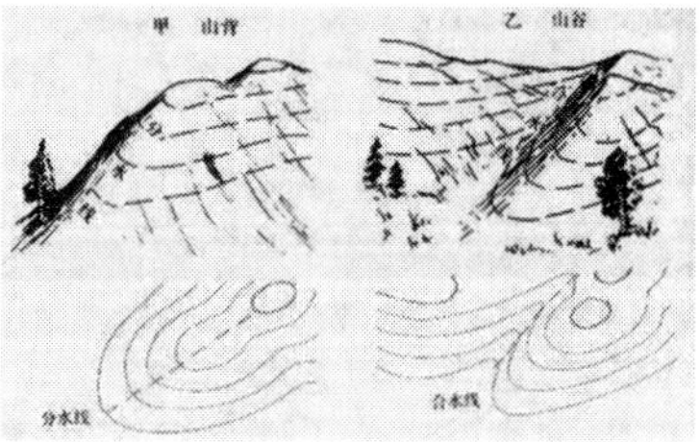

图 12－6－12

地图与山地对照，认识鞍部（图 12－6－13）。

地图与山地对照，认识山脊。(图 12－6－14)

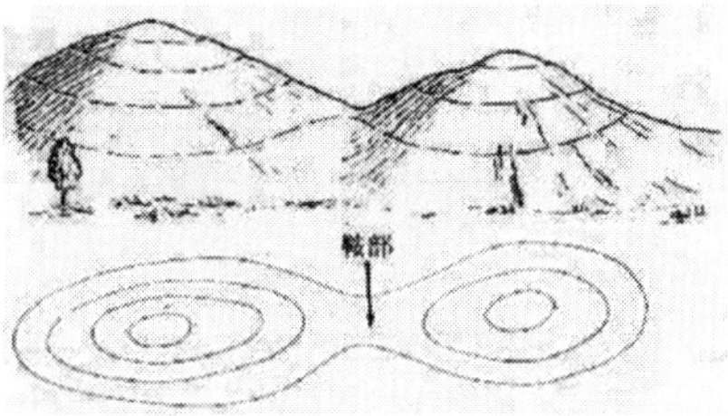

图 12－6－13

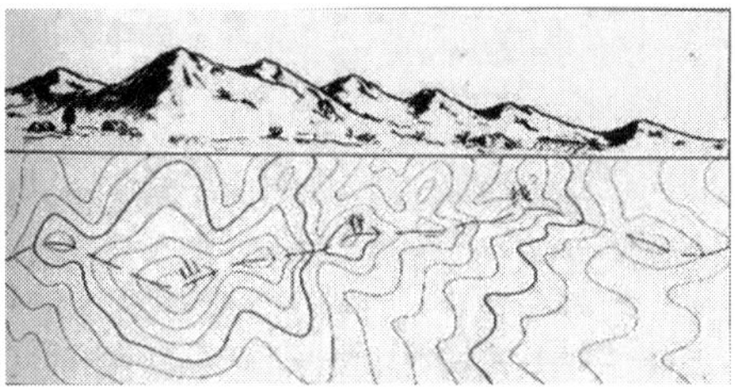

图 12－6－14

地图与山地对照，认识不同斜面的山坡。(图 12－6－15)

地图与山地对照，认识地面起伏变化。(图 12－6－16)

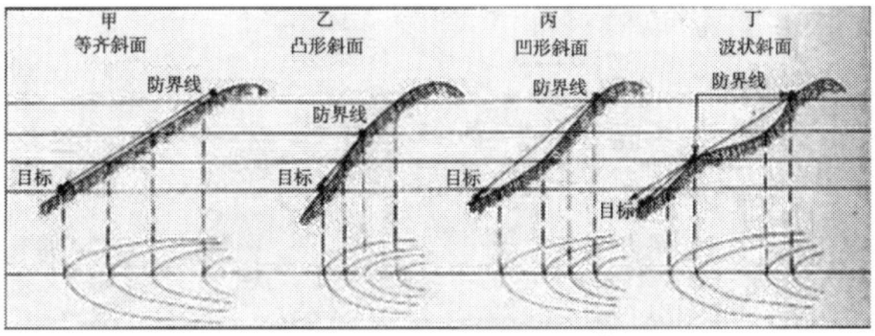

图 12－6－15

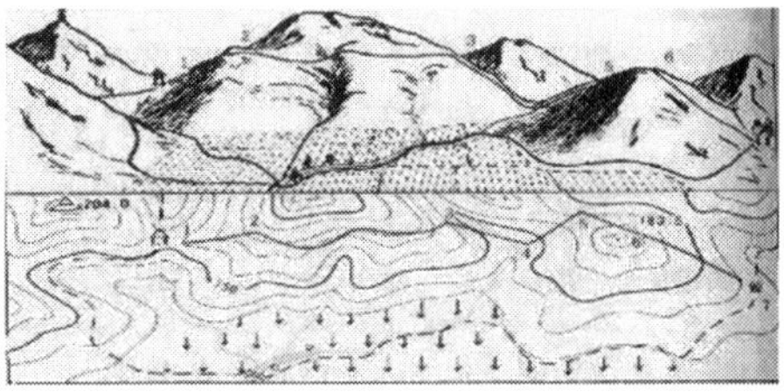

图 12－6－16

(六) 指北针

1. 指南针与指北针

指南针是中国古代的一项伟大发明，早在 2000 多年前的战国时期，我们祖先用天然磁铁做成的司南，就是指南针的始祖。指南针与地图结合使用时，因需确定北方，所以也常称指南针为指北针。

2. 指北针的种类

军用指北针（图 12－6－17）。

定向指北针（图 12－6－18）。

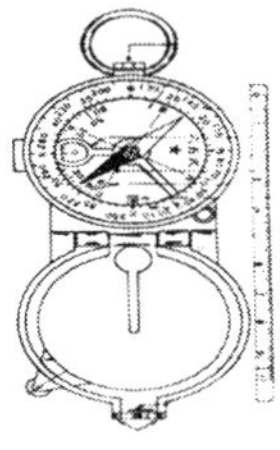

图 12－6－17

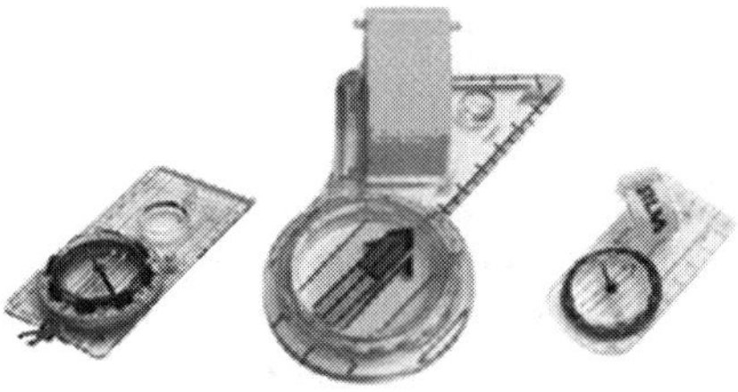

图 12－6－18

3. 指北针的基本使用方法

（1）指示方位：在现地将指北针持平，指北针稳定后磁针红端所指方向即为实地磁北方向。

（2）标定地图：也叫给地图定向，意思是使地图的方位与实地的方位一致。操作方法为将指北针长边与地图上的指北线相切，转动身体使指北针磁针红端与地图北端一致。这时地图已标定好。

（3）指示前进目标方位：已知图上站立点，将指北针长边切于站立点和目标点连线，转动身体，使指北针磁针红端与地图北端一致，这时指北针面板上的箭头（与长边方向一致）所指方向为目标前进方向。

（七）基本定向技能

1. 标定地图

标定地图是最重要的定向技能，在定向运动中，只要看地图必须先标定地图，即保持地图方位与实地方位一致。在跑动中要经常检查指北针的北端是否与地图上的磁北方向一致。如果不一致立即转动身体（而不是转动地图）使磁针北端与地图磁北方向相一致。

2. 明确出发点的图上位置和目标点的方位

定向运动每次出发时（包括途中每一段落出发），首先必须判明出发点的图上位置、明确前进方向和目标点。其次标定地图选准前进方向，向目标点进发。记住：在前进过程中，还要随时明确自己的站立点在图上的位置及将要到达的目标点的方位，养成“人在地上走，心在图上移”的习惯。操作方法如图 12 - 6 - 19 所示。

3. 超前读图和概括地形

阅读地图时要面朝目标前进方向，判读图中正前方、左侧、右侧的地形特征，超前读图要提前思考，明确自己下一步将要到达的地点，记住沿途将要路过的明显地形特征，行进中要边读图边对照实地地形。阅读地图时还要注意通观全局，提前要在读图过程中学会概括地形和简化地图。特别是在读零碎杂乱区域地图时，要注意概括该地域地形结构，突出主要地形特征，把复杂的地图在脑海中描绘成一幅新的简单化的地图。（图 12 - 6 - 20）

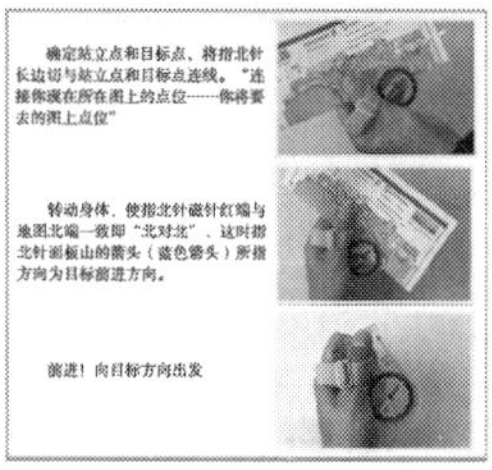

图 12 - 6 - 19

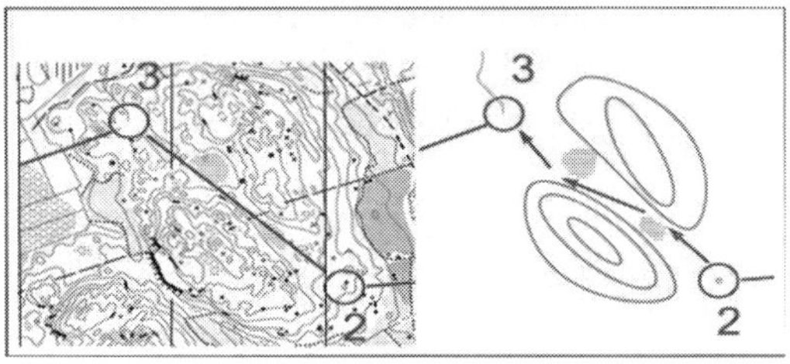

图 12 - 6 - 20

4. 安全定向技巧

（1）拇指辅行法。

在定向运动中常用拇指压住图上你目前站立点的位置，把拿图手的拇指想象为自己（缩小到图中的自己），当你向前运动时，拇指也在图上做相应移动。此种方法叫拇指辅行法。拇指辅行法主要是帮助你随时明确自己在图上的位置。（图 12 - 6 - 21）

图中所示的过程：

①明确站立点、路线、到达地点；

②转动地图，使地图标定，并将拇指贴近站立点一侧（先上大路）；

③到大路后转动地图，移动拇指（沿大路跑，看到路旁小屋后向右转）；

④再转动地图，移动拇指（沿大路跑，经过右侧路口后在下一路口左拐，可直达检查点）。

（2）“扶手”法。

“扶手”是把实地中的线形地形，如各种道路、输电线、地类界、溪流、面状地物的边界等地物地貌，比喻为上下楼梯时的扶手。利用“扶手”引领你较为容易和安全地到达目的地。在定向运动中要尽可能地利用“扶手”，这就是人们通常说的“有路不越野”的原则。

（3）放大法（先大后小法）。

在寻点过程中尽可能地扩大你的视野，从目标点附近大的、明显的地形找起，然后再找目标点。不能只是把目光集中在你要寻找的目标点上，特别是当目标点所在地较小时。如果只看地很小的一点地形，你很难找到它。（图 12－6－22）

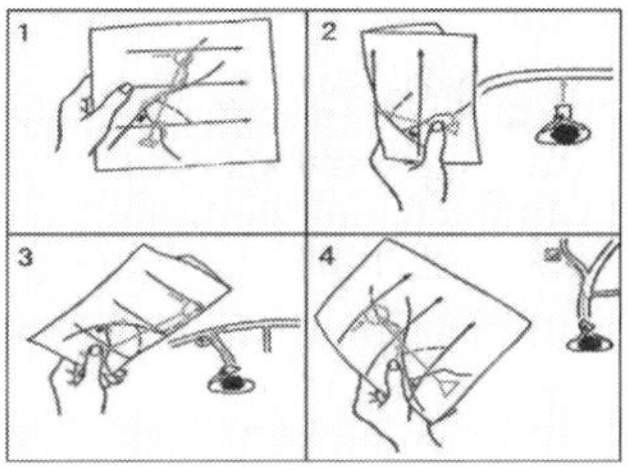

图 12－6－21

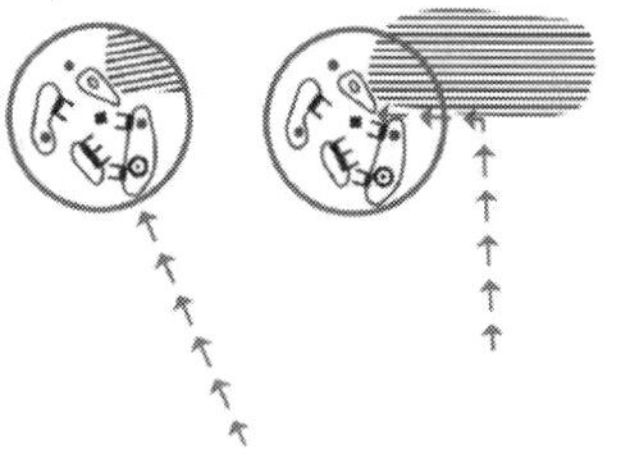

图 12－6－22

（4）偏向法。

当你穿越一块没有明显特征的地带而要寻找一个交叉口、路的端点或面状地物的侧顶点时，不能正对着这一点去寻找，而要稍偏离目标方向瞄准，然后再顺着找到目标点。（图 12－6－23、图 12－6－24）

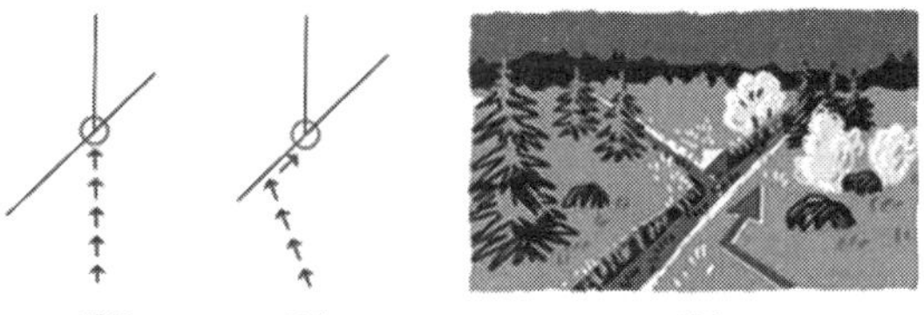

图 12－6－23

图 12－6－24

（5）从上到下法。

当目标点在半山腰，周围又没有明显地貌地物时，选择从山顶向下寻找的方法。这就是人们常说的走高不走低原则。

5. 定向越野中变换方向的要点

（1）变换方向时拿图姿势做相应变化；（2）使图正面对准前进目标；（3）拇指在图上做相应的移动；（4）标定地图方位；（5）判读地图正前方的地貌和地物；（6）新的方向—新的拿图姿势—重新标定地图—检查地图对照地形。

6. 良好的定向习惯的养成

（1）“北对北”给地图定向。（图 12－6－25）

（2）折叠地图。（图 12 -6 -26）

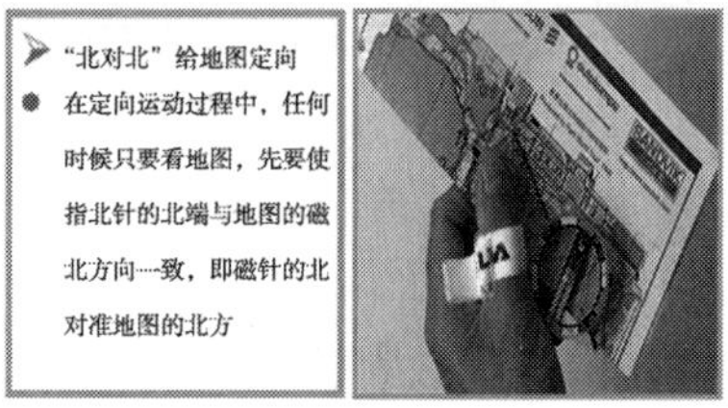

图 12 -6 -25

优秀定向运动员在比赛中常常是将地图折叠成大小合适的小幅地图，以方便快速读图用图。

折叠地图的要领：

1. 沿地图磁北线方向折叠，用图时无需再确定磁北线方向；
2. 折叠后的地图绝大部分都能握在手掌内，用手掌托着地图；
3. 保证折叠后的地图还有足够的可视区域；
4. 要方便再次折叠地图

图 12 -6 -26

（3）检查点—路线—技能。

一个优秀的定向运动员在跑每一路段时应养成这样的思考习惯：检查点在哪里？要明确位置；路线：选择到达检查点的路线应具有明显的地形特征；技能：选定行进路线后，接着决定在该路段不同部分应采用哪种定向技能。

（4）速度必须与安全相一致。

速度必须与安全相一致，这是很重要的一个习惯。当方向有错误时，快的速度失去实际意义，有时节省时间意味着要减缓行进速度，甚至停下来。当定向真的很困难时，如在半山腰或复杂地形时，你不妨放慢速度，仔细读图，不必跑得太快。在准确判定方向的情况下，才可加快行进速度。

第十三章　游泳运动

第一节　游泳运动概述

一、游泳的起源

人类的游泳活动源远流长。从地球上出现最早的人类开始，人们就在布满江、河、湖、海的地球上生活。为了生存，人们依山打猎，傍水捕鱼。为了捕捉水中的鱼虾和采捞可供食用的植物，人们需要与水打交道；为了追猎动物和躲避猛兽的侵袭，经常需要爬山涉水，也不可避免地要与水打交道；当洪水泛滥时，更是要与水进行搏斗。人们就在这些为生活、劳动与大自然作斗争的过程中，逐渐学会了游泳，并使游泳活动得到发展。开始时，人们只是模仿水栖动物姿势与动作，在水中移动，久而久之，便积累了在水中行动的技能，学会了漂浮、游动和潜水，产生了各种游泳姿势。

二、游泳的意义

（一）游泳是一种生存技能，可以保障生命安全

人们常说“洪水猛兽”“水火无情”，说明水有时非常可怕，非常具有破坏性。人类生活的地球上大约有 3/4 的面积被海洋覆盖，还有江、河、湖泊等水域星罗棋布。人类在生活中不可避免地要与水打交道。不管是在水中生产作业，还是主动下水玩耍或纳凉，还是被动失足落水或在乘船时意外落水，还是发生自然灾害而突遇洪水，假如不会游泳，生命安全就会受到威胁。在这些情况下，良好的游泳技能成了保证生存的重要条件之一，不但可以自救，还可以救人。因此，世界上有许多国家的教育部门将游泳列为中小学生的必修课程，要求学生从小掌握游泳技能，这是非常必要的。

（二）游泳能够有效地促进身心健康

游泳是最受欢迎的健身运动项目之一。适当地进行游泳锻炼，不仅能给人带来心理上的愉悦，塑造流畅和优美的体形，还能增强心血管系统的功能，增强体质，提高协调性。许多运动项目都容易给机体造成损伤，但游泳的损伤率较低，可以作为终生进行锻炼的健身运动项目。

（三）游泳在生产建设和国防服务中的重要作用

水是人们生存环境的一部分。从古代大禹治水到现代的三峡工程，人类一直为怎样利用

水为人类造福而努力着。生产建设的许多方面都离不开游泳技能。如水利建设、防洪抢险、沉船打捞、水下勘探、渔业等，都要掌握游泳技能才能克服水的障碍，从而更好地完成生产建设任务。

社会治安和国防也离不开游泳。游泳是军事训练项目之一，也是民兵训练的主要内容。士兵掌握过硬的游泳技能有利于战时杀敌，保卫祖国。

（四）创造优异成绩，树立为国争光的信念

游泳是国际体育比赛不可缺少的项目。在综合运动会中，素有“得田径、游泳者得天下”的说法。把游泳作为奥运会的重点项目来抓，加速提高运动技术水平，对在比赛中取得优异成绩、为国争光、促进我国走向体育强国起着至关重要的作用。

三、游泳卫生安全常识

（一）确立安全第一观念

游泳是深受欢迎的一项体育运动，到游泳池游泳或上课都必须注意安全，自觉遵守游泳安全和卫生守则，防止发生意外事故和传染疾病。

（二）饮酒、饱食后和饥饿时不能游泳

饮酒能刺激中枢神经系统使之处于过度兴奋或抑制状态，酒后游泳容易发生溺水事故。饱食后游泳会减少消化器官的血液供应，使消化器官功能降低，影响食物的消化和吸收。因此，饭后不宜立即游泳，应在饭后一小时后进行。饱腹参加游泳，受到冷水刺激，容易引起胃痉挛、打嗝、腹痛或呕吐。空腹时人体血糖降低，而游泳需消耗能量，饥饿时游泳会产生头昏、四肢绵软无力，甚至昏厥，所以空腹者游泳前半小时适当补充些食物。

（三）游泳前要做好准备活动

做好准备活动能提高神经系统的兴奋性，增强心血管系统和呼吸系统的功能，促进血液循环和新陈代谢，增强肌肉的力量和弹性，加大关节的活动范围，动作协调，有利于身体适应游泳活动的需要，防止肌肉痉挛和拉伤。一般准备活动包括慢跑、徒手操、模仿练习等。

（四）自救和呼救

游泳时常会发生肌肉抽搐（俗称抽筋），其部位常见于小腿。遇到抽搐千万不要惊慌，一定要有自控力。马上放弃腿部动作，将腿尽量放松，可仰卧水面，加大手划力量，加快臂部动作，用仰泳游向岸边。或者在水中，用力捏一捏、搓一搓抽筋部位的肌肉，使其伸展放松拉开。与此同时，也可呼救，以便周围的人来帮助、救护。如发现他人抽筋或溺水时，应迅速过去救护，并同时大声呼救，让周围的人和你一起救护。

（五）遵守公共卫生，文明游泳

遵守游泳场馆卫生制度，注意公共卫生要求，淋浴后再下水，不在水中吐痰或便溺。不要穿内衣内裤下水，不宜穿白色、黄色等浅色泳装。出水后，应立即擦干身体或热水淋浴，穿好衣服。为保证池水的清洁与卫生，游泳者下水前，必须裸体冲净全身，方可穿上洁净的泳衣泳裤，进入泳池。

（六）预防疾病

游泳的时间长短要因人而异。如天气寒冷，水温较低，身体感到不适，肌肉酸痛，水中的活动时间就可以短一些。如出现寒颤、嘴唇发紫，皮肤上出现鸡皮疙瘩，应立即起水保暖，为防止眼病感染，起水后应点些眼药水。

游泳后要用浴皂洗净全身。尤其是在冬天，游泳后洗个热水澡，还可增加热量。同时注意擦干头发，由于冬季室内外温度差异较大，湿发最容易受冷引起感冒，故要求备好帽子，及时戴上。条件好的游泳馆，备有吹风机，可将头发吹干后离开。

如有水进入耳内，切勿用手指挖耳，可把头偏向进水耳朵的一侧，并用同侧的脚连续震跳，使水流出。

（七）游泳物质准备

1. 泳 装

泳装要紧身、舒适，使用后用冷水清洗，阴干。

2. 泳 镜

游泳池的水中都含有消毒的氯，如不戴泳镜，对眼睛的刺激较大，会感觉不舒服。

3. 泳 帽

泳帽在游泳过程中保护头发，防止头发挡住视线。为了保持清洁卫生，游泳池规定游泳者必须戴泳帽。

第二节 游泳技术

游泳技术有很多种，竞技性的游泳技术主要有爬泳、仰泳、蛙泳、蝶泳 4 种。它们都是通过臂、腿、躯干的协调配合，在水中游进的。本节主要介绍这 4 种基本游泳技术。

一、爬 泳

爬泳，俗称“自由泳”。游进时，人在水中呈俯卧姿势，两腿交替上下打水，两臂轮流划水，动作很像爬行，所以得名“爬泳”。爬泳是 4 种竞技游泳技术中最快的一种姿势，在游泳比赛的自由泳项目中（不规定泳姿的比赛），运动员都采用这种姿势来完成比赛，所以人们也称为“自由泳”。爬泳历史悠久，从我国和世界其他国家的古代遗物中，都可以发现类似于今天的爬泳技术的游泳姿势。

（一）身体姿势

在游任何一种泳式时，理想的身体姿势都应该能使运动员最大限度地减少阻力。为了达到这个目的，爬泳的基本姿势是身体尽量保持水平。游进时应保持好身体的流线型，尽量减少游进方向的迎面阻力。身体要尽量保持俯卧的水平姿势。头部保持自然姿势，两眼注视前下方，头的三分之一露出水面，水平面接近发际，大腿幅度不宜过大，应转头吸气而避免抬头吸气，转头时头的一侧不应离开水面，身体纵轴与水平面成 3°～5°的仰角。在游进中，身体可以围绕身体纵轴做有节奏的转动，保持良好的正直姿势。

（二）腿部动作

在爬泳技术中，打腿动作除了产生推动力外，主要起着维持身体平衡的作用，它能使下肢抬高，以及协调配合双臂有力的划水。

爬泳腿打水由向下打水和向上打水两部分交替构成，其中向下打水动作较为有力，向上打水动作相对放松一些。事实上由于身体围绕纵轴的转动，打水动作并不在绝对的垂直面内上下往复，也包含着向侧方的动作。正确的打水动作是脚稍向内旋，踝关节自然放松，向上和向下的打水动作应该从髋关节开始，大腿用力，通过整个腿部，最后到脚，形成一个“鞭状”打水动作。

（三）臂部动作

爬泳的臂部动作是推动身体前进的主要动力。它分为入水、抱水、划水、出水和空中移臂等几个阶段，这几个阶段在划水动作中是紧密相连的一个完整动作。

1. 入　水

臂入水时，肘关节略屈，并高于手臂，手指自然伸直并拢，向前斜下方切入水。注意手掌向外，动作自然放松。（图 13－2－1）

图 13－2－1

2. 抱　水

臂入水后，应积极插向前下方，在形成抱水的动作中，手臂开始是直的，然后弯曲，似用臂抱一个大圆球（图 13－2－2）。抱水时，手的运动由向后、向下、向外三个分动作组成。抱水动作主要是为划水做准备，因此是相对放松和缓慢的。

图 13－2－2

3. 划水

划水分为两个阶段：从抱水结束到划至与水面垂直之前称为“拉水”，过垂直面后称为“推水”。拉水时，应保持高肘姿势，手向内、向上、向后运动。当拉水结束时，手在体下接近中线，这时，肘关节弯曲的角度为90°～120°角，前臂由外旋转为内旋，掌心由向内变为向外后方。(图13－2－3)

图13－2－3

向后推水是通过屈臂到伸臂来完成的。在推水过程中，手是向外、向上、向后运动的。肘关节要向上、向体侧靠近，并且手掌始终要与水平面保持垂直。在整个划水过程中，肩部应配合手臂进行向前、向下、向后的合理转动，这样有利于加长划水路线和加大划水力量。

4. 出　水

在划水结束后，臂由于惯性的作用而很快地靠近水面，这时，由上臂带动肘关节做向外上方的“提拉”动作，将前臂和手提出水面。前臂出水动作要比上臂稍慢一些，掌心向后上方。(图13－2－4)

图13－2－4

5. 空中移臂

臂在空中前移的动作是手臂出水的继续，不能停顿，移臂的动作应该放松自如，尽量不要破坏身体的流线型，要和另一臂的划水动作协调一致，并且要注意节奏。在整个移臂过程中，肘部应始终保持比手部高的位置。(图13－2－5)

图13－2－5

（四）配合技术

1. 两臂配合技术

爬泳两臂的正确配合是保障前进速度均匀性的重要条件，并且还有利于发挥肩带力量积极参与划水。爬泳两臂的配合有三种基本形式，即前交叉、中交叉和后交叉。此外，还有介于这三者中间的中前交叉和中后交叉。

前交叉：当一臂入水时，另一臂处于肩前方，与水平面约呈锐角。这种配合的致命弱点是动作不连贯，在一手移臂时，另一手处于前伸或抓水阶段，几乎没有划水的推进力产生，因而速度均匀性差，比较适合初学者。

中交叉：当一臂入水时，另一臂处于肩下垂直部位，与水平面成约90°角。

后交叉：当一臂入水时，另一臂划水至腹部下，与水平面成约150°角。由于手入水后要前伸，为抓水做准备，因此，当一手入水，另一手内划或上划的配合较好。入水的手经过前伸、抓水，开始产生较大的推进力后，另一手刚好出水，进入空中移臂。这样有利于发挥力量，提高频率，保持连续的推进力，并保持平稳的身体位置。

由于爬泳是两臂轮流划水产生推进力度，两臂配合的关键之处在于尽量使身体前进的速度均匀。根据这一原则，中交叉和中后交叉配合是较有利的方式。

2. 呼吸与臂配合技术

爬泳的呼吸是一个难点，原因是它采用人们所不习惯的侧向转头吸气。呼吸动作与身体绕纵轴的转动同时进行，动作就比较协调。转头应该在身体的转动幅度达到最大时进行，这样可以尽量减少转头时造成的侧向身体摆动，使转头吸气搭上身体转动的“便车”。吸气的时机要掌握好，如果向右侧转头，适宜的吸气时机是在右手出水时，即右手入水后开始用口和鼻缓缓呼气，并随着划水阶段的推移逐渐增大呼气的幅度，同时增大身体向右侧转动的幅度。当左手入水，右手开始内划时，随身体的转动开始向右转头，右臂出水时嘴露出水面，张口用嘴吸气。待右手移至体侧时，身体开始向左转动，此时吸气也已经结束，头随着身体的转动而向左转动，复原到水中。右手入水时，头部应已复原并保持稳定。

吸气时肩和头应向同侧转动，使口在低于水平面的波谷中吸气，不能抬头，否则会使腿部下沉，身体摆动或起伏过度。转动吸气动作可以形象地描述为“咬肩”动作，目视侧方。

爬泳呼吸的常见错误主要有抬头吸气、转头幅度太大、吸气过早或过晚等。

3. 完整配合技术

完整配合技术即呼吸、手臂和腿的配合。因为手臂是产生推进力的主要来源，因此在配合中，呼吸和腿的动作都应该服从于手臂动作的需要。呼吸、手臂和腿的配合比例主要有三种：1∶2∶2（即一次呼吸，两次手臂动作，两次打腿动作）；1∶2∶4；1∶2∶6。也有极少数优秀运动员采用1∶2∶8。

二、仰　泳

仰泳是人体仰卧于水中游进的一种泳式。技术动作由身体姿势、腿部动作、臂部动作和呼吸等几部分动作协调配合组成。

（一）身体姿势

仰泳时，身体应该自然伸展，平直地仰卧于水面，头和肩部略高于腰和腿部，身体纵轴与水平面构成一个很小的仰角。

头部和髋部的位置关系非常重要。头部位置在很大程度上决定了整个身体的位置，起着“舵”的作用。头部应与身体在一条直线上，水面约位于头顶中部。头部过于后仰，容易使髋部抬高，腿和脚露出水面，影响打水效果，并容易挺胸弓背，使躯干过于紧张僵硬；反之，如果刻意收下颌，抬高头部的位置，髋和腿就会下沉，身体容易“坐”在水中，增大身体前进的阻力。

（二）腿部动作

仰泳腿打水的作用主要是保持身体位置，此外，可产生一定的推进力。仰泳的打水很重要，除了保持身体的平衡外，还能给身体一个稳定的支撑力。快速有力的仰泳腿打水对有效发挥上臂和躯干的力量也起着重要作用。

仰泳腿打水由上踢和下压两部分组成。仰泳腿的技术与爬泳腿相似，同样是鞭状打水动作。但是由于是仰卧，所以产生推进力的动作是“上踢”。此外，仰泳腿上踢开始时膝关节弯曲的程度大于爬泳向下打水时，打水的幅度也比爬泳深。

事实上，由于身体的转动，仰泳腿的动作并不是垂直向上和向下的。伴随着上踢和下压的还有髋关节的转动，上踢的方向是内上方，下压是外下方。为保持身体的流线型，两脚分开不要过大，应处于身体截面内（以肩宽为标准）。

1. 上　踢

上踢是产生推进力的动作，需要用较大的力量和较快的速度来完成。上踢开始时，足内收，大腿带动小腿和脚屈膝向上踢水，在踢水的过程中逐渐伸膝。上踢时，踝关节跖屈。踝关节的灵活性对踢水效果起着重要的作用。当大腿移到接近水面时转为下压。由于伸膝肌群的带动，小腿和脚在惯性作用下加速向上用力踢水，形成鞭状踢水动作。当膝关节完全伸直时，上踢动作结束，此时脚趾应该恰好位于水面或略低于水面。

上踢动作要把握好尺度，即在任何情况下，膝关节、小腿和脚不能踢出水面。踢水的浪涌应该像圆屋顶，或开锅的水，虽沸腾但不四溅。

2. 下　压

因为腿下面的水对腿产生向上的压力，下压动作的前半段是直腿完成的。膝关节和踝关节应自然放松。由于伸髋，大腿带动小腿下压。到一定深度后，大腿停止下压，在腰腹肌肉群的控制和协同作用下，转入上踢过程。此时小腿和脚在惯性的作用下仍继续下压，使膝关节弯曲。之后，小腿和脚在大腿的带动下依次结束下压动作。

当脚的位置低于臀部时，下压动作应适时停止，转入上踢。过度下压会破坏身体的流线型，造成增大的形状阻力。脚适宜的打水幅度为 40～50 厘米。

（三）臂部动作

仰泳手臂的动作是产生推进力的主要因素，划水技术的优劣直接影响游进的速度。仰泳的臂部动作可以分为入水、抱水、划水、出水和空中移臂 5 个主要部分。

1. 入　水

仰泳臂的入水动作与身体的转动协调配合而成，一臂入水时，身体向同侧转动，可以加大手臂入水的深度。手入水点应在头前，同侧肩的延长线上。手臂应伸直，肘关节不能弯曲，以小指领先，手掌朝外，干净利落地切入水中。手入水时，手掌与前臂形成一个150°～160°的角，使手指先于手掌外侧和前臂入水，以减小入水时的阻力。

当手臂完全进入水中后，手继续向前、向后、向外三个方向运动，使手臂伸展到适宜的长度。这个阶段几乎不产生推进力，主要作用是为后面的划水做好准备。入水结束后手位于水面下 10～15 厘米。（图 13－2－6）

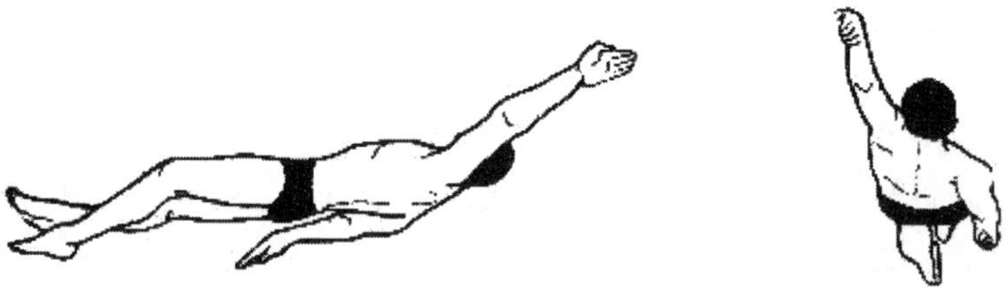

图 13－2－6

2. 抱　水

手臂入水后应积极下划抓水，转入抱水阶段。因为如果手臂一入水就马上划水，划水就会很浅，产生气泡而划空。配合身体围绕纵轴的转动和积极伸肩，手臂向外旋转，屈腕，使手臂对准水并有压水的感觉，并使划水的主要肌肉群如肩带肌肉群、胸大肌和背阔肌得到适当的拉长，以便划水时能充分发挥力量。（图 13－2－7）

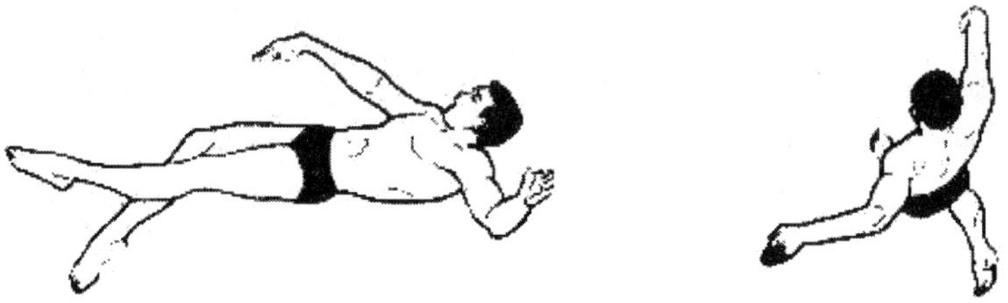

图 13－2－7

3. 划　水

仰泳的划水动作是推动身体前进的主要动力。这个阶段也可分为两部分，前面为拉水，后面为推水。拉水是在抱水的基础上进行的。随着身体绕纵轴继续转动，肘关节下降，手在向后划水的同时向上移动，使屈肘的程度逐渐加大，当手臂划到肩下与水平面垂直时，拉水结束转入推水，此时身体转动幅度达到最大，约 45°，肘关节弯曲也达到了最大程度，为 90°～100°，与爬泳的高肘划水相似，称其为“倒高肘”划水。拉水结束时手掌距离水面约 15 厘米。（图 13－2－8）

图 13－2－8

推水开始后，手的移动领先于前臂和肘关节，手、前臂和上臂用力向后方推水，肘关节和前臂逐渐靠近身体。推水开始时手有向上的移动，当手上移至最高点时（距离水面约 10 厘米），前臂向内旋转，手掌朝后下方快速做鞭状推水动作。推水结束时，手掌朝下，手臂伸直，手掌距离水面 40～50 厘米；身体也开始向另一侧转动，为出水做好准备。（图 13－2－9）

图 13－2－9

4. 出　水

划水完成以后，手臂外旋，掌心指向大腿，借助手向下压水的反作用力和肩部肌肉的收缩，以及身体的自然转动，手臂迅速提拉出水面。出水时臂应伸直，压水提肩，使肩部首先出水，然后再带动上臂、前臂和手依次出水。出水前手臂应先外旋，使手掌转向于大腿外侧，使拇指领先出水，这样阻力小，且手臂较自然放松，与爬泳出水时小指领先的道理是一样的。（图 13－2－10）

图 13－2－10

5. 空中移臂

手出水后，手臂应迅速以直臂方式向前移动，上臂应贴耳。移臂的前半段，手掌向内，使手臂肌肉尽量得到放松；当手臂移到头上，即与水平面垂直时内旋，使手掌心向外，为入水做好准备。（图 13－2－11）

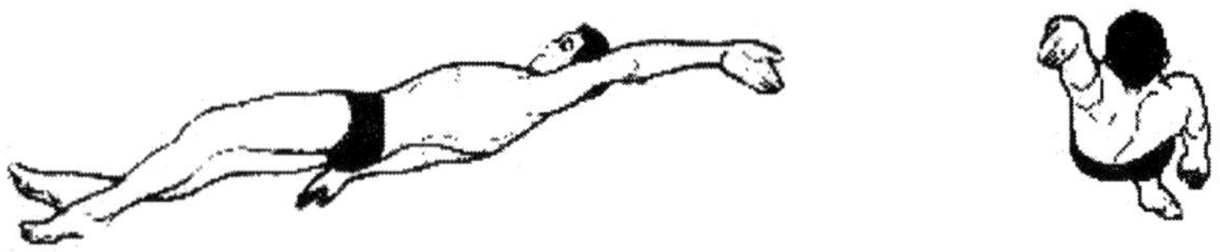

图 13－2－11

（四）配合技术

1. 两臂配合技术

仰泳两臂的配合与爬泳一样，应该保证身体得到连贯而均匀的推进力，使身体匀速前进。现代优秀运动员采用后交叉配合的较多，即一臂入水时，另一臂划水结束，两臂基本处于相反的位置，使一臂结束划水动作后，另一臂能立即产生新的推进力。当一臂入水后前伸下划时，身体的转动使对侧手臂的移臂动作更自然轻松。

2. 呼吸与臂配合技术

仰泳时口、鼻始终露出水面，呼吸不受水的限制，但为了避免吸气不充分造成的动作紊乱，运动员一般保持一定的呼吸节奏，正如跑步和竞走运动员用一定的节奏进行呼吸一样。

3. 完整配合技术

同爬泳的完整配合一样，仰泳的完整配合中任何一个动作也都要协调配合。当左手入水时，左肩前耸，身体绕纵轴向左侧转动，头保持稳定，既可使身体保持良好的流线型，又可使手臂充分前伸。右手此时鞭状下划结束，右肩提起，准备出水。左腿向上踢水，右腿处于下压状态。

现代仰泳较常见的是6次打水、2次划臂、1次呼吸的配合技术（即6∶2∶1配合），目前很少见到4次或2次打水、2次划臂的配合方式。

仰泳6次打水2次划臂的配合：右手入水和抓水时，右腿上踢；右手下划时，左腿上踢；右手鞭状下划时，右腿第二次上踢；左手划水时，重复相应的动作。

为协助完成身体的转动动作，每个划水周期中每次打水的动作力度并不完全一样。当身体开始转动时腿的打水较为有力。

三、蛙　泳

蛙泳是比较古老的一种泳式，在民间广为流传，由于模仿青蛙的游泳动作而得名。

蛙泳是4种竞技游泳姿势中速度最慢的一种，虽然蛙泳在划水和蹬腿阶段产生的推进力甚至可能超过其他泳姿，但在收腿时速度的下降实在是太大了，以致前进的游速大幅度下降，因而落后于其他泳姿。

蛙泳的呼吸比较容易掌握，而且每个动作周期结束后都有一定的滑行放松时间，所以较容易学会。

蛙泳由身体姿势、腿部动作和臂部动作与呼吸等几部分协调配合组成。此外，蛙泳出发和每次转身后的水下长划臂动作也是蛙泳的重要组成部分。

（一）身体姿势

当腿部完成有效动作后，为减少起伏和波浪的阻力，身体应力求保持流线型，以便充分利用臂划水和腿蹬夹水产生的推进力。吸气时下颌前伸并稍升肩，使嘴露出水面，身体压浪前进，吸足气后头随手的前伸和肩膀下降而没入水中。

（二）腿部动作

蛙泳的腿部动作是推动身体前进的主要动力，腿部动作可分为收腿、翻脚、蹬夹和滑行4个阶段，它们是紧密相连的完整动作。

1. 收　腿

开始收腿时，大腿稍放松屈膝屈髋，小腿和脚跟在大腿和臀部的后面，减少投影面。收腿结束后，大腿与躯干之间呈130°～140°角，大腿与小腿呈40°～45°角。

2. 翻　脚

当脚跟接近臀部时，两脚迅速翻转勾脚腕，脚尖向外，对准蹬水的方向，以加大对水面蹬水的效果，此时两脚之间的距离大于两膝之间的距离。

3. 蹬　夹

蹬腿时，由大腿发力先伸展髋关节，依次伸展膝关节，小腿内侧和脚掌做向下和向后的鞭状蹬夹水动作，直至两腿并拢，两脚自然伸直。蹬夹水要用较大的力量和较快的速度来完成。

4. 滑　行

腿蹬夹结束后，由于蹬腿的惯性作用有一个滑行阶段，这时两腿应尽量伸直并拢，腿部肌肉和踝关节自然放松，为下一个周期做好准备。

（三）臂部动作

蛙泳的臂划水可产生较大的推进力。现代蛙泳技术更强调臂的作用。臂划水路线类似画一个“桃子”。（图13－2－12）

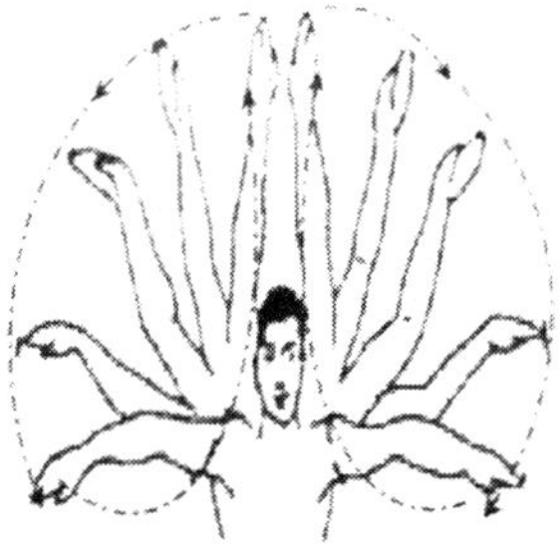

图13－2－12

1. 开始姿势

蹬腿结束时，两臂前伸与水面平行，掌心向下，身体保持流线型。（图13－2－13）

图13－2－13

2. 滑 下

滑下也叫抓水，两手掌转向斜下方勾手，两臂分开向斜下方压水，感觉到水对手掌和前臂有压力时，抓水结束，两臂分开约呈45°角。

3. 划 水

划水开始时，手臂向外旋转，同时屈肘、屈腕，随后两臂同时向内、向下和向后屈臂划水。在划水过程中，应逐渐加速，肘关节保持较高位置以形成有利的划水面。当肘关节屈至约90°时，手位于肩的前下方。（图 13 –2 –14）

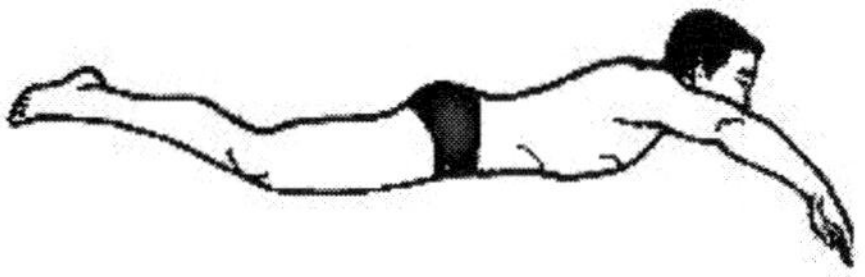

图 13 –2 –14

4. 收 手

划水结束后，手臂向外旋转，两手同时向内、向上和向前快速转动。收手结束时，两手掌心相对，肘关节低于手，形成较小的锐角。（图 13 –2 –15）

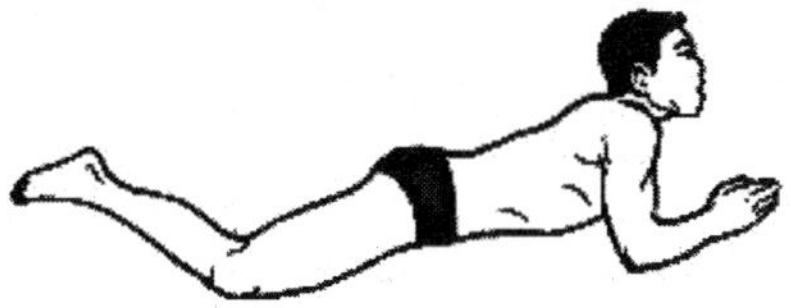

图 13 –2 –15

（四）配合技术

蛙泳的配合技术比较复杂，一般在一个动作周期中呼吸一次，呼吸方法分为早呼吸和晚呼吸两种。早呼吸是两腿开始划水时吸气，收手和移臂时开始低头呼气，呼气时间较长，早呼吸方法适合初学者，易于掌握。晚呼吸是划水结束收手时才吸气，随移臂掉头呼气，呼气时间较短，一般被高水平运动员采用。

蛙泳的臂、腿配合，一般采用臂划水时，腿保持放松或伸直的姿势，收手时腿自然屈膝，开始伸臂时收腿，并快速蹬腿。在配合中，应避免配合动作不协调或出现中间停滞现象。

四、蝶 泳

蝶泳在4种竞技游泳姿势中是最年轻的一种泳式，它是从蛙泳技术中派生出来的。开始时的蝶泳实际上是手臂做蝶泳划水，而腿仍是蹬蛙泳腿的蝶式蛙泳。蝶式蛙泳由于手臂动作的外形好像蝴蝶飞舞，所以被称为蝶泳。直到1952年，蝶式蛙泳与传统蛙泳分开比赛，蝶泳才作为一种正式的竞技泳式产生，但在开始时蝶泳仍沿用蛙泳蹬夹水技术。1953年，匈牙利运动员董贝克最早模仿海豚游泳的姿势，采用了海豚式打水技术，并获得了巨大成功，连续5次创造了蝶泳世界新纪录，受到了人们的关注。这种蝶泳技术，由于躯干的动作似海豚在水中游泳，所以被人们称为“海豚泳”。

从动作的外形来看，蝶泳手臂与腿的动作与爬泳相似，区别在于爬泳轮流打水和划水，而蝶泳是同时用力。尽管蝶泳划水时的力量很大，但由于推进力不连贯，身体前进速度不均匀，因此蝶泳速度慢于爬泳。

（一）身体姿势

蝶泳时，运动员身体各部分由于波浪动作而上下起伏，没有固定的身体位置。两臂和两腿的动作在同一水平面内同时进行。

蝶泳时身体的上下起伏是受臂腿动作影响的，如向下打水就会使臀部上升；空中移臂时因重心位置的改变身体失去平衡，就会使腿部下沉。躯干的波浪动作有利于保持较高的身体位置和较好的流线型，也有利于臂、腿、呼吸的协调配合。

（二）躯干和腿部动作

蝶泳腿和爬泳腿有相似之处，但蝶泳腿对蝶泳的配合所起的作用大于爬泳腿。此外，蝶泳腿是从躯干发力，通过力的传递进行的鞭状打水，打水时屈膝的程度大于爬泳腿。

蝶泳的鞭状打水动作，是由躯干发力，经过髋、膝、踝关节的动量传递，并且与躯干动作协调配合完成的。由于躯干的质量大，大腿、小腿和脚的质量依次减小（脚的质量最小），根据物理学的动量定理，脚就可获得最大的线速度，再加上腿部肌肉的协同用力，脚的速度最大。

蝶泳打水时，两腿应自然并拢，两脚稍内扣，两腿的动作应同时进行，否则即为犯规。

蝶泳腿由向上打水和向下打水两部分组成，其中向下打水是主要产生推进的阶段，应用较快的速度完成。

1. 向上打水

腿在向上打水开始时，因为上一次的打水在水下呈完全伸直的状态，在小腿仍继续伸展的条件下伸髋，使大腿上移。大腿的上移动作类似鞭打动作，使腿继续向下运动的惯性得到克服。向上打水时，腿应该自然伸直，踝关节放松，当大腿上升到与躯干呈一直线时，腰腹和臀部开始下沉，大腿也随着下压，但小腿和脚继续上移，使髋关节弯曲，弯曲的角度随着大腿继续下移和脚继续上移而逐渐增大，直到脚上升到最高点，即水面下 4～5 厘米处时，小腿开始在髋关节和大腿的带动下快速向下打水。此时膝关节弯曲的程度最大，呈 100°～130°角。

2. 向下打水

与爬泳和仰泳打水一样，蝶泳腿打水时，大腿和小腿的方向并不是在任何时候都一致的。当脚上移到与身体平行、小腿和脚还在继续上移时，腰腹部已经开始用力收缩，屈髋带动大腿下压。当屈髋程度达到最大时，躯干与大腿形成 150°～160°角，脚基本上升到了最高点。此时开始伸膝，小腿和脚加速下打。在小腿和脚向下打水还没有结束时，大腿已经开始向上打水，这样才能保证脚的鞭状打水动作。当小腿和脚继续向下打水到膝关节完全伸直、脚处于最低点时，小腿和脚在大腿的带动下开始向上打水，又进入下一个周期的打水动作。

向下打水时，踝关节跖屈，并略内旋。踝关节的灵活性对打水的效果起着至关重要的作用。由于膝关节的弯曲和踝关节的跖屈，向下打水开始时小腿打水的方向是向下和向后的，而踝关节的动作更像向后推水。

（三）臂部动作

蝶泳手臂的划水动作所产生的推进力是推动身体前进的主要因素。蝶泳的臂部动作与爬泳类似，不同的是蝶泳两臂同时对称地划水，而爬泳则两臂交替划水。蝶泳的臂部动作由入水、抱水、划水、推水、出水和空中移臂几个部分组成。

1. 入　水

手臂入水是划水的准备阶段，动作本身几乎不产生推进力。正确的入水位置应该是在两肩的延长线上。太宽容易使划水路线缩短，太窄不利于入水后迅速划下和抱水。入水应以拇指领先，斜插入水，然后前臂和上臂一次入水。入水时掌心朝向外下方，手掌与水平面约呈45°角。（图 13－2－16、图 13－2－17）

图 13－2－16

图 13－2－17

2. 抱　水

臂入水后，手和前臂向外旋转，随后手臂同时向外、向后使手掌对水和向下运动，并保持高肘姿势。（图 13－2－18）

图 13－2－18

3. 划　水

划水时，手臂继续向外旋转，手同时向内、向上和向后划水，当手臂划至肩下时，结束划水并进入推水阶段。（图 13－2－19）

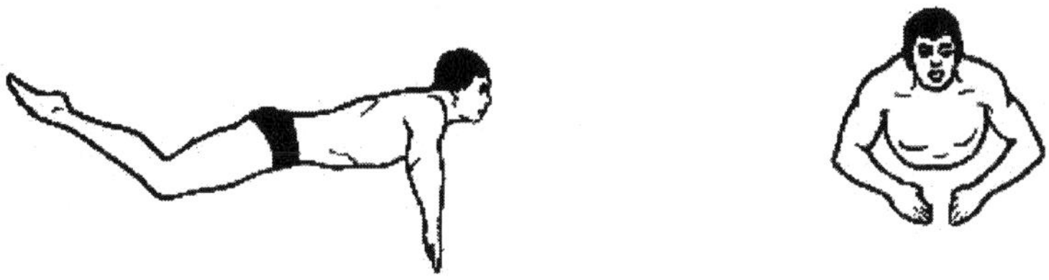

图 13－2－19

4. 推　水

推水时，手臂同时向外、向后和向上运动。当手臂划至大腿两侧时，推水结束。（图 13－2－20）

图 13－2－20

5. 出　水

手划水到大腿两侧时应从旋内转为旋外，掌心向内，朝向大腿外侧，以便减小出水的阻力。在手划水尚未结束时，肘已经开始离开水面。手划水结束时，利用划水的惯性，肘和肩带动手臂提拉出水。出水时应小指领先。（图 13－2－21）

图 13－2－21

6. 空中移臂

手臂在出水后，在肩的带动下迅速从空中前移到头前，准备入水和做下一个周期的动作。移臂过程中手臂要放松，拇指朝下，手前伸到接近入水时肘微屈，以便于入水后及时抓水。空中移臂的时间约是划水周期的 1/3。（图 13－2－22）

图 13－2－22

（四）配合技术

1. 呼吸与臂配合技术

目前，优势运动员蝶泳吸气时同蛙泳一样，不可以抬头，而是随着第二次向下打水的升力以及臂腿协调配合使躯干和肩升高，头自然地露出水面，眼睛和嘴都朝向水面。吸气结束低头时，头随肩部的前伸向前下方伸展，下颌向前方冲顶，使手入水时肩能够充分前伸（也可称为头的“跟进”动作）。如果抬头太高，易使背部肌肉紧张，并导致腿部下沉。

头入水后，应在水面下较浅的位置。不应依靠头深深地潜入水中来提高臀部，否则会使身体重心起伏过大，增大阻力。在抓水时头就应该逐渐上升，直到内划结束时头离开水面，进行下一次吸气动作。

2. 完整配合技术

由于躯干波浪动作的介入，蝶泳的完整配合要求精细、准确，而且其动作特征要求运动员有较强肩背部、腰腹部力量和良好的柔韧性。

臂、腿的配合方式是每划水一次，打水两次。手入水时开始第一次向下打水，抓水过程中结束向下打水。在继续抓水和内划时向上打水，上划时第二次向下打水。空中移臂时腿再次向上打水。臂、腿的配合一定要准确协调，否则就会破坏动作内在的节奏，使推进力减弱。

臂、腿的配合有不同的方式，有的运动员第一次打水轻，第二次打水重；有的正好相反；还有的采用两次均匀打水。

第十四章 健身与养生运动

第一节 健身走与健身跑

健身走与健身跑均属于有氧运动，都是以增强人体代谢功能为目的的持久性运动方式。伴随着全民健身热潮的不断升温，普通大众对于如何保持身体的健康更加关注，健身走与健身跑逐渐成为人们满足自己运动需要的可行办法。

一、概 述

走和跑是人类最基本的运动方式，健身走与健身跑也被公认为是最经济、最安全、最自由、最容易坚持终身锻炼的运动。最早提出有氧运动概念的是美国空军运动研究室的医学博士肯思·库珀。经过多年的研究探索，肯思·库珀创立了闻名世界的“有氧运动法”。他指出，有氧运动能够通过耐力运动来改善血液循环系统和呼吸系统，提高心肺功能，使全身各个组织和器官都得到良好的氧气和营养供给，维持最佳的功能状态。

健身走与健身跑具有运动强度适中、规律性强的特点，运动费用低廉，运动场地易得，适合在普通大众中开展，因而很快流行起来。

健身走与健身跑运动对场地没有特殊要求，只要空气流通，有足够的活动空间即可。选择一条适合的运动路径，可以是公园小径、学校操场、住所附近，也可以是上、下班的沿途小路。

在进行健身走与健身跑运动时，为了达到良好的健身效果，应选择合适的运动装备。健身跑应选择透气性、吸汗性较强的服装；运动后应立即穿好外衣，贴身衣服如被汗水浸透，一定要及时更换；冬季在锻炼完毕后，应格外注意防风保暖，做好整理活动后不宜在户外久留，以防感冒。

二、健身走、健身跑的作用与准备

健身走、健身跑是典型的有氧代谢运动方式，它们对运动技术的要求不高，却能有效地改善心肺与心血管机能。在进行健身走、健身跑之前，了解其锻炼的作用、锻炼前的准备，对于健身者具有十分重要的意义。

（一）健身走的作用

健身走的特点是动作柔和，不容易出现伤害事故，特别适合于体重过重的人群。坚持走步锻炼，就是运用脚掌与地面不断地机械接触和产生的按摩作用，来刺激脚底反射区，从而调节人体相应的内脏器官和系统功能，促进血液循环，达到增强体质、延年益寿的目的。所以，健身走对人的健康长寿具有积极的影响和作用。

（二）健身跑的作用

人体自然的跑动是一切身体运动的基础。长期以来，人们对跑步的意义和作用进行了多种论述，认为跑是人体进行全面发展、全面锻炼的最有效的方法之一，可以增强人们的力量、速度、耐力、灵敏和协调等身体素质，并且认为通过跑的锻炼能够培养良好的意志品质。

（三）运动前须知

为了使健身更有效果，在进行健身走、健身跑前不仅要做健康检查，还要注意做准备活动。如果不做准备活动就开始走或者跑的话，会急剧加重呼吸系统和心脏的负担。尤其对于刚刚开始锻炼的健身者来讲，容易产生胸闷、呼吸困难、腹部疼痛等现象。

三、健身走基本方式

健身走运动虽然是一种非常安全的健身项目，但是如果不能很好地把握其锻炼方法和要领，同样也不能达到应有的健身效果，甚至可能产生一定的副作用。健身走的基本方式包括慢步走、大步走、快步走、“10 点 10 分”走、倒步走、爬楼梯等。

（一）慢步走

前臂摆出最好高于心脏水平线，或与肩同高；后臂尽可能向后摆动；身体保持与地面垂直。当左臂摆至高于心脏水平线后，右腿尽力向前迈出，双脚站稳后，前腿膝盖弯曲使身体慢慢向下蹲，成前弓箭步，后腿用力蹬直，稍作停留；然后双腿同时用力使身体起来后再迈步，双手配合双腿维持平衡，重复进行。（图 14－1－1）

（二）大步走

迈腿时要适当抬高腿的高度，把脚往远处放。换腿时加强后腿的蹬地力量。注意双臂的摆动，双臂的摆动最好是摆到与肩同高的位置，而且不要“甩”，要有控制地摆动。（图 14－1－2）

（三）快步走

行走时要抬头挺胸，手臂大幅度摆动，步伐大，速度快；将腰部重心置于踏出的脚上，走时积极活动全身肌肉，有助于减轻腰痛、肩痛以及改善内脏功能；快步走的步幅中等、步频较高、步速较快，以每小时走 6 千米左右为宜。（图 14－1－3）

（四）“10 点 10 分”走

举起双臂如表中的“10 点 10 分”的样子，沉肩抬头，身体挺直，眼睛平视前方；掌心向下，手指要尽量向远处伸直，略微向后背；保持这个姿势以自然步行走。（图 14－1－4）

图 14－1－1

图 14－1－2

图 14－1－3

图 14－1－4

（五）倒步走

上体自然正直，目视前方；右腿支撑，左腿屈膝后摆下落，前脚掌先着地后过渡到全脚掌着地，身体重心随之移至左腿，然后右腿屈膝后摆下落，前脚掌先着地后，过渡到全脚掌着地。（图 14－1－5、图 14－1－6）

图 14－1－5

图 14－1－6

（六）爬楼梯

上楼时，上体略前倾，有意识地屈膝抬腿；下楼时，上体略后仰，肌肉放松。爬楼梯时，放松肩膀和颈部，尽量保持颈部挺直，目光略向上看，时刻盯着梯级；爬楼梯要特别注意脚步的动作，脚掌要完全踏在梯级上，步法要轻，步速要慢。（图 14－1－7）

图 14－1－7

四、健身跑基本方式

健身跑是采用较长时间、较慢速度、较长距离的有氧锻炼方法。在进行健身跑时，必须注意速度、时间和方法等方面，才能起到增进健康、延年益寿的作用。否则，会适得其反。其特点是持续时间长，体能消耗大。科学、协调的动作方法在健身跑中可以起到降低消耗、节省体能的作用。健身跑的方式有很多种，包括慢跑、小步跑、倒跑、沙滩赤脚跑、登山跑和原地健身跑等。

（一）慢 跑

上体正直并略向前倾，使头与身体基本呈一直线，前摆腿时，大腿积极向前上方高抬，同时带动髋关节尽量前送，小腿保持放松且自然下垂，前摆下落时前脚掌着地，接着向后方尽力蹬伸；脚落地时，注意缓冲，前脚掌先着地，然后过渡到全脚掌着地。（图 14－1－8）

（二）小步跑

骨盆前倾，全身舒展（图 14－1－9）。放松膝关节，两腿交替屈膝抬举，迅速放松下落，小腿顺势前摆，用前脚掌着地，完成“扒地”动作，并迅速伸直踝、膝、髋三个关节（图 14－1－10）。两臂屈肘，配合两腿动作做前后摆动；肩部放松，上臂自然下垂，肘关节的弯曲度略小于直角，两手自然半握拳，前摆时手略向内，后摆时肘部略向外。

图 14－1－8　　图 14－1－9　　图 14－1－10

（三）倒 跑

抬头挺胸，目视前方，两手握拳，贴肘于腰的两侧；高抬小腿，两脚向后的同时将重心向后移。倒跑时要保持头正、颈直、挺胸，目光平视，头也可微微转动，用眼的余光扫视道路，避开障碍物；倒跑时，肩、臂、肘、手的动作要与脚、腿的节奏保持同步；前脚发力迈步，后脚负载全身重量，把握身体重心，保持平衡。

（四）沙滩赤脚跑

沙滩赤脚跑时，健身者应两手握拳，两臂肘关节保持在 90°左右，自然地一前一后摆动。跑步开始时，呼吸应深长而均匀，且与步法有节奏地相配合，一般是 3～5 步呼吸一次，也可以适当地延长呼气时间，从中得到深呼吸的锻炼。

（五）登山跑

上山时保持在平地时跑步的节奏，用同样的力量，逐渐缩小步幅；接近山顶时，步幅不变，略加快跑步频率；下山时，上体略后仰，用前脚掌或脚跟先着地，加大步幅，略放慢跑步频率，用较小的力量就可以。正确的登山跑姿势可以充分发挥身体的运动能力，因此，无论上坡或下坡都应保持头正身直，发挥最大的推力。（图 14－1－11）

（六）原地健身跑

脚离地 20 厘米，高抬腿，脚尖轻轻地提踵，脚跟不着地，利用反弹力量，使动作有节奏地进行；两臂自然前后摆动，抬头、含胸、收腹，要求动作放松，呼吸自然、顺畅，鼻吸口呼，吸气要均匀，呼气要充分。（图 14－1－12）

图 14－1－11

图 14－1－12

第二节　健身气功——八段锦

健身气功是以自身形体活动、呼吸吐纳、心理调节相结合为主要运动形式的民族传统体育项目。健身气功——八段锦的功法特点是：柔和缓慢，圆活连贯；松紧结合，动静相兼；神与形合，气寓其中。习练要领是：松静自然、准确灵活、练养相兼、循序渐进。

一、基本手形

拳：拇指抵掐无名指指根节内侧，其余四指屈拢收于掌心。（图 14－2－1）

掌一：五指微屈，稍分开，掌心微含。（图 14－2－2）

掌二：拇指和食指竖直分开呈“八”字状，其余三指第一、第二指节屈收，掌心微含。（图 14－2－3）

爪：五指并拢，拇指第一指节，其余四指第一、第二指节屈收扣紧，手腕伸直。（图 14－2－4）

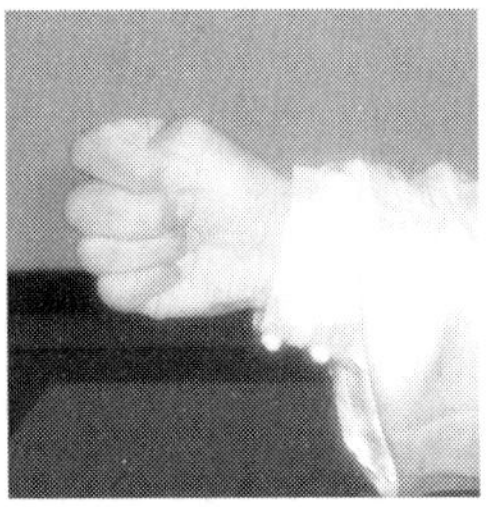

图 14－2－1

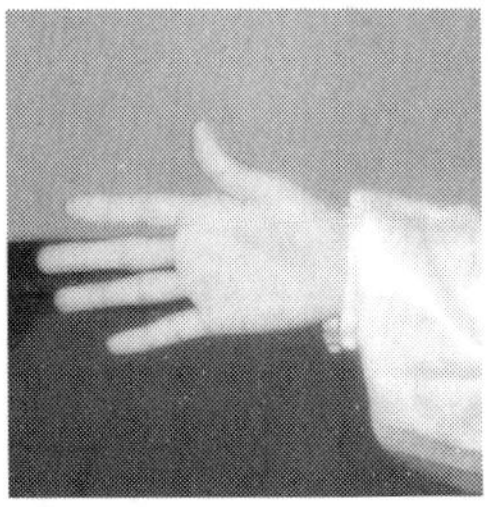

图 14－2－2

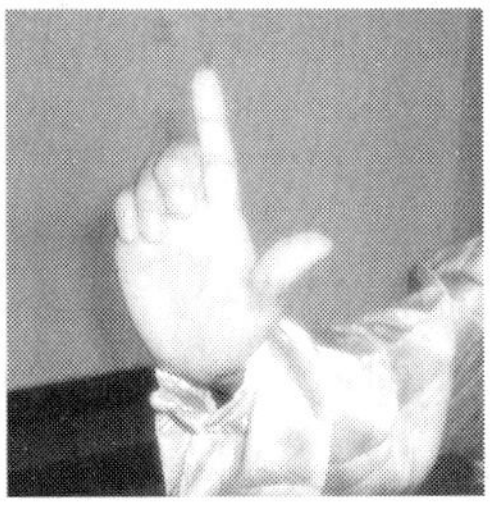

图 14－2－3

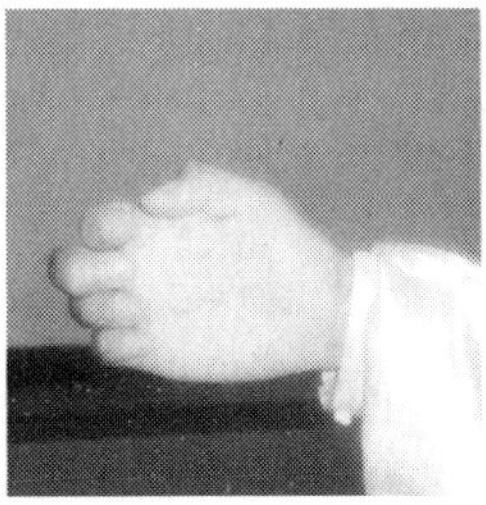

图 14－2－4

二、基本步形

马步：开步站立，两脚间距为本人脚长的 2～3 倍，屈膝半蹲，大腿略高于水平；两臂自然垂于体侧；目视前方。（图 14－2－5）

并步：两脚并步站立，脚尖向前；两臂自然垂于体侧；身体中正，目视前方。（图 14－2－6）

开立步：左脚向左侧开步，脚尖朝前，约与肩同宽；两臂自然垂于体侧；目视前方。（图 14－2－7）

图 14－2－5

图 14－2－6

图 14－2－7

三、动作图解

预备势

动作①：两脚并步站立；两臂自然垂于体侧；身体中正，目视前方。（图 14－2－8）

动作②：随着松腰沉髋，身体重心移至右腿；左脚向左侧开步，脚尖朝前，约与肩同宽；目视前方。（图 14－2－9）

动作③：两臂内旋，两掌分别向两侧摆起，约与髋同高，掌心向后；目视前方。（图 14－2－10）

动作④：上动不停，两腿膝关节稍屈；同时，两臂外旋，向前合抱于腹前呈圆弧形，与脐同高，掌心向内，两掌指间距约 10 厘米；目视前方。（图 14－2－11）

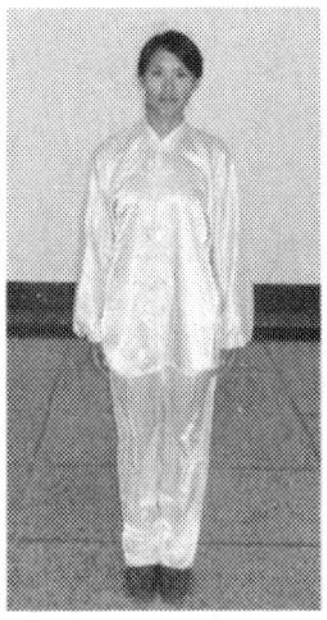

图 14 –2 –8

图 14 –2 –9

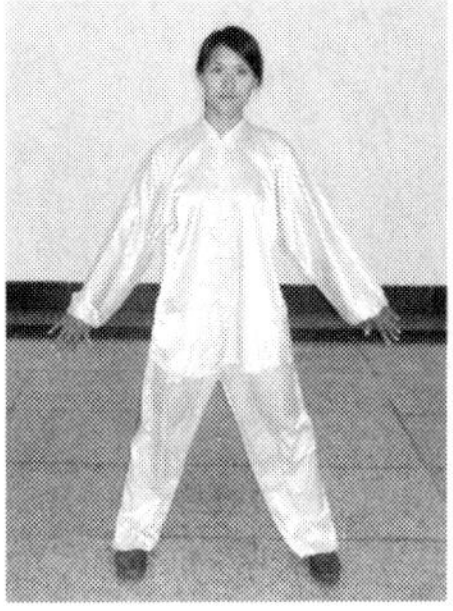

图 14 –2 –10

图 14 –2 –11

第 1 式 两手托天理三焦

动作①：接上式。两臂外旋微下落，两掌五指分开在腹前交叉，掌心向上；目视前方。(图 14 –2 –12)

动作②：上动不停，两腿徐缓挺膝伸直；同时，两掌上托至胸前，随之两臂内旋向上托起，掌心向上；抬头，目视两掌。(图 14 –2 –13)

动作③：上动不停，两臂继续上托，肘关节伸直；同时，下颌内收，动作略停；目视前方。(图 14 –2 –14)

动作④：身体重心缓缓下降；两腿膝关节微屈；同时，十指慢慢分开，两臂分别向身体两侧下落，两掌捧于腹前，掌心向上；目视前方。(图 14 –2 –15)

注：本式动作上托、下落为 1 遍，共做 6 遍。

图 14 –2 –12

图 14 –2 –13

图 14 –2 –14

图 14 –2 –15

第 2 式 左右开弓似射雕

动作①：接上式。身体重心右移；左脚向左侧开步站立，两腿膝关节自然伸直；同时，两掌向上交叉于胸前，左掌在外，右掌在内，两掌心向内；目视前方。(图 14 –2 –16)

动作②：两腿慢慢屈膝半蹲成马步；同时，右手成爪，向右拉至肩前；左手成“八”字掌，左臂内旋向左侧推出，与肩同高，坐腕，掌心向左，食指指尖向上，如拉弓射箭之势；动作略停；目视左掌方向。(图 14 –2 –17)

动作③：身体重心向右移；同时，右手五指伸开成掌，向上、向右画弧，与肩同高，指尖向上，掌心斜向前；左手指伸开成掌，掌心斜向后；目视右掌。(图 14 –2 –18)

动作④：上动不停，重心继续右移；左脚回收成并步站立；同时，两掌同时向两侧下落，捧于腹前，指尖相对，掌心向上；目视前方。(图 14 –2 –19)

图 14 -2 -16

图 14 -2 -17

图 14 -2 -18

图 14 -2 -19

动作⑤至动作⑧：动作要领同动作①至动作④，唯左右相反。（图 14 -2 -20 至图 14 -2 -23）

注：本式一左一右为 1 遍，共做 3 遍。

第 3 遍最后一步时，身体重心继续向左移；右脚向右侧开步站立，与肩同宽，屈膝下蹲，两掌不变；目视前方。（图 14 -2 -24）

图 14 -2 -20

图 14 -2 -21

图 14 -2 -22

图 14 -2 -23

图 14 -2 -24

第 3 式　调理脾胃须单举

动作①：接上式。两腿慢慢伸直；同时，左掌上托，左臂外旋上穿经面前，随之手臂内旋上举至头左上方，肘关节微屈，力达掌根，掌心向上，掌指向右；同时，右掌微上托，随之手臂内旋下按至右髋旁，肘关节微屈，力达掌根，掌心向下，掌指向前，动作略停；目视前方。（图 14 -2 -25）

动作②：松腰沉髋，身体重心慢慢下降；两腿膝关节微屈；同时，左臂屈肘外旋，左掌经面前下落于腹前，掌心向上；右臂外旋向上捧于腹前，两掌指尖相对，相距约 10 厘米，掌心向上；目视前方。（图 14 -2 -26）

动作③、④：动作要领同动作①、②，唯左右相反。（图 14 -2 -27、图 14 -2 -28）。

注：本式一左一右为 1 遍，共做 3 遍。

第 3 遍最后一步时，两腿膝关节微屈；同时，两臂屈肘，两掌下按于两髋旁，掌心向下，指尖向前；目视前方。（图 14 -2 -29）

图 14－2－25

图 14－2－26

图 14－2－27

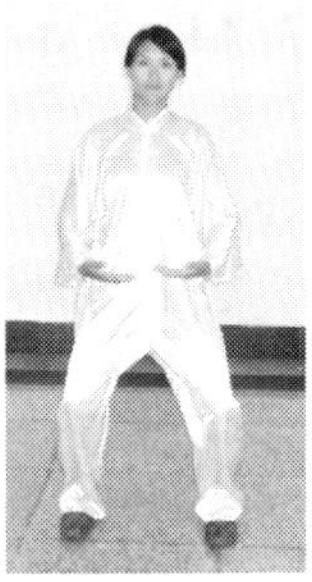
图 14－2－28

图 14－2－29

第 4 式　五劳七伤往后瞧

动作①：接上式。两腿慢慢伸直；同时两臂伸直，掌心向后，掌指向下，目视前方；上动不停，两臂充分外旋，掌心向外；头左后转，动作略停；目视左斜后方。（图 14－2－30、图 14－2－31）

动作②：松腰沉髋，身体重心慢慢下降；两腿膝关节微屈；同时，两臂内旋按于髋旁，掌心向下，指尖向前；目视前方。（图 14－2－32）

动作③：动作要领同动作①，唯左右相反。（图 14－2－33、图 14－2－34）

动作④：动作要领同动作②，唯左右相反。（图 14－2－35）

注：本式动作一左一右为 1 遍，共做 3 遍。

第 3 遍最后一步时，两腿膝关节微屈；同时，两掌捧于腹前，指尖相对，掌心向上；目视前方。（图 14－2－36）

图 14－2－30

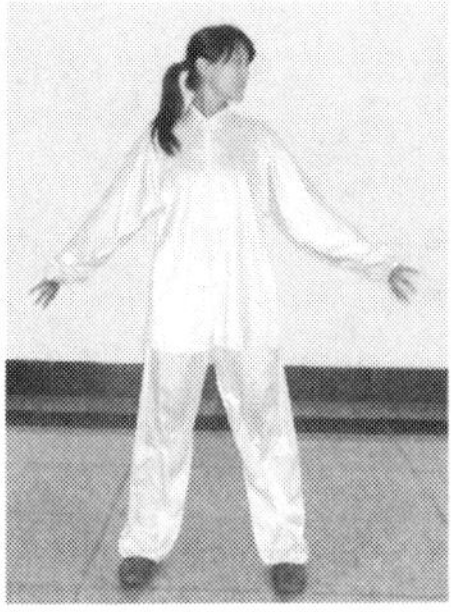
图 14－2－31

图 14－2－32

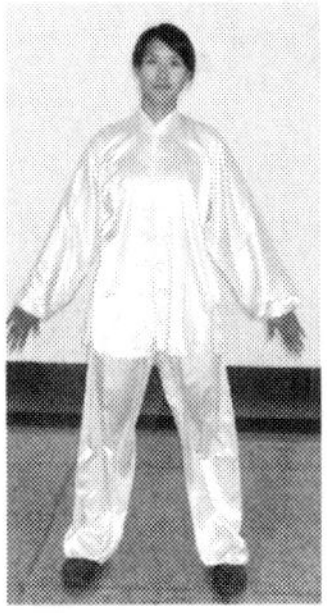
图 14－2－33

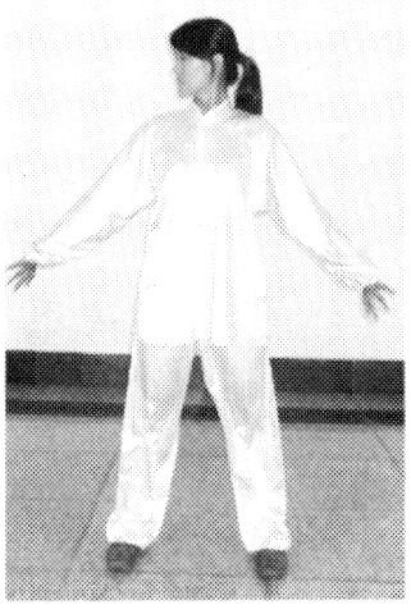
图 14－2－34

图 14－2－35

图 14－2－36

第 5 式　摇头摆尾去心火

动作①：接上式。身体重心向左移；右脚向右开大步站立，两腿膝关节自然伸直；同时，两掌上托与胸同高时，两臂内旋，两掌继续上托至头上方，肘关节微屈，掌心向上，指尖相对；目视前方。(图 14－2－37)

动作②：上动不停，两腿慢慢屈膝下蹲成马步；同时，两臂向两侧下落，两掌扶于膝关节上方，肘关节微屈，小指侧向前；目视前方。(图 14－2－38)

动作③：身体重心向上稍升起，然后向右移；上体向右倾，目视左斜前，随之俯身，低头看右脚内侧。(图 14－2－39)

动作④：上动不停，身体重心向左移；同时上体由右边向前、向左旋转；目视左脚。(图 14－2－40)

动作⑤：身体重心右移摆尾成马步；同时，头向后摇由右向左约 270°，上体立起，随之下颌微收；目视前方。(图 14－2－41)

动作⑥至动作⑧：动作要领同动作③至动作⑤，唯左右相反。(图 14－2－42 至图 14－2－44)

图 14－2－37

图 14－2－38

图 14－2－39

图 14－2－40

图 14－2－41

图 14－2－42

图 14－2－43

图 14－2－44

注：本式一左一右为 1 遍，共做 3 遍。

做完 3 遍后，身体重心左移，右脚回收成开立步，与肩同宽；同时，两掌向外经两侧向上举，掌心相对；目视前方（图 14－2－45）。随后松腰沉髋，身体重心慢慢下降，两腿膝关节微屈；同时屈肘两掌经面前下按至腹前，掌心向下，指尖相对；目视前方（图 14－2－46）。

图 14－2－45

图 14－2－46

第 6 式　两手攀足固肾腰

动作①：接上式。两腿慢慢伸直站立；同时两掌指尖向前，两臂向前、向上举起，肘关节伸直，掌心向前；目视前方。（图 14－2－47）

动作②：两臂外旋至掌心相对，屈肘下按于胸前，掌心向下，指尖相对；目视前方。（图 14－2－48）

动作③：上动不停，两臂外旋两掌心向上，随之两掌掌指顺腋下向后插；目视前方。（图 14－2－49）

图 14－2－47

图 14－2－48

图 14－2－49

动作④：随后两掌心向内沿脊柱两侧向下摩运至臀部；随之上体前俯，两掌继续沿腿后方向下摩运，经脚两侧置于脚面；抬头，动作略停；目视前下方。（图 14－2－50）

动作⑤：两掌沿着地面前伸，随之用手臂带动上体起立，两臂伸直上举，掌心向前；目视前方。（图 14－2－51）

注：本式一上一下为 1 遍，共做 6 遍。

做完 6 遍后，松腰沉髋，重心慢慢下降；两腿膝关节微屈，两掌向前下按至腹前，掌心向下，指尖向前；目视前方。（图 14－2－52）

图 14－2－50

图 14－2－51

图 14－2－52

第7式 攒拳怒目增气力

动作①：接上式。身体重心右移，左脚向左开步，然后两腿慢慢屈膝半蹲成马步；同时，两掌握固，抱于腰侧，拳眼朝上；目视前方。（图14－2－53）

动作②：左拳慢慢用力向前冲出，与肩同高，拳眼朝上；瞪目，看左拳冲出方向。（图14－2－54）

动作③：左臂内旋，左拳变掌，虎口朝下；目视左掌（图14－2－55）。左臂外旋，肘关节微屈，左臂向左缠绕，变掌心向上后握固；目视左拳（图14－2－56）。

动作④：屈肘，回收左拳至腰侧，拳眼朝上；目视前方。（图14－2－57）

动作⑤至动作⑦：动作要领同动作②至动作④，唯左右相反。（图14－2－58至图14－2－61）

注：本式一左一右为1遍，共做3遍。

做完3遍后，身体重心右移，左脚回收成并步站立；同时，两拳变掌，自然垂直于体侧；目视前方。（图14－2－62）

图14－2－53

图14－2－54

图14－2－55

图14－2－56

图14－2－57

图14－2－58

图14－2－59

图14－2－60

图14－2－61

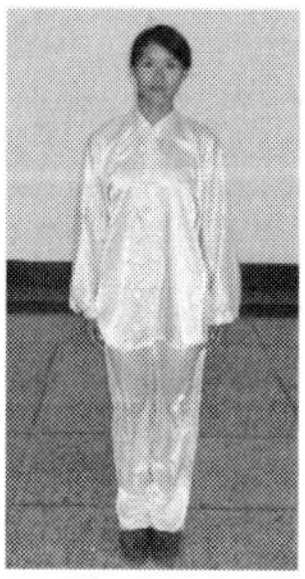

图14－2－62

第8式 背后七颠百病消

动作①：接上式。两脚跟提起；头上顶，动作略停；目视前方。（图14－2－63、图14－2－64）

动作②：两脚跟下落时先下落到脚掌中间，然后两脚跟下落轻震地面；目视前方。（图14－2－65）

图 14－2－63

图 14－2－64

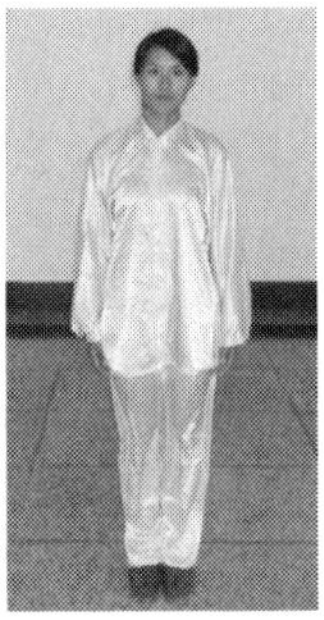

图 14－2－65

注：本式一起一落为 1 遍，共做 7 遍。

收　势

动作①：接上式。两臂内旋，向两侧摆起，与髋同高，掌心向后；目视前方。（图 14－2－66）

动作②：两臂屈肘，两掌相叠置于丹田处（男性左手在内，女性右手在内）；目视前方。（图 14－2－67）

动作③：两臂自然下落，两掌轻贴于腿外侧；目视前方。（图 14－2－68）

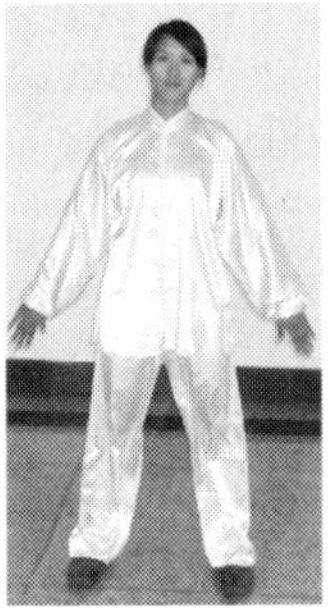

图 14－2－66

图 14－2－67

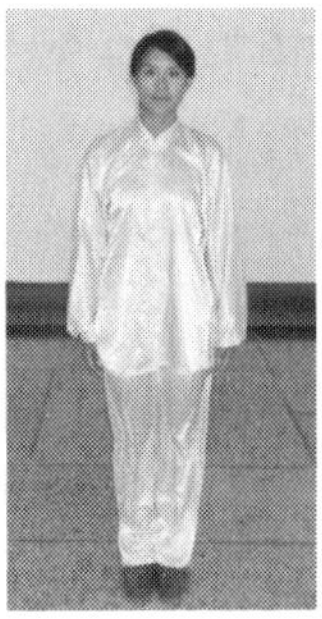

图 14－2－68

参考文献

［1］体育课程教材研发中心．体育与健康课程教材研究［M］．北京：人民出版社，2009.

［2］王润平．体育锻炼与心理健康［M］．桂林：广西师范大学出版社，2005.

［3］邓树勋，陈小蓉．现代大学体育理论教程［M］．广州：广东高等教育出版社，2006.

［4］杨文轩．当代大学体育［M］．北京：人民体育出版社，2005.

［5］陈瑜．体育与健康教育教程（南方版）［M］．长春：吉林大学出版社，2010.

［6］邹继豪，孙麒麟．体育与健康教育教程（修订版）［M］．沈阳：辽宁大学出版社，2007.

［7］邓树勋，陈小容．现代大学体育理论教程［M］．广州：广东高等教育出版社，2006.

［8］何志林．现代足球［M］．北京：人民体育出版社，2006.

［9］刘良刚．足球竞赛规则（2007/2008）［M］．北京：人民体育出版社，2007.

［10］朱征宇，陈卓源．排球［M］．广州：中山大学出版社，2003.

［11］李毅钧．排球基础教程［M］．北京：中国科学文化出版社，2003.

［12］国家体育总局．中国体育教练员岗位培训教材［M］．北京：人民体育出版社，1999.

［13］全国体育教材委员会．乒乓球［M］．北京：人民体育出版社，1979.

［14］中国乒乓球协会．乒乓球竞赛规则［M］．北京：人民体育出版社，2007

［15］孙卫星．现代网球技术教学法［M］．北京：北京体育大学出版社，2007.

［16］杨忠令．现代网球教程［M］．杭州：浙江大学出版社，2001.

［17］杨宁．网球［M］．北京：北京体育大学出版社，2003.

［18］中国网球协会．网球竞赛规则［M］．北京：人民体育出版社，2009.

［19］周文胜，闫美怡．网球基础与实战技巧［M］．成都：成都时代出版社，2009.

［20］易勤，赵俊浩，等．大学体育教程新编［M］．武汉：武汉大学出版社，2008.

［21］林志超．大学体育标准教程［M］．北京：北京体育大学出版社，2007.

［22］形体健美与健美操编委会．形体健美与健美操（修订版）［M］．北京：高等教育出版社，2001.

［23］艾杨格．艾杨格瑜伽［M］．天津：天津科学院出版社，2010.

［24］蕙兰．瑜伽［M］．北京：北京人民出版社，2009.

［25］赵彦．祖本瑜伽大全［M］．北京：华文出版社，2010.

［26］德拉威尔．肌肉健美训练图解［M］．李振华，译．济南：山东科技出版社，2008.

［27］钱永健．拓展［M］．北京：高等教育出版社，2008.

［28］毛振明．学校心理拓展训练［M］．北京：北京体育大学出版社，2005.